lonely planet

FINLANDE

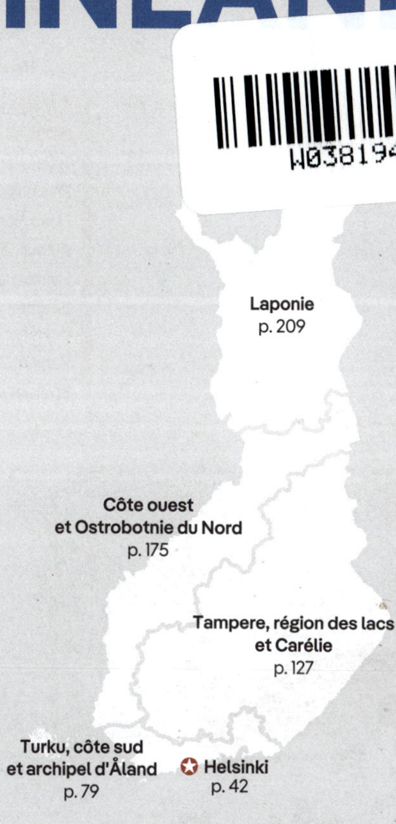

Paula Hotti, John Noble, Barbara Woolsey

SOMMAIRE

Préparer son voyage

Sur la route

Helsinki (p. 42)

ANASTASIIA AKH/SHUTTERSTOCK ©

Laponie (p. 209)

Aurore boréale (p. 260)

Carnet pratique

Comprendre

Lors d'un concert en Finlande (p. 18)

FINLANDE

LE VOYAGE COMMENCE ICI

Longtemps, la Finlande ne m'a évoqué que le hard rock sur lequel je m'époumonais pendant mon adolescence. Ce n'est que plus tard que j'ai compris l'importance culturelle du metal finlandais : il symbolise la "mélancolie perpétuelle des cœurs finlandais". Les paysages de la Finlande, tout en forêts verdoyantes et en eaux cristallines dignes d'une carte postale, ne laissent pas deviner les guerres et les tragédies qui ont déchiré le pays. Elles ont rendu ses habitants *sisu* (tenaces, opiniâtres), mais aussi chaleureux, accueillants et bons vivants. De tournois sportifs en festivals, les Finnois profitent de l'été jusqu'à sa dernière goutte. L'hiver est réservé aux karaokés et au *kalsarikänni* (qui consiste à s'enivrer en sous-vêtements). Si les visiteurs sont attirés par les grands espaces du pays, entre plages désertes et chemins de randonnée, ce sont les habitants qui les font revenir.

Barbara Woolsey

@xo_babxi

Mon expérience préférée est la visite de la capitale des Sami, Inari, pour y rencontrer les peuples autochtones du Nord et découvrir la nature à travers leur langue et leurs légendes, ainsi que leurs traditions ancestrales, comme l'élevage des rennes.

SUR LE TERRAIN

Nos auteurs présentent les lieux qui, pour eux, incarnent le mieux la Finlande.

YARI2000/SHUTTERSTOCK ©

Kilpisjärvi

Pour moi qui adore les endroits reculés, **Kilpisjärvi** est parfait. Ce village se cache entre un lac et une montagne à la pointe nord-ouest de la Finlande. La randonnée de 11 km qui mène à la triple frontière entre la Finlande, la Norvège et la Suède est époustouflante. On y voit des lacs de toutes tailles, scintillants ou menaçants selon la couleur du ciel.

John Noble

@johnnoble11

Auteur de voyage, John a couvert plus de 20 pays pour Lonely Planet. Son terrain favori : le nord du cercle arctique.

ARTBBNV/SHUTTERSTOCK ©

Région du lac Saimaa

Les environs du **lac Saimaa** sont superbes : au bord des criques, les hôtels servent des festins de produits locaux, et les petites villes abritent marchés d'été et ports de croisières. La région a toutefois un autre visage : le phoque annelé de Saimaa, une espèce menacée, souffre de la diminution de la neige en hiver et des filets de pêche en été, les exploitations minières menacent l'environnement… Autant de rappels de la fragilité de la nature.

Paula Hotti

@retrotravels

Basée à Helsinki, Paula est journaliste de voyage et photographe. Parmi les sujets qu'elle a traités : Dublin, le gin, et la culture des cafés en Europe.

0
100 km
OCÉAN ARCTIQUE
Mer de Barents
Mer Blanche
Golfe de Botnie
NORVÈGE
SUÈDE
RUSSIE
Tromsø
Lakselv
Nuorgam
Utsjoki
Karasjok
Sevettijärvi
Karigasniemi
Kaamanen
Inarijärvi
Teno
Kietsimäjoki
Kilpisjärvi
Inari
Nellim
Ivalo
Raja-Jooseppi
Kaaresuvanto
Karesuando
Enontekiö
Saariselkä
Muonio
Muonionjoki
Lokan tekojärvi
Kittilä
Tulppio
Kovdor
Kolari
Sodankylä
Savukoski
Pelkosenniemi
Pello
Ounasjoki
Kemijärvi
Salla
Sinettä
Rovaniemi
Oulanka
Kemijoki
Kuusamo
Tornio
Ranua
Kemi
Iijoki
Pudasjärvi
Oulu
Puolanka
Liminka
Suomussalmi
Kilpisjärvi
Randonnez dans la nature sauvage, près de la frontière norvégienne. (p. 235)
Rovaniemi
Rencontrez le Père Noël dans la capitale de la Laponie finlandaise. (p. 214)
Oulu
C'est dans cette capitale culturelle en plein essor que se tient le championnat annuel d'Air Guitar. (p. 193)
Inari
Partez à la découverte de la culture sami. (p. 222)
Parc national d'Oulanka
Bravez des rapides et des chutes d'eau en kayak. (p. 197)

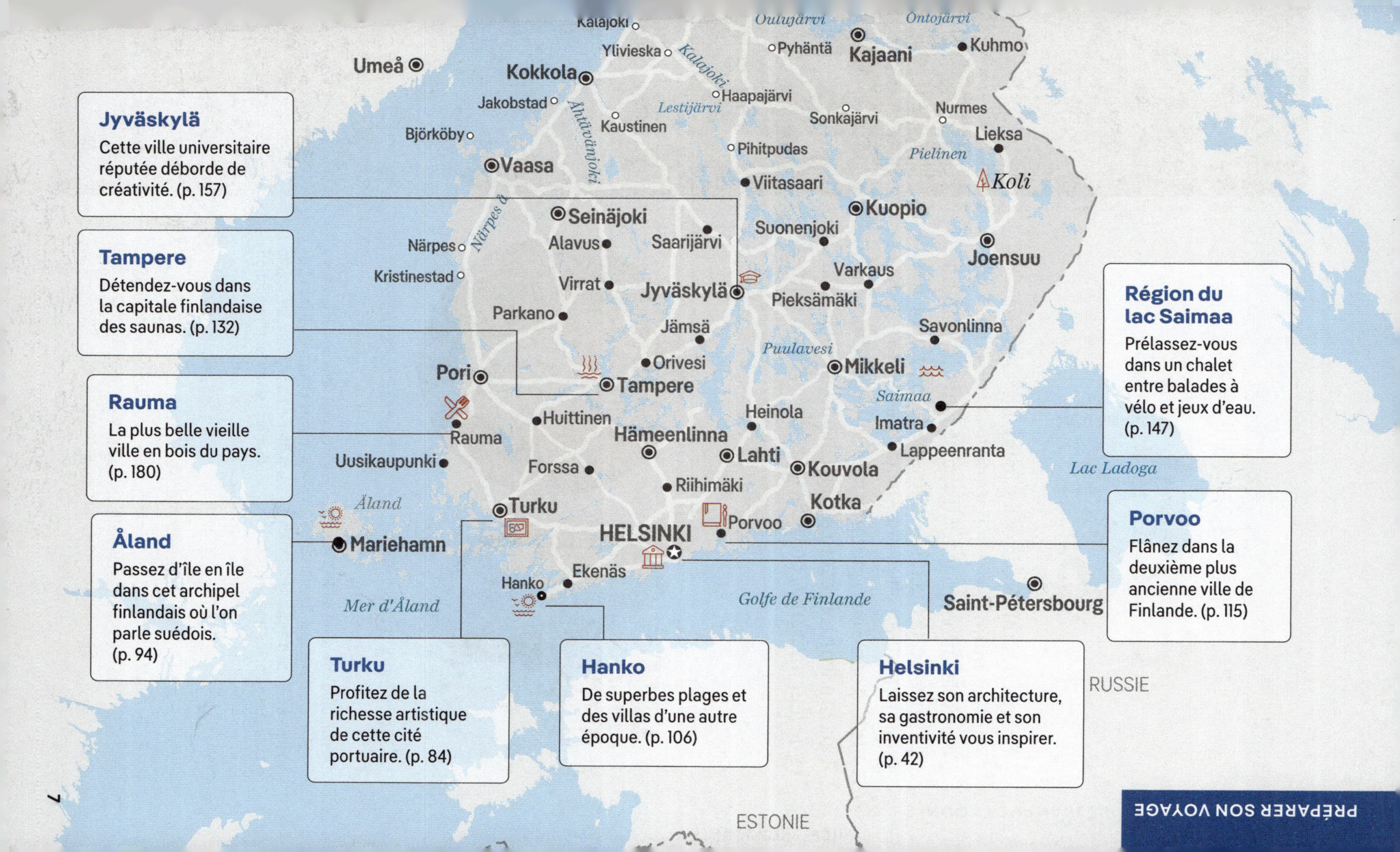
Jyväskylä
Cette ville universitaire réputée déborde de créativité. (p. 157)
Tampere
Détendez-vous dans la capitale finlandaise des saunas. (p. 132)
Rauma
La plus belle vieille ville en bois du pays. (p. 180)
Åland
Passez d'île en île dans cet archipel finlandais où l'on parle suédois. (p. 94)
Turku
Profitez de la richesse artistique de cette cité portuaire. (p. 84)
Hanko
De superbes plages et des villas d'une autre époque. (p. 106)
Helsinki
Laissez son architecture, sa gastronomie et son inventivité vous inspirer. (p. 42)
Porvoo
Flânez dans la deuxième plus ancienne ville de Finlande. (p. 115)
Région du lac Saimaa
Prélassez-vous dans un chalet entre balades à vélo et jeux d'eau. (p. 147)
Umeå
Kalajoki
Ylivieska
Kalajoki
Oulujärvi
Pyhäntä
Kajaani
Ontojärvi
Kuhmo
Kokkola
Jakobstad
Björköby
Vaasa
Ähtävänjoki
Kaustinen
Lestijärvi
Haapajärvi
Sonkajärvi
Nurmes
Lieksa
Pielinen
Koli
Pihitpudas
Viitasaari
Kuopio
Joensuu
Suonenjoki
Varkaus
Pieksämäki
Seinäjoki
Alavus
Saarijärvi
Närpes
Närpes å
Kristinestad
Virrat
Jyväskylä
Parkano
Jämsä
Savonlinna
Puulavesi
Mikkeli
Orivesi
Pori
Tampere
Saimaa
Imatra
Lappeenranta
Heinola
Huittinen
Hämeenlinna
Lahti
Kouvola
Rauma
Uusikaupunki
Forssa
Riihimäki
Lac Ladoga
Åland
Turku
Kotka
Porvoo
HELSINKI
Mariehamn
Hanko
Ekenäs
Mer d'Åland
Golfe de Finlande
Saint-Pétersbourg
RUSSIE
ESTONIE

EN PAYS SAMI

Depuis des millénaires, les Sami ont su préserver leur lien intime avec la nature des terres du Nord. Ce peuple autochtone est dispersé entre la Finlande, la Norvège, la Suède et la Russie. Terre natale des Sami de Finlande, la Laponie du Nord abrite environ 4 000 d'entre eux, parlant trois dialectes différents. Partez à leur rencontre à Inari, haut lieu de leur art et de leur artisanat, ou dans leurs élevages de rennes.

Troupeaux de rennes

De nombreux Sami travaillent dans l'élevage de rennes. Ils utilisent colliers à GPS et marques d'oreilles pour surveiller les troupeaux qui circulent librement.

Trésors faits main

L'artisanat sami se décline en ravissants chapeaux, bijoux ou argenterie. En Laponie, les objets authentiques portent l'indication 'Sámi duodji'.

Costumes traditionnels

De nos jours, les magnifiques costumes brodés des Sami sont réservés aux grandes occasions.

Le Sajos (p. 223), à Inari

NOTRE SÉLECTION

Découvrez l'histoire et l'art sami au formidable musée **Siida** ❶, avec ses salles d'exposition dernier cri et des bâtiments d'origine parmi lesquels des fermes et huttes de stockage. (p. 223)

Visitez le **Sajos** ❷, centre culturel et siège du parlement sami, qui abrite aussi la très belle boutique d'artisanat Sámi duodji. (p. 223)

Vivez comme un Sami à la ferme de **Tuula Airamo** ❸ où l'on peut nourrir les rennes, découvrir le folklore et l'artisanat traditionnel. (p. 229)

Apprenez tout sur l'élevage du renne avec Petri Mattus et sa famille dans cette **ferme spécialisée** ❹. (p. 229)

Visitez la **Kammigalleria** ❺ de l'artiste sami Kikka Laakso, qui crée de superbes bijoux en bois de renne. (p. 229)

Paysage de Laponie (p. 209)

MERVEILLES HIVERNALES

Le charme de l'hiver polaire est indéniable. Des arbres enneigés aux lacs gelés, l'éclat du nord de la Finlande se révèle quand les températures chutent. Pour profiter pleinement de la saison, couvrez-vous bien et sortez profiter des sports d'hiver et des aurores boréales.

Sous la neige

En Laponie, on peut passer la nuit dans un hôtel de glace. Les plus frileux iront plutôt se réchauffer dans les bars (faits eux aussi de glace).

Frissons garantis

Recouverte de neige jusqu'à huit mois par an, la Laponie est une destination de choix pour les sports d'hiver. Les jours s'allongent à partir de mars.

NOTRE SÉLECTION

Explorez les 150 km de pistes de ski de fond autour de **Saariselkä** ❶. (p. 232)

Partez de la ferme **Konttaniemen Porotila** ❷ en traîneau tiré par des rennes. (p. 220)

Observez une aurore boréale depuis une chambre-igloo à 0°C, de l'**Arctic Snow Hotel** ❸. (p. 221)

Enthousiasmez-vous lors de la **Poro-Kuninkuusajot** ❹, une course de rennes. (p. 229)

Faites une excursion en traîneau tiré par les huskies avec **Ride North** ❺ près d'Inari. (p. 230)

LA CULTURE DU SAUNA

Rien ne fait autant partie intégrante de la culture, de l'état d'esprit et du bien-être des Finlandais que le sauna. Qu'il soit moderne et électrique ou chauffé au feu de bois, ici, le sauna est un rituel quotidien pour le corps comme pour l'esprit. Le pays abritant plus de deux millions de saunas, il ne vous reste plus qu'à en profiter.

En bord de lac

Les meilleurs saunas sont proches d'une étendue d'eau dans laquelle on peut ensuite plonger. Le choc thermique est brutal, mais essentiel à l'expérience.

Un rituel sacré

Pendant des siècles, les saunas étaient utilisés pour méditer, se réchauffer, se laver ou même accoucher. Respectez les codes du sauna (p. 261).

Le bon bouquet

Les branches de bouleau utilisées au sauna pour se fouetter s'appellent "vihta" à l'ouest du pays et "vasta" à l'est. Attention à bien employer le terme correct !

NOTRE SÉLECTION

Le **Sauna Kotiharjun** ❶ est le seul sauna public au feu de bois d'Helsinki. Datant de 1928, il séduit par son atmosphère authentique. Massages en option. (p. 73)

À **Löyly** ❷, sur le front de mer d'Helsinki, on passe directement du sauna à la mer ou au trou dans la glace en hiver. (p.58)

Flottant sur les eaux du fleuve Oulujoki, le **Kesän Sauna** ❸ d'Oulu est l'un des rares établissements mixtes du pays. (p. 194)

Le **Sauna Rajaportin** ❹ de Tampere est le plus vieux sauna public de Finlande. Il réchauffe le charmant quartier de Pispala depuis 1906. (p. 125)

Allez au sauna de la **piscine de mer Allas** ❺ d'Helsinki, puis sautez dans la mer Baltique, ou, à la pleine lune, baignez-vous nu. (p. 51)

MIRACLES DE LA NATURE

Fréquemment saluée par des organisations environnementales, la Finlande préserve avec soin de vastes espaces naturels où la vie sauvage s'épanouit. Ses forêts denses et ses côtes interminables abritent oiseaux et mammifères de toutes sortes. Soyez bien attentif et vous verrez peut-être un élan, un renard ou un cygne sauvage. À l'est, des circuits animaliers permettent d'apercevoir des ours, des gloutons ou même le rare phoque annelé de Saimaa.

Observation des phoques

Menacés, les phoques annelés (p. 150) de Saimaa ne comptent plus que 400 individus, mais leur nombre augmente. À voir en mai, quand ils muent sur les rochers.

Le favori des Finlandais

L'ours brun (*Ursus arctos*) est l'animal national finlandais. Il s'ébat dans le nord-est entre mi-avril et août, avec une pause en juillet pour la saison des amours.

La faune de Kuhmo

Les ours et les loups de Finlande vivent majoritairement dans les taïgas, qui s'étendent de Kuhmo à la Sibérie.

Hibou au zoo de Ranua (p. 220)

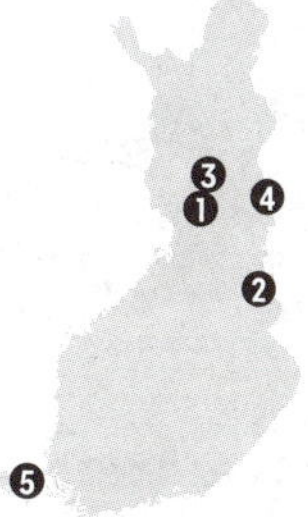

NOTRE SÉLECTION

Le **zoo de Ranua** ❶, consacré à la faune du pays, abrite ours, élans, lynx, gloutons, loutres, renards arctiques, hiboux et aigles. (p. 220)

À Kuhmo, guettez les ours et les gloutons depuis l'un des chalets d'observation du **Bear Centre** ❷ dans les marais. (p. 167)

L'un des tour-opérateurs les plus connus de Rovaniemi, **Lapland Welcome** ❸ est expert en observation d'élans et en photographie animalière. (p. 219)

Épiez les balbuzards pêcheurs et les ours bruns s'ébrouant dans un étang depuis l'un des confortables affuts de **Karhu-Kuusamo** ❹. (p. 202)

Sillonnez les parcours nature de l'île de **Kumlinge** ❺ entre grues, chevreuils, renards et élans. (p. 104)

Le Design District à Helsinki (p. 61)

DESIGNS INSPIRANTS

Le design finlandais est synonyme de qualité, mais si les marques les plus connues impressionnent, les ruelles d'Helsinki débordent de créativité. Leurs ateliers et boutiques oscillent entre innovation, excentricité, bizarre et génie.

Haut lieu du design

Entre Tampere et Hämeenlinna, le petit village d'Iittala vaut largement le détour pour sa célèbre verrerie, à la pointe du design finlandais.

Au coin de la rue

À Helsinki, le Design District ne manque pas de pépites, entre art, meubles, mode, accessoires... Ses centaines de boutiques et galeries sont répertoriées sur designdistrict.fi.

NOTRE SÉLECTION

Le **musée du Design** ❶ d'Helsinki retrace les racines du style finlandais, entre nature et traditions. (p. 63)

Chinez chez les antiquaires de la rue **Korkeavuorenkatu** ❷ (p.58).

Galerie d'art contemporain et magasin-concept, **Lokal** ❸ vend de belles œuvres d'artisans locaux. (p. 65)

Faites le plein de design finlandais au centre commercial moderniste de **Lasipalatsi** ❹. (p. 64)

Le **Kiasma** ❺ explore l'art contemporain finlandais et international. (p. 50)

LA LAPONIE DU PÈRE NOËL

Proche du cercle polaire, Rovaniemi est la demeure “officielle” du Père Noël. La capitale de la Laponie fait durer les festivités toute l’année avec ses curiosités et hébergements dédiés à *Joulu* (Noël), avec pour épicentre le village du Père Noël, fréquenté par les milliers de visiteurs, petits ou grands.

365 jours par an

Le gigantesque village du Père Noël propose de nombreuses expériences festives. Certaines activités sont saisonnières, comme la motoneige et la sculpture sur glace.

À la rencontre du Père Noël

Il faut payer pour se faire prendre en photo sur les genoux du Père Noël, mais on peut discuter gratuitement avec l’homme le plus connu de Laponie, polyglotte et plein de sagesse.

Une ville résiliente

Pendant la Seconde Guerre mondiale, les nazis détruisirent 90 % de Rovaniemi. Son esprit de Noël presque outrancier s’apprécie aussi au regard de ce lourd passé.

NOTRE SÉLECTION

Visitez le **bureau de poste du Père Noël** ❶ pour envoyer une lettre portant son tampon “officiel”. Des certificats du cercle arctique sont délivrés partout en ville. (p. 219)

Passez la nuit au chalet de Noël de l’**Arctic Light Hotel** ❷, décoré pour les fêtes toute l’année. (p. 215)

Dévalez la piste de luge d’été de **Ruka** ❸ sur 1 km, et admirez les collines vues d’en haut avec le téléphérique Village2Valley. (p. 201)

Partez en traîneau avec les rennes du **village du Père Noël** ❹, ou accompagnez-les pour une promenade en forêt l’été. (p. 219)

Découvrez Rovaniemi sous un nouveau jour à l’**Arktikum** ❺, musée consacré à la nature lapone et à l’histoire locale. (p. 214)

ÉLÉGANCE ARCHITECTURALE

Entre incendies dévastateurs et ravages de la guerre, la Finlande a souvent dû se reconstruire. Son architecture mêle styles et influences avec panache, laissant deviner les périodes d'occupation suédoise et russe ainsi que sa renaissance d'après-guerre. Les bâtiments aux lignes élégantes et minimalistes récemment sortis de terre rappellent l'influence de l'architecte Alvar Aalto, apôtre d'un fonctionnalisme chaleureux. Loin des villes, chalets et cabanes se fondent dans la nature en harmonie avec la forêt, partie intégrante du mode de vie finlandais.

Remonter le temps

Plus ancienne cité de Finlande, Turku est riche en bâtiments historiques, dont certains remontent au Moyen Âge. Elle est parfaite pour explorer le passé de la région.

Vivre dans un musée

Vanha Rauma est la plus grande vieille ville en bois des pays nordiques. Si ses 600 maisons semblent former un musée à ciel ouvert, le quartier reste bien vivant.

L'héritage d'un architecte phare

Selon le célèbre architecte Alvar Aalto, l'architecture se devait d'être belle mais aussi de servir le bien commun.

Le Palais Finlandia (p. 70)

NOTRE SÉLECTION

Appréciez la **diversité architecturale d'Helsinki** ❶ de l'Art nouveau du centre à l'église Temppeliaukio et au chef-d'œuvre d'Aalto, le Palais Finlandia. (p. 42)

Promenez-vous le **long de la rivière à Rovaniemi** ❷ pour admirer les chefs-d'œuvre d'Aalto et apprécier l'impressionnante reconstruction de la ville, quasiment rasée en 1944. (p. 217)

Contemplez les majestueuses villas et **édifices Jugendstil d'Hanko** ❸, tranquille bourgade balnéaire et ancienne ville thermale des aristocrates russes. (p. 111)

Perdez-vous dans **Vanha Rauma** ❹ et ses centaines d'anciens bâtiments en bois, chacun portant son nom au-dessus de sa porte. (p. 181)

Revenez au Moyen Âge à **Turku** ❺, avec sa cathédrale admirablement préservée et son château de pierre. (p. 85)

Château de Savonlinna (p. 148)

PARADIS MUSICAL

De la musique de chambre au metal endiablé, la scène musicale finlandaise est l'une des plus riches au monde, et le pays regorge de musiciens de talent. L'été bat au rythme des festivals de musique, et l'hiver est consacré aux concerts au pub et aux soirées karaoké.

Festivals estivaux

En juillet, les grands festivals de musique comme ceux du château de Savonlinna et de Pori (p. 184) ou encore Ruisrock (p. 88) attirent artistes célèbres et foules enjouées.

Accords symphoniques

L'éducation musicale dispensée en Finlande est d'une excellence rare. Les musiciens finlandais intègrent les meilleurs orchestres au monde, et les festivals de musique classique font résonner tout le pays.

NOTRE SÉLECTION

La légendaire salle de concerts de rock **Tavastia** ❶ présente artistes finlandais et groupes internationaux. (p. 63)

Hamina célèbre la musique militaire pendant le festival **Hamina Tattoo** ❷. (p. 83)

Chantez votre morceau favori dans les **bars à karaoké de Turku** ❸. (p. 89)

Découvrez la musique sami dans toute sa diversité à la "**nuit sans nuit**" ❹ d'Inari. (p. 229)

Les chaleureux **pubs de Jyväskylä** ❺ proposent concerts de musique folk et bœufs endiablés. (p. 159)

CHARMANTS CHALETS

Près d'un demi-million de *kesämökkejä* (chalets d'été) émaillent les rives et forêts de Finlande. À la fois maison de vacances et sanctuaire, les *mökki* sont le foyer spirituel des Finlandais. Dans la région des lacs, ceux des îles ont souvent leur propre plage et un petit ponton. Les retraites pittoresques ne manquent pas.

Choisir son chalet

Il y en a pour tous les goûts, des plus rustiques avec toilettes extérieures et puits comme source d'eau, aux plus modernes tout confort.

Explorer à la rame

Les *mökki* à louer incluent souvent un bateau à rames pour explorer le lac et ses îlots.

Une tradition fumante

Les meilleurs saunas sont ceux des *mökki* : la chaleur de leurs fours à bois est plus douce. Les Finlandais plongent ensuite nus dans l'eau froide du lac.

NOTRE SÉLECTION

Au bord du lac Saimaa, les villas du **village d'Oravi** ❶ offrent une base d'exploration pour les parcs nationaux de Kolovesi et de Linnansaari. (p. 149)

Admirez une île sacrée sami à bord d'une **croisière estivale** ❷ sur le lac d'Inarijärvi, en Laponie du Nord. (p. 225)

Profitez des refuges du **Cairn des trois royaumes** ❸, où se rencontrent les eaux finlandaises, norvégiennes et suédoises. (p. 236)

Prenez goût à la nature finlandaise dans un chalet du **parc national de Nuuksio** ❹, proche d'Helsinki. (p. 54)

Combinez séjour en bord de mer et voyage d'île en île pour une odyssée à vélo sur le **sentier de l'Archipel** ❺ de Turku. (p. 93)

VILLES ET RÉGIONS

Composez votre voyage selon vos envies.

Laponie

LE NORD ARCTIQUE

Soleil de minuit, aurores boréales et nature arctique immaculée sont les composantes d'une magie envoûtante. L'immensité des espaces et du ciel, ainsi que la pureté de l'air sont des sensations inoubliables. Les balades en traîneau ou à motoneige et l'observation des rennes occuperont vos journées. Plus au nord, vous découvrirez les terres ancestrales du peuple sami.

p. 209

Côte ouest et Ostrobotnie du Nord

PORTS, BATEAUX, ÎLES ET VILLES

La côte ouest de la Finlande est un fabuleux pêle-mêle de villes en bois anciennes, de plages de sable et d'îles où règne une atmosphère décontractée. Frontalière avec la Russie, l'Ostrobotnie du Nord abrite des parcs nationaux reculés et certains des paysages les plus sublimes du pays. Rivières torrentielles, lacs isolés et forêts épaisses : des aventures exaltantes vous y attendent.

p. 175

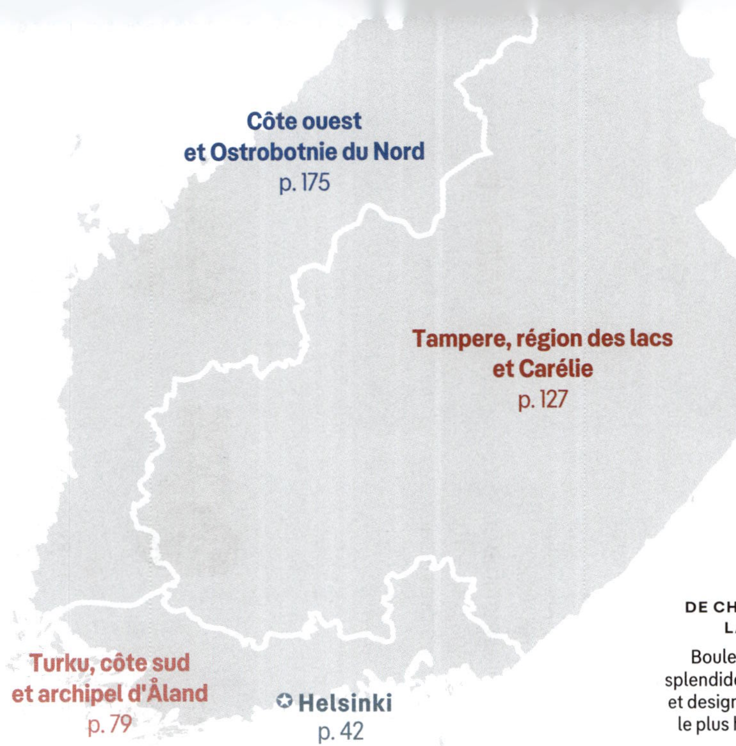

Turku, côte sud et archipel d'Åland

LE CHARME DU SUD SCANDINAVE

Découvrez le charme maritime et les petites villes portuaires du sud de la Finlande. C'est la région qui compte le plus d'édifices historiques : châteaux, forteresses, ainsi que d'anciens bâtiments de *bruk* (forges) réaménagés pour les besoins modernes. Profitez des plages isolées de l'archipel d'Åland, suédophone, et qui jouit d'une autonomie politique. Les insulaires y sont très chaleureux.

p. 79

Tampere, région des lacs et Carélie

DÉCOUVERTES URBAINES ET EXPÉRIENCES EN PLEINE NATURE

Profitez de l'omniprésence de la nature, que ce soit en ville ou dans les forêts. Avec quelque 180 000 lacs, la Finlande est une nation éminemment lacustre, mais cette région s'enorgueillit des plus beaux exemples. À Tampere, découvrez des hébergements branchés au bord de l'eau. Plus à l'est en direction de Kuhmo, près de la frontière russe, place aux plaisirs du grand air, des randonnées à l'observation de la faune.

p. 127

Helsinki

DE CHALEUREUX QUARTIERS DANS LA FRAÎCHEUR NORDIQUE

Boulevards et ruelles rehaussés d'une splendide architecture, gastronomie pointue et design original : dans la capitale du "pays le plus heureux du monde", tout le monde trouvera son bonheur.

p. 42

ITINÉRAIRES

L'essentiel de la Finlande

Durée : 7 jours
Distance : 957 km

Cet itinéraire vous emmènera dans des destinations phares du Sud et du Centre pour un programme éclectique : villes typiquement finlandaises, ambiance côtière maritime et lacustre, et certains des sites historiques les plus prestigieux de Scandinavie.

1

HELSINKI ⏱ 2 JOURS

Démarrez à **Helsinki** (p. 42), l'effervescente capitale finlandaise, mondialement réputée pour sa scène musicale et ses designers. Découvrez un mélange passionnant d'architecture classique et moderne, de bars raffinés et insolites et de spas avec vue sur la mer Baltique. Vos repas à Helsinki, mettant en valeur les produits de la ferme et des cueillettes, seront mémorables.

50 minutes

2

PORVOO
⏱ UNE DEMI-JOURNÉE

Helsinki et **Porvoo** (p. 115) forment un combo gagnant. La deuxième plus ancienne ville de Finlande a l'attrait de son centre historique où sont regroupés de superbes édifices en bois. Offrez-vous un déjeuner fantastique (la scène gastronomique de Porvoo fait beaucoup parler d'elle actuellement) et une petite cargaison de douceurs locales pour la route.

3 heures 15

3

RÉGION DU LAC SAIMAA
⏱ 1 JOUR ET DEMI

Partez vers l'est jusqu'à la **région du lac Saimaa** (p. 147), qui abrite plusieurs lacs de toutes formes et de toutes tailles. Le lac Saimaa, le plus grand de Finlande, a de quoi séduire avec son rivage sublime et ses nombreux *mökki* (chalets). La région se prête à de beaux trajets et, en été, à des excursions en bateau – une pause à Savonlinna et son château médiéval s'impose.

4 heures

DE GAUCHE À DROITE : RITTIS/SHUTTERSTOCK ©, SURATWADEE RATTANAJARUPAK/SHUTTERSTOCK ©, DIMM3D/SHUTTERSTOCK ©

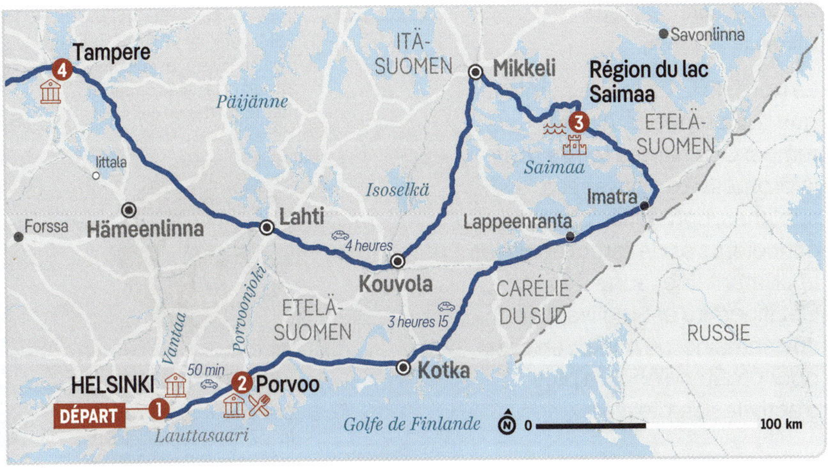

4

TAMPERE ⏱ 1 JOUR

Continuez vers l'ouest jusqu'à **Tampere** (p. 132), modèle de renouveau post-industriel. Découvrez son passé manufacturier, tout en profitant de son ambiance citadine et de ses fabuleux paysages lacustres. Explorez des entrepôts transformés en hauts lieux gastronomiques, boutiques et musées originaux. Dans le centre-ville, promenez-vous sur les berges des rapides de la Tammer.

2 heures

5

RAUMA ⏱ 1 JOUR

Vanha Rauma, la vieille ville de **Rauma** (p. 180), est la plus grande ville en bois intacte de Scandinavie. Baladez-vous dans les rues pittoresques de ce site inscrit au Patrimoine mondial de l'Unesco, jetez un coup d'œil dans les boutiques, faites une pause dans un café et observez les artisans au travail dans leurs petits ateliers. Du mardi au samedi, tout est ouvert et bouillonnant de vie : essayez de venir à ce moment-là.

1 heure 15

6

TURKU ⏱ 1 JOUR

Descendez vers le sud jusqu'à **Turku** (p. 84). Avec son imposant château médiéval, sa cathédrale colossale et ses points de vue imprenables sur la baie, la plus vieille ville de Finlande (et techniquement sa première capitale) est un incontournable. Dans cette ville universitaire trépidante, profitez des concerts dans les pubs, des galeries d'art et des bons restaurants au bord de l'eau. Envie d'aller plus loin ? Prenez un ferry pour l'archipel d'Åland.

DE GAUCHE À DROITE : PYSTO_PHOTOGRAPHY/SHUTTERSTOCK ©, HARRY HYKKO/SHUTTERSTOCK ©, MARCO TALIANI DE MARCHIO/SHUTTERSTOCK ©

ITINÉRAIRES

L'appel de la nature

Durée : 12 jours

Distance : 1 420 km

Le nord de la Finlande mérite que l'on prenne tout son temps. Ces hautes terres sont la promesse de paysages sublimes, constellés de lacs étincelants et de forêts épaisses et abritant une faune très riche. Cet itinéraire est réalisable en une semaine, ou mieux, en deux, pour profiter d'encore plus d'activités en plein air.

Parc national de Koli (p. 164)

1

PARC NATIONAL DE KOLI
2 JOURS

Le **parc national de Koli** (p. 164), l'un des plus emblématiques du pays, est parfait pour prendre un bain de nature. Son point le plus haut (347 m) a inspiré de nombreux artistes du romantisme national. Ses forêts primaires sillonnées par 90 km de sentiers sont idéales pour randonner, observer la faune ou enfiler des raquettes ou des skis.

2 heures

2

KUHMO 2 JOURS

Cap au nord jusqu'à **Kuhmo** (p. 167), où l'observation des ours bruns est une fabuleuse expérience. La vaste taïga, qui s'étend jusqu'en Sibérie, est l'occasion de voir d'autres animaux (loups, lynx ou rennes sauvages). Marchez, nagez et pédalez à travers les paysages immaculés de Carélie.

***Détour** : découvrez la "capitale" du nord de la Finlande, **Oulu** (p. 193).*

4 heures

3

PARC NATIONAL D'OULANKA 2 JOURS

Plus au nord, le **parc national d'Oulanka** (p. 197) invite à d'ambitieuses randonnées. Le Karhunkierros (circuit de l'Ours), l'un des itinéraires les plus anciens du pays, traverse des paysages époustouflants. Vous pourrez aussi faire du canoë ou du rafting – et, en hiver, des raquettes et du ski de fond. Le soir venu, faites votre nid dans un refuge en pleine nature.

2 heures 30

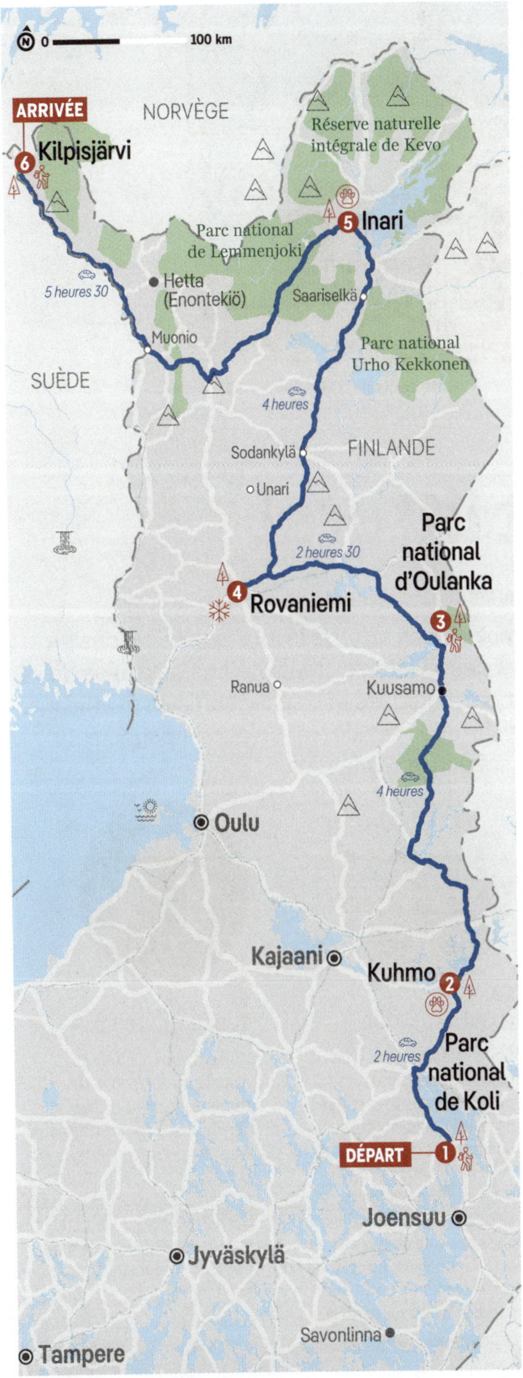

4 ROVANIEMI 2 JOURS

Gagnez **Rovaniemi** (p. 214), capitale de la Laponie et merveilleuse base pour les activités de plein air. Découvrez la nature arctique : visite d'élevages de rennes et de huskies en bord de lac, cueillette de baies et de champignons dans la forêt et observation de la faune, des élans par exemple. En hiver, croisez les doigts pour que le ciel soit dégagé, condition indispensable pour admirer des aurores boréales.

4 heures

5 INARI 2 JOURS

Capitale culturelle des Sami, le village lapon d'**Inari** (p. 222) est le théâtre d'aventures arctiques inoubliables. Au programme : circuits guidés dans la nature, visites d'élevage de rennes et nuits dans un chalet douillet. Écartez-vous encore plus des sentiers battus avec une incursion dans la nature préservée des parcs nationaux de Lemmenjoki et Urho Kekkonen.

5 heures 30

6 KILPISJÄRVI 2 JOURS

Partez vers le nord-ouest jusqu'à **Kilpisjärvi** (p. 235, photo). Niché entre le lac éponyme et de magnifiques *tunturi*, ce village est le plus septentrional du pays. Prenez le bateau au point de rencontre entre Finlande, Norvège et Suède, à l'ombre des montagnes norvégiennes. Au retour, marchez 11 km dans des paysages arctiques d'une beauté inouïe.

CI-DESSUS : HENRYBON/SHUTTERSTOCK ©

GRISHA BRUEV/SHUTTERSTOCK ©

Gare centrale d'Helsinki (p. 55)

ITINÉRAIRES

Villes et littoral

Durée : 7 jours **Distance :** 661 km

Que ce soit dans les domaines des arts, de la musique ou du design, les villes de Finlande sont des viviers de créativité. Les paysages de bord de mer font des décors magiques et inspirent artistes et artisans. Enfin, ne nous voilons pas la face : cet itinéraire s'accompagnera peut-être d'une ou deux soirées assez festives !

1

HELSINKI 2 JOURS

À **Helsinki** (p. 42), prenez une dose de vie citadine caractéristique de la Finlande : architecture audacieuse, fascinants musées et ateliers et boutiques du Design District. Régalez-vous de mets novateurs et sophistiqués. Les bars insolites sont la promesse de très bons moments.

1 heure 45

2

HANKO 1 JOUR

Souvent empreintes d'un glorieux passé, les villes modestes mais dynamiques comme **Hanko** (p. 106) sont nombreuses dans le Sud. Après avoir découvert son histoire militaire, agrémentez votre escapade d'un séjour dans une ancienne villa de tsar et d'un soin dans un spa. Au coucher du soleil, prenez un cocktail sur le port avant une soirée au pub.

2 heures

3

TURKU 2 JOURS

Dotée d'une vie étudiante animée, **Turku** (p. 84) est truffée de bars à l'ambiance conviviale où l'on peut assister à de nombreux concerts. Sous la halle du marché, la recette ancestrale de soupe de poisson guérit toutes les gueules de bois et vous remettra en selle pour découvrir l'époustouflante offre artistique et design de Turku.

1 heure 15

DE GAUCHE À DROITE : XSEON/SHUTTERSTOCK ©, TSUGULIEV/SHUTTERSTOCK ©, MAHMOUD SUHAIL/SHUTTERSTOCK ©

4

RAUMA ⏱ 1 JOUR

Rauma (p. 180), la plus grande vieille ville en bois de Scandinavie, mérite largement sa place au Patrimoine mondial de l'Unesco. Parmi les 600 maisons coquettes sont aménagés des cafés, des boutiques, des musées et des ateliers d'artisans.

***Détour :** découvrez l'atmosphère branchée de **Tampere** (p. 132), ses musées insolites, ses pubs et ses cafés.*

2 heures 30

5

HÄMEENLINNA ⏱ UNE DEMI-JOURNÉE

Plus vieille cité de l'intérieur de la Finlande, **Hämeenlinna** (p. 141) est parfaite pour recharger ses batteries. Ne manquez pas son château, un ancien bastion suédois, ainsi que ses musées. Elle fait aussi une très bonne étape entre Helsinki et Tampere.

***Détour :** explorez l'architecture d'Aalto à **Jyväskylä**, "l'Athènes finlandaise". (p. 157).*

1 heure 30

6

PORVOO ⏱ UNE DEMI-JOURNÉE

À moins de 50 km de l'aéroport d'Helsinki, **Porvoo** (p. 115) fait une excellente conclusion pour cet itinéraire. Arpentez ses ruelles pavées et admirez les entrepôts en bois en bord de fleuve. Accordez-vous un dernier repas dans l'un de ses nombreux restaurants de haut vol. Enfin, n'oubliez pas de glisser quelques boîtes de chocolats et d'autres souvenirs artisanaux dans vos bagages.

DE GAUCHE À DROITE : MIKKO LEMOLA/SHUTTERSTOCK ©, JANUS ORLOV/SHUTTERSTOCK, MCAJAN/SHUTTERSTOCK ©

QUAND PARTIR

De la magie des aurores boréales au camping dans l'un des pays scandinaves les plus ensoleillés, la Finlande ravit en toute saison.

Avec presque 200 termes pour désigner la neige, le sami évoque bien la variété climatique de la région. Dans le cercle polaire arctique, la terre des Sami connaît des périodes extrêmes, de 24 heures de lumière non-stop aux nuits polaires hivernales. Au sud, le climat de régions comme Åland est l'un des plus doux et ensoleillés d'Europe du Nord.

C'est en mars-avril que les aurores boréales sont les plus belles. Avril marque aussi le début des croisières et des fêtes côtières méridionales. En octobre, les ports s'assoupissent, et vous pourrez avoir les plages à vous. En hiver, la dépression saisonnière menace, car en décembre, le soleil de l'Arctique ne se lève jamais. Très arrosés, le sud et le centre du pays comptent juste 6 heures de jour quotidiennes.

Hébergement

Les prix varient peu au fil de l'année. Les campings proposent des séjours économiques, avec caravanes et chalets en été.

PAROLE D'HABITANT

SOLSTICE D'ÉTÉ

Artiste née à Helsinki, Isabella Chydenius a passé ses étés d'enfance à Hanko. @isabellachydenius

"En été, le matin, je commence par choisir la plage où aller à vélo. Bellevue offre une eau chaude peu profonde et des dunes pour se relaxer et lire entre deux crèmes glacées. Hanko est célèbre pour ses plages et ses villas, mais j'aime surtout ses falaises et m'asseoir sur ses gros rochers tout en rondeurs qui chauffent en été."

Rennes en Laponie (p. 209)

ANTEROVIUM ; PAGE DE DROITE : FUJILOVERS/SHUTTERSTOCK ©

DE LA LUMIÈRE EN PLEINE NUIT

De mi-mai à fin juillet environ, le soleil est encore visible à minuit dans le cercle arctique. C'est le fameux soleil de minuit qui assure juste 5 heures d'obscurité la nuit. À l'extrême nord, le soleil ne se couche pas du tout.

La météo au fil des mois (Helsinki)

JANVIER	FÉVRIER	MARS	AVRIL	MAI	JUIN
Temp. max. moyenne : **-2°C**	Temp. max. moyenne : **-2°C**	Temp. max. moyenne : **2°C**	Temp. max. moyenne : **8°C**	Temp. max. moyenne : **14°C**	Temp. max. moyenne : **18°C**
Jours de pluie : 12	Jours de pluie : 9	Jours de pluie : 8	Jours de pluie : 7	Jours de pluie : 7	Jours de pluie : 9

À LA RECHERCHE DES AURORES BORÉALES

Le meilleur moment pour admirer la symphonie lumineuse des aurores boréales (p. 260) en Laponie est entre 21h et 2h, en octobre, novembre et mars. Les anciens habitants de la région croyaient que les stries dans le ciel étaient dues à un renard géant qui balayait la toundra arctique avec sa queue.

Les grands rendez-vous

Lors de la **Juhannus** (Saint-Jean), la plus grande fête annuelle de Finlande, le pays s'arrête, et les gens se rendent dans des chalets pour célébrer le plus long jour de l'année avec des feux de joie et des danses. Sur les îles d'Åland, les villageois dressent des arbres de mai qu'ils parent de fleurs. **Juillet**

Le **festival d'opéra de Savonlinna** (p. 148) est l'un des plus célèbres festivals de Finlande, avec un mois de spectacles dans la cour couverte romantique du château d'Olavinlinna. **Juillet**

Sur une île au large de Turku, le festival de rock de **Ruisrock** (p. 88) met des noms prestigieux à l'affiche et réunit des milliers de spectateurs. **Juillet**

Les semaines avant Noël, les cabanes en bois des traditionnels **marchés de Noël** sur les places pavées des villes vendent des douceurs et décorations. L'occasion de prendre un *glögi* (vin chaud) dans le vieux centre de Porvoo. **Décembre**

Fêtes locales et festivals

La **Poro-Kuninkuusajot (Coupe du roi)** (p. 229), grande finale de la saison du championnat de courses de rennes, se tient à Inari, sur le lac d'Inarijärvi gelé. **Mars ou avril**

Traditionnellement, le **Vappuaatto** (Veille du 1er mai) et le **Vappu** (1er mai), festivités d'étudiants et d'actifs, marquent le début de l'été, avec mousseux à gogo et moult animations près des lacs et dans les parcs. **Avril à mai**

Lors de la **Journée nationale du paresseux**, ambiance carnavalesque avec danses, concerts, concours de pâtisserie, etc. dans la ville portuaire de Naantali, au sud, où les villageois s'arrosent avec de l'eau et se jettent dans la mer. **Juillet**

Le festival du film autochtone de **Skábmagovat** se tient à Inari, capitale sami de Laponie, avec 3 jours de projections dans un théâtre de glace en plein air. **Janvier**

PAROLE D'HABITANT

PASSE-TEMPS HIVERNAL

Vivant près de Rovaniemi, Irene Kangasniemi conçoit des bijoux et de la déco à partir de matériaux forestiers. @kangasniemihornwork

"J'adore les hivers avec plein de neige. Plus il y en a, meilleures sont les baies l'été suivant. Mon plat d'hiver favori est l'élan avec du *rieska* (pain d'orge sans levain). Cet animal mange des plantes de la forêt, comme des baies : lui aussi bénit l'hiver..."

Rieska **(pain d'orge)**

LE CHARME DES LACS

Le Finlandais moyen passe moins de 2 jours par an dans un hôtel, mais plusieurs semaines dans un chalet, et prend souvent ses vacances d'été en juillet. C'est alors l'affluence au bord de la mer et des lacs.

JUILLET	AOÛT	SEPTEMBRE	OCTOBRE	NOVEMBRE	DÉCEMBRE
Temp. max. moyenne : **21°C**	Temp. max. moyenne : **19°C**	Temp. max. moyenne : **14°C**	Temp. max. moyenne : **9°C**	Temp. max. moyenne : **4°C**	Temp. max. moyenne : **0°C**
Jours de pluie : 7	Jours de pluie : 10	Jours de pluie : 9	Jours de pluie : 10	Jours de pluie : 12	Jours de pluie : 12

CI-CONTRE : TSUGULIEV/SHUTTERSTOCK ©; À DROITE : ANDREAS RENTZ/GETTY IMAGES ©

Parc national d'Oulanka (p. 197)

AVANT DE PARTIR POUR LA FINLANDE

Nos recommandations pour bien se préparer.

Dans sa valise

Tenue décontractée : les Finlandais sont des gens pragmatiques. À Helsinki, la mode est au chic minimaliste et fonctionnel, avec une préférence pour les textiles durables.

Vêtements confortables : quand les températures grimpent, adoptez un style qui s'adapte aussi bien à la ville qu'au *mökki* (chalet d'été), avec des sandales confortables et une veste légère. Solides chaussures de marche indispensables.

Sous-couches : pour résister au climat hivernal finlandais, prévoyez de superposer les couches : sous-vêtements thermiques, chaussettes de laine, lainages, coupe-vent et anorak.

À savoir

Les Finlandais sont plutôt polis et réservés. Le silence ne leur pose aucun problème – nul besoin de meubler avec des banalités.

Ils adorent s'amuser. Leur réserve finit par s'atténuer, surtout après quelques bières.

Et leur humour décalé est légendaire. Autodérision et sarcasme bien placés sont très efficaces.

Maillots de bain : N'oubliez pas vos maillots. Au sauna, ils sont facultatifs, mais prenez tout de même des sandales pour les douches.

LIRE

Sisu : L'art finlandais du courage (Joanna Nylund ; 2018). Tout pour comprendre cette qualité emblématique de la Finlande.

Contes de la vallée de Moumine (Tove Jansson ; 1962). Un des livres des Moumines les plus populaires en Finlande et au-delà.

Dictionnaire insolite de la Finlande (Nicolas Redon ; 2019). Des traditions finlandaises les plus anciennes aux plus incongrues.

Kalevala (Elias Lönnrot ; 1835). Épopée nationale tirée de la tradition orale, chantant les origines du monde ou les techniques de brasserie artisanale.

Les Vaches de Staline (Sofi Oksanen ; 2003). Une mère et sa fille d'origine estonienne, dans la Finlande du XXe siècle.

Le Silence de Saida (Leena Lander ; 2014). Un épisode trouble de la guerre civile vu à travers l'histoire d'une famille.

Le Lièvre de Vatanen (Arto Paasilinna ; 1975). Les tribulations d'un journaliste et de son lièvre dans le Grand Nord.

Un pays de neige et de cendres (Petra Rautiainen ; 2022). Une journaliste découvre ce que les Sami ont subi pendant la Seconde Guerre mondiale.

En quelques mots

'hei' (hay) : "bonjour"
'näkemiin' (na·ke·miin) : "au revoir"
'hyvää päivää' (hy·vah pai·vah) : "bonne journée"
'hauska tavata' (haou·ska ta·va·ta) : "ravi.e de vous rencontrer"
'kiitos (paljon)' (kii·tos (pouhl·yon)) : "merci (beaucoup)"
Au restaurant, commandez avec **'saisinko...'** (saï·sin·ko) "je voudrais..."
'pullon (olutta)' (poul·lone (o·lout·ta)) : "une bouteille (de bière)"
'(kupin) kahvia' (kou·pine) kah·vi·ah) : "(une tasse de) café"
'(kupin) teetä' (kou·pine) tay·ta) : "(une tasse de) thé"
'kippis!' (kip·pis) : "santé !"
Au sauna, **'kauha'** (kaou·ha) est la louche, la vapeur se dit **'löyly'** (louy·ly). Les rameaux utilisés pour se fouetter se disent **'vasta'** (vas·ta) à l'est du pays et **'vihta'** (vih·ta) ailleurs.
'kalsarikännit' (kal·sarii·kahn·it) : boire (et s'enivrer) chez soi sans pantalon.
'sisu' (si·sou) : un trait de caractère qui peut se traduire par "avoir des tripes", ou la ténacité nécessaire pour survivre aux difficultés.
'kaamos' (kaa·mos) : la nuit polaire.
'kuksa' (kouk·sa) : un gobelet de bois traditionnel pour boire en plein air.

VOIR

Leningrad Cowboys Go America (Aki Kaurismäki, photo ; 1989) L'odyssée américaine d'un groupe de rock sans public. Un film mythique !

Divorce à la finlandaise (Mika Kaurismäki ; 2009). Un couple essaie de sauver son mariage.

L'Autre Côté de l'espoir (Aki Kaurismäki ; 2017) Le parcours d'un réfugié syrien à Helsinki.

Compartiment n°6 (Juho Kuosmanen ; 2021). Partie en train pour un site archéologique près du cercle arctique russe, une Finlandaise doit partager son compartiment avec un inconnu.

Lapons (Markku Lehmuskallio et Anastasia Lapsui ; 2007) L'identité sami aujourd'hui.

ÉCOUTER

Music Finland (musicfinland.com). La musique finlandaise sous toutes ses formes (articles, infos sur les artistes et calendriers de concerts).

Musiques traditionnelles revisitées Les harmonies vocales des chanteuses de Varttinä ou l'accordéon de Maria Kalaniemi.

Mún (Wimmi ; 2009) Natif de Kelottijärvi, Wimme Saari explore le joik, tradition vocale sami au rythme hypnotique.

Sibelius : Finlandia (Thomas Søndergard ; 2018) Le poème symphonique de Jean Sibelius qui façonna l'identité nationale joué par un orchestre moderne.

FANFO/SHUTTERSTOCK ©

Cuisine traditionnelle finlandaise

À TABLE !

Les lacs et forêts qui dominent la Finlande influencent aussi sa cuisine : préparez-vous à des saveurs authentiques.

Ces dernières années, les chefs finlandais ont su réinventer la gastronomie traditionnelle, tout en respectant ses fondements. Cette ambition ne se limite pas aux restaurants étoilés d'Helsinki : partout dans le pays, des manoirs de campagne, des restaurants et des hôtels proposent le meilleur des ingrédients locaux, souvent dans des décors de charme.

Que vous commandiez des fruits de mer, de la viande ou des légumes, la simplicité et la saisonnalité priment avant tout.

Imaginez un colin pêché localement, des fraises d'été, des champignons glanés en forêt ou encore de la viande de renne ou d'élan, le tout sur un fumet d'épicéa, et vous voici au cœur de la cuisine finlandaise.

Les marchés couverts comme ceux d'Helsinki, de Tampere, de Turku ou de Kuopio proposent toujours des plats traditionnels finlandais, du corégone (poisson d'eau douce), des roulés à la cannelle ou encore une tarte carélienne avec un café, mais de plus en plus de stands servent aussi des versions revisitées de ces classiques, ou même des spécialités des quatre coins du monde.

Traditions culinaires finlandaises

La cuisine maison finlandaise est plutôt simple, de copieux ragoûts de viande de l'hiver ou du sandre frit accompagné de délicates pommes de terre nouvelles en été.

Beaucoup de Finlandais cultivent leurs baies et leurs pommes ; en automne, ils les transforment en confitures et en jus pour l'hiver à venir. La chasse perdure, même si celles au renne et à l'ours sont

Les essentiels

KARJALANPAISTI
Viande et légumes en ragoût accompagnés de pommes de terre.

LOHIKEITTO
Soupe de saumon à l'aneth, au bouillon clair ou crémeux.

KESÄKEITTO
Soupe estivale aux légumes de saison, comme le petit pois et le chou-fleur.

très restreintes (les braconniers encourent de lourdes amendes). La cueillette est aussi populaire, et plus d'un congélateur se voit rempli de myrtilles ou de baies d'argousier.

La cueillette n'est pas une tendance passagère en Finlande, mais un art qui se transmet de génération en génération. Les visiteurs peuvent facilement y participer car cette activité est proposée dans tout le pays.

Les techniques de confection du pain se perpétuent également entre générations. Certaines familles lèguent même leur souche de levain de seigle ou de pain blanc à la génération suivante.

Manger éthique

Helsinki est un havre de la gastronomie responsable, la ville ne manquant pas d'options végétariennes et véganes, tout comme d'autres grandes villes comme Turku et Tampere. Les bourgades plus reculées disposent parfois d'un surprenant choix d'options, mais si vous recherchez un bon plat végan, vous risquez d'être le plus souvent déçu.

Dans les régions rurales comme celles du lac Saimaa, la Laponie, la Carélie et l'archipel d'Åland, si les établissements végans se font rares, l'accent est mis sur le local et le bio. Les restaurants servent du poisson, de la viande, des légumes et des baies du coin dans des décors pittoresques.

Cueillette en Finlande

Pour réduire son impact sur l'environnement, la Finlande s'efforce aussi de limiter le gaspillage. À Helsinki, les restaurants misant sur le zéro-déchets comme Nolla ("zéro" en finnois) donnent l'exemple. L'application ResQ permet d'acheter les surplus de nourriture des restaurants à prix réduit. Elle couvre toute la Finlande, d'Helsinki à Ivalo en Laponie.

ÉVÉNEMENTS CULINAIRES

Foire au hareng de la Baltique (*silakkamarkkinat.fi ; début octobre*) Le marché du centre-ville d'Helsinki combine atmosphère traditionnelle et audace gastronomique pour un joyeux hommage au hareng.

Kuopio Wine Festival (*kuopiowinefestival.fi ; fin juin – début octobre*) Le plus grand festival gastronomique et viticole de Finlande, dans le port de Kuopio.

Ahvenanmaan sadonkorjuujuhlat (*skordefest.ax ; septembre*) La fête des vendanges des îles d'Åland célèbre les produits locaux avec la participation de restaurants, brasseries et fermes.

Hillamarkkinat (*hillamarkkinat.fi ; août*) Capitale officieuse de la mûre arctique lapone, Ranua organise un festival pour cet "or de Laponie" le premier week-end d'août.

Smaku (*smakufestivals.com ; dates variées*) Dans les charmantes villes de bois de Porvoo, Loviisa et Naantali, les restaurants locaux servent des plats entre 5 et 7 € seulement.

PORONKÄRISTYS
Sauté de renne sami, servi avec airelles et concombres marinés.

PAISTETUT MUIKUT
Petit poisson roulé dans de la farine de seigle et frit au beurre.

GRAAVILOHI
Fines tranches de saumon fumé, souvent servies avec du pain de seigle.

LIHAPULLAT
Boulettes de viande accompagnées de purée de pommes de terre et d'airelles.

PANNUKAKKU
Épaisse crêpe cuite au four, servie avec de la confiture et de la crème.

Spécialités

Sucrée ou salée, la cuisine finlandaise a tout pour plaire.

En-cas

Lihapiirakka, lörtsy : tourte frite farcie de viande hachée et de riz
Omenalörtsy : comme ci-dessus mais fourrée à la confiture de pommes
Ruisleipä : pain de seigle
Ahvenanmaan mustaleipä : pain noir sucré et malté d'Åland
Ohrapuuro : porridge d'orge perlé mijoté toute une nuit
Kalakukko : pain de seigle farci au corégone ou à l'omble et au lard
Karjalanpiirakka : tarte en forme de pirogue fourrée de riz
Munavoi : œufs durs et beurre servis avec la *karjalanpiirakka*
Rönttönen : tartelette carélienne à la pâte d'orge ou de seigle, farcie de pommes de terre sucrées et de baies
Kaalikääryle : feuilles de choux cuites fourrées de viande hachée et de riz
Viili : lait fermenté aigre, servi avec de la confiture ou du sucre et de la cannelle

Plaisirs sucrés

Leipäjuusto : fromage à pâte dure au lait de vache servi chaud ou froid avec de la confiture de mûre arctique

Korvapuusti

Mustikkakukko : tarte aux myrtilles sur une pâte de seigle
Korvapuusti : roulé à la cannelle
Munkki : beignet à la confiture
Lakkakakku : génoise avec des mûres arctiques et de la crème, parfois recouverte de caramel

Pour les curieux

Mustamakkara : boudin accompagné de confiture d'airelles
Salmiakki : réglisse salée
Salmiakkisnapsi : Mélange de vodka, d'extrait de réglisse et de chlorure d'ammonium
Mämmi : dessert de Pâques à base de farine et de malt de seigle, servi avec de la crème et du sucre

TABLES D'EXCEPTION

Laanilan Kievari (p. 230) Dans ce chalet près de Saariselkä, on cuisine le renne, l'élan et le poisson avec talent et créativité.

Finnjävel (p. 73) Ce restaurant étoilé d'Helsinki propose des spécialités de Finlande revisitées.

Kalaliike S Wallin (p. 87) La deuxième plus ancienne poissonnerie du pays (1896) se cache dans le marché couvert de Turku.

Manoir de Tertti (p. 148) L'hospitalité des manoirs finlandais dans un cadre rustique.

Kolin Ryynänen (p. 165) Près du parc national de Koli, ce gastropub propose des *mustikkakukko* dans une ambiance chaleureuse typiquement carélienne.

Sydvest (p. 178) Ingrédients locaux et exotiques se mêlent à merveille dans cet élégant bistrot du vieux Rauma.

UNE ANNÉE DANS L'ASSIETTE

PRINTEMPS

Le printemps démarre avec la fête du 1er mai (*Vappu*), quand les Finlandais en pique-nique dégustent du *sima*, un soda fermenté au citron, et des beignets tout droit sortis du four.

ÉTÉ

L'arrivée de l'été coïncide avec celle des fraises sur les marchés, en juin. Goûtez des sandres fraîchement pêchés avec des pommes de terre nouvelles.

AUTOMNE

Les Finlandais parcourent les forêts pour ramasser les dernières chanterelles, baies d'argousier, airelles et baies de genièvre.

HIVER

En décembre, les marchés de Noël proposent des spécialités de saison, comme le *glögi*, version finlandaise du vin chaud, qui s'accompagne de raisins, d'amandes et, pour les plus grands, de vodka.

À droite : Cafe Regatta, Helsinki (p. 69)

REGATTA
OPEN
CAFE
Have a Happy day

Parc national de Repovesi (p. 156)

ACTIVITÉS DE PLEIN AIR

Longue de 1 157 km pour 540 km de large, la Finlande offre des paysages diversifiés, des lacs au sud à des collines et chutes d'eau au nord.

Territoire aux trois quarts boisés et parsemé de 188 000 lacs, la Finlande s'apparente presque à un parc de loisirs géant pour les amateurs d'activités de plein air. Cela peut aller d'une rando à la journée depuis Helsinki dans le parc national de Nuuksio à un trek de plusieurs jours, où vous pourrez bénéficier du *jokamiehenoikeus* ("le droit de tout un chacun"), un droit coutumier qui autorise tout le monde à circuler à pied, à skis ou à vélo, dans les forêts et les zones naturelles, y compris sur des propriétés privées dès lors que l'on adopte une attitude responsable.

Randonnée

Les forêts de conifères séculaires, l'air pur et les lacs et rivières constituent un cadre de rêve pour la randonnée. Marcher dans la nature fait partie de l'identité finlandaise et, si l'on en croit les statistiques qui placent toujours la Finlande parmi les nations les plus heureuses du monde, favoriserait même le bonheur !

La période idéale pour la rando va de mai à octobre… à condition d'avoir un bon anti-moustiques en été. La symphonie des couleurs automnales s'ouvre en Laponie début septembre et s'achève au sud de la Finlande vers début octobre.

À l'affût de la vie sauvage

OURS
Passez une nuit dans une cabane ou un chalet aux environs de **Kuhmo** (p. 167) dans l'est du pays : vous verrez peut-être un ours.

OISEAUX
L'**île de Kylmäpihlaja** (p. 184) dans l'archipel de Rauma accueille 28 espèces d'oiseaux nicheurs.

PHOQUES
Un éco-circuit en bateau dans l'**archipel de Saimaa** (p. 147) permet de voir des phoques annelés de Saimaa, menacés d'extinction.

EN FAMILLE

Louer un kayak ou un paddle au **Cafe Regatta** (p. 69) permet de longer la côte d'Helsinki. En hiver, terminez votre marche sur la glace en beauté par un chocolat chaud avec un roulé à la cannelle.

Le phare de l'**île de Hailuoto** (p. 196), site estival d'Oulu, est une visite originale.

Les enfants adoreront **rencontrer les Moumines** à **Muumimaailma** (p. 91). En hiver, le site reste ouvert... mais sans eux.

Le village du Père Noël (p. 219) permet de croiser celui-ci et de faire du traîneau tiré par des rennes.

Le zoo de Ranua (p. 220) héberge ours bruns, lynx, renards polaires, etc.

Objectif détente sur la **plage d'Yyteri** (p. 186) de 6 km, avec équitation, trampoline aquatique, Accrobranche, etc.

Les 41 parcs nationaux du pays couvrent plus d'un million d'hectares de terres, et chaque grande ville en a un ou deux à ses portes.

En Laponie, la nature sauvage de l'Arctique est reine, avec de grandes tourbières et des collines nues. Le Sud est davantage une région de lacs paisibles, bordés de ravissantes forêts de pins, épicéas et bouleaux.

Un réseau étendu de refuges (p. 232) facilite les randos de plusieurs jours : c'est une chance unique pour découvrir la Finlande et l'un des meilleurs endroits d'Europe où observer les ours.

Le camping est interdit dans les jardins publics et sur les plages et, dans les parcs nationaux et les réserves naturelles, souvent limité à des emplacements dédiés. Il est interdit de faire du feu sur une propriété privée, à moins que le propriétaire ne vous en ait donné la permission. Dans les parcs nationaux, les endroits prévus pour les feux de camp sont signalisés (*nuotiopaikka*), tout comme les risques d'incendie : *metsäpalovaroitus* signifie qu'ils sont très élevés. Il est interdit d'abattre des arbres ou de couper des branches pour faire du feu : utilisez du bois déjà à terre.

Sports de neige

Un paysage blanc de neige comme il y en a de fin novembre à avril au sud de la Finlande, et d'octobre à mai en Laponie, a quelque chose d'hypnotique. Les pentes de Laponie, comme celles d'Ounasvaara près de Rovaniemi, procurent leur dose d'adrénaline aux skieurs, tandis que les pistes de fond sillonnent le pays, en ville ou à la campagne.

Hôtels et locations proposent des raquettes pour se promener plus tranquillement. Vous pouvez aussi vivre une expérience inoubliable en parcourant les paysages lapons dignes des cartes de Noël dans un traîneau tiré par des rennes ou des huskies. Plus au sud, les sommets du parc national de Koli se prêtent à des activités semblables.

LES MEILLEURS SPOTS

Pour les meilleurs circuits et activités de plein air, voir p. 38.

Sports aquatiques

Les lacs, rivières et rapides de Finlande offrent quantité d'options pour une aventure aquatique. Des kayaks, canoës et paddles sont à louer partout dans le pays, du centre-ville d'Helsinki aux contrées sauvages de Laponie. Si vous êtes moins sportif, vous pouvez embarquer sur un bateau à vapeur à Savonlinna pour voguer sur les lacs et canaux de la région des lacs. Quand ceux-ci sont gelés – de décembre à avril, à peu près –, toutes les grandes villes du pays, certains hôtels et des chalets en location proposent d'autres activités, notamment la pêche dans des trous de glace et, pour les plus téméraires, la baignade.

ÉLANS
À **Rovaniemi** (p. 219), Lapland Welcome propose un circuit nature consacré à l'observation d'élans et à la photo animalière.

FERMES DE RENNES
Près de la pointe nord de la Laponie, la ferme de rennes sami d'**Inari** (p. 229) permet de les approcher et en explique l'élevage.

ENCORE DES OURS
Ruka (p. 201), la station de ski la plus populaire de Finlande, propose des circuits organisés pour observer des ours.

PLONGEONS CATMARINS
Ces oiseaux vivent en nombre sur une falaise d'**Olhavanvuori** dans le **parc national de Repovesi** (p. 156).

LES MEILLEURS SPOTS

Notre sélection d'activités de plein air.

Activités hivernales

1. Ski à Ruka (p. 201)
2. Balade en traîneau à Rovaniemi (p. 214)
3. Ski de fond à Kiilopää (p. 234)
4. Randonnée à raquettes à Kuhmo (p. 167)
5. Baignade dans un trou de glace à Helsinki (p. 58)

Pour voir des aurores boréales

1. Saariselkä (p. 232)
2. Rovaniemi (p. 214)
3. Inari (p. 222)
4. Ruka (p. 201)

Parcs nationaux

1. Parc national Urho Kekkonen (p. 233)
2. Parc national d'Oulanka (p. 197)
3. Parc national de Hossa (p. 203)
4. Parc national de l'archipel d'Ekenäs (p. 113)
5. Parc national de Nuuksio (p. 54)

Activités aquatiques
1 Canoë à Saariselkä (p. 233)
2 Saimaa Canoeing (p. 149)
3 Bateau dans le parc national de Lemmenjoki (p. 230)
4 Kayak dans l'archipel de Rauma (p. 184)
5 Bateau à vapeur de Savonlinna (p. 148)
Randonnée
1 Kilpisjärvi (p. 235)
2 Pieni Karhunkierros (p. 198)
3 Mäkrän kierros (p. 165)
4 Korpinkierros (p. 156)
5 De Njurgulahti à Ravadasköngäs (p. 231)
Umeå
Kokkola
Jakobstad
Björköby
Vaasa
Ylivieska
Kalajoki
Pyhäntä
Kajaani
Kuhmo
Haapajärvi
Lestijärvi
Kaustinen
Sonkajärvi
Nurmes
Lieksa
Pihitpudas
Pielinen
Viitasaari
Kuopio
Seinäjoki
Närpes
Alavus
Saarijärvi
Suonenjoki
Joensuu
Kristinestad
Virrat
Jyväskylä
Varkaus
Pieksämäki
RUSSIE
Parkano
Jämsä
Savonlinna
Puulavesi
Mikkeli
Saimaa
Pori
Orivesi
Tampere
Huittinen
Heinola
Imatra
Rauma
Hämeenlinna
Lahti
Lappeenranta
Lac Ladoga
Uusikaupunki
Forssa
Kouvola
Riihimäki
Kotka
Åland
Turku
SUÈDE
Porvoo
Mariehamn
Ekenäs
HELSINKI
Saint-Pétersbourg
Hanko
Mer d'Åland
Golfe de Finlande
ESTONIE

NBLX/SHUTTERSTOCK ©

FINLANDE

SUR LA ROUTE

Les chapitres de cette partie s'organisent autour des sites essentiels, qui pourront vous servir de base pour partir à la découverte des environs. Vous y trouverez toutes nos recommandations ainsi que des conseils d'habitants de la région pour vivre des expériences uniques.

HELSINKI

DE CHALEUREUX QUARTIERS DANS LA FRAÎCHEUR NORDIQUE

En toute décontraction, la capitale finlandaise est en train de devenir une référence de la gastronomie et du design, tandis que la prédominance de la nature au quotidien continue d'attirer les visiteurs.

Quand l'architecte prussien Carl Ludwig Engel vint pour la première fois à Helsinki en 1816, la ville comptait à peine 4 000 habitants. Sept ans plus tôt, la Russie avait annexé la Finlande, après plus de 600 ans sous domination suédoise, et le tsar Alexandre Ier avait alors décidé d'abandonner Turku comme capitale au profit d'une ville plus proche. Il choisit Helsinki et embaucha Engel pour rénover les bâtiments. Les lieux déplaisaient à l'architecte, mais il avait une mission : créer une capitale digne de ce nom pour le grand-duché de Finlande.

Finalement, Engel resta à Helsinki bien malgré lui jusqu'à sa mort, et construisit près de 30 édifices. Une cinquantaine d'années plus tard, le nombre d'habitants était passé à 70 000, et d'autres types de bâtiments commencèrent à voir le jour, tels que la gare ferroviaire centrale, conçue par Eliel Saarinen, et le magasin Stockmann, le plus grand de ce genre dans les pays nordiques, œuvre de Sigurd Frosterus. Ce fut aussi l'émergence du Jugendstil (Art nouveau), entre l'architecture néoclassique d'Engel et ces créations du début du XXe siècle.

Toutes ces constructions imposantes ne sont toutefois qu'une toile de fond, car dans cette cité balnéaire qui compte plus de 130 km de côtes et pléthore de promenades en bord de mer, de pistes cyclables, de plages et de cafés, la vie des habitants est surtout marquée par le littoral et les 300 îles alentour, propices à des échappées nature hors de la ville. Les nombreux parcs d'Helsinki, du très chic Esplanadi aux petits îlots de verdure de quartier, sont aussi des lieux où souffler.

Ces dernières décennies, la capitale a également changé radicalement de visage. Outre une nouvelle architecture, de la spectaculaire bibliothèque Oodi, élue meilleure bibliothèque publique en 2019, à l'incontournable musée souterrain Amos Rex, l'ambiance a évolué vers plus de diversité : festivals à l'ambiance enjouée, restaurants gastronomiques, cafés animés, etc. Peut-être Engel s'y sentirait-il mieux et plus heureux aujourd'hui.

QUARTIERS PRINCIPAUX

CENTRE-VILLE, KRUUNUNHAKA ET KATAJANOKKA
Art nouveau et scène artistique. p. 48

EIRA, ULLANLINNA ET KAIVOPUISTO
Cadre balnéaire prestigieux. p. 56

PUNAVUORI, KAMPPI ET HIETALAHTI
Quartiers branchés. p. 61

TÖÖLÖ, KALLIO ET KAISANIEMI
Plages, baies et ambiance bohème. p. 68

Dans le centre-ville d'Helsinki (p. 48)

S'orienter

Helsinki ne compte "que" 650 000 habitants, mais elle est physiquement très étendue pour qui veut la visiter à pied. Elle est heureusement très bien desservie par des transports en commun rapides. Cette carte vous aidera à vous repérer parmi les principaux quartiers et curiosités de cette ville balnéaire sillonnée de grands boulevards et constellée de parcs.

DEPUIS L'AÉROPORT

Depuis la station de métro de l'aéroport, il faut une demi-heure pour arriver au centre-ville, et presque autant en voiture, mais un peu plus de 40 min avec le bus n°600.

À PIED

Il est très agréable de découvrir Helsinki à pied, car elle est presque totalement plate. Si vous êtes prêt pour de longues marches urbaines, chaussez vos baskets pour visiter le centre-ville, tant il y a de choses à voir.

MÉTRO

Les métros rétro orange d'Helsinki vous permettent de passer d'un côté à l'autre de la ville en quelques minutes. Pour explorer les quartiers en périphérie, il suffit de prendre un train depuis la gare centrale.

TRAM

Les trams sont une bonne option pour réduire les temps de marche, car les lignes n°s 2, 3, 6 et 7 mènent en un éclair à beaucoup de curiosités majeures. Ainsi, la n°2 passe par le Vanha Kauppahalli, les places du Marché et du Sénat, le musée d'art Amos Rex et Kamppi.

Planifier son séjour

Musées d'art passionnants, cafés charmants, saunas en bord de mer et bien d'autres curiosités vous attendent à Helsinki après votre petit café du matin !

NOWACZYK/SHUTTERSTOCK ©

Cathédrale d'Helsinki (p. 48)

JOUR 1

Matin

- Commencez au restaurant **Story** (p. 51) du marché couvert, avant de rejoindre la place du Sénat, dominée par la **cathédrale luthérienne d'Helsinki** (p. 48), puis d'enchaîner avec une balade dans le **parc de l'Esplanadi** (p. 49), avant de déjeuner dans le rutilant **Kappeli** (p. 49).

Après-midi

- Prenez un ferry pour **Suomenlinna** (p. 52) et, après la visite des musées et fortifications de l'île, offrez-vous un roulé à la cannelle au **Cafe Silo** (p. 53) avant de rentrer.

Soir

- Pour bien finir la journée, optez pour un dîner au restaurant zéro déchet **Nolla** (p. 66) de Punavuori, suivi d'un cocktail au **Bar Mate** (p. 67).

VOUS AIMEREZ AUSSI...

Découvrir les pépites de chaque quartier, la ferveur déclenchée par un match de hockey ou une séance de cinéma insolite.

LE FEU DU HOCKEY SUR GLACE

De septembre à mars, la SM-liiga (championnat élite finlandais) enflamme le Helsingin Jäähalli.

LES SCIENCES FACILES

Au centre des sciences Heureka de Vantaa, près d'Helsinki, petits et grands apprennent en s'amusant.

DU GRAND 7e ART

Bar-restaurant et fauteuils en velours pour le cinéma le plus hédoniste d'Helsinki : le Riviera, à Kallio et Punavuori.

DE GAUCHE À DROITE : AIJA LEHTONEN/SHUTTERSTOCK ©, ELINA/SHUTTERSTOCK ©, RIVIERA/MIKKO RASKINEN ©

JOUR 2

Matin

- Rien de tel qu'un petit-déjeuner à la **Way Bakery** (p. 73), boulangerie réputée de Kallio, avant de s'amuser au grand huit en bois du **parc d'attractions Linnanmäki** (p. 72). De là, vous pouvez prendre le tram n°3 ou 9 pour le **musée d'art Ateneum** (p. 50) et le **musée d'art contemporain Kiasma** (p. 50), puis déjeuner au **Finnjävel Sali** (p. 73).

Après-midi

- Sur votre lancée artistique, visitez **Taidehalli** (p. 71), dédié à l'art, à l'architecture et au design finlandais contemporains, avant de retrouver un peu de calme et de sérénité à l'**église Temppeliaukio** (p. 71).

Soir

- De retour à Kallio, offrez-vous un bain de chaleur au **sauna Kotiharjun** (p. 73) et dînez au **Konepaja** (p. 72), tout près, avec hôtel, restaurants et le bar **Loi Loi** (p. 72) en toit-terrasse.

JOUR 3

Matin

- Commencez par un café-croissant au **Ekberg** (p. 66), le plus vieux café d'Helsinki, puis descendez au musée **Amos Rex** (p. 61), avant de rejoindre la **bibliothèque Oodi** (p. 55) et de déjeuner au **marché couvert de Hietalahti** (p. 64).

Après-midi

- Partez en balade à la découverte de **Punavuori** (p. 61), ses boutiques design, ses galeries d'art et les magasins vintage d'**Iso Roobertinkatu** (p. 62). Montez ensuite au parc **Tähtitorninvuori** (p. 57), dans le quartier voisin d'Ullanlinna, pour la vue sur la place du Marché et le dôme bleu turquoise de la cathédrale.

Soir

- Après un dîner au **Spis** (p. 54), pourquoi ne pas oser un cocktail au *speakeasy* **Trillby & Chadwick** (p. 48) ?

LES MOUTONS FANTÔMES

Jolie visite que la réserve naturelle de Lammassaari ("île des moutons"), mais il n'y a pas un seul ovin !

L'ART DANS LA RUE

Les plus belles œuvres de street art bordent la voie piétons/vélos de Baana entre le musée Kiasma et Ruoholahti.

D'EXQUISES SAVEURS

À Kalasatama, près des anciens abattoirs, les restaurants de Teurastamo chatouillent les papilles.

L'ÎLE DU ZOO

De juin à août, un ferry mène à l'île de Korkeasaari, sur laquelle se trouve un zoo ; sinon, le métro (n^{os}1, 2) et le bus (n°16) passent tout près.

DE GAUCHE À DROITE : VERNAIO/SHUTTERSTOCK ©, ESTAM/SHUTTERSTOCK ©, EMMA LIPASTI/SHUTTERSTOCK ©, KEKYALYAYNEN/SHUTTERSTOCK ©

CENTRE-VILLE, KRUUNUNHAKA ET KATAJANOKKA

ART ET HISTOIRE

À voir les somptueux édifices de Kruununhaka, comment imaginer qu'en 1640, lorsque le comte suédois Per Brahe, gouverneur général de Finlande, y transféra Helsinki depuis son site original, à 6 km de là, la région était juste un modeste port et servait de pâturages pour les chevaux de la Couronne ? Aujourd'hui, nombre des curiosités majeures de la capitale sont réunies dans trois quartiers contigus qui se visitent aisément à pied : Kruununhaka, le centre-ville (composé de Kluuvi et Kaartinkaupunki) et Katajanokka. L'activité touristique se concentre autour de la place du Sénat et de son fleuron, la cathédrale luthérienne, et près du parc de l'Esplanadi. Bordé de cafés et restaurants coquets, celui-ci s'étend vers Katajanokka et ses bâtiments résidentiels, parmi lesquels des exemples d'architecture Art nouveau de renommée mondiale.

Pour les infos pratiques, voir le Carnet d'adresses p. 74

À SAVOIR

Certaines curiosités phares d'Helsinki se situent sur l'île de Katajanokka, reliée au continent par des ponts. Des quartiers Art nouveau vous y attendent et le port au nord de l'île abrite des restaurants, des cafés, ainsi qu'un quai destiné aux brise-glaces.

Cathédrale d'Helsinki

Cathédrale d'Helsinki

ARCHITECTURE GRANDIOSE EN CENTRE-VILLE

Dominant la place du Sénat, **Tuomiokirkko**, la cathédrale luthérienne de style néoclassique, a été réalisée sur les plans de Carl Ludwig Engel en l'honneur du tsar Nicolas Ier, grand-duc de Finlande. Mort en 1840, l'architecte n'a jamais vu son ouvrage achevé (en 1852). Sur le toit, les statues en zinc des 12 apôtres veillent sur la ville. L'intérieur possède peu d'ornements, hormis un retable et trois statues des figures de la Réforme : Martin Luther, Melanchthon et Mikael Agricola.

Trillby & Chadwick

CADRE HISTORIQUE

La Katariinankatu pavée qui descend de la cathédrale d'Helsinki mène au Trillby & Chadwick, *speakeasy* à l'intérieur tamisé, au décor inspiré de la littérature policière du XIXe siècle, aux canapés et fauteuils confortables. Les téléphones sont rétro, et il y a une histoire captivante derrière chaque cocktail.

Katariinankatu

INCONTOURNABLES	VOIR	ACTIVITÉS	PRENDRE UN VERRE ET FAIRE LA FÊTE
1 Esplanadi **2** Musée d'art Ateneum **3** Musée d'art contemporain Kiasma **4** Suomenlinna	**5** Cathédrale d'Helsinki **6** Musée de la Ville d'Helsinki	**7** Bibliothèque Oodi **8** Piscine de mer Allas **SE RESTAURER** **9** Vanha Kauppahalli	**10** Trillby & Chadwick

Parc de l'Esplanadi

L'ÉLÉGANT PARC D'HELSINKI

Surnommé **"Espa"** par les habitants, ce long rectangle s'étend le long de quatre pâtés de maisons entre la place Erottaja à l'ouest et la *Kauppatori* (place du Marché) à l'est. Conçu par l'architecte Carl Ludwig Engel et inauguré en 1818, c'est l'un des espaces verts préférés des habitants. D'élégants magasins, cafés et restaurants bordent les rues Pohjoisesplanadi (Esplanadi nord) et Eteläesplanadi (Esplanadi sud). À l'extrémité est se dresse un kiosque à musique, devant le superbe café **Kappeli** aux immenses baies vitrées et aux chandeliers étincelants. À la fin du XIXe siècle et au début du XXe, le parc fut l'épicentre d'un mouvement culturel national qui vit la langue et l'identité culturelle finnoises commencer à s'affirmer face aux cultures suédoise et russe. Du compositeur Jean Sibelius au peintre Akseli Gallen-Kallela, les artistes avaient l'habitude de se réunir au Kappeli, qui fait désormais figure d'institution sacrée pour les habitants et les visiteurs – d'ailleurs *kappeli* signifie "chapelle" en finnois.

LONNA

En été, la petite île de Lonna, juste au large de Suomenlinna, fait vraiment une excursion plaisante depuis Helsinki. Son sauna public dans un loft en bois offre une belle vue sur la mer, où l'on peut s'offrir un plongeon revigorant. Ouvert du mardi au samedi (il vaut mieux réserver), le sauna est mixte, avec des vestiaires hommes, femmes et unisexe. Le port du maillot de bain est optionnel. Le ferry (10 min), géré par Suomen saaristokuljetus, part de Kauppatori (place du Marché).

KIEV.VICTOR/SHUTTERSTOCK ©

Musée d'art Ateneum

Musées d'art Ateneum et Kiasma

DEUX FLEURONS DE LA GALERIE NATIONALE DE FINLANDE

En face de la gare ferroviaire centrale d'Helsinki, le **musée d'art Ateneum** bâti en 1887 offre une formation accélérée sur l'art finlandais grâce à sa collection, la plus grande du pays, qui va du rococo du XVIIIe siècle aux courants artistiques du XXe siècle. Des œuvres finlandaises célèbres, dont des scènes du parc national de Koli par Eero Järnefelt, des peintures inspirées de l'épopée nationale du *Kalevala* par Akseli Gallen-Kallela et des portraits saisissants d'Helene Schjerfbeck, côtoient les chefs-d'œuvre de peintres allant de Paul Cézanne à Edvard Munch.

Icône de l'Helsinki moderne, l'éclatant bâtiment métallique du **Kiasma** a été achevé en 1998 sur les plans de l'architecte américain Steven Holl. Fasciné par la lumière naturelle de la Finlande, Holl utilisa du zinc courbé, de l'aluminium, du laiton et du verre pour la capturer dans la façade incurvée du bâtiment et façonna des murs en plâtre blanc pour la diffuser. Le musée possède une collection d'art contemporain finlandais et international. Il propose des expositions tournantes, réalisées à partir de sa collection de plus de 8 500 œuvres. Avec un programme riche en événements, de nombreux ateliers pour les enfants, un café et de belles pelouses, il est un point de convergence de la vie culturelle et sociale de la ville.

NU OU PAS ?

En Finlande, la nudité au sauna ne véhicule aucune connotation sexuelle. Si le port du maillot de bain ou d'une serviette peut parfois susciter quelques sourires amusés, les Finlandais n'en respectent pas moins les différences de chacun en matière de pudeur. Pour plus d'informations sur l'art du sauna, voir p. 261.

Piscine de mer Allas

BAIGNADE EN EXTÉRIEUR DANS UN CADRE URBAIN

Ouvert toute l'année, ce complexe en sapin finlandais est une oasis de détente en pleine ville, à côté de la place du Marché. Il comprend une piscine d'eau de mer de la Baltique tonifiante, deux bassins d'eau douce (un pour adultes, un pour enfants) chauffés à 27°C et trois saunas (pour hommes, pour femmes et mixte). Il y a aussi des espaces bien-être. Les piscines ouvertes jusqu'à 21h offrent l'occasion unique de se baigner au clair de lune, surtout en automne et en hiver, et d'admirer les lumières de la ville depuis le bar en toit-terrasse.

Piscine de mer Allas

Ancienne halle

GASTRONOMIE FINLANDAISE

Près de la place du Marché (*kauppatori*), le marché couvert Vanha Kauppahalli ("ancienne halle du marché") abrite une multitude d'étals où sont vendus des produits alimentaires aussi bien finlandais traditionnels qu'étrangers. Bien que bâti en 1889, il sait se mettre au goût du jour et figure parmi les meilleurs lieux de restauration du monde.

Le restaurant Story sert le traditionnel velouté de saumon, et l'Erikssonin osteribaari des huîtres *a priori* sans pareil à Helsinki. Vous pouvez aussi déguster des viandes comme l'élan, l'ours et le renne, et des spécialités locales, telles que des tourtes caréliennes et du corégone frit.

Ancienne halle

KAPHOTOGRAPHY/STOCK.ADOBE.COM ©

Suomenlinna

INFOS PRATIQUES

www.suomenlinna.fi

variables selon la saison

ferry depuis la *kauppatori* (place du Marché)

INCONTOURNABLE

Suomenlinna

La "forteresse de la Finlande" est inscrite au Patrimoine mondial de l'Unesco. Vous pourrez y explorer des musées, des casemates et des fortifications, ainsi qu'un sous-marin.

À NE PAS MANQUER

- Église de Suomenlinna
- Vesikko
- Musée Suomenlinna
- Manège du musée de la Guerre

L'histoire

Au milieu du XVIIIe siècle, la Suède décida d'ériger une forteresse modèle aux confins orientaux de son empire pour se prémunir d'une invasion russe. La construction du bastion, appelé Sveaborg, favorisa le développement d'Helsinki, qui n'était alors qu'une modeste bourgade.

Les Suédois ne purent jamais mettre à l'épreuve la solidité de leur ouvrage défensif. Lorsque les Russes assiégèrent l'archipel en 1808, le commandant de la citadelle se rendit sans résistance, craignant que les troupes du tsar ne bombardent la population civile. Le nouvel occupant installa une garnison dans la forteresse, dont le rôle stratégique s'accrut après la désignation d'Helsinki comme capitale de la Finlande (1812). La forteresse resta dans le giron russe jusqu'à l'indépendance de la Finlande, puis servit de geôle pour les prisonniers communistes durant la guerre civile. Aujourd'hui, une prison est toujours en activité sur l'île.

La visite

Du quai principal de Suomenlinna, un sentier balisé en bleu relie les principaux sites. Vous verrez immédiatement l'**église de Suomenlinna**. Construite par les Russes en 1854, elle a servi au culte orthodoxe russe jusqu'aux années 1920, puis est devenue luthérienne. C'est l'une des rares églises au monde à servir également de phare – le signal, une lampe à gaz à l'origine, est désormais électrique et toujours en service.

La partie la plus évocatrice de Suomenlinna, l'**île de Kustaanmiekka**, se trouve au bout du sentier bleu. Les vieilles casemates et les murailles en ruine ponctuées de canons donnent une bonne idée de ce qu'était le site et permettent de s'imprégner de l'âme du lieu. La monumentale porte du roi fut construite en 1753-1754 comme un rempart à deux niveaux, doté d'un double pont-levis et d'un escalier. En été, une navette fluviale ramène les visiteurs à Helsinki, ce qui évite de retourner au quai principal.

Sur l'île principale de Susisaari, le **musée Ehrensvärd** est l'ancienne demeure d'Augustin Ehrensvärd, concepteur de la forteresse. À l'extérieur se dresse sa tombe martiale, face à l'ancien chantier naval de Viaporin Telakka, où l'on construisait des bateaux au XVIIIe siècle, mais qui sert aujourd'hui à l'entretien de bateaux traditionnels.

Un peu plus loin sur la côte, le **Vesikko** est un sous-marin utilisé contre les Russes lors des guerres d'Hiver (1939) et de Continuation (1941). Pénétrez dans sa coque pour découvrir son fonctionnement, grâce aux effets sonores tels que les ordres de l'équipage, les machines en marche et une attaque de torpille. Un billet combiné permet aussi de visiter le **musée Suomenlinna**, dont les deux niveaux dévoilent l'histoire de la citadelle. Il est situé près du pont reliant Susisaari et Iso Mustasaari.

Sur Iso Mustasaari, le **manège du musée de la Guerre** donne un aperçu complet de l'équipement militaire finlandais, des canons en bronze à l'artillerie de la Seconde Guerre mondiale.

Non loin se dresse le joli bâtiment en bois du **musée du Jouet** ; il recèle une charmante collection de poupées, d'ours en peluche et de jouets à remontoir.

Cafés et restaurants ne manquent pas. Le **Cafe Silo**, près de l'entrée principale, sert de délicieux roulés à la cannelle.

Suomenlinna est accessible toute l'année. Au printemps et en été, nombre de gens y pique-niquent, tandis qu'avec les couleurs d'automne, l'île devient une escapade romantique. Néanmoins, rien n'égale la magie hivernale, avec les casernes roses recouvertes de neige et la mer gelée tout autour.

RANTAKASARMI

Sur le quai principal de Suomenlinna, la caserne rose de Rantakasarmi compte parmi les bâtiments les mieux préservés de l'époque russe. Elle abrite une petite exposition et l'office du tourisme, au personnel polyglotte, qui propose des contenus téléchargeables pour smartphones.

À SAVOIR

- Aux alentours de 17h, essayez de trouver un poste d'observation pour regarder les énormes ferries franchir l'étroite passe entre les îles avant de rejoindre le port.
- Des visites guidées d'1 heure (adulte/enfant 11/4 €) partent du musée de Suomenlinna. Pour en savoir plus, visitez www.suomenlinna.fi/en/visitor/guided-tours ou contactez guidebooking@suomenlinnatours.com, tél : 09 6899 9850.

LES MEILLEURS RESTAURANTS DU CENTRE-VILLE, À KRUUNUNHAKA ET KATAJANOKKA

Magu
Cuisine fine végane avec des menus à un prix très abordable, notamment le déjeuner (mer-sam). €€

Ravintola Kolme Kruunua
Restaurant de quartier servant de savoureux plats finlandais (boulettes de viande, corégone frit, etc.) €€

Spis
Cuisine simple de qualité, avec moult plats locaux. €€€

Palace
Seul restaurant 2 étoiles au Michelin de Finlande ; cuisine nordique de saison et balcons avec une vue féerique. €€€

The Cock
Bonne cuisine de brasserie pour ce bar chaleureux. €€

Social Burger Joint
Burgers primés, dont certains végans, préparés par le gagnant du *MasterChef* finlandais. €

À VOIR AUSSI AU CENTRE-VILLE, À KRUUNUNHAKA ET KATAJANOKKA

EMMA

DE L'ART À ESPOO

Pour visiter le plus grand musée d'art contemporain de Finlande, il faut prendre le métro M1 ou M2 à la gare centrale d'Helsinki jusqu'à la ville voisine d'Espoo, qui fait partie du Grand Helsinki, descendre à Tapiola – centre urbain d'Espoo conçu dans les années 1950-1960 – et marcher 15 minutes. L'**EMMA** (Espoo Museum of Modern Art) expose des œuvres de design et d'art contemporain dans une ancienne imprimerie, édifice brutaliste en béton des années 1960. L'entrée est assez chère (20 € pour les plus de 29 ans), mais chaque centime se justifie, et elle est gratuite certains soirs (consultez emmamuseum.fi). Attention, le musée est fermé le lundi.

Parc national de Nuuksio

LA NATURE AUX PORTES DE LA VILLE

Avec ses paysages variés, allant d'étangs et de lacs cristallins à des falaises, gorges et forêts séculaires, le **parc national de Nuuksio** comble quiconque aspire à une journée tranquille hors d'Helsinki. Il faut environ 20 minutes pour s'y rendre par le bus n°245 au départ d'Espoo. À l'arrivée au **centre de la nature finlandaise Haltia** (Suomen luontokeskus Haltia), des plans du parc sont à disposition. Il y a plusieurs circuits pédestres à proximité, avec points de vue et aires de camping, ainsi qu'un centre de VTT. Vous pouvez aussi descendre du bus à Kattila et emprunter un sentier jusqu'à Haltia. Quelques hébergements permettent de passer une nuit calme dans le parc.

Musée de la Ville d'Helsinki et Ville des Enfants

L'HISTOIRE EN S'AMUSANT

Avec les expositions du **musée de la Ville d'Helsinki**, ouvertes tous les jours en entrée libre, l'histoire de la capitale prend vie, notamment grâce à l'expérience immersive du travail de la première photographe de Finlande, Signe Brander (1869-1942). À l'intérieur du musée, la **Ville des Enfants** présente l'histoire d'Helsinki de manière ludique aux plus jeunes offrant aux parents une heure ou deux de tranquillité.

OÙ SE LOGER DANS LE CENTRE-VILLE, À KRUUNUNHAKA ET À KATAJANOKKA

Hostel Suomenlinna
Dortoirs mixtes et féminins, et chambres doubles et familiales près du débarcadère de Suomenlinna. €

Hotel Haven
Hôtel 5-étoiles dont la salle de petit-déjeuner offre une vue superbe sur le marché couvert et la place du Marché. €€€

Hotel Fabian
Formidable hôtel de la chaîne Kämp, basée à Helsinki, avec un bar épatant près du hall d'entrée. €€

LA BALADE DES BIBLIOTHÈQUES

Les bibliothèques du centre d'Helsinki illustrent tout à fait l'importance accordée de longue date à la connaissance dans ce pays. Moderne et primée, la **1 bibliothèque Oodi** aux formes arrondies abrite un immense espace pour les livres et les jeux. À l'étage, un café et une terrasse offrent une vue sur l'imposant Parlement, bâti dans les années 1920, et la Maison de la musique, tout en verre et cuivre, avec le magasin Fuga Musiikki, spécialisé dans la musique classique.

Quelques pas plus loin, avec ses immenses statues en granit à l'entrée, la **2 gare ferroviaire centrale d'Helsinki,** qui date de 1919, est souvent citée comme l'une des plus belles du monde. En hiver, sa place où se dresse le Théâtre national finlandais, avec une statue de l'auteur Aleksis Kivi, accueille une patinoire publique.

En remontant la rue Kaivokatu, bordée de restaurants et de cinémas, vous arrivez à la **3 bibliothèque de l'université**, dans la Maison Kaisa, aux escaliers et fenêtres spectaculaires, puis à la **4 Bibliothèque nationale de Finlande**, place du Sénat. Sa partie la plus ancienne fut conçue par Carl Ludwig Engel dans les années 1840. Derrière ses portes massives en bois, elle cache un sanctuaire littéraire avec des plafonds voûtés décoratifs, des rampes en bois et des colonnes corinthiennes.

La loi finlandaise fait aussi de cette bibliothèque le dépositaire de toutes les productions imprimées et audiovisuelles finlandaises, hormis les films. Les débuts de sa collection étant antérieurs à 1917, année où la Finlande gagna son indépendance, la bibliothèque contient le plus grand ensemble de documents au monde sur la Russie impériale.

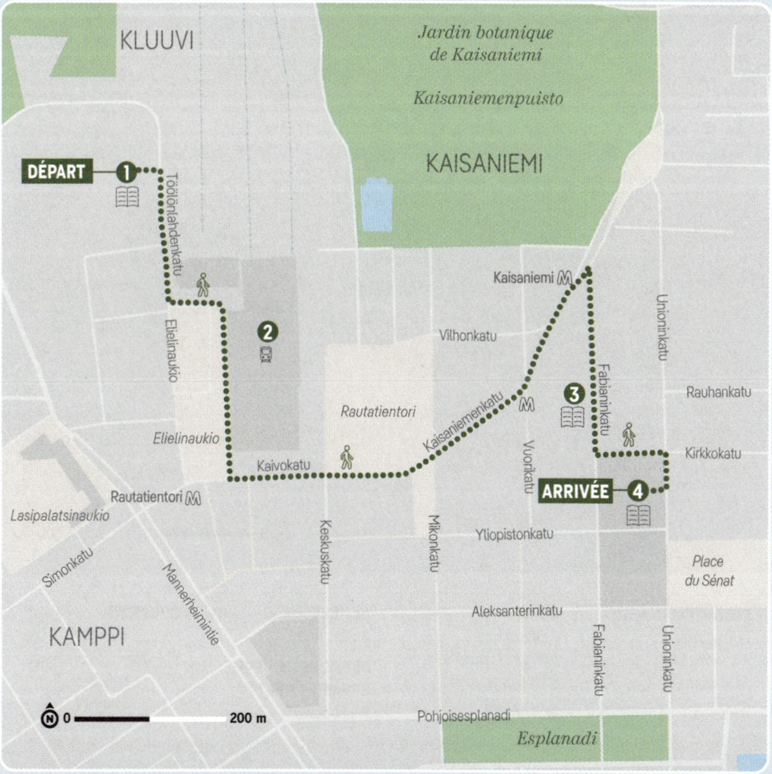

EIRA, ULLANLINNA ET KAIVOPUISTO

UN CADRE BALNÉAIRE ENCHANTEUR

Avec leur multitude de trésors architecturaux, ces quartiers font partie des plus prestigieux d'Helsinki. Pourtant, ce sont d'abord leurs côtes qui séduisent, de Kaivopuisto à Eira et au-delà, en passant par Ullanlinna.

Dans cette partie sud d'Helsinki, des sentiers et pistes cyclables suivent le littoral, et dès qu'il fait meilleur, les habitants font du sport ou s'offrent un en-cas ou une glace dans l'un des rares cafés et kiosques en bord de mer. Joignez-vous à eux pour de la bronzette ou quelques brasses dans la mer. Et quoi de plus magique qu'une baignade hivernale, quand la côte est enneigée, et l'eau gelée en surface ?

En quittant la côte, vous trouverez beaucoup de petits magasins, restaurants et cafés, des boulangeries huppées aux kiosques.

Pour les infos pratiques, voir le Carnet d'adresses p. 74

À SAVOIR

Pour sentir la caresse de la brise marine sur votre peau, l'idéal est de louer un vélo urbain jaune avec l'appli HSL (hsl.fi). Il y a des stations partout dans la ville, mais en partant du marché couvert, moins de 3 km vous conduiront entre cafés, parcs et plages. Et pour finir en beauté, profitez d'un sauna à Löyly (p. 58) !

INCONTOURNABLES
1 Huvilakatu
2 Kaivopuisto
3 Uunisaari

VOIR
4 Eiranpuisto
5 Musée Mannerheim
6 Tähtitorninvuori

ACTIVITÉS
7 Löyly

SE RESTAURER
8 Sea Horse

PRENDRE UN VERRE ET FAIRE LA FÊTE
9 Mattolaituri

SHOPPING
Fasaani **voir 10**
10 Helsinki Secondhand
Vintage Kelloliike
Longitudi **voir 10**

Kaivopuisto

UN PARC APPRÉCIÉ EN BORD DE MER

Bordé par la Baltique et divers édifices particulièrement beaux d'Helsinki, Kaivopuisto est l'un des parcs favoris de la capitale.

Au XIXe siècle, les bourgeois y venaient pour musarder ou pour des soins thermaux, mais aujourd'hui, quel que soit leur milieu, les habitants de la capitale s'y promènent avec leurs amis ou leur chien et y pique-niquent, surtout lors de la fête du Travail (30 avr-1er mai), qui attire ici des dizaines de milliers de gens.

ROBERTO LO SAVIO/SHUTTERSTOCK © EN BAS : THE ART OF PICS/SHUTTERSTOCK ©

Vue depuis le parc Kaivopuisto

Parc Kaivopuisto

Musée Mannerheim

VILLA PRÉSIDENTIELLE

Le parc Kaivopuisto abrite la demeure du maréchal Mannerheim (1867-1951), commandant en chef de l'armée finlandaise, vainqueur de la guerre civile et ancien président (élu après la Seconde Guerre mondiale). L'illustre maréchal fut locataire des lieux, propriété du magnat du chocolat Karl Fazer, de 1924 à sa mort. Le musée, qui décrit la vie intrépide de Mannerheim, expose des centaines de médailles militaires et des photographies de son expédition en Asie. Le musée n'est ouvert que le vendredi, le samedi et le dimanche, uniquement sur visite guidée.

Tähtitorninvuori

COUCHERS DE SOLEIL DIVINS

Dominant le terminal des ferries pour Stockholm, le parc vallonné de Tähtitorninvuori est l'un des secrets les mieux gardés d'Helsinki en matière de panoramas.

Du haut de sa colline de 30 m, la vue sur la cathédrale d'Helsinki avec son dôme turquoise est époustouflante. À voir les sentiers qui sillonnent le parc, on peine à croire que le parking souterrain creusé dans la roche au-dessous servit aussi d'abri anti-aérien.

L'observatoire au sommet surplombe le parc. Lors de sa construction en 1834, il était en avance sur son temps, mais aujourd'hui, comme la pollution lumineuse d'Helsinki annihile tout espoir d'admirer les étoiles, il sert de centre d'astronomie et accueille les visiteurs du jeudi au samedi.

Löyly

Löyly

UN SAUNA MODERNE EN BORD DE MER

Complexe urbain alliant sauna et restaurant, Löyly (littéralement "chaleur du sauna" ou "vapeur") se situe au bord de la Baltique, dans la zone portuaire en développement près d'Eira. Après avoir réservé un sauna, vous pouvez donc facilement profiter de sa chaleur, plonger dans la mer depuis la plate-forme de l'établissement, puis revenir à la nage. Une collation, un repas ou un verre au restaurant de Löyly termineront agréablement votre séance. L'hiver, on peut se baigner dans un trou de glace. Le sauna et la restauration sont proposés toute l'année.

Eiranpuisto

PARC CACHÉ ET KIOSQUE GOURMAND

C'est à Eira que se trouvent certaines des plus somptueuses maisons d'Helsinki, dont plusieurs bâtiments diplomatiques. Et c'est également ici que se trouve Eiranpuisto, un tout petit parc à l'abri des regards, comme oublié, et donc idéal pour un moment de tranquillité sur un banc, à l'ombre des arbres.

Si vous avez un petit creux, un kiosque typique d'Helsinki avec auvent vous attend à côté du parc. Ces *lippakioski*, kiosques fonctionnalistes, furent conçus et réalisés dans les premières décennies du XXe siècle, et beaucoup, à l'instar de celui-ci, font de la vente à emporter (glaces, boissons, etc.) en été.

Helsinki côté architecture

Magasins d'antiquités

SOUVENIRS VINTAGE DE QUALITÉ

C'est dans ces quartiers, figurant parmi les plus chics d'Helsinki, que les amateurs pourront aller chiner. Des dizaines de bâtiments colorés, essentiellement Art nouveau et fonctionnalistes, de la rue la plus "parisienne" de la ville, **Korkeavuorenkatu**, ont leur rez-de-chaussée occupé par un café, un restaurant, une petite boutique ou un antiquaire.

À **Helsinki Secondhand** et **Fasaani**, vous pouvez acheter de la verrerie finlandaise vintage, voire du mobilier exceptionnel, selon votre budget et les limites pour les bagages. Sinon, juste à côté, **Vintage Kelloliike Longitudi** vend des montres vintage. Vous pouvez ensuite aller fouiner ailleurs et faire aussi de jolies trouvailles.

Sea Horse

LES MEILLEURS BARS À ULLANLINNA

Badger & Co
Cadre intime, inspiré de Brooklyn, pour découvrir une bonne sélection de bières et de cocktails, ainsi que des hot-dogs avec une variante végétarienne. Les chiens sont acceptés. €

Goldfish
Bar où la modernité côtoie l'esthétique d'une vieille bibliothèque avec des fauteuils en velours. Au programme : cocktails classiques et de saison, accompagnés d'en-cas. €€

La Bottega 13
Élégant bar italien avec d'excellents vins et apéritifs. Côté cuisine : mets fins, allant des truffes à la charcuterie, et plats chauds. €€

À VOIR AUSSI À EIRA, ULLANLINNA ET KAIVOPUISTO

Sea Horse

GASTRONOMIE FINLANDAISE TRADITIONNELLE

Installé dans le petit parc de Vuorimiehenpuistikko, ce restaurant finlandais traditionnel fondé dans les années 1930 a conservé son décor d'époque. Si d'illustres clients tels Jean-Paul Sartre et Pablo Neruda l'ont honoré de leur présence, les habitants, eux, s'y retrouvent tout simplement pour un repas arrosé et roboratif : hareng de la Baltique, boulettes de viande finlandaise, foie et petits choux farcis.

Ce restaurant a presque toujours refusé de suivre l'évolution des tendances culinaires : quelques plats végétariens ont juste été ajoutés au menu.

L'ambiance est chaleureuse, et la nourriture savoureuse, mais les prix peuvent paraître un peu salés.

OÙ PRENDRE UN CAFÉ À EIRA, ULLANLINNA ET KAIVOPUISTO

RAMS Roasters
Cafés de la "troisième vague" servis avec des roulés à la cannelle et des tartes salées. €

Sokerileipuri Alenius
Gâteaux traditionnels, dont le préféré des Finlandais, au chocolat et à la banane, et des pâtisseries concoctées par un artisan talentueux. €

Cafe Ursula
Café en bord de mer ouvert toute l'année, avec une jolie vue, qui sert des petits-déjeuners et déjeuners toute la journée. €

LES MEILLEURS RESTAURANTS À EIRA ET ULLANLINNA

Jura
Ce restaurant intimiste sublime les légumes, associe à merveille plats et vins, et propose d'excellents menus. **€€€**

Boneless
L'un des rares restaurants abordables de ces quartiers, au cœur d'Ullanlinna, qui sert des ailes de poulet juteuses et divers types de burgers, y compris végétariens. **€**

BasBas
Bistro élégant où l'on déguste des vins bio avant de se restaurer au BasBas Kulma ("coin") voisin, qui rehausse les saveurs grâce à un gril à charbon. **€€**

Uunisaari

ESCAPADE INSULAIRE AU CALME

La petite **île d'Uunisaari**, juste au large de Kaivopuisto, reste attrayante toute l'année.

En été, vous pouvez prendre le commandement d'un Callboat électrique "zéro émission" au port Merisatama de Kaivopuisto. Ces bateaux étant autonomes, pas besoin de savoir naviguer pour être capitaine !

En hiver, il est tout aussi exaltant de se rendre à Uunisaari, car de mi-novembre à mi-avril, il faut emprunter un pont piéton qui passe au-dessus de la mer gelée.

L'île possède une plage et un restaurant avec deux saunas, dont les horaires d'ouverture varient selon la saison.

Mattolaituri

CAFÉ D'ÉTÉ ORIGINAL

Ce café-restaurant de bord de mer est ouvert en été, avec des DJ le week-end. Très populaire, on y vient pour boire un verre, manger un morceau et regarder le ballet des passants.

Bien que ce bâtiment en béton semble avoir été bâti il y a des décennies, il ne date que de 2011.

Huvilakatu

UNE RUE PHOTOGÉNIQUE

Avec ses bâtiments Art nouveau colorés, Huvilakatu est l'une des rues les plus photographiées d'Helsinki.

Elle vaut le coup d'œil même si vous ne faites pas de cliché. Tracée et bâtie entre 1906 et 1910, elle a pour l'essentiel conservé son apparence d'origine.

Longue de 320 m, Huvilakatu se termine par un jardin public au bord de la mer Baltique.

Bâtiments colorés à Helsinki

Église Saint-Jean

LA PLUS GRANDE ÉGLISE DE LA CAPITALE

De style néogothique, l'**église luthérienne Saint-Jean** (Johanneksenkirkko) est la plus grande église d'Helsinki – elle peut accueillir 2 600 fidèles. Conçue par l'architecte Adolf Melander, elle est surmontée de deux flèches jumelles de 74 m de hauteur. Commencée en 1888, elle fut consacrée en 1891. Son excellente acoustique en fait un lieu idéal pour des concerts – programmation en ligne (johanneksenkirkko.fi).

LES MEILLEURS CAFÉS À EIRA, ULLANLINNA ET KAIVOPUISTO

Gateau Ullanlinna
L'un des 14 salons de thé artisanaux de l'enseigne suédoise présents à Helsinki et en périphérie. Paiement uniquement par carte. **€**

Café Succès
Établissement de style finlandais avec une jolie terrasse d'été, qui sert des cafés et des roulés à la cannelle depuis 1957. **€**

Café Compass
Kiosque d'été familial sur la côte, dont les pâtisseries sont faites en sous-sol.

PUNAVUORI, KAMPPI ET HIETALAHTI

AMBIANCE BOHÈME ET SHOPPING

Malgré la pléthore de magasins de marques grand public, boutiques design et vintage, galeries d'art, cafés et restaurants qui jalonnent leurs rues, Kamppi et Punavuori ne se résument pas à des vitrines clinquantes. Plus vieux quartier bohème d'Helsinki, Punavuori accueillait autrefois les ouvriers de la ville et les étudiants fauchés. C'est aussi là que se cachaient les bars secrets pendant la prohibition en Finlande, de 1919 à 1932. Aujourd'hui, ce quartier plutôt branché est l'épicentre du Design District, mais il n'en reste pas moins convivial.

Kamppi, lui aussi, s'est modernisé ces dernières décennies, avec des musées de renommée mondiale et un centre commercial huppé, mais ses petites rues sont jalonnées de cafés, restaurants et galeries plus subversifs. Malgré sa place du Marché dont les puces régulières attirent les chineurs, Hietalahti est un peu en marge de ses voisins très animés.

Pour les infos pratiques, voir le Carnet d'adresses p. 75

À SAVOIR

Hors du centre-ville, à quelques minutes de Kamppi en tramway, le quartier de Jätkäsaari ("l'île des hommes") incarne l'Helsinki moderne. Outre ses nouveaux immeubles d'habitation qui poussent comme des champignons, il abrite des hôtels et restaurants récents, et un terminal pour les ferries à destination de Tallinn.

Amos Rex

Amos Rex

ART MODERNE EN SOUS-SOL

Construit sous une ancienne station de bus, le musée Amos Rex a ouvert en 2018, et les longues files d'attente persistent les jours les plus fréquentés (le musée est fermé le mardi). Rien d'étonnant à cela, car les plus grands noms de la scène artistique contemporaine y sont exposés en sous-sol, dans un cadre insolite, en parfaite adéquation avec les œuvres.

Il occupe l'espace côté cour du Lasipalatsi (p. 64), bâtiment moderniste qui a été rénové pour le projet, et le sous-sol de cette même cour, d'où émergent des puits de lumière futuristes créés par le cabinet JKMM.

INCONTOURNABLES
1 Amos Rex
2 Parc et musée d'art Sinebrychoff

VOIR
3 Bulevardi
4 Chapelle de Kamppi
5 Musée du Design
6 Muséum d'Histoire naturelle
7 Musée d'Art d'Helsinki (HAM)
8 Hietalahdentori
9 Iso Roobertingkatu

ACTIVITÉS
10 Yrjönkadun Uimahalli

SORTIR
11 Cinéma Orion
12 Lasipalatsi
13 Tavastia

Iso Roobertinkatu

L'ARTÈRE PRINCIPALE DE PUNAVUORI

Iso Roobertinkatu

Allant du parc arboré de Sinebrychoff (ci-contre) au petit parc Kolmikulma, **Iso Roobertinkatu** passe au cœur de Punavuori. Presque entièrement piétonnière, Iso Roba ("La grande Roba") est bordée de magasins, parmi lesquels les boutiques vintage les plus fabuleuses d'Helsinki, avec trouvailles garanties, de l'article de friperie à la haute couture : affaires en or chez Fida, marques grand public et café chez Relove, et design et luxe chez Flea. Une large palette de bars et restaurants vous attendent aussi sur Iso Roba, des plats issus de l'agriculture durable de Natura à ceux végétariens de Yes, Yes, Yes!, en passant par l'ambiance mexicaine du Bar llamas.

Tavastia

UNE SALLE DE CONCERTS MYTHIQUE

Bien qu'assez petite, Tavastia est l'une des salles de concerts les plus prisées du pays.

Ouverte en 1970, elle fait partie des plus vieux clubs de rock d'Europe. Au cours de son histoire tumultueuse, d'immenses pointures musicales s'y sont produites, des Finlandais HIM, Children of Bodom et Nightwish aux Foo Fighters et Siouxsie and the Banshees. Tavastia accueille parfois des groupes émergents.

Quelle que soit l'ampleur du concert, il y a toujours une ambiance formidable, et le samedi à 23h30, place au disco !

NYC RUSS ; EN BAS À DROITE : GRISHA BRUEV ; EN BAS À GAUCHE : ANASTASIA VERETENKO/SHUTTERSTOCK©

Calèche à Helsinki

Musée du Design

DESIGN FINLANDAIS

Situé à la limite des quartiers Punavuori, haut lieu du design, et Kaartinkaupunki, le **musée du Design** (Designmuseo) retrace les origines du design finlandais, ses liens avec la nature ainsi que ses évolutions. Parmi les objets incontournables de la collection permanente : la verrerie (1932) d'Aino Aalto, le fauteuil Paimio (1932) d'Alvar Aalto, la chaise Domus (1946) d'Ilmari Tapiovaara, le *Ball Chair* en forme de demi-sphère (1963) d'Eero Aarniio et les céramiques de Pauliina Pöllänen. Fermé le lundi, il a accueilli des expositions aussi variées que les meubles en bois d'Ilmari Tapiovaara, les chaises et lampes d'Eero Aarniio et les illustrations de la graphiste Lotta Nieminen. Si vous aimez la verrerie, vous devez absolument aller au **Iittala & Arabia Design Centre** d'Arabianranta, musée satellite du Designmuseo, par exemple par le tram n°6 depuis la gare centrale d'Helsinki.

Designmuseo

Parc et musée d'Art Sinebrychoff

VIEUX MAÎTRES ET INTÉRIEUR RAFFINÉ

Si vous aimez les grands maîtres européens et les intérieurs grandioses, une visite au musée d'art Sinebrychoff (Sinebrychoffin Taidemuseo, fermé le lundi) s'impose. Cette ancienne brasserie (datant de 1842), également lieu d'habitation d'une famille de brasseurs, les Sinebrychoff, abrite un musée qui expose leurs nombreuses collections. Au 2e étage, les anciens appartements privés de Paul et Fanny Sinebrychoff renferment une belle collection de peintures de maîtres européens, du mobilier et autres objets légués au gouvernement finlandais par Fanny Sinebrychoff en 1921. La salle Empire a fait l'objet d'une impressionnante restauration et déborde de lustres et d'opulence. Remarquables expositions temporaires également.

Après la visite, le parc derrière le musée est vraiment à découvrir, lui aussi. Charmant lieu de promenade, c'est un point de rassemblement populaire en été pour les jeunes de la ville et les jeunes d'esprit.

Lasipalatsi

SHOPPING DANS UN PALAIS DE VERRE

Malgré son nom qui évoque une architecture grandiose, le Lasipalatsi ("palais de Verre") est un bâtiment sobre, dans le style fonctionnaliste des années 1930, avec un côté clinquant.

Le musée Amos Rex (p. 61) est son attrait majeur, mais ses petites boutiques méritent qu'on s'y arrête. Peut-être repartirez-vous avec un sac plein d'articles de mode finlandais : baskets Karhu, sweats à capuche Makia, habits à l'effigie des Moumines de Tove Jansson, etc.

Le Lasipalatsi abrite aussi des cafés et restaurants, et le soir, vous pouvez admirer ses enseignes néons rétro.

Muséum d'Histoire naturelle

Muséum d'Histoire naturelle

DES ANIMAUX DE TOUTES TAILLES

Après avoir été accueillis par un éléphant africain à l'entrée, parents et enfants passent vraiment un bon moment au **Muséum d'Histoire naturelle** (Luonnontieteellinen museo), dont la collection réunit plus de 13 millions de spécimens, des dinosaures aux grands animaux d'Afrique en passant par les roches et les champignons.

Outre des expositions permanentes consacrées à la nature finlandaise, des salles sont dédiées à la diversité naturelle du monde. Le bâtiment néobaroque a servi d'école militaire russophone de sa création jusqu'en 1923, année où l'université d'Helsinki y a établi son muséum d'Histoire naturelle.

Hietalahdentori

PLACE DU MARCHÉ PORTUAIRE

À la fin de Bulevardi arboré se dessinent le littoral et Hietalahti, quartier à l'histoire contrastée, car la mer et le petit port ont attiré des pêcheurs et de grandes industries ayant besoin d'eau, comme la brasserie Sinebrychoff, devenue un musée d'art (p. 63). Aujourd'hui, le port bordé de sentiers pédestres et cyclables accueille une flotte de plaisance variée, allant de petits voiliers à des bateaux à louer avec saunas et Jacuzzis. Derrière lui se profile un port industriel où sont construits des yachts de luxe et de robustes brise-glaces. Mais c'est à terre que bat le cœur d'Hietalahti. En été, la place du Marché Hietalahdentori (ouverte toute l'année) est en effervescence. Le marché aux puces Hietalahden kirpputori, lui, est surtout fréquenté durant les week-ends estivaux. On y trouve des pépites en matière de mode et de nombreux bibelots et articles de verrerie finlandaise rétro. Enfin, vous pouvez déjeuner à un prix correct (d'après les standards d'Helsinki) aux halles : kebabs au Döner Harju, mets portugais au Petiscaria, plats sains façon poke bowl servis au Super Bowl.

Halles de Hietalahti

À VOIR AUSSI À PUNAVUORI, KAMPPI ET HIETALAHTI

Yrjönkadun Uimahalli

PISCINE ART DÉCO

La première piscine couverte de Finlande, à Yrjönkatu, donne l'occasion de se baigner dans un édifice Art déco des années 1920. Quel luxe de nager dans un tel cadre !

Depuis son ouverture en 1928, la piscine de Yrjönkatu n'a connu qu'un seul changement notable : en 2001, les clients ont été autorisés à porter un maillot de bain. Néanmoins, il est toujours possible de nager nu, car il y a des horaires d'ouverture distincts pour les hommes et les femmes. À l'étage, la piscine propose des saunas, un hammam et des cabines privatives où se détendre et prendre une collation.

Yrjönkadun Uimahalli

PAROLE D'HABITANT

Nina Jatuli, designer et propriétaire du magasin Jatuli dans le Design District, nous conseille des boutiques du quartier à ne pas rater.

Terhi Pölkki
Superbe magasin avec des chaussures Terhi et du design nordique éthique au bon sens du terme.

Lokal
Boutique-galerie qui propose des expositions temporaires et des articles de marque conçus par des artisans locaux.

Papershop
Très belle boutique où le papier est roi, avec une myriade d'articles imprimés pour tous les amoureux du papier.

OÙ SE LOGER À PUNAVUORI ET À KAMPPI

Yard Hostel
Bon pied à terre, au centre de Kamppi, avec dortoirs et chambres privatives de différentes tailles. **€**

Hotel Mestari
Excellent rapport qualité-prix et quiétude près des commerces de Kamppi. Chambres avec lambris foncé et éclairage tamisé. **€€€**

GLO Hotel Art
Chambres modernes et élégantes, et de superbes éléments d'origine ici et là, dans ce "château" en pierre de 1908. **€€**

UN VERRE ET UN EN-CAS À EERIKINKATU

Eerikin Pippuri
Après une séance à l'Orion (page ci-contre), ce restaurant ouvert en 1997 et connu pour ses kebabs et falafels est idéal pour un en-cas. €

Viinibaari Apotek
Situé dans une pharmacie de 1918, ce bar à vins de quartier est l'un des meilleurs d'Helsinki, et sa terrasse attire les foules en été. €

Goose Pastabar
Si les pâtes faites à la main sont délicieuses, ce restaurant qui déborde sur la rue en été séduit surtout par sa convivialité et son éclairage tamisé. €

Bulevardi

UN LIEU PROPICE À LA FLÂNERIE

Une ambiance d'Europe centrale règne sur Bulevardi. Bordé de cafés, de restaurants, d'hôtels, de galeries d'art et de boutiques, il va du parc de l'Esplanadi, un peu en contrebas, à Hietalahti, et délimite les quartiers Kamppi et Punavuori.

Pour s'imprégner de son atmosphère, le mieux est d'y flâner, en s'arrêtant au **Cafe Ekberg**. Ce café historique de 1852 est autant un endroit à voir qu'un lieu où il est bon d'être vu.

Juste avant se trouve **Vanha kirkkopuisto** (parc de l'Ancienne église), charmant petit parc aussi appelé Ruttopuisto (parc de la Peste), car les victimes de la peste de 1710 furent enterrées à proximité. S'il servit de cimetière jusqu'au début du XXe siècle, il ne reste rien de ce passé : aujourd'hui, c'est un havre de paix en marge du frénétique Bulevardi.

Le musée d'art Sinebrychoff (p. 63) se situe presque à la fin de Bulevardi, juste avant Hietalahti et sa place du Marché.

Chapelle de Kamppi

SILENCE SEREIN AU CŒUR DE LA CITÉ

Édifiée en 2012 par le cabinet d'architectes d'Helsinki K2S, cette magnifique **chapelle** (Kampin Kappeli) très moderne, entièrement en bois (épicéa traité à la cire, plancher en aulne huilé, bancs en frêne), offre un moment de douce contemplation. La croix de l'autel est l'œuvre du ferronnier d'art Antti Nieminen. Connu sous le nom de "chapelle du Silence", ce lieu de culte luthérien est ouvert aux fidèles de toutes confessions, ainsi qu'aux non-croyants.

Musée d'Art d'Helsinki (HAM)

LE 7e ART ET LES AUTRES

À Kampii, un bâtiment blanc semblable à des halles, coiffé d'un toit bombé, attire l'œil : le **Tennispalatsi** (palais du Tennis). Destiné à l'origine à l'entretien des voitures pour les JO de 1940 (qui se tinrent finalement en 1952 à cause de la Seconde Guerre mondiale), il incluait aussi 4 courts de tennis.

Longtemps boudée par la population, cette œuvre d'Helge Lundström n'a cessé de se détériorer à partir des années 1960.

Enfin, dans les années 1990, la mairie d'Helsinki envisagea de transformer cet espace en centre culturel. Il accueille aujourd'hui le **HAM**, une galerie d'art proposant des expositions temporaires et une salle dédiée à l'œuvre de l'auteure et illustratrice Tove Jansson, ainsi qu'un

ARCHITECTURE OLYMPIQUE

Le HAM fut l'un des projets de rénovation des infrastructures d'Helsinki menés pour les JO de 1940/1952. Pour mesurer l'impact de ceux-ci dans le développement de la ville, voir p. 271.

OÙ SE RESTAURER À PUNAVUORI

Nolla
Restaurant gastronomique zéro déchet avec microbrasserie et créations inventives, telle la glace au pain de malt avec céleri confit et caramel fumé. €€

Levain
Café-restaurant-boulangerie très spacieux, proche d'Eira et du bord de mer, réputé pour ses *pastéis de nata* (flans pâtissiers portugais). €

Georgian Kitchen
Ambiance chaleureuse et spécialités géorgiennes, rehaussées par du thé et du café à la turque. €€

Chapelle de Kamppi

complexe cinématographique. Le Tennispalatsi est aussi l'une des meilleures incarnations du style fonctionnaliste à Helsinki.

Cinéma Orion

DU GRAND ART POUR UN GRAND ÉCRAN

Le **cinéma Orion** de Kamppi est l'un des plus vieux d'Helsinki (1928) et il offre une opportunité rare : regarder de grands classiques dans un bâtiment Art déco.

La programmation inclut des films finlandais et des films étrangers salués par la critique, mais pas de blockbusters hollywoodiens. Les billets coûtent de 9 à 11 €.

Parlement

LE CŒUR DE LA DÉMOCRATIE FINLANDAISE

Inauguré en 1931, l'imposant **Parlement national** est l'œuvre de l'architecte finlandais Johan Sigfrid Sirén. Son néoclassicisme sobre, combiné au style moderniste du début du XXe siècle, lui donne des allures de mausolée.

LES MEILLEURES GALERIES D'ART À KAMPPI ET PUNAVUORI

Galleria Huuto
Un collectif d'artistes indépendants accueille des expositions de qualité, aussi bien de nouveaux talents que des célébrités.

Galleria Rankka
Cette galerie tout près de la Galleria Huuto est connue pour ses événements artistiques interdisciplinaires et ses expositions de nouveaux talents.

Helsinki Contemporary
Réputée comme la plus branchée d'Helsinki, cette galerie se visite aisément à l'occasion d'une balade sur Bulevardi.

Galerie Forsblom
Cette galerie expose des œuvres contemporaines d'artistes et sculpteurs finlandais et étrangers de renom.

OÙ PRENDRE UN VERRE À PUNAVUORI ET KAMPPI

Bar Mate
Grandes fenêtres, cocktails et en-cas savoureux : une combinaison gagnante pour ce bar de style loft.

Minibar
Petit bar mais grand choix de spiritueux sur Eerikinkatu, du gin, whisky et rhum au mezcal, cachaça et shochu.

Ateljee Bar
Bar panoramique de l'hôtel Torni avec une vue inégalée sur Helsinki depuis le balcon, mais un prix élevé pour les boissons.

TÖÖLÖ, KALLIO ET KAISANIEMI

AMBIANCE VILLAGEOISE ET PARFUM DE BOHÈME

Sorte de “village dans la ville”, principalement habité par des seniors, Töölö n’a pas du tout la même réputation que Kallio, célèbre pour son ambiance bohème et prisé par les créatifs de la ville. Néanmoins, tous deux partagent une même atmosphère de quartier conviviale et un vaste choix de cafés et bars de proximité. Töölö est très paisible, la nature n’étant jamais loin. Rien à voir avec Kallio, ancien quartier ouvrier devenu un endroit tendance, peuplé de petits bars et restaurants. Il possède toutefois sa touche de nature, lui aussi, avec la baie de Kaisaniemi (séparée de celle de Töölö juste par des voies ferrées) qui s’étend jusqu’à la côte sud de Kallio. C’est ici, lovés sur une petite parcelle de terre derrière la gare centrale d’Helsinki, qu’un parc luxuriant et un jardin botanique offrent un havre de paix aux citadins.

Pour les infos pratiques, voir le Carnet d’adresses p. 77

À SAVOIR

De début avril à fin octobre, vous pouvez emprunter un vélo urbain HSL grâce à l’appli téléchargeable (hsl.fi), puis pédaler dans la baie de Töölönlahti, longue de 4,9 km, derrière la gare centrale d’Helsinki, et faire une pause au café d’été Sinisen huvilan kahvila, en appréciant la vue sur la baie.

INCONTOURNABLES
1 Église Temppeliaukio
2 Monument à Sibelius
3 Musée national de Finlande
4 Stade olympique
5 Taidehalli

VOIR
6 Jardin botanique de Kaisaniemi
7 Palais Finlandia

ACTIVITÉS
8 Sauna Kotiharjun

SE RESTAURER
9 Cafe Regatta

SORTIR
10 Linnanmäki

Cafe Regatta

ROULÉS À LA CANNELLE ET KAYAKS

Difficile de trouver plus charmant que ce café de Töölö en bord de mer !

Avec son chalet rouge, le Cafe Regatta attire forcément l'œil, et ses roulés à la cannelle tout juste sortis du four sont mythiques.

En été, il déborde d'activité : certains prennent une boisson fraîche ou un café en terrasse, tandis que d'autres louent un kayak, un canoë ou un paddle pour voir la ville sous un autre angle.

En hiver, un brasero extérieur réchauffe ceux qui sont venus faire griller des saucisses ou boire un chocolat à côté.

DMITRY NIKOLAEV/SHUTTERSTOCK © ; EN BAS : MIKHAIL OLYKAINEN/SHUTTERSTOCK ©

Musée national de Finlande

Musée national de Finlande

UN CHÂTEAU PLEIN DE TRÉSORS NATIONAUX

Sur Mannerheimintie, le **musée national de Finlande** (Kansallismuseo) se repère instantanément à son bâtiment Art nouveau en granit, en face du Palais Finlandia d'Alvar Aalto.

En partie conçue par Eliel Saarinen, cette construction mi-château, mi-église médiévale dont l'architecture incarne le style romantique national, renferme une collection témoignant de l'histoire culturelle finlandaise, de la préhistoire à nos jours.

Terminé en 1910, le musée a ouvert en 1916. Ses expositions permanentes sont extrêmement variées : monnaies et objets finno-ougriens, souvenirs nautiques, musique moderne… Le musée renferme aussi une collection de quelque 40 000 pièces du monde entier, de l'Alaska à la Namibie.

Le cabinet d'architectes finlandais JKMM (auquel on doit l'Amos Rex, p. 61) a remporté en 2019 un concours pour parer le bâtiment ancien et son jardin d'une annexe aux lignes très contemporaines. Son ouverture est espérée pour 2027.

Jardin botanique de Kaisaniemi

Jardin botanique de Kaisaniemi

BRISE TROPICALE SUR LA VILLE

Le petit écrin de verdure de Kaisaniemi se trouve juste derrière la gare, à côté de Töölö.

Avec ses serres où poussent plus de 800 espèces, ce jardin botanique (Kaisaniemen kasvitieteellinen puutarha) caché derrière les arbres est l'une des principales curiosités de la ville.

Il fut presque entièrement détruit par les bombardements de la Guerre de Continuation (1941-1944), mais les graines de ses nénuphars géants *Victoria cruziana*, absolument magiques, ont résisté. La forêt tropicale luxuriante de sa Rainforest House contient des caféiers, et sa Palm House des orchidées délicates.

Tout au long de l'année, ce jardin fait une sortie familiale enchanteresse.

Parc Sibelius

Monument à Sibelius

SYMPHONIE SCULPTURALE

Perché en haut d'une petite falaise, dans le parc côtier Sibelius de Töölö, le monument à Sibelius fut réalisé en 1967 par le sculpteur finlandais Eila Hiltunen, qui voulait incarner l'esprit de la musique de Sibelius. Ses tubes de métal semblent d'ailleurs former une symphonie à eux seuls. Le monument très controversé est finalement devenu une référence nationale. Pas loin, la statue Art déco d'Aarre Aaltonen, *Ilmatar ja sotka*, qui dépeint la nature du monde selon l'épopée nationale finlandaise du Kalevala, vaut le coup d'œil.

Stade olympique

STADE ET TOUR EMBLÉMATIQUES

Que vous montiez en ascenseur en haut de sa tour de 72 m pour la vue aérienne sur Helsinki ou que vous admiriez ce stade olympique fonctionnaliste depuis le plancher des vaches, vous avez là l'un des bâtiments les plus célèbres de la ville. La tour est ouverte tous les jours, et vous pouvez réserver une visite guidée du stade (stadion.fi), qui inclut le musée du sport de Tahto et l'entrée à la tour. À l'origine, le stade devait accueillir les JO de 1940, qui se déroulèrent finalement seulement en 1952 à cause de la Seconde Guerre mondiale.

EN HAUT À GAUCHE : ESTEA/SHUTTERSTOCK © ; CI-CONTRE : JREMES84/SHUTTERSTOCK ©

Palais Finlandia

Palais Finlandia

OPUS MAGNUM D'ALVAR AALTO

Sur la côte de Töölönlahti, le haut bâtiment blanc du **Palais Finlandia** (Finlandia-talo) ne passe pas inaperçu. Quand la mairie d'Helsinki chargea Alvar Aalto de revoir la conception du centre-ville en 1959, l'architecte esquissa une salle de concerts et des congrès marquante, presque en face du Parlement, tant pour souligner l'indépendance de la Finlande que pour créer un espace culturel équivalent à la place du Sénat de Carl Ludwig Engel. Seule le Palais Finlandia vit le jour. Chaque détail de ce bâtiment ouvert en 1971 fut minutieusement réfléchi, et à l'intérieur, l'influence de l'architecte Elissa Aalto, seconde épouse d'Alvar Aalto, et de l'architecte d'intérieur Pirkko Söderman est manifeste. La rénovation du Palais Finlandia s'achèvera en 2024, mais la façade à elle seule mérite le détour.

Église Temppeliaukio

Église Temppeliaukio

UNE CURIOSITÉ SOLIDE COMME UN ROC

Tout en rondeurs, l'**église luthérienne Temppeliaukio** (Temppeliaukion kirkko) est l'antithèse de l'architecture traditionnelle de tels édifices religieux. En effet, ne cherchez pas de flèches s'élevant vers le ciel : elle est taillée dans la roche.

Mais cette originalité a été plus que récompensée, car celle que l'on nomme aussi l'église du Rocher est l'une des curiosités préférées d'Helsinki depuis 1969.

Sa construction fut repoussée lors de la Seconde Guerre mondiale, mais remise à l'ordre du jour dans les années 1960, avec de nouveaux plans des frères architectes Timo et Tuomo Suomalainen.

L'intérieur creusé directement dans la roche est inondé de lumière naturelle par le dôme de 24 m de diamètre recouvert de plaques de cuivre. Il n'y a pas de cloches, mais des haut-parleurs diffusent un tintement. L'acoustique est exceptionnelle, et des concerts s'y tiennent régulièrement.

L'église est ouverte quotidiennement aux visiteurs, sauf pendant les services et les concerts, dont les horaires figurent sur le site temppeliaukionkirkko.fi.

TAIDEHALLI

À deux pas de l'église Temppeliaukio, impossible de rater le musée d'art Taidehalli (fermé le lundi), avec son extérieur rose et ses lignes photogéniques.

Parfait exemple du classicisme nordique des années 1920, ce bâtiment propose des expositions temporaires portant surtout sur l'architecture, l'art et le design finlandais contemporains, notamment avec des œuvres d'Aino et Alvar Aalto ou Paul Osipow.

Si vous vous sentez une âme de Picasso, apportez votre matériel, car chaque mardi a lieu une soirée croquis d'après modèles vivants (places limitées).

POURQUOI J'AIME TÖÖLÖ

Paula Hotti, auteure

Mon affection pour Töölö est peut-être un peu faussée, car ce quartier fut mon premier "chez moi" quand je suis venue étudier à Helsinki.

Malgré les liaisons régulières en bus et tram pour l'université, je préférais faire le trajet à pied, surtout au printemps, pour profiter de l'atmosphère tranquille du quartier et de ses habitants.

Le temps a peut-être embelli un peu ces images quasi villageoises du Töölö de ma jeunesse, mais il y a une part de vérité, car on en parle d'ordinaire comme d'un village dans la ville.

C'est pourquoi j'y suis revenue et continue de l'aimer : il y règne une ambiance chaleureuse, et on profite des avantages de la capitale.

À VOIR AUSSI À TÖÖLÖ, KALLIO ET KAISANIEMI

Église de Kallio

L'UN DES EMBLÈMES D'HELSINKI

Conçue par Lars Sonck et achevée en 1912, cette **église** luthérienne de 65 m de haut, visible dans toute la ville, est l'un des monuments emblématiques d'Helsinki. Avec ses murs en granit gris et son dôme en cuivre, elle illustre parfaitement le style romantique national. La tour compte 7 cloches en bronze, dont 4 jouent un air de Sibelius tous les jours à 12h et à 18h.

Escapade singulière à Vallila

LE CHARME DE L'ANCIEN ET L'ATTRAIT DE LA MODERNITÉ

Vallila est un ancien quartier ouvrier en plein essor au nord de Kallio. Durant des décennies, son principal attrait fut Puu-Vallila, zone dont les rues sont bordées de villas en bois colorées si calmes que l'on ne se croirait pas à Helsinki.

Le restaurant **Pikku-Vallila** est idéal pour une pause. Les coins les plus difficiles et un peu plus bruyants de Valilla ont été rénovés récemment. Des bars et restaurants dont certains des rooftops les plus récents de la ville, **Loi Loi** et **Alexis**, qui appartient à l'**Hotel Folks**, un établissement fabuleux aux prix raisonnables, ont ouvert dans les bâtiments en briques rouges de **Konepaja**, ateliers d'usinage de la compagnie ferroviaire finlandaise VR, vite devenus un des endroits en vogue d'Helsinki.

Parc d'attractions Linnanmäki

DIVERTISSEMENT FAMILIAL

Perché en haut d'une falaise jouxtant Kallio, ce centre de loisirs d'Helsinki depuis les années 1950 est désormais le plus vieux parc d'attractions de Finlande et l'un des plus populaires.

Assez frêles d'apparence, ses montagnes russes en bois donnent le frisson aux audacieux depuis 1951 (elles étaient alors les plus hautes d'Europe). Linnanmäki compte 42 autres attractions, dont un manège traditionnel de la fin du XIXe siècle, et offre un beau point de vue sur Helsinki depuis sa situation en hauteur.

Hietaniemi

ACTIVITÉS D'EXTÉRIEUR EN TOUTES SAISONS

Au sud du parc Sibelius, sur la péninsule de Hietaniemi, Hietaranta est une plage très populaire en été avec ses courts de beach-volley et son café. Tout l'ouest de Töölö se prête aux balades côtières à pied, à vélo ou en kayak.

OÙ SE LOGER À TÖÖLÖ ET KALLIO

Hotel Helka
Personnel sympathique et ambiance détendue, avec des chambres de style finlandais et un bar accueillant à l'entrée. **€€**

Hotel Folks
Hôtel branché à Vallila, pied-à-terre idéal pour explorer les quartiers bohèmes voisins. **€€**

Töölö Towers
Appartements sobres, des studios à deux lits à des appartements-terrasses, près de curiosités de Töölö. **€€**

Sauna Kotiharjun

Il y a aussi quelques sites historiques, comme le cimetière d'Hietaniemi et l'ancien institut psychiatrique de Lapinlahti, devenu centre créatif. Outre ses cafés et boulangeries, il accueille un musée de la psychiatrie (Mental Museum) relatant son histoire, des expositions artistiques et des événements.

En hiver, même avec la mer gelée, la péninsule reste un lieu apprécié pour la marche et sa beauté naturelle.

Sauna Kotiharjun

LE PLUS VIEUX SAUNA PUBLIC D'HELSINKI

Situé à Kallio, le plus vieux sauna public d'Helsinki date de 1928. Son chauffage au bois produit des vapeurs douces.

Hommes et femmes se baignent séparément, mais il est possible de louer un sauna privé pour un prix raisonnable. Serviettes, housses de sièges (*pefletti*) et tout ce dont vous pouvez avoir besoin sont en location ou en vente sur place.

Pour une expérience encore plus authentique, achetez un bouquet de branches de bouleau (*vihta*) et flagellez-vous plusieurs fois. Les bienfaits sont multiples : nettoyer la peau, stimuler la circulation sanguine et améliorer le métabolisme.

LES MEILLEURS CAFÉS DE TÖÖLÖ ET KALLIO

Way Bakery
Chouchou des habitants, avec des petits-déjeuners fabuleux, des plats de pâtes délicieux et des vins exquis. €

Cafetoria Café & Shop
Café-torréfacteur latino-nordique près de l'église Temppeliaukio, soucieux de produire les meilleurs arômes de café. €

Flät 14
Café où l'on compose son (petit-)déjeuner de 3, 5 ou 7 plats, allant de la mousse de renne fumé au porridge de riz (9h-16h). €€

Sinisen huvilan kahvila
Café d'été situé dans une villa de 1896, sur le rivage de la baie de Töölö. €

Petit goûter finlandais

OÙ SE RESTAURER À TÖÖLÖ

Ateljé Finne
Ambiance raffinée dans ce restaurant occupant l'ancien atelier du sculpteur Gunnar Finne (1886-1952), orné de ses œuvres. €€

Aino
Cuisine finlandaise, avec une touche de modernité, telle la crème brûlée à l'argousier, dans un cadre charmant. €€

Finnjävel Sali & Salonki
Restaurant du Taidehalli étoilé au Michelin, dont la cuisine contemporaine sublime des ingrédients traditionnels. €€€

Carnet d'adresses

CENTRE-VILLE, KRUUNUNHAKA ET KATAJANOKKA

Ateneum
Voir p. 50 (294 500 401 ; Ateneum Art Museum ; www.ateneum.fi ; Kaivokatu 2 ; adulte/enfant 20 €/gratuit ; 10h-20h30 mar-ven, 10h-17h sam-dim)

Bibliothèque de l'université
Voir p. 55 (29 412 3920 ; Fabianinkatu 30 ; variables selon la saison)

Bibliothèque nationale de Finlande
Voir p. 55 (29 412 3196 ; www.kansalliskirjasto.fi/fi ; Unioninkatu 36 ; variables selon la saison)

Bibliothèque Oodi
Voir p. 55 (09 310 85 000 ; oodihelsinki.fi ; Töölönlahdenkatu 4 ; 8h-21h lun-ven, 10h-20h sam-dim)

Cathédrale
Voir p. 48 (Tuomiokirkko ; www.helsinginseurakunnat.fi ; Unioninkatu 29 ; 9h-0h juin-août, 9h-18h sept-mai)

Espoo Museum of Modern Art
Voir p. 54 (EMMA ; 43 827 0941 ; emmamuseum.fi ; Ahertajantie 5, Tapiola, Espoo ; adulte/enfant 20 €/gratuit ; 11h-17h mar, 11h-19h mer-ven, 11h-17h sam-dim)

Gare centrale d'Helsinki
Voir p. 55 (358 600 419 02 ; www.vr.fi ; Kaivokatu 1)

Kiasma
Voir p. 50 (Museum of Contemporary Art Kiasma ; 0294 500 501 ; www.kiasma.fi ; Mannerheiminaukio 2 ; adulte/enfant 18 €/gratuit, 1er dim du mois gratuit ; 10h-17h dim et mar, 10h-20h30 mer-ven, 10h-18h sam)

Musée de la ville d'Helsinki
Voir p. 54 (Helsingin Kaupunginmuseo ; 09-310 36630 ; www.helsinginkaupunginmuseo.fi ; Aleksanterinkatu 16 ; 11h-19h lun-ven, 11h-17h sam-dim)

Suomenlinna
Voir p. 52 (voir www.suomenlinna.fi/pour les horaires et les tarifs des musées)

Parc national de Nuuksio
Voir p. 54 (www.nationalparks.fi)

Piscine de mer Allas
Voir p. 51 (40 5656 582 ; allasseapool.fi ; Katajanokanlaituri 2a ; 6h30-21h)

Hostel Suomenlinna
Voir p. 54 (09-6847471 ; www.hostelhelsinki.fi/fi ; Suomenlinna C9)

Hotel Fabian
Voir p. 54 (09-6128-2000 ; www.hotelfabian.com ; Fabianinkatu 7)

Hotel Haven
Voir p. 54 (09-681-930 ; www.hotelhaven.fi/en/ ; Unioninkatu 17)

Kappeli
Voir p. 49 (10-766-3880 ; www.raflaamo.fi/fi/ravintola/helsinki/kappeli ; Eteläesplanadi 1 ; 9h-0h tlj)

Magu
Voir p. 54 (44 7373355 ; maguhelsinki.fi ; Korkeavuorenkatu 27 ; 16h-22h mer-sam)

Palace
Voir p. 54 (44 7373355 ; palacerestaurant.fi ; Eteläranta 10 ; 18h-0h mer-sam)

Ravintola Kolme Kruunua
Voir p. 54 (09-1354172 ; kolmekruunua.fi ; Liisankatu 5 ; 16h-1h lun-jeu, 16h-1h30 ven, 12h-1h30 sam, 12h-1h dim)

Social Burger Joint
Voir p. 54 (40 1879639 ; burgerjoint.fi ; Kaivokatu 8 ; 11h-21h dim-jeu, 11h-22h ven-sam)

Spis
Voir p. 54 (45 3051211 ; spis.fi ; Kasarmikatu 26 ; 18h-0h mar-sam)

The Cock
Voir p. 54 (09-6128-5100 ; www.thecock.fi ; Fabianinkatu 17 ; 11h30-14h30 et 16h-23h lun-jeu, 11h30-14h30 et 16h-0h ven, 12h-0h sam, 16h-22h dim)

Trillby & Chadwick
Voir p. 48 (40 1803199 ; 16h-1h lun-jeu, 16h-2h ven-sam)

EIRA, ULLANLINNA ET KAIVOPUISTO

Église Saint-Jean
Voir p. 60 (09-234-07730 ; johanneksenkirkko.fi ; Korkeavuorenkatu 12 ; 12h-17h lun-sam, 12h-15h dim)

Eiranpuisto
Voir p. 58 (vihreatsylit.fi/eiranpuisto)

Kaivopuisto
Voir p. 57 (Puistokatu ; vihreatsylit.fi/en/kaivopuisto)

Musée Mannerheim
Voir p. 57 (Mannerheim-Museo ; 09-635443 ; www.mannerheim-museo.fi ; Kalliolinnantie 14 ; adulte/enfant 14 €/gratuit ; 11h-16h ven-dim)

Löyly
Voir p. 58 (09-6128-6550 ; www.loylyhelsinki.fi ; Hernesaarenranta 4 ; 2 heures serviette incluse 19 €, + 10 € par heure suppl. ; 16h-22h lun-mer, 12h-22h jeu-ven, 11h-22h sam, 11h-20h dim)

BasBas
Voir p. 60 (44 2305900 ; basbas.fi/kulma ; Tehtaankatu 27-29 ; 16h-0h mer-jeu, 16h-1h ven, 14h-0h sam)

Boneless
Voir p. 60 (50 536 4499 ; www.boneless.fi ; Vuorimiehenkatu 12 ; 10h30-21h lun-jeu, 10h30-22h ven, 11h-22h sam, 12h-20h dim)

Café Compass
Voir p. 60 (www.kahvilakompassi.com ; Ehrenströmintie 1 ; 9h-17h)

Café Succès
Voir p. 60 (09-633414 ; Korkeavuorenkatu 2 ; 8h-18h lun-ven, 10h-17h sam, 11h-17h dim)

Cafe Ursula
Voir p. 59 (09-652817 ; www.ursula.fi ; Ehrenströmintie 3 ; 09h-19h dim-jeu, 9h-20h ven-sam)

Gateau Ullanlinna
Voir p. 60 (09-652817 ; www.gateau.fi/myymalat/gateau-ullanlinna/ ; Korkeavuorenkatu 6 ; 07h30-18h30 lun-ven, 8h30-16h sam, 08h30-15h dim)

Jura
Voir p. 60 (50 3574949 ; instagram.com/ravintolajura ; Neitsytpolku 10 ; 17h-22h jeu, 17h-22h30 ven, 17h-23h sam)

ANDREI NEKRASSOV/STOCK.ADOBE.COM ©

Façade de la gare centrale d'Helsinki (p. 55)

RAMS Roasters
Voir p. 59 (40 6764577 ; www.facebook.com/ramsroasters ; Neitsytpolku 10 B ; 10h-17h)

Sea Horse
Voir p. 59 (09-628-169 ; www.seahorse.fi ; Kapteeninkatu 11 ; 10h30-22h lun-ven, 13h-22h sam-dim)

Sokerileipuri Alenius
Voir p. 59 (09-604887; www.sokerileipuri.fi ; Merikatu 1 ; 9h-17h lun-jeu et sam)

Badger & Co
Voir p. 59 (45 2013454 ; www.badgerbar.fi ; Korkeavuorenkatu 25 ; 15h-0h dim-lun, 15h-1h mar-jeu, 15h-2h ven-sam)

Goldfish
Voir p. 59 (10 3232980 ; www.goldfish.fi ; Korkeavuorenkatu 21 ; 16h-0h30 mer-jeu, 16h-1h ven-sam)

La Bottega 13
Voir p. 59 (44 7190300 ; www.labottega.fi ; Tehtaankatu 13 ; 16h-23h mar-sam)

Mattolaituri
Voir p. 60 (045-119-6631 ; www.mattolaituri.com ; Ehrenströmintie 3A, Kaivopuisto ; 11h-23h lun-jeu, 11h-4h ven-sam, 12h-21h dim mai-août)

Fasaani
Voir p. 58 (09-2609970 ; www.fasaani.fi ; Korkeavuorenkatu 5 ; 11h-18h lun-ven, 11h-17h sam, 12h-17h dim)

Vintage Kelloliike Longitudi
Voir p. 58 (45-6730003 ; www.longitudi.fi ; Korkeavuorenkatu 3 ; 10h-17h lun-ven, 11h-15h sam)

PUNAVUORI, KAMPPI ET HIETALAHTI

Amos Rex
Voir p. 61 (40 1370700 ; Amos Andersonin Taidemuseo ; www.amosanderson.fi ; Georgsgatan 27 ; 16h-20h mer, 11h-17h sam)

Chapelle de Kampi
Voir p. 66 (Kampin Kappeli ; www.helsinginseurakunnat.fi ; Simonkatu 7 ; 8h-20h lun-ven, 10h-18h sam-dim)

Marché aux puces de Hietalahdentori
Voir p. 64 (Lönnrotinkatu 34 ; 10h-15h sam-dim)

Musée d'Art d'Helsinki
Voir p. 66 (HAM ; www.hamhelsinki.fi ; Eteläinen Rautatiekatu 8 ; adulte/enfant 10 €/gratuit ; 10h-17h30 mar, 11h30-19h mer-dim)

Musée du Design
Voir p. 63 (09-6220 540 ; www.designmuseum.fi ; Korkeavuorenkatu 23 ; tarif plein/senior/étudiant/enfant 15/12/6 €/gratuit billet combiné avec le musée d'Architecture adulte/enfant 15 €/gratuit ; 11h-18h tlj juin-août, 11h-20h mar, 11h-18h mer-dim sept-mai)

Musée Sinebrychoff
Voir p. 63 (Sinebrychoff Art Museum ; 29 4500460 ; sinebrychoffintaidemuseo.fi ; Bulevardi 40 ; tarif plein/réduit/enfant 18/12 €/ gratuit ; 11h-18h mar et jeu-ven, 11h-20h mer, 10h-17h sam-dim)

Muséum national d'histoire naturelle
Voir p. 64 (29 4128800 ; Pohjoinen Rautatiekatu 13 ; 10h-17h mar-ven, 10h-18h sam, 11h-17h dim)

Parlement
Voir p. 67 (358 9 4321 ; www.eduskunta.fi/FI/Sivut/default.aspx ; Mannerheimintie 30 ; voir le site Web)

Yrjönkadun Uimahalli
Voir p. 65 (Yrjönkadun Uimahalli ; www.hel.fi ; Yrjönkatu 21B ; adulte/enfant piscine 5,50/3 € ou piscine + sauna 16/11 € pour 2 heures, 9 € par heure suppl. ; fermé juin-août)

GLO Hotel Art
Voir p. 65 (10 3444100 ; www.glohotels.fi/en/hotels/glo-art ; Lönnrotinkatu 29)

Hotel Mestari
Voir p. 65 (293 200 460 ; hotelmestari.fi ; Fredrikinkatu 51)

Yard Hostel
Voir p. 65 (40 0909118 ; theyard.fi ; Kalevankatu 3 A 45)

Cafe Ekberg
Voir p. 66 (09-6811860 ; www.ekberg.fi ; Bulevardi 9 ; 7h30-19h lun-ven, 9h-18h sam-dim)

Parc de l'Esplanadi (p. 49)

MIKKO RYYNANEN /SHUTTERSTOCK ©

Eerikin Pippuri
Voir p. 66 (09-6942667 ; www.eerikinpippuri.fi ; Eerikinkatu 17 ; 10h-0h dim-jeu, 10h-4h ven-sam)

Georgian Kitchen
Voir p. 66 (50 3833228 ; www.georgiankitchen.fi ; Albertinkatu 7/Merimiehenkatu 18 ; 16h-23h mar-jeu, 15h-1h ven, 12h-1h sam, 13h-22h dim)

Goose Pastabar
Voir p. 66 (www.goosepastabar.com ; Eerikinkatu 44 ; 16h-23h mer-sam)

Levain
Voir p. 66 (10 322 9384 ; www.levain.fi/ ; Pursimiehenkatu 29-31 ; 8h30-17h lun-ven, 9h-17h sam-dim)

Nolla
Voir p. 66 (40 1639313 ; www.restaurantnolla.com ; Fredrikinkatu 22 ; 17h-23h mar-jeu, 17h-0h ven-sam)

Ateljee Bar
Voir p. 67 (www.facebook.com/Ateljeebar/ ; Sokos Hotel Torni, Yrjönkatu 26)

Bar Mate
Voir p. 67 (50 9184003 ; barmate.fi ; Pieni Roobertinkatu 9 ; 16h-0h mer-jeu, 16h-2h ven-sam, 18h-2h dim)

Minibar
Voir p. 67 (www.facebook.com/minibarhelsinki ; Eerikinkatu 17 ; 16h-0h mar-jeu, 16h-2h ven-sam)

Viinibaari Apotek
Voir p. 66 (09-270 90977 ; viinibaariapotek.fi ; Lapinlahdenkatu 1 ; 16h-23h mar-jeu, 16h-2h ven-sam)

Cinéma Orion
Voir p. 67 (www.finnkino.fi ; Salomonkatu 15 ; billets adulte/enfant 14,40/11,50 €)

Galerie Forsblom
Voir p. 67 (09-6803700 ; www.galerieforsblom.com ; Yrjönkatu 22 ; 11h-18h mar-ven, 12h-16h sam-dim)

Galleria Huuto
Voir p. 67 (50 3955255 ; www.galleriahuuto.fi ; Eerikinkatu 36 ; 12h-17h mar-dim)

Galleria Rankka
Voir p. 67 (40 1866502 ; galleriarankka.com ; Panimokatu 1 ; 13h-18h jeu-dim)

Helsinki Contemporary
Voir p. 67 (09-2785301 ; helsinkicontemporary.com ; Bulevardi 10 ; 12h-18h mer-ven, 12h-16h sam-dim)

Tavastia
Voir p. 63 (09-7746-7420 ; www.tavastiaklubi.fi ; Urho Kekkosenkatu 4 ; 20h-1h dim-jeu, 21h-4h ven, 20h-4h30 sam)

Lokal
Voir p. 65 (www.lokalhelsinki.com ; Annankatu 9 ; 12h-18h mar-ven, 11h-16h sam)

Papershop
Voir p. 65 (45 3599319 ; papershop.fi ; Fredrikinkatu 18 ; 10h-18h lun-ven, 11h-16h sam)

Terhi Pölkki
Voir p. 65 (45 1697783 ; terhipolkki.com ; Uudenmaankatu 2 ; 11h-18h mar-ven, 11h-16h sam)

TÖÖLÖ, KALLIO ET KAISANIEMI

Église de Kallio
Voir p. 72 (Kallion Kirkko ; 09 234 03620 ; www.helsinginseurakunnat.fi/kallionseurakunta.html.stx ; Itäinen Papinkatu 2, ; 7h-21h lun-ven, 9h-19h sam-dim)

Église Temppeliaukio
Voir p. 71 (Temppeliaukion Kirkko ; 09-2340-6320 ; www.helsinginseurakunnat.fi ; Lutherinkatu 3 ; adulte/enfant 4 €/gratuit ; 10h-18h lun-ven)

Jardin botanique de Kaisaniemi
Voir p. 69 (Kaisaniemi Botanic Garden ; www.luomus.fi/fi/kaisaniemen-kasvitieteellinen-puutarha ; Kaisaniemenranta 2 ; 11h-18h mar-dim)

Musée national de Finlande
Voir p. 69 (Kansallismuseo ; www.kansallismuseo.fi ; Mannerheimintie 34 ; adulte/réduit/enfant 16/11 €/gratuit, gratuit 16h-18h ven ; 11h-18h tlj mai-août, 11h-18h mar-dim sept-avr)

Stade olympique
Voir p. 70 (Olympiastadion ; www.stadion.fi/fi ; Paavo Nurmen tie 1)

Taidehalli
Voir p. 71 (40 4507211 ; www.taidehalli.fi ; Nervanderinkatu 3 ; 11h-18h mar et jeu, 11h-20h mer, 11h-17h sam-dim)

Sauna Kotiharjun
Voir p. 73 (09-7531535 ; www.kotiharjunsauna.fi Harjutorinkatu 1 ; 14h-20h mar-dim)

Parc d'attractions Linnanmäki
Voir p. 72 (10 5722200 ; www.linnanmaki.fi ; Tivolikuja 1 ; 47 € ; 11h-21h lun-mer et ven, 13h-21h jeu et sam-dim mai-sept)

Hotel Folks
Voir p. 72 (10 2074700 ; folkshotels.fi ; Aleksis Kiven katu 23)

Hotel Helka
Voir p. 72 (09-613-580 ; www.hotelhelka.com ; Pohjoinen Rautatiekatu 23)

Töölö Towers
Voir p. 72 (29 4124727 ; unihome.fi/kohteet/toolo-towers ; Pohjoinen Hesperiankatu 23 A)

Aino
Voir p. 73 (50 5387690 ; www.ravintolaaino.fi ; Mannerheimintie 56 ; 16h-22h mar-jeu, 16h-23h ven-sam)

Ateljé Finne
Voir p. 73 (10 2818242 ; www.ateljefinne.fi ; Arkadiankatu 14 ; 17h-23h lun-sam)

Cafe Regatta
Voir p. 69 (www.caferegatta.fi ; Merikannontie 10 ; 8h-21h)

Cafetoria Café & Shop
Voir p. 73 (10 4235570 ; cafetoria.fi ; Runeberginkatu 31 ; 10h-17h30 lun-ven, 10h-16h sam)

Finnjävel Sali & Salonki
Voir p. 73 (300 472340 ; finnjavel.fi ; Ainonkatu 3 ; 11h30-23h mar-ven, 13h-23h sam)

Flät 14
Voir p. 73 (44 9783067 ; www.flathelsinki.fi ; Viides linja 14 ; 9h-17h dim-mar, 9h-23h mer-sam)

Pikku-Vallila
Voir p. 72 (50 4665621 ; Vallilantie 19 ; 15h-23h lun-mer, 14h-23h jeu, 14h-2h ven-sam, 13h-22h dim)

Sinisen huvilan kahvila
Voir p. 73 (50 5021115 ; www.sinisenhuvilankahvila.com ; Linnunlauluntie 11 H ; 10h-22h)

Way Bakery
Voir p. 73 (50 4702388 ; www.waybakery.fi ; Agricolankatu 9 ; 8h-17h lun-mar, 8h-22h mer-ven, 9h-22h sam)

Alexis
Voir p. 72 (44 2441276 ; www.alexiskatollaan.fi ; Aleksis Kiven katu 23 ; 15h-23h mar-sam en été)

Loi Loi
Voir p. 72 (40 5515010 ; www.loiloirooftop.com ; Konepajankuja 5 6th Floor ; 11h-14h lun-mar, 11h-14h et 16h-22h mer-jeu, 11h-14h et 16h-23h ven, 16h-23h sam)

Palais Finlandia
Voir p. 70 (Finlandia-talo ; 09-40241 ; www.finlandiatalo.fi ; Mannerheimintie 13 E ; 9h-18h lun-ven, 11h-18h sam)

Île de Ruissalo, Turku (p. 84)

SITES PRINCIPAUX

TURKU
Ville portuaire moderne. p. 84

FASTA ÅLAND
Escapade insulaire scandinave. p. 94

HANKO (HANGÖ)
Bourgade balnéaire historique. p. 106

PORVOO
Ville médiévale pittoresque. p. 11

TURKU, CÔTE SUD ET ARCHIPEL D'ÅLAND

LE CHARME DU SUD SCANDINAVE

Plages immenses et joyeuses aventures en ferry : la vie balnéaire est douce dans les minuscules villages du Sud, où les tumultueuses batailles et épopées marines du passé ont pourtant marqué les esprits.

Les îles d'Åland et la côte sud de la Finlande sont jalonnées de petites villes pittoresques empreintes d'histoire. Les Empires russe et suédois ont guerroyé pendant des siècles pour obtenir le contrôle des ports, aujourd'hui occupés par d'imposants châteaux et forteresses, qui contrastent avec les voiliers amarrés au soleil.

Sur le littoral, de charmantes bourgades sont autant de ports d'où partent des croisières estivales permettant de découvrir les très nombreuses îles que vous pourrez aussi explorer en louant un bateau. Dans les terres, les *bruk* (villes de forge) telle que Porvoo, deuxième localité la plus ancienne de Finlande, donnent un aperçu du passé industriel de la région.

Dans le sud-ouest du pays, l'ancienne capitale finlandaise Turku est une ville maritime animée, avec des galeries, musées et restaurants très attrayants.

Turku est la porte d'accès au sublime archipel d'Åland, une intéressante anomalie géopolitique suédophone qui compte plus d'îles que d'habitants et qui, même s'il fait techniquement partie de la Finlande, jouit d'une autonomie politique.

Åland est le lieu le plus ensoleillé d'Europe du Nord et, en été, ses longues plages de sable blanc et ses chemins cyclables attirent des foules de vacanciers.

Pourtant, en dehors de la capitale, Mariehamn, une agréable léthargie règne sur les hameaux de l'archipel et vous n'aurez aucun mal à trouver une plage isolée parmi les 6 500 îlots rocheux.

Un réseau de ponts et de bacs à chaîne gratuits relie les îles centrales, tandis que des ferries transportant les voitures vont jusqu'en Suède et aux confins de l'archipel.

S'orienter

Les transports en commun desservent la majeure partie de la région, mais vous gagnerez en flexibilité avec une voiture. Si les trains sont utiles pour gagner les grandes villes comme Turku et Hanko (Hangö), les bus sont tout de même plus fréquents.

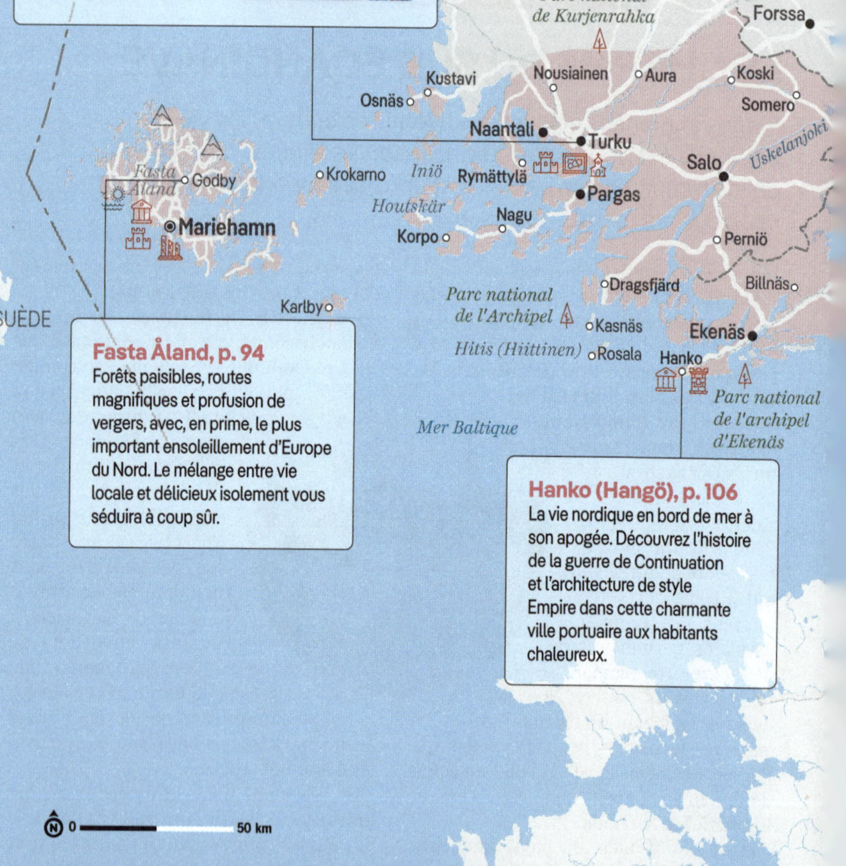

Turku, p. 84

La plus vieille ville de Finlande est aussi un trésor architectural. Le paysage urbain mêle harmonieusement l'ancien et le nouveau..

Fasta Åland, p. 94

Forêts paisibles, routes magnifiques et profusion de vergers, avec, en prime, le plus important ensoleillement d'Europe du Nord. Le mélange entre vie locale et délicieux isolement vous séduira à coup sûr.

Hanko (Hangö), p. 106

La vie nordique en bord de mer à son apogée. Découvrez l'histoire de la guerre de Continuation et l'architecture de style Empire dans cette charmante ville portuaire aux habitants chaleureux.

VOITURE

Louez un véhicule à l'aéroport d'Helsinki et explorez facilement tout le secteur jusqu'à Åland. Sur les îles, les locations de voiture sont limitées et plus chères. Les stationnements sont payants dans les centres-villes de Turku et Mariehamn.

BUS

Les bus partent vers l'est et l'ouest depuis Helsinki et rallient tous les villages et villes le long de la côte sud. L'archipel de Turku est bien desservi au départ de Turku, tout comme l'ensemble de Fasta Åland depuis Mariehamn.

FERRY

Prenez un ferry pour vous rendre de Turku à Åland ou en Suède – vous pourrez vous joindre aux vacanciers finlandais pour un petit karaoké à bord. Des lignes relient les différentes îles d'Åland, en plus des sites les plus isolés avec le continent.

Porvoo, p. 115

La vieille ville de Porvoo, à seulement 52 km d'Helsinki, est incontournable. Dégustez-y un verre de vin ou un repas et baladez-vous dans ses rues pavées, bordées d'anciennes maisons en bois.

Planifier son séjour

Prenez votre temps pour profiter de la côte sud. Explorez les plages désertes et découvrez les ports et les forteresses, ainsi que d'autres curiosités. Les très nombreuses boutiques d'artisanat et d'antiquités vous charmeront sans aucun doute.

LEENA ROBINSON/SHUTTERSTOCK ©

Château de Turku (p. 86)

Si vous avez peu de temps

● Rendez-vous directement à **Turku** (p. 84) pour découvrir sa cathédrale et flâner dans les boutiques et galeries du centre-ville. À midi, dégustez une soupe sous la **halle du marché** (p. 87) avant de vous balader à pied ou à scooter électrique le long du port jusqu'au principal atout de Turku, son **château médiéval** (p. 86). Revenez sur vos pas, traversez la rivière avec le **Föri** (p. 84) et passez quelques heures dans les ruines du **musée du vieux Turku** (Aboa Vetus, p. 85). Contemplez ensuite le coucher du soleil en dégustant une bière artisanale et des spécialités finlandaises sur une terrasse en bord de rivière. S'il vous reste de l'énergie, enchaînez avec de la musique live dans un pub ou un karaoké.

Au fil des saisons

L'été est la meilleure saison dans le Sud, avec de nombreux festivals et fêtes portuaires. D'octobre à avril, les principaux sites – plages, châteaux – sont fermés, mais il reste possible de s'y balader.

MARS

Le bebop et les saxophones sont à l'honneur dans plusieurs lieux de Turku durant le **festival de jazz**.

JUIN

Le **marché médiéval** de Turku accueille des reconstitutions historiques et des personnages costumés devant la cathédrale et sur l'ancienne grande place du Marché.

JUILLET

Plongez dans l'ambiance carnavalesque de la **régate de Hanko** et découvrez le metal finlandais lors du festival de rock de **Ruisrock**, qui attire des milliers de personnes à Turku.

DE GAUCHE À DROITE : GEOFF GOLDSWAIN, BELIKOVA OKSANA, JANUS ORLOV/SHUTTERSTOCK ©

Si vous avez trois jours

● Baladez-vous dans la **vieille ville** de Porvoo (p. 116) et faites le plein de sucreries artisanales avant d'entamer un road trip jusqu'à Turku. À Hanko (Hangö), première étape, profitez d'un moment de détente en bord de mer, un **après-midi au spa** (p. 107) ou une baignade rapide à la **maison des bains** (p. 108). Mêlez-vous aux habitants le temps d'une chaleureuse soirée au pub avant de gagner Turku le lendemain matin. En quittant Hanko, ne manquez pas les reliques de guerre au **Rintama Museo** (p. 109). À Turku, faites les boutiques et dînez au bord de la rivière avant de visiter le **château** (p. 86) et la **cathédrale** (p. 87). Un déjeuner tranquille sous la **halle du marché** (p. 87) fera une conclusion parfaite.

Si vous avez plus de temps

● Envie d'aller le plus au sud possible ? Les parties les plus méridionales de la Finlande offrent des lieux moins connus mais qui méritent d'être explorés, comme **Fasta Åland** (p. 94), à 6 heures de ferry de **Turku** (p. 84), qui vaut absolument la visite. Évadez-vous dans les forêts luxuriantes et les vergers, découvrez des ruines historiques et des ports dissimulés, et ponctuez le tout de délicieux mets terre et mer. Si l'appel de la nature se fait encore plus fort, voguez jusqu'aux îles les plus au sud d'Åland, comme **Föglö** (p. 103) et **Kökar** (p. 103), dont les paysages préservés et évocateurs combleront les rêves des aspirants pirates. Vous pourrez aussi aller d'île en île à vélo lors d'une aventure cycliste à travers Åland ou sur le sentier de l'Archipel de Turku.

AOÛT

À l'est de Porvoo, le **Hamina Tattoo** est un festival de musique militaire avec défilés de fanfares pendant une semaine, toutes les années paires.

SEPTEMBRE

Régalez-vous de produits d'Åland lors de la **Skördefesten** (fête des Récoltes), avec portes ouvertes dans les fermes et menus spéciaux dans les restaurants.

NOVEMBRE

Les restaurants d'Åland, comme Smakbyn, organisent des **buffets de Noël** à partir de fin novembre, avec des spécialités de poisson, des boulettes de viande et autres.

DÉCEMBRE

Les traditionnels **marchés de Noël** illuminent les vacances. Celui de la place de l'Hôtel-de-Ville à Porvoo est très prisé des Finlandais.

TURKU

Pour les infos pratiques, voir le Carnet d'adresses p. 120

Deuxième ville de Finlande, Turku en fut la capitale jusqu'en 1812. Le majestueux château (Turun Linna) et la cathédrale (Turun Tuomiokirkko), merveille gothique, datant tous deux du XIIIe siècle, sont les témoins du riche passé de la cité.

Avec ses galeries d'art avant-gardistes, ses festivals de musique en été et ses restaurants novateurs, la Turku contemporaine est encore plus attrayante et concurrence Helsinki dans le domaine culturel. Les étudiants fréquentent assidument les cafés et les clubs, tandis que les boutiques de créateurs et les friperies offrent des possibilités infinies pour dénicher des trésors cachés.

Avant de se jeter dans la mer, l'Aurajoki serpente joliment à travers le réseau ancestral de rues et places pittoresques. Pour les amoureux de la nature, Turku est la porte d'accès au sublime archipel éponyme. C'est, en outre, l'un des principaux ports d'entrée du pays – beaucoup de visiteurs arrivent en ferry de Suède et d'Åland – ainsi qu'une fabuleuse base pour explorer la Finlande continentale.

À SAVOIR

Vous allez adorer prendre le Föri : toute la journée, ce mini-ferry gratuit transporte piétons et cyclistes d'une rive à l'autre de l'Aurajoki, en 2 minutes. En activité depuis 1904, ce bateau orange est le plus vieux moyen de transport quotidien de Finlande. L'embarcadère est au sud-ouest du pont Martinsilta.

L'Aurajoki (p. 87)

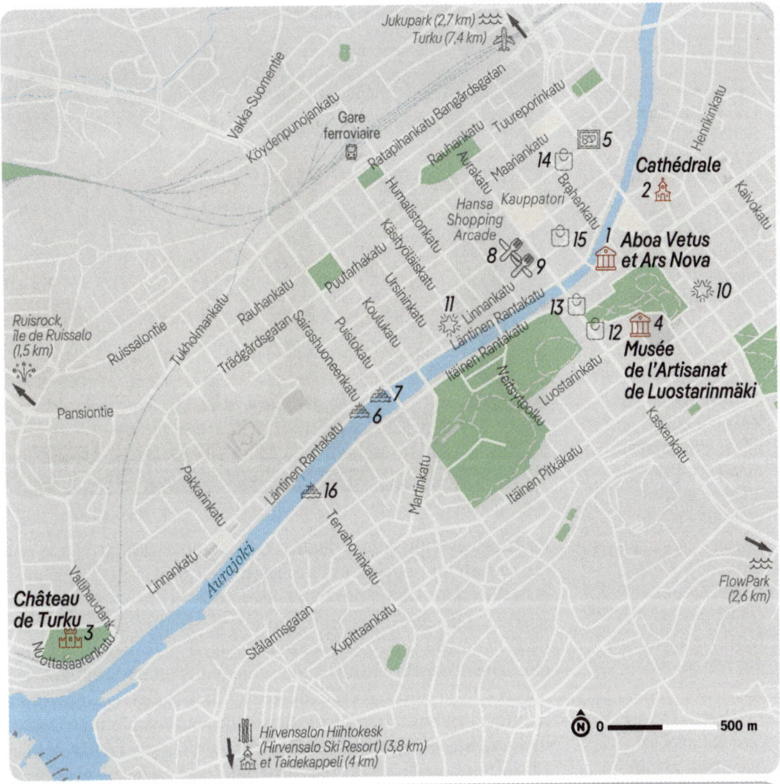

INCONTOURNABLES
1 Aboa Vetus et Ars Nova
2 Cathédrale
3 Château
4 Musée de l'Artisanat de Luostarinmäki

VOIR
5 Auran Galleria
B-Galleria **voir 5**

ACTIVITÉS
6 MS Rudolfina
Rosita **voir 6**
7 SS Ukkopekka

SE RESTAURER
Kalaliike S Wallin **voir 9**
8 Kauppahalli
Piece of Cake **voir 9**
9 Sininen Juna Aschan Café

SORTIR
10 Karaoke CocoLoco
11 Karaokebar Pelimies

SHOPPING
12 Ateljee Agami
13 Boutique Minne
14 Butik Lilian
15 Saarni

TRANSPORTS
16 Ferry Föri

Aboa Vetus, Ars Nova et Taidekappeli

TRACES DU PASSÉ ET SPLENDEUR DU PRÉSENT

À Turku, poursuivez l'ombre et la lumière dans deux merveilles architecturales. En bord de rivière, le **musée Aboa Vetus (vieux Turku)** attire les visiteurs sous terre jusqu'aux rues médiévales

OÙ SE RESTAURER AU BORD DU FLEUVE

Smör
Plats à base d'ingrédients bio et locaux. Cadre romantique éclairé à la bougie, dans une cave voûtée. **€€€**

Blanko
Adresse branchée, dont une salle avec DJ ; excellents plats du jour à midi et meilleur brunch dominical de la ville. **€€**

Kakolanruusu
Mets de saison modernes, mitonnés sur un foyer ouvert, dans un ancien entrepôt de prison. **€€€**

LES MEILLEURES BOUTIQUES D'ANTIQUITÉS

Osto-ja Myyntiliike KJ Simolin
Fabuleuse boutique de vases et céramiques. Très fréquentée.

Osto-ja Myyntiliike Kalustepalvelu
Faufilez-vous dans les minuscules allées encombrées de prestigieux mobilier en bois et de luminaires.

Antiikkiliike Wanha Elias
Objets de toutes tailles et de toutes formes, glanés dans des demeures.

Wanhan Talon Tavarat
Tout et n'importe quoi, mais surtout des accessoires de cuisine vintage et des éléments de décoration en verre et porcelaine.

Art+Design
La plus colorée des boutiques d'antiquités de Turku. Objets, vêtements et accessoires du XXe siècle.

EVAZA/SHUTTERSTOCK ©

Le château de Turku

de Turku et leurs ruines de pierre. Quelque 37 000 artefacts ont été mis au jour après des fouilles (toujours en cours). À l'étage, **Ars Nova** accueille des expositions d'art contemporain.

Une expérience plus lumineuse vous attend à 7 km, sur l'île de Hirvensalo, au **Taidekappeli** (chapelle Saint-Henri). Cette chapelle néogothique en brique, construite en 2005 et baptisée d'après le premier évêque de Finlande, recouvre un grenier médiéval en bois. Ses murs s'incurvent pour former un triangle de Reuleaux et encadrer l'autel de lumière… Spectaculaire ! De l'extérieur, observez la structure habillée de cuivre, évoquant la proue d'un navire renversé.

Château de Turku

LA PLUS GRANDE FORTERESSE DE FINLANDE

Fondé en 1280 à l'embouchure de l'Aurajoki, le **château de Turku** (Turun Linna) est de loin le plus imposant de Finlande. Les visiteurs peuvent explorer gratuitement les annexes de sa cour extérieure en pierre bien que l'intérieur, payant, mérite d'être vu. Les deux donjons et les somptueuses salles de banquet nichées dans les remparts constituent les temps forts de la visite.

Le comte suédois Per Brahe gouverna la Finlande depuis ce château au XVIIe siècle, et le roi suédois déchu Erik XIV fut emprisonné dans sa tour ronde à la fin du XVIe siècle. La plupart des Finlandais connaissent sa silhouette caractéristique, logo de la Turun Sinappi (moutarde de Turku).

OÙ PRENDRE UN VERRE AU BORD DU FLEUVE

Kakola Brewing Company
Bières artisanales légères, servies sur une terrasse en bord de rivière, idéales pour les longues soirées d'été.

Surf Shack
Le mariage entre une ambiance californienne décontractée et la finesse scandinave : DJ, cocktails et boissons véganes sans alcool.

Tintå
Bar à vins avec un bel extérieur en brique et une terrasse surplombant directement la rivière.

Cathédrale de Turku

L'"ÉGLISE MÈRE" DES FINLANDAIS LUTHÉRIENS

Consacrée en 1300, la **cathédrale de Turku** (Turun Tuomiokirkko) fut reconstruite à de nombreuses reprises après des incendies ravageurs, mais elle n'a rien perdu de sa superbe.

Sa chaire a été réalisée au début du XIXe siècle par l'architecte allemand C. L. Engel (à qui l'on doit aussi l'église orthodoxe sur la place du Marché). Des fresques romantiques de Robert Wilhelm Ekman illustrent le baptême du premier évêque de Finlande et la présentation à la nation par Gustave Vasa de la première traduction en finnois du Nouveau Testament.

La cathédrale reste un lieu vivant, avec un petit musée d'artefacts médiévaux, des concerts d'orgue gratuits en été et quelques messes en anglais. Branchez-vous sur YLE1 Radio à midi pour écouter le célèbre carillon de l'église, rappel patriotique de la guerre de Continuation, lorsque les Finlandais priaient à l'unisson pour la victoire.

Circuit gastronomique finlandais

DÉBAUCHE CULINAIRE

La fabuleuse ***kauppahalli*** de Turku est de loin l'adresse la plus chaleureuse et pittoresque pour déjeuner. Dans ce marché couvert édifié en 1896 par Gustaf Nyström, qui avait aussi conçu la Vanha Kauppahalli d'Helsinki (p. 51), les habitants se retrouvent pour discuter autour d'un café et de mets à grignoter : délices locaux, mais aussi cuisines du monde et véganes.

En activité depuis 1887, le comptoir de poisson **Kalaliike S Wallin** sert une soupe de saumon copieuse et exquise, avec ou sans crème. Des cafés comme Sininen Juna Aschan, aménagé dans un ancien wagon de train, et **Piece of Cake**, misent sur des desserts sophistiqués et un expresso parfait.

Le coin de l'art contemporain

LA PASSION CRÉATIVE

Turku se passionne pour l'art comme le prouvent deux galeries adjacentes : **Auran Galleria** et **B-Galleria**. À l'angle de Yliopistonkatu et Aninkaistenkatu, Auran est une galerie gérée en famille, installée depuis plus de 30 ans. Les expositions d'artistes internationaux changent tous les mois et sont réparties sur deux niveaux. Même si vous n'avez pas les moyens de craquer sur une peinture ou une sculpture, les propriétaires, mère et fille, seront ravies de vous renseigner.

HISTOIRE D'UNE CAPITALE

Åbo (nom suédois d'origine de Turku), jadis la deuxième plus grande ville de Suède, était à l'origine un village (*bo*) au bord d'une rivière (*å*). Quand les Russes prirent le pouvoir en 1808-1809, la cité, encore très liée à la Suède, perdit son statut de capitale à la faveur d'Helsinki et devint un centre de commerce. Le nom Turku est un mot russe archaïque signifiant "place du Marché".

C'est aujourd'hui l'Aurajoki, bordée de terrasses de restaurants et de sites culturels, qui est le centre névralgique de la vie locale – ses rives sont d'ailleurs peuplées depuis des millénaires. Les trouvailles archéologiques remontent à l'âge de la pierre, mais ce n'est qu'en 1229 qu'une colonie catholique s'établit près du centre-ville actuel. Après la consécration de la cathédrale en 1300 et la construction du château, la ville devint un centre administratif et spirituel et la capitale du grand-duché de Finlande en 1556.

OÙ PRENDRE UN VERRE DANS UN ENDROIT BRANCHÉ

Panimoravintola Koulu
Une ancienne école transformée en brasserie élégante avec *beer garden*. Bières de saison.

Cosmic Comic Café
Le lieu rêvé pour les amateurs de mangas qui profiteront de son immense collection. Bière artisanale et papier peint à motif bande dessinée.

Uusi Apteekki
Posez votre pinte sur un meuble à tiroirs transformé en table dans cette ancienne pharmacie historique.

OÙ ÉCOUTER DE LA MUSIQUE LIVE

Tiirikkala
Bar à cocktails branché dans une maison en bois ; concerts de jazz et de blues le week-end.

Bar Ö
Bar à l'ambiance chaleureuse, DJ et groupes de musique.

Dynamo
Les DJ locaux côtoient des groupes nationaux dans ce lieu du centre-ville. Superbe terrasse.

Salle de concerts
Siège de l'Orchestre philharmonique de Turku, qui joue ici depuis 1790, date de fondation de la Société musicale de Turku.

Venus
Musique live, pistes de danse et karaoké.

À côté, B-Galleria est un lieu à but non lucratif, géré par des artistes et mettant à l'honneur des talents en devenir. Retirez vos chaussures à l'entrée et approchez-vous des installations expérimentales. Dans l'atelier à l'arrière, des artistes travaillent à leurs croquis et designs graphiques.

Musée de l'Artisanat de Luostarinmäki

TRADITIONS ARTISANALES

Le travail manuel est une tradition ancestrale à Turku. Ne manquez pas la visite du **musée de l'Artisanat de Luostarinmäki** (Luostarinmäen Käsityöläismuseo), classé Trésor national en 1940 et qui rassemble des ateliers et des maisons en bois du XIXe siècle, situés le long de minuscules ruelles et de cours verdoyantes. Trente artisans en vêtements d'époque y sont installés, dont un orfèvre, un horloger, un boulanger, un potier, un cordonnier et un imprimeur. Tous les bâtiments sont à leur emplacement d'origine et ont été épargnés par le grand incendie de 1827, qui détruisit la majeure partie de Turku, mais pas le quartier populaire de Luostarinmäki.

Tenues de créateurs

LE CHIC À LA FINLANDAISE

Turku est un vivier de créateurs finlandais de tenues de soirée, des créations durables au vintage en passant par le cousu main. **Ateljee Agami** est une boutique-atelier de couture adepte de la *slow fashion* : *upcycling*, tissus naturels et fabrication à la main. La couturière Harriet est passionnée par les modèles du début du XXe siècle, en particulier les vêtements de soirée. L'atelier vise le zéro déchet : entrez et fouillez parmi les chutes de tissu ou les boutons rétro. **Boutique Minne** est spécialiste des modèles vintage, raffinés et pour le théâtre. **Butik Lilian** propose des robes de soirée déjà portées, en quête d'une nouvelle vie. Autoproclamé "boutique de gentlemen", **Saarni** déborde de sublimes costumes et cravates.

Ruisrock

DESCENDEZ DANS LA FOSSE !

Le **Ruisrock** rassemble chaque été 100 000 personnes : une expérience inoubliable. Le temps d'un week-end, l'île de Ruissalo, à Turku, accueille les scènes gigantesques et la pyrotechnie à profusion de ce festival de rock.

Organisé depuis 1970, ce festival de rock est le plus ancien du pays et le deuxième plus ancien d'Europe. Beaucoup de dieux du rock ont enflammé les foules du Ruisrock, dont Bowie, Bob Dylan, Ozzy Osbourne, Oasis et The Clash. Il est également fascinant de voir les célèbres groupes de metal finlandais sur leurs terres, devant leurs fans déchaînés dans la fosse. Pour

OÙ ACHETER DES VINYLES

8raita
L'un des meilleurs disquaires de Finlande – vaste sélection et classement efficace.

Levykauppa Äx Oy
Géré par des férus de rock. Choix immense.

Round Sound Records
Vinyles de seconde main, de divers genres. Peu de rock mais bon choix de jazz.

autant, ne vous attendez pas à un océan de T-shirts noirs : le festival est coloré et joyeux et se tient dans un magnifique cadre de prairies et de plages. Ici, rock rime avec baignade, camping, yoga et autres activités.

La folie du karaoké

CINQ MINUTES DE GLOIRE

Peu de gens le savent, mais le karaoké est une passion finlandaise. De nature habituellement réservée, les Finlandais se produisent avec un charisme qui impressionnerait les jurys des télé-crochets et, jeunes ou moins jeunes, tout le monde adore. Il est de bon aloi de féliciter les chanteurs et de laisser un pourboire à l'animateur du karaoké. **Karaoke CocoLoco** et **Karaokebar Pelimies** sont deux des meilleures adresses de Turku pour jouer les artistes jusqu'au bout de la nuit. Beaucoup de bars organisent chaque semaine une soirée karaoké.

Jukupark et FlowPark

BALANÇOIRE, GLISSE ET JEUX

Prenez une bonne dose d'adrénaline dans deux des sites de loisirs les plus prisés de Finlande. À Turku, le **Jukupark** est le plus grand parc aquatique du pays, avec des toboggans tourbillonnants, des jets d'eau et des aires de jeux sur le thème des pirates. Au **FlowPark**, les plus petits peuvent jouer sur des ponts suspendus, des balançoires, des trampolines et des tyroliennes. Les installations peuvent atteindre 20 m de hauteur sur le parcours de cordes, mais un autre parcours est plus proche du sol.

Agréables croisières

PRENDRE LE LARGE

Les croisières dans l'archipel de Turku (p. 92) sont très prisées en été. Elles partent le plus souvent du quai de Martinsilta et permettent de découvrir Turku autrement : détendez-vous, dégustez un verre de vin et contemplez le spectacle alentour.

Le ***MS Rudolfina*** organise des croisières dans la baie avec déjeuner et dîner ; vous verrez le château de Turku (p. 86), l'île de Pikisaar et l'île de Ruissalo (page ci-contre), tandis que les croisières du soir (3 heures) vous feront découvrir le port de Naantali (p. 91) et la Kultaranta (la résidence d'été du président finlandais). De son côté, le bateau à vapeur historique ***SS Ukkopekka*** effectue deux croisières quotidiennes jusqu'à Naantali, ainsi que des dîners avec soirée dansante sur le quai de l'île de Loistokari. Le ***Rosita*** propose une sortie d'une heure jusqu'à l'île de Vepsä et, ponctuellement, des excursions d'une journée vers l'île de Bengtskär (p. 108).

HÉBERGEMENTS INSOLITES

Hotel Kakola
Ancienne prison transformée en hôtel somptueux : il y a même une chambre cellule au style “carcéral chic”. €€€

Bridgettine Convent and Guesthouse
Tenue par des nonnes, cette pension installée dans un couvent catholique est un havre de paix. Paiement en espèces uniquement. €

Laivahostel Borea
Le *SS Bore*, un navire de passagers reconverti en auberge de jeunesse, est amarré devant le Forum Marinum. Accès gratuit au sauna le matin. €

Ruissalo Camping
Sur l'île de Ruissalo, ce camping loue des emplacements herbeux et de belles cabines. Saunas et plages les plus proches de Turku. €

Park Hotel
Édifice Art nouveau dominant un parc vallonné. Chambres pleines de cachet, et propriétaires très accueillants. €€

COMMENT CIRCULER

Le centre-ville de Turku peut facilement être exploré à pied. Les vélos (office du tourisme ou Bike Rent, polkupyoravuokraamo.fi, à partir de 14/63 € par jour/semaine) et scooters partagés sont très pratiques également. Les liaisons aériennes sont limitées : il est généralement moins cher de gagner Turku en voiture depuis Helsinki ou en ferry depuis Stockholm (Tallink Silja Line, en.tallink.com ; Viking Line, vikingline.fi : les tarifs varient selon la saison).

Environs de Turku

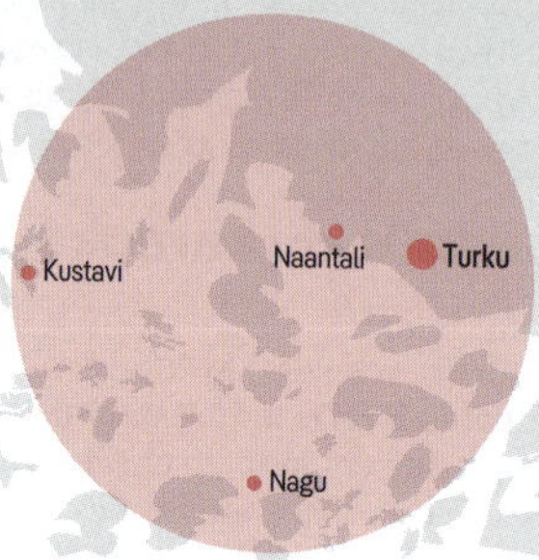

De Turku, il suffit d'un trajet en ferry pour danser avec les Moumines, se détendre au sauna ou savourer la solitude de la forêt.

Turku n'est qu'à un jet de pierre d'autres retraites en bord de mer et d'îles sauvages le long de la côte, jusqu'à Åland, la Suède et au-delà. Ainsi, 20 000 îles et îlots rocheux composent l'archipel de Turku, l'un des sites naturels les plus spectaculaires de Finlande, rapidement accessible en voiture et ferry. Pas de sites impressionnants sur ces rivages, mais des villages paisibles, des nuées d'oiseaux et des paysages maritimes et terrestres changeant d'une minute à l'autre.

En été, l'excursion à la journée la plus facile au départ de Turku est la charmante ville thermale de Naantali (Nådendal en suédois), à seulement 15 km à l'est. De juin à août, son parc, le Monde des Moumines (Muumimaailma) attire de nombreux visiteurs. Hors saison, la localité prend une ambiance de ville-fantôme – même si les habitants travaillent dur dans les coulisses du troisième port le plus fréquenté de Finlande.

Pour les infos pratiques, voir le Carnet d'adresses p. 122

À SAVOIR

En été, le mini-train Minijuna Aikataulu effectue un circuit pratique entre le Naantali Spa et le port (aller-retour tarif plein/enfant 7/5 €).

Naantali (page ci-contre)

Muumimaailma

Rencontre avec les Moumines

DIVERTISSEMENT EN FAMILLE

Très populaires dans toute la Finlande et au-delà, les Moumines sont une famille excentrique de trolls écolos au museau blanc et aux allures d'hippopotames. Allez leur faire des câlins au **Muumimaailma** (le Monde des Moumines). Ce parc d'attractions sans manège, situé à 15 km de Turku, ravira les enfants avec des activités participatives et des salles de jeux interactives.

Croisez les personnages costumés dans la maison des Moumines et la grotte de la Courabou, puis participez à l'élaboration d'une invention dans l'atelier du Snorque. Autres points forts du parc : la plage et le théâtre d'Emma. Le billet pour 2 jours est aussi valable pour la **Väski Adventure Island**. Les plus grands y assouviront leur soif d'aventure : escalade, orpaillage, tyrolienne et parcours de cordes. Des bateaux gratuits partent toutes les 30 minutes de Naantali, près du pont menant au Muumimaailma.

À la découverte de Naantali

UNE ÉLÉGANTE VIEILLE VILLE

Très photogénique et facilement accessible en bus ou en voiture (15 km) depuis Turku, la **vieille ville de Naantali** est un mélange

LA NAISSANCE DES MOUMINES

Papa Moumine, Maman Moumine et leur timide Moumine sont fortement inspirés de la propre famille d'artistes bohèmes de leur créatrice, Tove Jansson. D'autres personnages les côtoient : le Renaclerican, toujours en vadrouille, les inquiétants Hatifnattes, nés dans des graines et qui attirent la foudre, et la glaciale Courabou qui gèle tout sur son passage.

Jansson, caricaturiste ayant notamment raillé Hitler et Staline, publia ses premiers Moumines dans ses BD politiques. Elle écrivit le premier de ses neuf livres pour enfants, *Les Petits Trolls et la Grande Inondation* pendant la Seconde Guerre mondiale, un succès qui fut suivi de nombreuses BD. Ses dessins parurent d'abord dans le *London Evening News*, en 1954, avant de faire le tour du monde et d'être adaptés en dessins animés, ainsi que sous forme de film et d'albums.

OÙ FAIRE DES ACHATS À NAANTALI

Moomin Shop
Dans la vieille ville, cette boutique centralise tous les articles en lien avec les Moumines.

Unikeko
Boutique de décoration vendant des créations locales à base de peau de poisson et d'os de cerf.

Wanha Naantali Kauppa
Bonbons finlandais à l'ancienne, bric-à-brac et autres souvenirs clichés et saugrenus.

pittoresque de rues pavées et de points de vue sur le port. Les maisons en bois ancestrales accueillent désormais des boutiques d'artisanat et d'antiquités, des galeries d'art et des cafés.

Découvrez les origines monastiques de Naantali en visitant l'**église du couvent de Naantali** (Naantalin Kirkko). La Naantali médiévale (20-30 minutes de Turku en voiture/bus) s'est développée autour du couvent catholique de l'ordre de Sainte-Brigitte, dissous après la Réforme de 1527. Dominant le port, l'imposante église de 1462 en est le seul vestige. Des fouilles archéologiques ont mis au jour 2 000 bijoux, pièces et reliques désormais conservés au musée de Naantali. En été, un trompettiste joue les vêpres chaque soir à 20h depuis le beffroi. Des concerts d'orgue sont régulièrement organisés.

Aménagé dans trois édifices en bois (XVIIIe siècle) de la vieille ville, le **musée de Naantali** retrace l'histoire de la ville. Les artefacts et expositions mettent en lumière des métiers d'autrefois comme l'orfèvrerie et la fabrication d'aiguilles. On y apprend même que la ville a prospéré grâce au tricotage de chaussettes !

D'ÎLE EN ÎLE

Comme la majorité de la côte sud, les cinq grandes îles habitées de l'archipel de Turku sont suédophones.

Pargas (Parainen en finnois) : la capitale *de facto* de l'archipel à l'importante activité portuaire compte plusieurs sites intéressants, dont la maison où Lénine se cacha lors de son exil.

Nagu (Nauvo en finnois) : étape du sentier de l'Archipel : voir page ci-contre.

Korpo (Korppoo en finnois) : forêts et plages secrètes.

Houtskär (Houtskari en finnois) : ambiance paisible.

Iniö : Une poignée d'habitants peuple cette île sauvage qui offre un panorama sur l'archipel. Seuls 10 des 1 000 îlots sont habitables.

Spa à volonté

LES PLAISIRS DU SAUNA

La tradition thermale de Naantali remonte à 1723, avec la découverte de la source de Viluluoto, aux vertus thérapeutiques. Mais c'est à partir du XIXe siècle que la ville assit sa réputation d'illustre station balnéaire.

Aujourd'hui, le **Naantali Spa & Hotel** est l'un des meilleurs hôtels-spas de Finlande. Même sans en être client, on peut accéder à ses équipements, dont plusieurs piscines, des saunas finlandais traditionnels et des bains turcs et romains. Les massages et soins de beauté sont très prisés - en été, il faut absolument réserver.

Outre le spa haut de gamme, un large choix de chambres est proposé, des suites familiales sur le thème des Moumines aux luxueux appartements avec balcons privés. Deux superbes restaurants aussi bien appréciés des touristes que des habitants complètent l'offre.

Les autres saunas de Naantali vont du plus économique au plus sophistiqué. À l'**Hotel Bridget Inn**, chouchoutez-vous dans une suite de luxe, dotée d'un sauna privé et d'une terrasse. À l'autre extrémité de la gamme, le **camping de Naantali** offre de bonnes installations à petits prix et un sauna en bord de plage. Certaines cabanes sont

LA FOLIE MOUMINES

Envie d'une dose supplémentaire de Moumines ? Visitez le **musée des Moumines** (p. 135) de Tampere. Dans ce musée d'art expérientiel, les dessins, figurines et dioramas apportent une nouvelle dimension au monde insolite de Tove Jansson.

OÙ SE RESTAURER À NAANTALI

Peculiar Café
Dégustez une part de tarte dans cette maison décorée sur le thème des Moumines. **€**

Uusi Kilta
Le meilleur restaurant de Naantali. Terrasse et délicieux produits de la mer. **€€**

Merisali
Dans un pavillon thermal, profitez du buffet, de la terrasse côté quai et de la musique live. **€€**

rudimentaires, d'autres plus confortables, avec salle de bains, cuisine et parfois même sauna privé.

Le sentier de l'Archipel

POUR LES AMOUREUX DE LA NATURE

Une manière populaire de découvrir l'archipel de Turku consiste à pédaler (ou à conduire) sur le **sentier de l'Archipel** (Archipelago Trail, visitparainen.fi/en/archipelago-trail), une boucle facile de 230 km qui commence et se termine à Turku. Douze ponts et neuf ferries relient les îles, chacune empreinte de sa propre ambiance. En chemin, faites des pauses pour vous reposer dans les bourgades ou les pensions accueillantes, pour ramasser des fraises des bois et vous baigner au large d'îlots rocheux isolés.

De mi-mai à août, vous pourrez passer d'une île à une autre grâce aux ferries et ponts. Plus vous irez loin, plus vous devrez anticiper votre périple, car les ferries sont moins fréquents entre les îles extérieures. Consultez www.finferries.fi.

En démarrant votre périple sur le sentier de l'Archipel ou en le terminant, ne manquez pas le village insulaire de **Kustavi** (Gustavs en suédois) qui offre un beau panorama sur la mer et un accès aux îles d'Åland. Situé à environ 70 km à l'ouest de Turku, Kustavi est relié au continent par plusieurs ponts, ce qui le rend très facile d'accès. Avec ses quelque 2 000 îles (pour moins de 1 000 résidents), c'est un paradis aquatique, avec une myriade de plages, de hangars à bateaux et de paysages marins. De là, vous pourrez louer un bateau pour rallier le **phare Isokari** (www.isokari.fi) et l'**île-forteresse de Katanpää** (katanpaa.fi). Renseignez-vous à l'office du tourisme.

Un repos bien mérité à Nagu

LA BELLE VIE SUR L'ARCHIPEL

Tout ce vélo vous a donné faim ? Faites un break à **Nagu**, haut lieu de détente de l'archipel.

Pédalez jusqu'à cette ville pittoresque (alternative : 1 heure 15 en bus depuis Turku, traversée en ferry incluse) pour passer quelques jours à vous régaler de fruits de mer frais, de baignades revigorantes et de sublimes couchers de soleil.

De belles pensions dotées de lits confortables et de saunas vous accueilleront, mais les repas seront à coup sûr parmi les moments les plus marquants. Parmi les charmants restaurants figure **Köpmans** et son agréable "jardin secret", surtout connu pour son burger au brochet. Des fermiers et des pêcheurs vendent des fruits, des légumes et du saumon fraîchement fumé depuis leurs kiosques : composez un pique-nique et reprenez la route.

FESTIVITÉS RÉJOUISSANTES

Ville paisible, Naantali accueille très à propos la **journée nationale du paresseux** (27 juillet). Selon la tradition, le dernier membre de la famille à se mettre au lit la veille est réveillé par une bassine d'eau. Naantali va plus loin et élit chaque année parmi les personnalités de la ville le "paresseux de l'année" jeté à la mer à 7h du matin ! Les festivités s'enchaînent ensuite jusqu'au soir avec un défilé, des gâteaux, des jeux et des concerts.

L'autre grand événement de Naantali est son **festival musical d'été**, qui a lieu début juin pendant deux semaines. Des musiciens classiques de haut vol, venus du monde entier, sont accueillis ici depuis plus de 30 ans.

COMMENT CIRCULER

En été, le *SS Ukkopekka* vogue entre Turku et Naantali ; il arrive au quai des passagers, au sud du port (ukkopekka.fi ; aller-retour tarif plein 32-38 €, gratuit pour les enfants). Des ferries publics, fréquents et gratuits, circulent dans l'archipel de Turku (finferries.fi), ainsi que des bus. Dans le même temps, le *MS Eivor* dessert les îles les plus lointaines (rosita.fi).

FASTA ÅLAND

Le paisible archipel d'Åland s'étend sur 6 787 km² et compte 6 500 îles, dont 65 sont habitées. Son cœur, Fasta Åland (Ahvenanmaa en finnois, "île principale") se compose d'une dizaine d'îles relativement grandes (70% de la surface terrestre de l'archipel), reliées par des ponts. On y trouve 90% de la population d'Åland et sa seule ville, Mariehamn. Avec plus de sites historiques, d'attractions culturelles et d'activités de loisirs que toute autre île de l'archipel, Fasta Åland reçoit l'écrasante majorité des touristes.

Capitale d'Åland, Mariehamn (11 600 habitants) est située dans le Sud. Fondée en 1861 par le tsar Alexandre II qui lui donna le nom de son épouse, l'impératrice Maria, elle arbore de larges rues bordées de tilleuls, qui rappellent cet héritage russe. Ses boutiques, pubs et restaurants en font l'endroit le plus animé d'Åland – mais l'ambiance y reste très décontractée. Ses environs proches recèlent des coins paisibles, entre nature et mer.

Pour les infos pratiques, voir le Carnet d'adresses p. 122

À SAVOIR

Mariehamn concentre la majorité des hébergements d'Åland. Les hôtels touristiques et d'affaires, ainsi que les campings et les pensions couvrent un large éventail de prix et de styles. Comme partout dans les îles, les tarifs sont plus élevés entre mi-juin et fin août, surtout en juillet. Les réservations sont recommandées, en particulier le week-end.

IGOR GROCHEV/SHUTTERSTOCK ©

Mariehamn

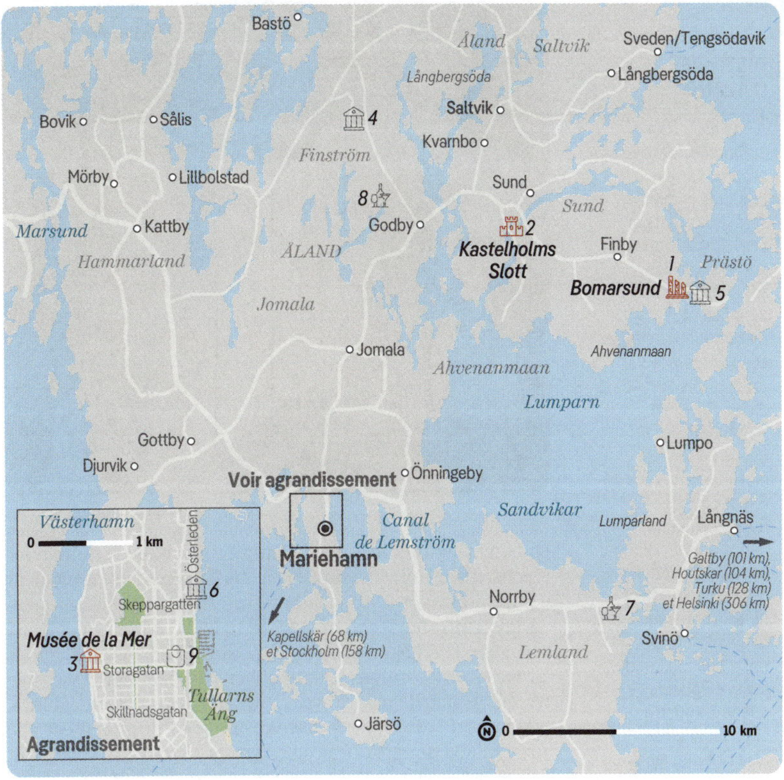

INCONTOURNABLES
1 Bomarsund
2 Kastelholms Slott (à Sund)
3 Musée de la Mer

VOIR
4 Ålands Fotografiska Museum
Bateau-musée Pommern **voir 3**
5 Musée de Bomarsund
Musée de la prison Vita Björn **voir 2**
Musée de plein air Jan Karlsgårdens **voir 2**
6 Sjökvarteret

SE RESTAURER
Pub Niska **voir 6**
Smakbyn **voir 2**

PRENDRE UN VERRE ET FAIRE LA FÊTE
Ålands Slöjd & Konsthantverk **voir 9**
7 Amalia's Limonadfabrik
8 Stallhagen Brewery

SHOPPING
Guldviva **voir 6**
Labelled **voir 9**
Salt **voir 6**
Torggatan 15 **voir 9**
9 Viktor Crafts & Designs

Histoire maritime

RÉVEILLEZ LE PIRATE QUI EST EN VOUS

Le pittoresque **Sjökvarteret** (quartier maritime) de Mariehamn est à voir absolument. Déambulez le long du quai bordé de goélettes traditionnelles et admirez les bateaux

OÙ SE LOGER À ÅLAND

HavsVidden
À la pointe nord de l'île, ce splendide hôtel perché sur la falaise surplombe le golfe de Botnie. **€€€**

Kvarnbo Pensionat
Pension historique à la magnifique décoration, dans la campagne idyllique de Saltvik. **€€**

Susannes B&B
Ambiance familiale à Hammarland. Chambres charmantes dans une maison du XIXe siècle. **€€**

LA SINGULIÈRE HISTOIRE D'ÅLAND

Åland est un État autonome doté de ses propres parlement, drapeau, timbres et suffixe Internet (.ax). Les habitants parlent suédois. Les îles sont démilitarisées, bénéficient d'exemptions de taxes et appliquent leurs propres lois en matière de jeux d'argent.

Propriété de la Suède pendant le Moyen Âge, les îles furent cédées à la Russie en même temps que la Finlande en 1809. À la défaite de l'Empire russe en 1856, la population demanda à être rattachée à la Suède, mais la Finlande refusa. La guerre civile finlandaise et les interventions extérieures entretinrent une certaine instabilité jusqu'à ce que la Société des nations accorde en 1921 à Åland un statut de région autonome, des droits culturels et linguistiques, ainsi que sa neutralité politique.

THOMAS COLLETT/SHUTTERSTOCK ©

Kastelholms Slott

en construction ainsi que la minuscule chapelle de marins reconstituée, tout au bout de la jetée. Vous pourrez également y faire provision de souvenirs pittoresques (voir ci-dessous).

Dans l'ultramoderne **musée de la Mer** (Sjöfartsmuseum), découvrez l'héritage marin d'Åland : bateaux en bouteille, coffres au trésor et costumes, sans oublier la pièce maîtresse, une reconstitution de navire avec mât, salon, cambuse et cabines.

Amarré à l'extérieur, le **bateau-musée Pommern** est une autre star du genre. Ce beau quatre-mâts marchand fut construit en 1903 à Glasgow et effectuait la traversée Angleterre-Australie.

Souvenirs artisanaux

INSPIRÉS PAR LA NATURE D'ÅLAND

Ciel et mer, granit et forêts : l'environnement naturel d'Åland inspire de nombreux artistes et artisans. Gardez donc du temps pour fureter dans les boutiques d'artisanat.

À l'extrémité nord d'Österhamn (port de l'Est) à Mariehamn, on passe facilement quelques heures à Sjökvarteret. Le long de ce quai pittoresque, explorez des commerces comme **Guldviva**, spécialiste des broches, boutons de manchettes et colliers inspirés de la faune et de la flore des îles. **Salt** est une excellente boutique de textiles, céramiques et bijoux produits localement. Dans les cabanes en bois, on vend aussi des délices finlandais, comme la confiture d'argousier.

Non loin, **Torggatan 15** est une maison en bois ancienne et pleine de charme, qui déborde de trésors créatifs. Quelques

OÙ ACHETER DE L'ARTISANAT

Jussis Keramik
Dans cet atelier, admirez les souffleurs de verre fabriquer de magnifiques objets en céramique et en verre.

Little BBQ's Junk Art
Johan "Joppan" Karlsson transforme de vieux outils et appareils en objets de déco au design unique.

Mercedes Chocolaterie
Délicieuses pralines à base de cacao importé du Venezuela et d'ingrédients locaux, comme les orties d'Åland.

boutiques sont nichées dans les différentes pièces. On ne sait jamais à l'avance ce que l'on trouvera sur les étagères de **Viktor Crafts & Designs**, garnies par 20 artisans locaux. Dans l'atelier-boutique **Labelled**, les vêtements sont cousus à partir de tissus recyclés. Quant à l'association d'artistes **Ålands Slöjd & Konsthantverk**, elle gère une galerie à l'étage et expose les travaux de ses membres.

Balade médiévale

VERDURE ET SITES MAJESTUEUX

À30 km au nord de Mariehamn, **Sund** est idéale par une après-midi ensoleillée. Vous y découvrirez trois sites historiques emblématiques d'Åland, comptant parmi les plus anciens de Finlande.

L'impressionnant **Kastelholms Slott** est un château du XIVe siècle construit sur un îlot pittoresque. Ses tours de garde atteignent 15 m de haut, et ses murailles de granit rouge, 3 m d'épaisseur. Des trouvailles archéologiques sont exposées, dont un trésor de pièces d'argent médiévales.

Gagnez ensuite le **musée de la prison Vita Björn** (Fängelsemuseet Vita Björn), qui fut une prison pendant 200 ans. Plus au sud, le **musée de plein air Jan Karlsgårdens** rassemble 20 bâtiments traditionnels ålandais des XVIIIe et XIXe siècles, notamment un grand moulin à vent.

Ålands Fotografiska Museum

UNE EXTRAORDINAIRE COLLECTION D'APPAREILS PHOTO

À 22 km au nord de Mariehamn, dans le petit village de Pålsböle (5 km au nord de Godby), ne passez pas à côté de l'**Ålands Fotografiska Museum**, une vaste collection d'équipements audiovisuels du passé - peut-être la plus complète du monde.

Ce charmant musée, qui occupe une ancienne école, est une découverte inattendue à Åland. Scrutez les vitrines abritant plus de 16 000 pièces reconstituant une histoire de la photographie des années 1830 à nos jours. Ce qui rend la collection si unique, c'est qu'elle comprend non seulement des obturateurs vintage, mais aussi du matériel d'enregistrement vidéo et audio glané partout dans le monde - platines pour vinyles, technologies pour téléviseurs et chambres noires, bandes magnétiques, baladeurs, etc.

Exposés sur les étagères de l'ancienne pharmacie, vous découvrirez aussi des Polaroids et appareils photo jetables à l'effigie de Mickey et des Spice Girls, de vieilles pellicules et des produits chimiques pour le développement et la fabrication de poudre flash.

PAROLE D'HABITANT : MES LIEUX PRÉFÉRÉS POUR PRENDRE DES PHOTOS

Olle Strömberg, qui gère le Åland Fotografiska Museum (cameramuseum.com), est un passionné de photo depuis l'âge de 10 ans. Voici ses lieux préférés pour faire des clichés.

Église Saint-Michel (Sankt Mikael Kyrka)
J'aime photographier l'intérieur, en particulier les fresques, mais aussi la façade singulière.

Prästgårdsnäset
Une merveilleuse réserve naturelle facile à explorer à pied.

Marché viking
Une manifestation très authentique, avec une foule de personnalités intéressantes !

Hermas museigård
Cette ferme-musée d'Enklinge comporte des bâtiments datant des années 1500.

Bateau-musée Pommern
Le voilier amarré devant le musée de la Mer d'Åland est si beau !

OÙ CAMPER À ÅLAND

Degersands Resort
Sur la plus belle plage d'Åland, des cottages bien meublés et un sauna à fumée. Ne manquez pas le Restaurant Q. **€€**

Sandösunds Camping
Emplacements paisibles, chambres élégantes et cabanes en bord de plage. "Sauna flottant". **€**

Gröna Uddens Camping
En bord de mer. Cabanes impeccables, plage sûre, minigolf (5 €) et location de vélos (15 €). Prisé des familles, réservez. **€**

FESTINS INSULAIRES

Kvarter 5
Une cuisine nordique avec une pointe de raffinement. Ingrédients locaux, comme le renne. Tout est 100% fait maison. €€€

Indigo
Menu contemporain dans un édifice historique, avec une cour animée. Mention spéciale au bœuf d'Åland accompagné de frites maison. €€

ÅSS Paviljongen
Vue sur la marina et produits de la mer préparés avec créativité : cabillaud, perche, crevettes fumées, etc. €€€

Ångbåts Bryggan
Spécialiste des grillades, sur le port. Assez chic, musique live et vue imprenable sur la mer. €€€

Kallas SkärGård
Le menu évoluant au gré des saisons est agrémenté de produits de la ferme voisine, de baies sauvages et de champignons. €€€

Gérées avec amour par Olle et Benita Strömberg, les expositions sont issues de la collection privée du couple. Le café aménagé dans le salon est le lieu idéal pour discuter avec le couple en dégustant un café et des gâteaux.

Le village du goût

DÉCOUVREZ LA GASTRONOMIE ÅLANDAISE

Fasta Åland se targue d'une formidable scène culinaire, qui met en lumière les ingrédients les plus frais de l'archipel, des produits de la mer aux cueillettes de la forêt, ainsi que le talent de ses chefs les plus créatifs.

À 23 km de Mariehamn, plongez dans la gastronomie ålandaise à **Smakbyn**, un "village du goût" rassemblant une boutique de ferme, des cours de cuisine, une boulangerie et une distillerie. Le point d'orgue est la vaste cuisine ouverte du restaurant, où les chefs jonglent avec des produits bio de saison pour mitonner des spécialités d'Åland comme le *svartbröd* (pain noir local, nécessitant 4 jours de préparation). Le menu est toujours différent mais il y a généralement de délicieux filets de perche et le fameux sandwich du Chasseur.

Délice local

UNE CRÊPE HORS DU COMMUN

Pour célébrer le centenaire d'Åland, en 2022, les habitants ont élu l'**Ålandspannkaka** (crêpe d'Åland) plat du siècle sur les îles. Souvent cuite au four et servie chaude ou froide, cette crêpe est moelleuse et découpée en part comme une tarte. Elle est préparée avec de la semoule et une touche de cardamome et est généralement nappée de compote de pruneaux ou de confiture de framboises et de crème fouettée (appelée *snömos*, "purée de neige", à Åland). Elle est servie en dessert ou au goûter dans la plupart des cafés et restaurants d'Åland. Le jour de l'autonomie d'Åland (9 juin), elle est aussi vendue sur la place principale de Mariehamn.

La pizza de l'archipel

TOUT JUSTE SORTIE DU FOUR

Le célèbre chef Michael "Micke" Björklund du Smakbyn est à l'origine du **Pub Niska** et de sa délicieuse *plåtbröd* (pizza ålandaise). Les garnitures sont variées et succulentes, saumon fumé à froid et crème de raifort par exemple, ou, dans un esprit locavore, fromage frais d'Åland. Flânez jusqu'au quartier maritime pour goûter l'une de ces créations croustillantes. La salle évoque l'intérieur d'un bateau, mais rien ne vaut la superbe terrasse ensoleillée.

OÙ SE RESTAURER AVEC UNE JOLIE VUE

Bodegan
Joli restaurant sur les quais. Bonnes grillades nordiques, du saumon au filet de bœuf. €€

Soltuna Restaurang
Plus haut restaurant d'Åland – point de vue imbattable, plats savoureux et service chaleureux. €€

Nautical
Plats d'inspiration marine, comme la perche ålandaise poêlée et sa mousse de carvi. Sur le port, proche du bateau-musée Pommern. €€

PROMENADE AU CŒUR DES RUINES DE BOMARSUND

Cette balade de 4,2 km est bien balisée et en grande partie sur des sentiers tracés, dévoilant des champs de mousse, des formations rocheuses et des paysages marins époustouflants (de bonnes chaussures sont indispensables). Si vous souhaitez atteindre les points de vue de Djävulsberget et Notvikstornet pour le coucher de soleil, sachez qu'il faut environ 2 heures pour faire l'itinéraire complet. Avant de partir, téléchargez l'application GPS Coastal Past.

La promenade vous mènera à plusieurs vestiges racontant la tragique histoire de la domination russe et celle de sa défaite pendant la guerre d'Åland, au XIXe siècle. Commencez par 1 **Bomarsund**, la ruine la mieux conservée. Traversez et longez la route principale pour découvrir le 2 **centre des visiteurs de Bomarsund**. Continuez sur le parcours balisé : les tas de pierres sont d'3 **anciens baraquements et des bâtiments civils**. Il s'agissait jadis de Skarpans, première ville d'Åland, qui comptait une route postale très fréquentée. Ouvrez les portes en bois et marchez parmi les ruines – soyez prudent, car les plateformes sont souvent rendues glissantes par la pluie. Reprenez le chemin jusqu'à la route, traversez et passez devant la petite cabane en bois, un arrêt de bus, sûrement le plus mignon du monde, avant de tourner à droite pour suivre le chemin jusqu'aux vestiges de la 4 **tour Brännklinstornet**. L'application indiquera alors une montée rocailleuse jusqu'à la 5 **Djävulsberget** (montagne du Diable). Elle est très difficile, donc mieux vaut revenir sur vos pas jusqu'au bout du chemin, tourner à gauche en direction de Bomarsund puis de nouveau à gauche sur le chemin. Redescendez et regagnez Bomarsund : le chemin qui le longe vers le nord mène à la 6 **tour Notvikstornet** et peut être parcouru en voiture.

Bistronomie et microbrasseries

UNE DOSE DE HOUBLON

La bière artisanale d'Åland reflète la géographie singulière de l'archipel, des lagers fraîches évoquant les forêts et la brise marine aux breuvages inspirés des traditions vikings.

Les amateurs de houblon adorent l'illustre **Stallhagen Brewery**, à Finström, à 16 km de Mariehamn. Bistrot gastronomique de toute beauté, il surplombe un lac idyllique et des paddocks de chevaux. Goûtez des bières uniques et des mets délicieux à prix raisonnables, pendant que des concerts animent la terrasse. Les bières vont des plus classiques (pale-ale ou *porter* baltique) aux créations fruitées (ale à la myrtille ou stout à la framboise).

Inaugurée en 2016, l'**Open Water Brewery** est connue pour ses lagers charpentées, ses *meads* et ses ales. Installez-vous au comptoir artisanal en bois et commandez une tournée.

Élixirs à bulles

PÉTILLANTS ET COLORÉS

Grâce aux sols fertiles et au doux climat d'Åland, les récoltes de fruits sont abondantes. Chez **Amalia's Limonadfabrik** à Lemland (15 km au sud-est de Mariehamn), goûtez un arc-en-ciel de délicieux sodas bio. La dizaine de variantes évolue au gré des saisons : rhubarbe ou sureau au printemps, canneberge ou fraise en été, myrtille ou cassis à l'automne et vin chaud pomme-cannelle en hiver. Les limonades sont produites sans artifice, selon des techniques traditionnelles et avec peu d'ingrédients. On peut les déguster dans les cocktails des restaurants d'Åland, à Smakbyn par exemple (p. 98). À Lemland, visitez l'usine et les unités de production avant une dégustation pétillante.

Bomarsund

VESTIGES DE LA DOMINATION RUSSE

À **Bomarsund**, ancien bastion militaire russe à 35 km au nord-est de Mariehamn, les reliques de guerre offrent un contraste saisissant avec l'actuelle démilitarisation d'Åland. Bomarsund était une gigantesque forteresse, construite en brique et renforcée par des blocs octogonaux typiques de ce genre de construction. Elle comprenait une ville de garnison et était protégée par des remparts, en plus de 15 tours fortifiées.

Après la guerre de 1808-1809, la Russie commença à édifier cette structure militaire majeure pour en faire son point de défense le plus occidental contre la Suède. La forteresse n'était pas achevée quand, en 1854, pendant la guerre de Crimée, les

BASTIONS DE GUERRE

Plus de 100 *fornminne* (sites funéraires) de l'âge du bronze et du fer ont été découverts dans l'archipel d'Åland, indiquant une présence humaine de plus de 6 000 ans. Bien qu'ils soient tous clairement indiqués, la plupart d'entre eux sont de simples champs. La découverte de ruines de forteresses confirme que l'archipel était un port important et un centre de commerce protégé par les Vikings lors de conflits maritimes.

Durant la grande guerre du Nord de 1700-1721 (ou "Grande colère") opposant les Empires russe et suédois, la plupart des Ålandais s'enfuirent en Suède. D'autres incursions russes eurent lieu dans les années 1740 et en 1809. En 1918, l'invasion d'Åland par l'Allemagne, lors d'une campagne de la Première Guerre mondiale, fut le tout dernier acte de militarisation.

Depuis, et en dépit de ses nombreuses forteresses, l'archipel d'Åland est pacifique, politiquement neutre et démilitarisé.

TOURNÉE DES PUBS À MARIEHAMN

Pub Ettan
Un bistrot cosy. Bonnes bières, clients bavards et ouverture la plus tardive de l'archipel.

Park Ålandia Pub
Bar-salon très apprécié à Mariehamn, dans un hôtel familial. Bières locales Stallhagen à la pression.

Pub Bastun
Dans un ancien sauna, cette salle de concerts accueille des groupes *underground* depuis les années 1970.

NADEZDA SLOBODINSKAYA/SHUTTERSTOCK ©

Ruines de la forteresse de Bomarsund

forces navales franco-britanniques la bombardèrent lourdement depuis la mer, forçant les Russes à la céder en seulement 4 jours.

Dans le **Huvudfästet** (fort principal), seules trois des tours défensives furent terminées. Aujourd'hui, elles forment un panorama impressionnant, surtout la tour Brännklint, avec ses murs criblés d'impacts de tirs de canons et de fusils. Envahies par la végétation, les fondations de la ville de garnison de **Nya Skarpans** sont également remarquables, tout comme le point de vue de Notvikstornet, avec ses canons et ses perchoirs pour snipers pointés vers la mer.

De l'autre côté du pont, **Prästö** devint l'île des défunts de Bomarsund, avec un hôpital militaire et des cimetières séparés pour les prisonniers de guerre grecs orthodoxes, juifs, musulmans et chrétiens. Une construction épique réalisée par des maçons, des artisans et des soldats venus de tout l'Empire russe. Juste après le pont, se trouvent un agréable lieu de baignade et le petit **musée de Bomarsund**, où sont exposés des objets issus des fouilles. Plus loin, une balade de 5,5 km (consultez l'application Coastal Past) permet de voir les tombes ainsi que l'ancienne station de télégraphe russe, l'hôpital de garnison et le magnifique littoral.

LA POMME D'ÅLAND

Un climat doux, beaucoup de soleil et de longs automnes : les vergers se portent à merveille dans l'archipel. Environ 270 ha sont cultivés par plus de 40 producteurs de pommes ålandais, et la majorité des pommes (et des poires) vendues dans les supermarchés finlandais sont produites sur les îles.

En général, la saison des pommes commence fin mai et, mi-août, les producteurs ramassent les premiers fruits avec une récolte qui se poursuit habituellement jusqu'en octobre.

D'août à janvier, le jus de pommes est un nectar local très apprécié. **Grannas Äppel** presse plusieurs variétés, de la Lobo à l'Amarosa, pour produire des jus délicieux, sans conservateur. À la ferme **Öfvergårds**, participez à un "safari de la pomme", avec dégustation. La boutique vend de savoureux souvenirs, comme les pickles de pommes et le vin de pommes aux épices.

COMMENT CIRCULER

Louez une voiture pour explorer l'île. Les rares loueurs sont plus rares et chers qu'à Turku : il est donc judicieux de venir avec un véhicule. Vous pourrez aussi louer des vélos (Ro-No-Rent à Mariehamn, rono.ax, à partir de 14/70 € la journée/semaine) et des deux-roues sur les îles. Il existe également un service de taxi-bateau pour circuler au sein de l'archipel (Shipland, shipland.ax) ainsi que 5 lignes de bus et quelques ferries.

Autour de Fasta Åland

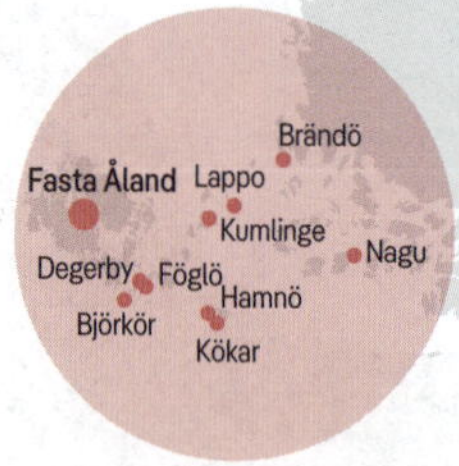

Les six municipalités au-delà de Fasta constituent les secteurs de l'archipel plus difficiles d'accès, où le nombre d'îlots dépasse celui des habitants.

Si Fasta Åland vous semble trop convenu, osez une escapade dans les îles extérieures, plus isolées. Ce chapelet de minuscules îlots granitiques s'étend entre Fasta et la Finlande et forme deux groupes géographiques, desservi par deux lignes de ferry. L'archipel nord comprend Kumlinge, Lappo, Brändö et Jurmo. L'archipel sud se compose de Föglö, Sottunga et Kökar. Tapissées de forêts de bouleaux argentés et reliées par des ferries et quelques ponts, les îles sont sillonnées de routes, de pistes cyclables, de sentiers pédestres et d'innombrables cours d'eau. Quel que soit votre mode de transport, les îles extérieures invitent à l'exploration.

Pour les infos pratiques, voir le Carnet d'adresses p. 123

À SAVOIR

Quatre lignes de ferries publics gratuits relient les îles : les lignes Nord (Norra linjen), sud (Södra linjen), transversale (Tvärgående linjen) et de Föglö (Flöglölinjen). L'accès au carburant est limité, donc faites le plein avant de visiter les îles extérieures.

Archipel d'Åland

TSUGULIEV/SHUTTERSTOCK ©

Église Sainte-Anne, île de Hamnö (p. 104)

Sanctuaires médiévaux

TROIS ÉGLISES DE TOUTE BEAUTÉ

Ces îles, chacune située à environ 2 heures de ferry de Fasta Åland, sont très faiblement peuplées, mais le sont depuis longtemps. Leurs paysages arides attiraient les chasseurs de phoques à l'âge de bronze puis les marchands hanséatiques. Les archéologues ont découvert des traces d'habitations à Otterböte. Il n'en reste pas grand-chose aujourd'hui, à l'exception d'un trio d'églises médiévales en pierre, merveilleusement conservées.

Cachée à 2 km au nord du village de **Kumlinge**, l'**église Sainte-Anne** (Sankta Anna Kyrka) est un joli bâtiment en pierre multicolore. L'intérieur abrite de superbes peintures de style franciscain vieilles de 500 ans. Le retable consacré à la Vierge et les fonts baptismaux remontent probablement au milieu du XIIIe siècle. L'église emblématique de **Brändö** est, quant à elle, une beauté chaulée datant de 1898.

À **Kyrkvägen**, sur l'île de Föglö, l'**église Sainte-Marie-Madeleine** (Sankta Maria Magdalena Kyrka) date du XIVe siècle, mais seule la nef a subsisté de l'édifice d'origine. La majorité de la structure fut reconstruite en 1860, ce qui

LES PLUS BELLES ÎLES EXTÉRIEURES

Brändö
La municipalité la plus septentrionale de l'archipel d'Åland compte environ 1180 îles pour environ 500 habitants.

Föglö
Avec plus de 500 habitants, c'est la plus grande municipalité des îles extérieures, avec plus de fonctionnaires que d'agriculteurs.

Kökar
À l'extrémité sud de l'archipel, un îlot rocheux à l'atmosphère désolée et charmante.

Kumlinge
Peu visitée mais très appréciée pour ses forêts calmes et ses sentiers pédestres peu fréquentés.

Vårdö
Surnommée "île gardienne". Sur sa plus haute montagne, on allumait jadis des feux pour avertir les autres îles d'un éventuel danger.

OÙ DÉGUSTER DES PRODUITS DE LA MER

Restaurant Seagram
Buffet (*smörgåsbord*) réputé à Degerby – festin de crevettes et de poissons grillés et fumés. **€€€**

Glada Laxen
Sur Bärö, régalez-vous de pinces de homard dans une ancienne station de garde-côtes sur la marina. **€€€**

Lappokrogen Galeasen
Plats insulaires classiques, comme le corégone grillé et la perche frite, sur le port de Lappo. **€€**

explique les détails néogothiques. L'église se trouve sur une île au sud du charmant village de Degerby, doté de bâtiments Empire et Art nouveau. Au cours d'une restauration, en 1967, les ouvriers ont découvert un vieux crucifix contenant un os et un parchemin, qui, d'après les fidèles, serait une relique de Marie-Madeleine elle-même.

Une autre **église Sainte-Anne** (Sankta Anne Kyrka) se dresse sur les ruines d'un monastère franciscain médiéval sur l'île de Hamnö, juste à l'ouest de **Kökar**. La chapelle des moines et les murs en ruine invitent à une balade méditative en soirée. À l'intérieur, repérez une offrande votive tout à fait inhabituelle : un bateau pirate turc.

LES VACHES DES HIGHLANDS DE JURMO

La minuscule Jurmo abrite des habitants particulièrement poilus : les vaches des Highlands. Venus d'Écosse, ces bovins à longues cornes broutent dans les prairies de l'île depuis 2002.

Si vous appréciez la viande, les steaks bio sont l'une des spécialités du **Café Kvarnen**, près de l'embarcadère – la viande est vendue crue, en prévision de barbecues, ou grillée et assaisonnée avec les plantes aromatiques de l'île. Elle est moins grasse que le bœuf classique et aurait même un petit goût de gibier.

Toutefois, si vous approchez ces douces créatures, vous n'aurez peut-être plus le cœur à les manger. Beaucoup se laissent caresser la tête et apprécient les morceaux de pomme, tant que vous ne tentez pas de toucher leurs cornes.

Pour les marins

HISTOIRE MARITIME

À 2 heures de ferry de Fasta Åland, le **musée de l'Archipel** de Lappo conserve une impressionnante collection d'embarcations historiques en bois, de toutes les tailles et pour toutes les fonctions : bateaux à rames, bateaux de pêche et l'un des derniers exemples de *storbåt* (chaloupe).

Après avoir admiré ces fabuleux bateaux, embarquez à bord du **Storbåt Tacksamheten**, un majestueux bateau en bois à voile rouge, qui mouille dans le port voisin de Nagu depuis 2017. Bien que bâti avec des méthodes et des matériaux traditionnels, il comprend quelques touches modernes et durables, entre autres des panneaux solaires. Il sort en mer de mai à octobre (tacksamheten.fi/fi).

Pause déjeuner

PÊCHE EN EAU DOUCE

Une envie irrépressible de poisson frais ? L'**île-réserve de Björkör**, près du port de Degerby, offre certains des meilleurs spots d'Åland pour pêcher le saumon et la perche. **Coja Fishing** peut organiser une excursion avec nuit en cabane, vous n'aurez plus qu'à surveiller la cuisson de votre prise.

Randonnée le long de la côte

LA BOUCLE DE KUMLINGE

À 2 heures 30 de route (transport en ferry inclus) de Fasta Åland, **Kumlinge** est l'une des îles les moins fréquentées de l'archipel d'Åland mais elle est parcourue de sublimes sentiers pédestres. Multipliez les points de vue sur la mer et la forêt sur le **Kumlinge åttan**, une boucle en forme de symbole infini passant par le cœur de l'île.

OÙ LOGER DANS UNE PENSION

Pellas Gästhem
Dans une ancienne école à Brändö qui ravit les clients avec différentes activités, des pique-niques à la pêche. **€€**

Gästhem Enigheten
Pension à Föglö qui conserve son cachet d'autrefois, avec vieux poêles et mobilier d'époque. **€€**

Hotel Gullvivan
Hôtel modeste avec une merveilleuse vue sur la mer depuis toutes les chambres. Sur l'île de Björnholma, au nord de Brändö. **€€**

HIVAKA/SHUTTERSTOCK ©

Kumlinge

Ponctué de nombreuses indications, le chemin de 12,5 km couvre tous les principaux sites historiques. Vous pourrez escalader les rochers, contempler la mer, observer la faune et apprécier le calme absolu : les visiteurs sont rares, mais vous croiserez peut-être l'un des 300 habitants de l'île.

La plupart des randonneurs commencent devant la ravissante église médiévale Sainte-Anne (Sankta Anna Kyrka, p. 103) ; le chemin traverse le village et grimpe à la **pharmacie Kumlina** (Kumlinge Apotek), une pharmacie à l'ancienne, superbement décorée et encore en activité.

Depuis l'Hotel Svala, ancien hôpital rural transformé en adorable boutique-hôtel repérez le mât du village, que les habitants décorent de fleurs colorées durant les célébrations du solstice d'été.

En chemin, vous passerez devant des maisons de campagne bucoliques ; en vous enfonçant dans les bois, ouvrez l'œil pour apercevoir des oiseaux et autres créatures sauvages : grues, chevreuils, renards et élans sont présents dans le coin.

En atteignant la côte dentelée, on comprend facilement pourquoi Kumlinge a été surnommé le "passage rocheux". C'est le moment d'escalader les rochers pour un pique-nique en bordure de baie.

LES MEILLEURS CAMPINGS AVEC SAUNAS

Brändö Stugby
Emplacements pour tentes et cabanes avec cuisine dans un merveilleux cadre. Louez une barque pour explorer l'environnement marin. €

Fisketorpet
Plantez votre tente ou détendez-vous dans un cottage rouge surplombant la mer. Location de pédalos, kayaks et vélos. €

Sandvik Camping
Emplacements abrités, cuisine, laverie, barbecue, supérette, vélos et agréable plage de baignade. €

Hasslebo Gästhem
En dehors du village de Kumlinge, camping écolo avec toilettes sèches, panneaux solaires et petits-déjeuners bio. €

Isakssons Stugby
Cottages avec cuisines équipées. Organisation de sorties de pêche. €

COMMENT CIRCULER

Les îles centrales – Brändö, Torsholma, Åva et Jurmo – sont reliées par des ponts et des ferries gratuits ; une piste cyclable balisée les traverse. Si vous préférez voyager en bateau, les voies d'eau sinueuses sont idéales pour le kayak et la voile.

HANKO (HANGÖ)

Bordant une longue péninsule sablonneuse, Hanko (Hangö en suédois) garde le souvenir de sa grandeur lorsqu'elle était, à la fin du XIXe siècle, une luxueuse station thermale russe.

À l'époque, entrepreneurs et industriels bâtirent d'opulentes villas sur le front de mer, ornées de fabuleuses touches victoriennes et Art nouveau. Nombre d'entre elles abritent désormais des pensions douillettes et des restaurants.

Avec plus de 30 km de plages, la baignade et la bronzette sont des activités phares ici. Vous découvrirez plusieurs belles plages de sable : beaucoup sont désertes et se prêtent à de longues balades.

Hanko est une bonne base pour explorer l'archipel sud. Vous pourrez aussi loger sur la terre ferme et déguster des produits de la mer dans les nombreux excellents restaurants de la ville. Dans tous les cas, faites connaissance avec les chaleureux habitants – ils adorent se retrouver autour des cheminées des pubs pour trinquer et partager une séance de karaoké.

Pour les infos pratiques, voir le Carnet d'adresses p. 124

À SAVOIR

Les hébergements sont limités à Hanko et il est essentiel de réserver bien à l'avance – l'office du tourisme fournit une liste de logements privés. Attention, dans les pensions aménagées dans les villas datant de l'Empire russe, les salles de bains sont rares (à l'époque, tout le monde se lavait aux thermes !).

Hanko

VOIR
1 Château d'eau
2 Monument de la Liberté

ACTIVITÉS
3 Regatta Spa

SE RESTAURER
4 B&B Korsman
5 Hangon Portti
6 Origo
7 På Kroken

PRENDRE UN VERRE ET FAIRE LA FÊTE
8 Hanko Brewing Company

RENSEIGNEMENTS
9 Office du tourisme

Bains revigorants

PLONGEONS BIENFAITEURS

Au XIXe siècle, Hanko était une ville thermale très prisée de la noblesse russe. Aujourd'hui, le **Regatta Spa** offre un fidèle aperçu de cette époque. Les somptueux équipements modernes comportent une immense piscine vitrée avec vue à 270° sur

OÙ SE LOGER DANS LE CENTRE DE HANKO

Villa Maija
Chambres très bien restaurées, dans une villa du XIXe siècle pleine de cachet. Certaines bénéficient d'une superbe vue sur la mer avec balcon. **€€€**

Hotel Bulevard
Aménagé dans un ancien poste de police (certaines chambres étaient jadis des cellules). Une option bon marché et sans fioriture, en centre-ville. **€€**

Villa Aurora
Villa restaurée avec brio, avec des chambres adorables et de beaux espaces communs. Le propriétaire est un excellent guide. **€€**

le ciel et la mer. La gamme de prestations est complète, avec des soins pour le visage, des massages et des soins de beauté.

Les bains de mer restent un élément important dans la culture de la ville. Près du port, une petite **maison des bains** en bois rouge est fréquentée toute l'année. Les habitants ont l'habitude de se baigner en début de journée. En hiver, une pompe à eau maintient un trou dans la glace pour les plus motivés. Demandez la clé à l'office du tourisme.

Un grand verre d'eau

VUE D'EN HAUT

Perché sur la colline de Vartiovuori, l'immense (48 m) **château d'eau** de Hanko est visible de tous les coins de la ville. Premier équipement de ce type en Finlande, il fonctionne toujours et délivre l'eau délicieuse qui sort des robinets.

Le château d'eau fait aussi office de tour d'observation. Prenez l'ascenseur (tendez l'oreille pour percevoir le ballottement de l'eau) pour profiter d'une vue inouïe sur la ville et les eaux cristallines en direction de l'Estonie.

Graffitis du passé

LES GRAVURES DE L'ARCHIPEL

Séparant les îles de Tullisaari et de Kobben, l'étroit **détroit de Hauensuoli**, ou Pike's Gut ("entrailles de brochet"), est un port naturel protégé, où les bateaux à voile des pays de la Baltique venaient autrefois s'abriter pendant les tempêtes. Les marins tuaient le temps en gravant leurs initiales ou des récits d'exploits sur les rochers, ce qui valut à ce lieu le surnom de "livre d'or de l'archipel". Il reste quelque 600 inscriptions datant du XVIIe siècle. On accède au détroit par bateau-taxi ou en participant à une croisière depuis Hanko.

Le plus haut phare de Finlande

SUIVRE LA LUMIÈRE

Lorsque le ciel nocturne de Hanko est dégagé, on peut apercevoir la lumière du **phare de l'île de Bengtskär** sur les vagues : gravir ses 252 marches jusqu'à son sommet est une expérience mémorable.

Un court trajet en ferry vous mènera sur l'île. Se dressant sur 52 m, à 25 km au large de Hanko, le plus haut phare des pays nordiques fut édifié en 1906 pour protéger les bateaux des eaux dangereuses de l'archipel. Il fut gravement endommagé pendant la guerre de Continuation, lors de la retraite de l'Armée rouge, mais a été rénové depuis. Des expositions historiques sont présentées au rez-de-chaussée. Il est possible de passer

POURQUOI J'AIME HANKO

Barbara Woolsey, auteure

Les habitants ont coutume de dire : "Tu peux quitter Hanko, mais Hanko ne te quitte jamais". Et en effet, elle ne m'a pas encore quittée. À bien des égards, Hanko (8 000 habitants) est la petite ville parfaite – des plages et des paysages déserts et isolés mais aussi des pubs animés, entre bavardages et karaoké. Hanko est un lieu précieux, où on vous dira bonjour dans la rue. Il n'est pas étonnant que tant d'habitants d'Helsinki se soient réfugiés ici durant la pandémie – certains n'en sont jamais repartis et ont ouvert de fabuleux commerces et restaurants. Ce renouveau est la promesse d'un merveilleux séjour.

OÙ TRAÎNER AVEC LES HABITANTS

Pub Grönan
Pub animé, dans un ancien entrepôt militaire. Concerts et DJ.

Nöjen Vin & Öl
Dans l'après-midi, joignez-vous aux habitués qui se réchauffent au coin du feu.

Wallis
Le bar à karaoké le plus prisé de Hanko. Prenez un verre sur la terrasse au bord de l'eau et chantez avec les habitants.

Le phare de l'île de Bengtskär

une nuit dans le phare : le confort y est modeste mais le point de vue phénoménal.

Sur le front finlandais

TÉMOINS DE L'HISTOIRE DE HANKO

En raison de l'emplacement stratégique du port, les côtes de Hanko ont été le théâtre de batailles sanglantes. Vous découvrirez cette passionnante histoire de combats pour la liberté et la libération dans les différents musées et monuments de la ville.

À 19 km au nord de Hanko, le **Rintama Museo** (musée du Front) est installé sur le site d'une des plus rudes batailles de la guerre d'Hiver, ayant opposé la Finlande à l'URSS. À l'extérieur, les tranchées, bunkers et pièces d'artillerie sont d'origine.

Dans le musée, la collection permanente "Hanko in Foreign Hands" ("Hanko entre des mains étrangères") retrace toute l'histoire. N'hésitez pas, ensuite, à faire le détour de 5 km à l'est jusqu'à **Skogby** : des bunkers sont encore visibles dans la forêt, à proximité de la route.

De retour en ville, le **monument de la Liberté** se dresse au point de rencontre entre le Bulevardi (boulevard) et la plage. Cette statue représente deux lions, les actuels protecteurs de Hanko, nommés Conrad et Aurora, et commémore le débarquement

HISTOIRE DU PORT

Ville la plus méridionale de Finlande, Hanko fut fondée en 1874 dans une rade à l'emplacement stratégique. Devenue un lieu de villégiature pour la noblesse russe, elle servit aussi de point d'émigration : entre 1881 et 1931, environ 250 000 Finlandais partirent de ses docks pour les États-Unis, le Canada ou l'Australie.

Au terme de la guerre d'Hiver, le traité de paix de mars 1940 prévoyait la cession de Hanko en tant que base navale à la Russie. Ses habitants cédèrent la place à 30 000 soldats russes qui construisirent un immense réseau de fortifications. Isolée des lignes de front russes, Hanko fut finalement abandonnée en décembre 1941. Au printemps suivant, les citoyens se réapproprièrent leur ville abîmée. Découvrez cette histoire méconnue au Rintama Museo.

OÙ FAIRE UNE PAUSE CAFÉ

Alan's Café
Dégustez des viennoiseries maison, comme les petits pains à la cannelle, dans une villa ancienne en bois ou dans sa cour.

Nöjen Vin & Öl
Bar-salon avec cheminée réconfortante, clients bavards et karaoké à l'étage. Bondé le week-end.

Park Café
Ce cottage habillé d'un bardage a retrouvé sa splendeur victorienne. Parfait pour un café l'été. Concerts ponctuellement organisés.

FOLLE RÉGATE

Chaque année en juillet, lors de la **régate de Hanko**, le paisible littoral devient l'un des secteurs les plus animés de Finlande. Plusieurs jours avant l'événement, la ville et son port sont envahis de yachts impressionnants et de milliers de spectateurs. Plus de 200 bateaux s'affrontent et l'ambiance est très festive, avec des concerts et des grandes fêtes en terrasse.

Dans ces conditions, l'atmosphère de Hanko est très grisante, mais les habitants vous diront sans doute qu'ils sont toujours contents quand la folie s'achève. Si vous souhaitez assister à la régate, réservez votre hébergement et les restaurants plusieurs mois à l'avance. Il peut être judicieux de loger en dehors de Hanko, à Raseborg par exemple.

des forces de libération allemandes en 1918. Le monument fut déboulonné après la Seconde Guerre mondiale puis remis en place en 1960 avec un nouveau texte, “À notre liberté”.

Brassée par les flots

BIÈRE ARTISANALE MARITIME

Détendez-vous dans une brasserie où la décoration s'inspire de l'esthétique scandinave et de la mer. Dans un entrepôt rouge et blanc restauré, la **Hanko Brewing Company** est l'un des meilleurs endroits de la bourgade pour admirer les flots. Les ales et les lagers légères sont parfaites pour profiter des longues après-midis d'été sur la terrasse donnant sur le port. Les affiches et sacs ornés de beaux motifs graphiques inspirés de l'histoire maritime de Hanko feront d'excellents souvenirs.

Fusion britannico-finlandaise

DÉLICIEUSE SLOW FOOD

Au **B&B Korsman**, le repas du dimanche est un festin. Dans ses généreux buffets, le chef-propriétaire convoque sa ville d'origine, Glasgow, et sa passion pour les produits finlandais : Yorkshire pudding, entrecôte d'agneau, risotto aux champignons, ainsi que des salades et leurs pickles de légumes maison.

Paradis gastronomique

PRISES DU JOUR

Avec 130 km de littoral, il n'y a rien d'étonnant à ce que les produits de la mer soient à l'honneur sur les tables de Hanko. Plusieurs bons restaurants sont concentrés près du **port de l'Est**, par exemple **Origo**, qui se distingue par son chauffage géothermique, ses ingrédients bio et locaux et son menu gastronomique de saison. La joue de porc mijotée toute la nuit est un bonheur, tout comme la soupe de saumon au pain noir.

Accomplissez un pèlerinage culinaire à **Hangon Portti**, en prenant le ferry (2 minutes) à l'embarcadère du port de l'Est. Ce petit cottage chaulé au mobilier en osier est perché sur une île de granit. Au menu : boulettes de viande du marin (avec purée et confiture d'airelles), “burger du capitaine” au porc fumé et glacé, avec salade de pommes de terre, et tapas de l'archipel.

De son côté, **På Kroken** propose un buffet en forme de yacht, débordant de mets élaborés dans son propre fumoir, ainsi que de coquillages et homards extra frais. Le café attenant sert des plats plus économiques, dont une fabuleuse soupe de saumon au pain noir. Achetez de quoi faire un pique-nique à la boutique.

COMMENT CIRCULER

Hanko est facilement accessible en train depuis Helsinki (vr.fi ; 1 heure 45, le tarif varie selon les saisons, à partir de 10 € l'aller, plusieurs départs/jour avec changement, ligne directe prévue pour fin 2023). La gare de Turku est en travaux jusqu'à 2024 environ, passez alors par celle de Kupittaa. Également des bus, plusieurs fois par jour. Louez un vélo pour atteindre les spots de baignade des environs, la plage, très fréquentée, de Silversand et d'autres merveilles naturelles.

PROMENADE PARMI LES SOMPTUEUSES VILLAS DE HANKO

Embarquez pour une balade architecturale au cœur de Hanko. Vous découvrirez l'âge d'or de cette ville portuaire, des villas du XIXe siècle aux édifices industriels. Sur le port ouest, ne manquez pas la friche de 4 000 m², un ancien **1 entrepôt de beurre**, emblème du romantisme national. De là, des trains chargés de beurre (jadis la principale exportation de Hanko en hiver) partaient pour livrer toute la région. Puis, passez par l'**2 Hotel Regatta**, beau bâtiment Art nouveau couleur moutarde (1898). Plus à l'écart du rivage, l'**3 édifice Lignell**, ancien joyau Jugendstil (Art nouveau), fut tellement endommagé durant la Seconde Guerre mondiale que sa façade a été entièrement replâtrée. Jusqu'aux années 1990, il s'agissait d'une artillerie côtière.

Gagnez ensuite **4 Appelgrenintie**, la rue des villas. Admirez les prestigieuses propriétés du début du XXe siècle : la Villa Elisabeth (n°5), la Villa Maija (n°7) et la Villa Frenckell (n°8), plus ou moins bien conservées. Continuez jusqu'au **5 casino**, un sublime restaurant de style Jugendstil, vestige de l'époque thermale de Hanko. Entrez-y pour contempler les beaux lustres et le mobilier en bois. Le restaurant est seulement ouvert pendant les beaux jours, et abrite aussi les boutiques éphémères de quelques antiquaires et créateurs.

Poursuivez dans Appelgrenintie jusqu'à l'ancienne **6 fabrique de biscuits anglo-finlandaise** (1916), qui cessa son activité en raison de la guerre. Avancez vers le nord et la côte, le **7 moulin textile de la fabrique Kudeneule Oy,** où sont confectionnés des tricots et de la bonneterie, est l'une des réalisations industrielles les plus connues de l'architecte Viljo Revell (1910-1964). Les baies vitrées donnent sur les forêts de pins.

Environs de Hanko

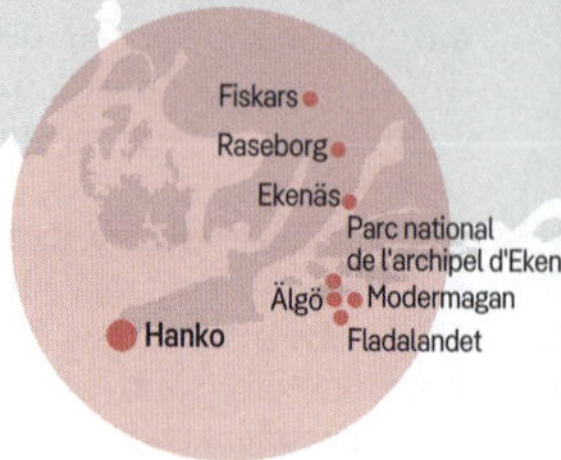

Longez la côte et découvrez un chapelet de hameaux et leurs trésors, des édifices médiévaux à l'artisanat moderne.

À mi-chemin entre Turku et Helsinki, à 55 km de Hanko, Fiskars est une charmante bourgade manufacturière devenue un haut lieu de création et de design finlandais. Ses édifices néoclassiques en brique abritent des ateliers, des galeries et des espaces d'exposition. Plus de 100 artisans, créateurs et artistes vivent et/ou travaillent ici : de quoi flâner et découvrir à votre aise.

Non loin, Raseborg, station balnéaire de l'une des villes les plus anciennes de Finlande, est une base idéale pour explorer le parc national de l'Archipel d'Ekenäs en bateau ou kayak, ainsi que les ruines évocatrices de son château. Notez qu'en 2009, Ekenäs a fusionné avec les villes voisines de Karis et Pohja sous le nom officiel de Raseborg, mais toutes les appellations restent usitées.

Pour les infos pratiques, voir le Carnet d'adresses p. 125

À SAVOIR

La plupart des visiteurs se rendent à Fiskars en excursion à la journée, mais cette localité mérite une nuit sur place, surtout si les hébergements sont complets à Hanko.

Raseborg

TSUGULIEV/SHUTTERSTOCK ©

SEREGA_TM/SHUTTERSTOCK ©

Château de Raseborg

Cour royale à Raseborg

REMONTER LE TEMPS

À 35 km de Hanko, faites un voyage de 500 ans dans le passé pour découvrir les ruines d'un des plus impressionnants châteaux médiévaux de Finlande. Haut perché sur un promontoire surplombant une prairie, le **château de Raseborg**, construit à la fin du XIVe siècle, joua un rôle crucial au XVe siècle, époque durant laquelle il protégea la ville marchande de Tuna. Karl Knutsson Bonde, roi suédois en exil, y tint sa cour. Le château fut abandonné en 1558 et déserté pendant plus de 300 ans. Aujourd'hui, la forteresse en ruine peut être explorée dans le cadre d'un circuit avec Slottsknekten (slottsknekten.fi) ou de façon indépendante. Le château se trouve à environ 18 km à l'est d'Ekenäs, via la route 25 à Snappertuna mais les bus étant quasi inexistants, vous aurez besoin d'un véhicule.

Aventures dans l'archipel

CROISIÈRE DANS UN PARC NATIONAL

À 30 minutes de voiture de Hanko, le **parc national de l'Archipel d'Ekenäs** offre une infinie palette de bleus. L'eau

HISTOIRE D'UN VILLAGE DE PÊCHEURS

À mi-chemin entre Turku et Helsinki, la station balnéaire d'**Ekenäs** (Tammisaari en finnois) est l'une des villes les plus anciennes de Finlande. En 1546, le roi Gustave Vasa fit de ce village un port commercial pour concurrencer celui de Tallinn en Estonie. Les noms des ruelles de la **Gamla Stan** (vieille ville) illustrent les métiers de l'époque, par exemple Hattmakaregatan (rue des Chapeliers) et Linvävaregatan (rue des Tisseurs-de-Lin), et ont conservé leur identité artisanale. Ce charmant secteur est jalonné de bâtiments en bois du XVIIIe siècle aux noms de poissons – héritage de son passé de village de pêcheurs. Aujourd'hui, la majeure partie de la vieille ville est résidentielle.

OÙ SE RESTAURER À RASEBORG

Café Gamla Stan
Profitez d'un jus frais et d'une tarte à l'ombre des pommiers du verger ou dans le cottage douillet du café. **€**

YLP!
La première pizzeria zéro déchet de Finlande et de Scandinavie. Ingrédients de producteurs locaux exclusivement. **€€**

Restaurant GH Fyren
Élégant restaurant sur le port, avec vue sur la mer. Parmi les spécialités locales figurent la perche frite avec des gnocchis. **€€**

UNE ÎLE PEUT EN CACHER D'AUTRES

Kimito (Kemiö en finnois) est la plus grande île côtière, située à 65 km au sud-est de Turku. De nombreux bras de mer et cours d'eau émaillent ce territoire boisé, ponctué de villages de bord de mer. Prenez votre temps pour explorer l'île, elle offre de captivants sites, entre autres une église historique à Dragsfjärd et un manoir rempli d'œuvres d'art à Kimito.

Toutefois, l'atout fort de la région se trouve plus loin au sud. Vous l'aurez compris : encore des îles. Kimito est la principale porte d'accès pour le **parc national de l'Archipel**, une grappe d'îles somptueuses au sud et à l'ouest de la ville. Parmi les attractions figurent le phare de Bengtskär (p. 108) ; le plus haut de Finlande, une île forteresse centenaire, Örö, et un village viking reconstitué, Rosala. Des croisières partent de Kasnäs, le port situé à l'extrémité sud de l'île de Kimito.

représente près de 90% des 52 km^2 du parc : pour explorer les 1 300 îles, vous devrez participer à un circuit partant du port, par exemple une croisière avec Saariston Laivaristeilyt ou une sortie en kayak avec Paddlingsfabriken. Vous pourrez aussi louer votre propre bateau.

L'île la plus fréquentée est **Älgö**, traversée par un sentier naturel de 2 km passant par la tour d'observation. Une ancienne maison de pêcheurs y a été aménagée pour accueillir un sauna et des infrastructures pour des emplacements de camping.

Vous pourrez aussi camper sur **Fladalandet** et **Modermagan**, mais beaucoup d'autres îles sont interdites aux visiteurs, notamment les îles extérieures, en raison de la fragilité de leur écosystème. Pour des renseignements sur le parc et pour réserver un emplacement de camping, visitez le centre des visiteurs Naturum à Ekenäs ou consultez le site Web du parc national (www.nationalparks.fi/ekenasarchipelagonp).

Fiskars

MERVEILLEUX SOUVENIRS

La chasse aux souvenirs est un plaisir à **Fiskars**, ancienne localité industrielle devenue un vivier créatif et l'un des plus charmants villages de forges de la région. Les *bruk* (forges) de Fiskars entrèrent en activité en 1649, avec un unique fourneau et produisirent des millions de charrues à cheval. En 1822, Johan Jacob Julin, apothicaire à Turku, acheta l'usine et fit prospérer l'entreprise grâce à une large gamme d'outils agricoles et d'articles pour la maison, entre autres les iconiques ciseaux à poignée orange (fabriqués depuis 1967).

Faites une excursion d'une journée à Fiskars, où les édifices en brique abritent désormais les ateliers et galeries de créateurs avant-gardistes.

Aujourd'hui, plus de 100 artisans, créateurs et artistes vivent et travaillent dans ces bâtiments néoclassiques réaménagés. Baladez-vous le long de la rivière émeraude, dans le centre pittoresque tout de brique pour admirer leur travail ; l'office du tourisme distribue des plans gratuits détaillant les édifices historiques et les commerces qu'ils abritent.

Dans le beffroi, la boutique **Onoma** présente des articles pour la maison et des créations artistiques et artisanales pointues imaginés par les membres de la Coopérative des artisans, créateurs et artistes de Fiskars. À la **Fiskars Shop**, vous pourrez acheter les célèbres ciseaux (et d'autres articles pratiques) de la fabrique de Fiskars. Vous y verrez aussi une petite exposition sur l'histoire de l'entreprise.

La boutique **Vanja Sea & Friends** vend d'adorables tricots pour enfants et abrite une petite galerie d'art à l'étage. **Kuura Cider** vend du cidre de pommes aux allures de Champagne et une liqueur sucrée à la pomme.

COMMENT CIRCULER

Ekenäs est desservie par des bus (pas toujours directs), mais les trains sont toujours plus rapides et moins chers. Seuls les bus rallient Fiskars.

PORVOO

La deuxième ville la plus ancienne de Finlande est une destination populaire pour une journée ou un week-end au départ d'Helsinki. La ville de Porvoo (Borgå en suédois) fut officiellement fondée en 1380, sur un centre marchand déjà actif. Sa vieille ville historique compte des entrepôts photogéniques en bord de rivière ; on y stockait jadis des marchandises exportées dans toute l'Europe. En retrait de la rivière, les rues pavées sont bordées de ravissantes maisons en bois de toutes les couleurs. Lieu de naissance du poète finlandais Johan L. Runeberg (1804-1877), la ville est constellée de plaques commémorant ses multiples séjours.

Porvoo s'enorgueillit d'une fantastique scène culinaire et d'un milieu artistique en plein essor. On pourrait la présenter comme la capitale finlandaise du café et de la confiserie : ses chocolats historiques sont toujours servis dans une enfilade de fabuleux cafés plein de cachet, en bord de rivière. Les rues sont très animées en journée, mais un soir de semaine, vous ne croiserez pas grand monde.

Pour les infos pratiques, voir le Carnet d'adresses p. 125

À SAVOIR

On peut arriver à Porvoo dans le cadre d'une croisière depuis Helsinki. En été, le *JL Runeberg* vogue de la *kauppatori* d'Helsinki au port des passagers de Porvoo (msjlruneberg.fi ; aller/aller-retour 35/47 €, enfants 18/23 €, seniors et étudiants 31/43 €). Il faut 3 heures 30 dans chaque sens, donc vous préférerez peut-être faire le retour en bus.

Porvoo

INCONTOURNABLES
1 Cathédrale
2 Vieille ville

VOIR
3 Musée de Porvoo
4 Halle des arts
5 Place de l'Hôtel-de-Ville

SE RESTAURER
Cafe Postres **voir 6**
6 Helmi Tea & Coffee House

PRENDRE UN VERRE ET FAIRE LA FÊTE
Cafe Fanny **voir 9**
7 Galleria Fikka
8 Gallery Kulma
9 Gallery Vanha Kappalaisentalo
10 Porvoon Paahtimo

SHOPPING
11 Brunberg
12 PetriS Chocolate Room

TRANSPORTS
13 Gare routière
14 Port des passagers

Vanha Porvoo

FLÂNERIE DANS LES RUES PAVÉES

Vanha Porvoo, l'une des plus belles vieilles villes de Finlande, est un ravissant dédale de ruelles pavées et d'entrepôts en bois. Porvoo était jadis connue pour son marché et son port ; ses rues principales, notamment Välikatu et Kirkkokatu, sont désormais jalonnées de galeries et de boutiques d'artisanat, de

OÙ SE LOGER À PORVOO

Hotel Runo
Boutique-hôtel moderne dans un édifice Art nouveau, avec des expositions artistiques et un sauna sous les toits. **€€€**

Hotelli Pariisin Ville
Une adresse somptueuse. Certaines chambres sont dotées d'un mini sauna et ont vue sur la cour. **€€€**

Hotelli Onni
Édifice en bois en face de la cathédrale. Le design de chaque chambre est unique. **€€€**

souvenirs et d'antiquités. Les entrepôts le long du Porvoonjoki sont remarquables : traversez le vieux pont pour faire de superbes photos. Le secteur moins touristique se trouve à l'est de la cathédrale où se trouve Itäinen Pitkäkatu, l'une des plus jolies rues. Visitez le **musée de Porvoo**, sur la place pavée de l'Hôtel-de-Ville. L'édifice de l'**hôtel de ville** (Vanha Raatihuoneentori) abrite la majeure partie de la collection.

La capitale des douceurs

AVIS AUX BECS SUCRÉS

Réputée pour ses chocolats artisanaux et ses délices à la réglisse, la boutique **Brunberg** est prisée pour ses truffes et ses *pusu* (bisous) au chocolat et à la crème fouettée. Chez **PetriS Chocolate Room**, les pralines, bonbons et macarons colorés sont divins.

Autre spécialité, la *Runebergintorttu* est un gâteau aux amandes et au rhum, qui aurait été le préféré du poète J. L. Runeberg. On le consomme traditionnellement le jour de son anniversaire (5 février) mais il est servi à tout moment à la **Helmi Tea & Coffee House**. Le glacier **Vanhan Porvoon Glassikko** propose des saveurs inhabituelles (rose et beurre noisette aux pignons).

Cathédrale de Porvoo

SUPERBE RESTAURATION ARCHITECTURALE

La **cathédrale** (Tuomiokirkko) de Porvoo, toute de pierre et de bois, est juchée au sommet d'une colline surplombant la vieille ville. Elle fut endommagée plusieurs fois par des incendies, dès le XVIe siècle et, plus récemment, en 2006. Admirez le travail de rénovation sur la chaire ornementée, les galeries, la magnifique façade et le clocher. En 1809, le tsar Alexandre Ier y réunit la première diète de Finlande, qui valut au pays sa liberté religieuse.

Tournée des galeries

FASCINANT CIRCUIT ARTISTIQUE

Les galeries de Porvoo vont du classique au contemporain. La **Halle des arts** (Taidetehdas) est une ancienne usine de tracteurs transformée en un vaste espace dédié à l'art moderne, avec expositions temporaires et permanentes, dont la collection Jäntti, composée d'œuvres finlandaises de la seconde moitié du XXe siècle. Les expositions d'artistes locaux changent tous les mois à la **Galleria Fikka**, consacrée aux médias et aux installations artistiques et gérée par l'Association des artistes de Porvoo, tandis que la **Gallery Kulma** présente des peintures. Dans la vieille ville, arrêtez-vous à la **Gallery Vanha Kappalaisentalo**, une petite maison en bois où sont exposées des œuvres de maîtres remontant au XVIIIe siècle.

LES MEILLEURES TABLES DE PORVOO

Bosgård
Les gourmets choisiront ce restaurant dans une ferme pour ses burgers et steaks de Charolais bio. €€€

Fryysarinranta
Délices locaux, notamment les escargots de Porvoo, dans l'un des entrepôts en bois rouge de la vieille ville. €€

SicaPelle
Menus dégustation modernes et de saison, avec une touche fusion, comme les Saint-Jacques au bouillon dashi. €€€

Café Cabriole
Buffet de midi alléchant, avec gâteaux à profusion. L'édifice Art nouveau est impressionnant. €€

Zum Beispiel
Café spacieux et lumineux servant des plats modernes internationaux, des salades aux pâtes. €€

COMMENT CIRCULER

Les bus circulent entre la gare routière de Porvoo et la gare routière de Kamppi à Helsinki, toutes les 30 minutes environ (6,80-12,60 €, environ 1 heure), d'autres desservent aussi des villes plus à l'est. Il est aussi possible de prendre le bateau depuis le port des passagers de Porvoo (voir "À savoir" p. 115).

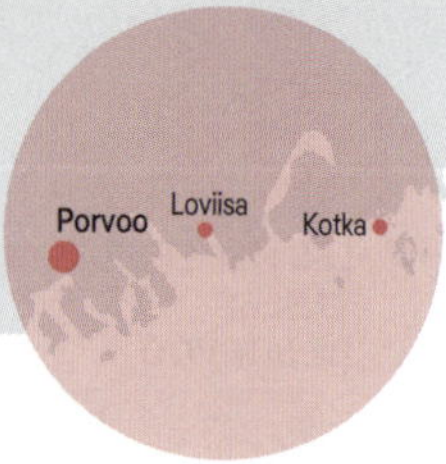

Environs de Porvoo

En direction de l'est et de la Russie, les villages sont aussi paisibles que charmants et les sorties en voilier sont l'occasion de découvrir les routes maritimes historiques.

Pour les infos pratiques, voir le Carnet d'adresses p. 125

À SAVOIR

Mi-juillet, Kotka célèbre son héritage marin lors de son festival maritime : régates, concerts, marchés et immense exposition de bateaux en bois.

Porvoo est la porte d'accès pour l'est historique de la Finlande. À environ 130 km à l'est d'Helsinki, Kotka est la seule ville insulaire du pays. À l'époque de sa fondation, le fleuve Kymi (Kymijoki), très poissonneux, permettait le transport de grandes quantités de bois et contribua à faire de la ville l'un des ports industriels les plus importants de Finlande. Kotka se targue de plusieurs sites captivants, en rapport avec la mer, en particulier le centre maritime Vellamo. Avec leurs villages pittoresques et leurs embruns, les îles invitent à des excursions à la journée. Sur la terre ferme, les parcs et l'art public renforcent l'attrait touristique, mais ce port très affairé n'en a pas moins conservé une précieuse authenticité.

Centre maritime Vellamo

Côte sud-est

LES RACINES MARINES DE KOTKA

Gagnez **Kotka**, à 1 heure de voiture ou 1 heure 30 de bus depuis Porvoo, pour des sites liés à la mer, qui célèbrent l'histoire tumultueuse de la région. Approchez au plus près des brise-glaces et des épaves au **centre maritime Vellamo** (Merikeskus Vellamo), immense bâtiment en forme de vague aux parois de métal et verre sérigraphié qui raconte l'histoire maritime de la Finlande. La star du lieu est le *Tarmo*, troisième plus vieux brise-glace du monde (1907-1908), qui dégagea les eaux finlandaises jusqu'en 1970. On peut également admirer des collections portant sur les épaves, la navigation, la pêche et le transport du bois, ainsi qu'un skiff olympique 49er et une embarcation ayant appartenu à la créatrice des Moumines, Tove Jansson. Ne manquez pas les divers objets qui appartenaient à la fameuse *Vrouw Maria,* une épave qui transportait des objets d'art retrouvée en 1999, et le simulateur de plongée.

À 5 km au nord de Kotka, parmi les rapides grouillant de saumons du Kymijoki, le rustique **pavillon de pêche impérial de Langinkoski**, en bois, fut construit en 1889 pour le tsar Alexandre III. Rénové en 2012, le mobilier est en grande partie d'origine et les pièces n'ont guère changé depuis l'époque où le tsar y séjournait régulièrement en été. Marchez vers l'aval pour découvrir la plaque à sa mémoire et les sublimes rives boisées, désormais une réserve naturelle de 28 ha, avec des sentiers pédestres.

Loviisa

TRANCHE DE VIE MARINE

Nommée d'après la reine suédoise Lovisa Ulrika en 1752, **Loviisa** (Lovisa en suédois), à 37 km à l'est de Porvoo, a connu son heure de gloire au XIXe siècle, en sa qualité de ville thermale russe. Presque entièrement détruite en 1855, pendant le conflit russo-suédois, cette charmante station balnéaire attire des amateurs de voile et des estivants venus flâner le long des boutiques. La **forteresse maritime de Svartholm** dotée de quatre bastions fut érigée par les Suédois en 1748 à 10 km au large de Loviisa pour se prémunir de nouvelles invasions russes. Les Britanniques en détruisirent une grande partie pendant la guerre de Crimée (1853-1856). La forteresse reconstruite est un lieu fabuleux à explorer (en bus flottant, 40 min, www.nationalparks.fi/svartholma/visit), tandis que le musée gratuit invite à en découvrir l'histoire.

DÉCOUVERTE MUSICALE

À seulement 40 km de la frontière russe (95 km à l'est de Porvoo), Hamina a longtemps été une ville militaire. Aujourd'hui, c'est l'un des meilleurs endroits du monde pour découvrir la musique militaire, lors du festival **Hamina Tattoo**, qui a lieu tous les deux ans.

Durant une semaine, des soldats professionnels jouent des morceaux de cérémonie. L'événement est organisé par les Forces armées finlandaises, mais vous pourrez aussi écouter du rock, du jazz ou des sonorités plus exotiques, de la cornemuse écossaise aux percussions caribéennes.

Le temps fort est la parade sur la superbe place de Hamina. Les concerts se tiennent au parc Kesäpuisto, dans Fredrikinkatu (rue des Tatoueurs) et dans les ruines évocatrices du Bastion, datant du XVIIIe siècle.

COMMENT CIRCULER

Des trains et des bus fréquents relient les villages à Helsinki et Porvoo. Depuis/vers Kotka : Helsinki (2 heures, 6,80-13,80 €), Porvoo (1 heure 10, 7,30-10,80 €). Depuis/vers Hamina : Helsinki (2 heures 40, 15,80 €), Porvoo (1 heure 30, 11,80 €). Depuis/vers Lovisa : Helsinki (1 heure 20, 9,80-12,80 €), Porvoo (35-40 min, 6,60-10 €).

Carnet d'adresses

TURKU

Aboa Vetus et Ars Nova
Voir p. 85 (www.aboavetusarsnova.fi ; Itäinen Rantakatu 4-6 ; tarif plein/enfant 15/10 € ; 11h-18h mar-sam)

Auran Galleria
Voir p. 87 (02-233-3452 ; www.aurangalleria.com ; Yliopistonkatu 7 ; 11h-17h mar-ven, 11h-14h sam et 13h-16h dim)

B-Galleria
Voir p. 87 (44-284-5381 ; Aninkaistenkatu 5 ; 12h-18h mar-ven et 12h-16h sam-dim)

Cathédrale de Turku
Voir p. 87 (Turun Tuomiokirkko ; 040-341-7100 ; Tuomiokirkonkatu 1 ; cathédrale gratuite, musée tarif plein/enfant 2/1 € ; 9h-18h)

Château de Turku
Voir p. 86 (Turun Linna ; 02-262-0300 ; www.turku.fi/en/turkucastle ; Linnankatu 80 ; tarif plein/enfant 14/5 €, visites guidées 2 € ; 10h-18h tlj juin-août, mar-dim sept-mai)

Musée de l'Artisanat de Luostarinmäki
Voir p. 88 (Luostarinmäen Käsityöläismuseo ; 02-262-0350 ; www.turku.fi/luostarinmaki ; Vartiovuorenkatu 2 ; tarif plein/enfant 10/4 € ; 10h-18h tlj juin-août, 10h-18h mar-dim mai et sept, 10h-16h mar-dim fin-nov à mi-jan)

Taidekappeli
Voir p. 86 (02-265 7777 ; www.taidekappeli.fi ; Seiskarinkatu 35 ; don suggéré 5 € ; 11h-16h lun-mer et ven, 11h-18h30 jeu, 12h-15h sam-dim mai-août, 11h-15h mar-mer et ven, 11h-18h30 jeu, 12h-15h sam-dim sept-avr)

FlowPark
Voir p. 89 (040-086-4862 ; www.flowpark.fi ; Skanssinkatu 10 ; 28 € ; 12h-20h lun-sam, 12h-18h dim juil-août, 12h-20h lun-ven, 12h-18h sam-dim juin, 15h-20h mar, jeu, 12h-18h sam mai et sept, sam 12h-18h oct)

Jukupark
Voir p. 89 (20-730-8500 ; jukupark.fi ; Kurrapolku 1 ; 25 € ; 11h-19h juin-août)

MS Rudolfina
Voir p. 89 (040-846-3000 ; rudolfina.fi ; Läntinen Rantakatu ; croisière 35-45 € ; 13h, 16h et 19h mar-sam, 14h dim juin-août)

Rosita
Voir p. 89 (02-213-1500 ; www.rosita.fi ; tarif plein/enfant Vepsä 12/6 €, Bengskär 79/25 € ; 11h, 14h et 17h juin-août)

SS Ukkopekka
Voir p. 89 (www.ukkopekka.fi ; aller-retour Naantali tarif plein/enfant 32/16 €, Loistokari 49-59 € ; Naantali 11h mar-sam mi-juin à mi-août, Loistokari 18h mar-sam juil-août)

Bridgettine Convent and Guesthouse
Voir p. 89 (02-250-1910 ; birgittalaissisaret.fi/en/guesthouse.html ; Ursininkatu 15A)

Hotel Kakola
Voir p. 89 (02-515-0555 ; hotelkakola.fi ; Kakolankatu 14)

Laivahostel Borea
Voir p. 89 (040-843-6611 ; www.hostelbore.fi/laivahostel ; Linnankatu 72)

Park Hotel
Voir p. 89 (02-273-2555 ; www.parkhotelturku.fi ; Rauhankatu 1)

Ruissalo Camping
Voir p. 89 (02-262-5100 ; kissmyturku.com/kohdekortit/ruissalo-camping ; Saaronniemi, Ruissalo ; mai-sept)

Blanko
Voir p. 85 (02-233-3966 ; www.blanko.net ; Aurakatu 1 ; 11h-0h lun-jeu, 11h-16h ven, 12h-16h sam, cuisine jusqu'à 22h en semaine)

Kakolanruusu
Voir p. 85 (44-223-0201 ; kakolanruusu.fi ; Graniittilinnankatu 2f ; 16h-23h mar-jeu, 12h-14h30 et 16h-0h ven, 13h-0h sam)

Kalaliike S Wallin
Voir p. 87 (02-412-5125 ; www.s-wallin.fi ; halle du marché de Turku, Eerikinkatu ; 8h-18h lun-ven, 8h-16h sam)

Smör
Voir p. 85 (02-536-9444 ; www.smor.fi ; Läntinen Rantakatu 3 ; 17h-23h mer-jeu, 16h-23h ven-sam)

Cosmic Comic Café
Voir p. 87 (02-250-4942 ; www.cosmic.fi ; Kauppiaskatu 4 ; 16h-0h mar-sam)

Kakola Brewing Company
Voir p. 86 (40-667-2011 ; kakolabrewing.com/taproom ; Graniittilinnankatu 2 K 117 ; 16h-22h mer-jeu, 16h-23h ven, 12h-23h30 sam)

Panimoravintola Koulu
Voir p. 87 (02-274-5757 ; www.panimoravintolakoulu.fi ; Eerikinkatu 18 ; 11h-23h)

Piece of Cake
Voir p. 87 (40-047-4998 ; www.mbakery.fi/leipomo/kahvilat/piece-of-cake/ ; Eerikinkatu 16 ; 9h-18h lun-ven, 9h-16h sam)

Sininen Juna Aschan
Voir p. 87 (44-750-0407 ; www.aschan.fi/kahvilat/ ; halle du marché de Turku, Eerikinkatu 16 ; 9h-18h lun-ven, 9h-16h sam)

Surf Shack
Voir p. 86 (45-160-1011 ; www.surfshackturku.com ; Linnankatu 42 ; 14h-0h dim-jeu, 14h-2h ven-sam)

Tintå
Voir p. 86 (02-230-7023 ; www.tinta.fi ; Läntinen Rantakatu 9 ; 11h-23h lun-jeu, 11h-23h ven, 12h-23h sam-dim)

Uusi Apteekki
Voir p. 87 (www.uusiapteekki.fi ; Kaskenkatu 1 ; 14h-23h)

Bar Ö
Voir p. 88 (40-023-0332 ; oebar.fi ; Linnankatu 7 ; 16h-2h lun-jeu, 16h-4h30 ven-dim)

Dynamo
Voir p. 88 (02-250-4904 ; www.dynamoklubi.com ; Linnankatu 7 ; 21h-4h lun-sam juin-août, 21h-4h mar-sam sept-mai)

Karaoke CocoLoco
Voir p. 89 (44-938-4047 ; @barcocoloco ; Uudenmaankatu 12 ; 19h-2h dim-jeu, 19h-4h ven-sam)

Karaokebar Pelimies
Voir p. 89 (44-938-4047 ; @barcocoloco ; Linnankatu 27 ; 21h-2h mer, 18h-2h jeu, 18h-3h ven, 16h-3h ven-dim)

Ruisrock
Voir p. 88 (www.ruisrock.fi ; pass 1/2/3 jours 90/135/155 € ; juil).

ELENANOEVA/SHUTTERSTOCK ©

Le pavillon de pêche impérial de Langinkoski (p. 119)

Salle de concerts
Voir p. 88 (Turun Konserttitalo ; 02-262-0804 ; www.tfo.fi ; Aninkaistenkatu 9 ; billets à partir de 27,50 € ; sept-mai).

Tiirikkala
Voir p. 88 (www.tiirikkala.fi ; Linnankatu 3 ; 12h-19h lun et jeu, 12h-23h mar-mer et ven-sam, 12h-20h dim)

Venus
Voir p. 88 (@venusnightlifeturku ; Aurakatu 6)

8raita
Voir p. 88 (40 052-8181 ; www.8raita.fi ; Yliopistonkatu 9 ; 12h-18h lun-mer, 12h-19h jeu-ven, 11h-16h sam)

Antiikkiliike Wanha Elias
Voir p. 86 (02-233-1900 ; www.wanhaelias.fi ; Eerikinkatu 29 ; 10h-17h lun-ven, 10h-13h sam)

Art+Design
Voir p. 86 (40-060-4706 ; www.artdesign.fi)

Ateljee Agami
Voir p. 88 (50-527-3659 ; www.ateljeeagami.fi ; Kaskenkatu 4 ; 10h-17h lun-jeu, 10h-16h ven)

Boutique Minne
Voir p. 88 (50-516-6124 ; boutiqueminne.com ; Kaskenkatu 2 ; 11h-16h mer-ven)

Butik Lilian
Voir p. 88 (50-512-5551 ; Yliopistonkatu 11 ; 10h-18h lun-ven, 10h-15h sam)

Levykauppa Äx Oy
Voir p. 88 (02-258-0546 ; Kristiinankatu 4 ; 11h-18h mar-ven, 11h-16h sam)

Osto-ja Myyntiliike Kalustepalvelu
Voir p. 86 (40-084-6817 ; Eerikinkatu 31 ; 10h-17h mar-ven, 10h-13h30 sam)

Osto-ja Myyntiliike KJ Simolin
Voir p. 86 (02-231-7835 ; www.kjsimolin.fi ; Yliopistonkatu 9 ; 10h-17h lun-ven, 10h-14h sam)

Round Sound Records
Voir p. 88 (40 556-6054 ; www.facebook.com/Roundsoundrecordstore/ ; Maariankatu 10 ; 13h-18h lun-ven, 12h-16h sam)

Saarni
Voir p. 88 (44 237 3070 ; saarnigb.fi ; Kauppiaskatu 4)

Wanhan Talon Tavarat
Voir p. 86 (44-554-4875; www.wanhantalontavarat.fi ; Aleksanterinkatu 71 B 11)

ENVIRONS DE TURKU

Église du couvent de Naantali
Voir p. 92 (Naantalin kirkko ; www.naantalinseurakunta.fi ; concerts d'orgue 5-10 € ; 10h-18h mer-dim mi-mai à fin mai, 10h-16h mar-dim juin à mi-août, 12h-14h mer, 9h-12h dim mi-août à mi-mai)

Musée de Naantali
Voir p. 92 (Naantalin museo ; www.naantali.fi/museo ; Katinhäntä 1 ; tarif plein/enfant 5/3 € ; 11h-18h mar-dim mi-mai à août)

Muumimaailma
Voir p. 91 (Le Monde des Moumines ; 02-511-1111 ; www.moominworld.fi ; forfait 1/2 jours 35/45 € ; 10h-17h30 juil, 11h-17h juin et août)

Camping de Naantali
Voir p. 92 (02-435-0855 ; naantalicamping.sportum.info ; Kopenkatu 20 ; sam-dim mai, tlj juin-août)

Hotel Bridget Inn
Voir p. 92 (02-533-4026 ; www.bridgetinn.fi ; Kaivokatu 18)

Naantali Spa & Hotel
Voir p. 92 (02-445-5100 ; www.naantalispa.fi ; Matkailijantie 2)

Köpmans
Voir p. 93 (40-643-4430 ; kopmans.fi ; Strandstigen 3, 21660 Nagu ; 11h-18h ven et dim, 11h-20h sam)

Merisali
Voir p. 92 (44-094-083 ; www.visitnaantali.fi/merisali/ ; Nunnakatu 1 ; 9h-22h)

Peculiar Café
Voir p. 92 (02-511-1111 ; Kaivokatu 5)

Uusi Kilta
Voir p. 92 (02-435-1066 ; www.uusikilta.fi ; Mannerheiminkatu 1 ; cuisine 16h-22h jeu, 16h-23h ven, 13h-23h sam, 13h-20h dim mai-sept)

Festival musical de Naantali
Voir p. 93 (www.naantalinmusiikkijuhlat.fi ; juin)

Journée nationale du paresseux
Voir p. 93 (Unikeonpäivä ; juil)

Moomin Shop
Voir p. 91 (02-511-1111 ; Mannerheiminkatu 3)

Unikeko
Voir p. 91 (40-014-8525 ; Nunnakatu 2)

Wanha Naantali Kauppa
Voir p. 91 (40 545-4467 ; Mannerheiminkatu 13 ; 11h-16h sam)

Dans le quartier maritime de Mariehamn (p. 95)

STEPHAN/STOCK.ADOBE.COM ©

FASTA ÅLAND

Ålands Fotografiska Museums
Voir p. 97 (40-623-7971 ; www.cameramuseum.com ; 7 Bastövägen ; entrée 8 € ; 11h-18h mar-sam juin-août, 11h-16h sam-dim sept)

Bomarsund
Voir p. 100 (Bomarsund Fästningsruin ; www.bomarsund.ax)

Église Saint-Michel
Voir p. 97 (Sankt Mikael Kyrka ; Pålsböle ; 10h-16h lun-ven mai-sept)

Hermas museigård
Voir p. 97 (www.museum.ax ; Kumlinge 22830 ; 10h-17h)

Kastelholms Slott
Voir p. 97 (018-432-150 ; www.kastelholm.ax ; tarif plein/enfant 8/5 € ; 10h-18h juil, 10h-17h mai-juin et août-sept)

Musée de Bomarsund
Voir p. 101 (018-44032 ; Prästö ; entrée sur don ; 10h-17h tlj juil, 10h-17h lun-ven juin et août)

Musée de la Mer
Voir p. 96 (Sjöfartsmuseum ; www.sjofartsmuseum.ax/en/ ; Hamngatan 2 ; tarif plein/enfant 15/10 €, comprend la visite du Pommern ; 10h-17h juin-août, 11h-16h sept-mai)

Musée de la prison Vita Björn
Voir p. 97 (Fängelsemuseet Vita Björn ; www.kastelholm.ax ; Slottsvägen, Kastelholm ; tarif plein/enfant 2/1 € ; 10h-17h mai-sept)

Musée de plein air Jan Karlsgården
Voir p. 97 (Jan Karlsgårdens Friluftsmuseum ; 018-432-150 ; www.kastelholm.ax ; Kastelholm ; 10h-17h mai-sept)

Degersands Resort
Voir p. 97 (018-38004 ; degersand.ax ; 311 Degersandsvägen)

Gröna Uddens Camping
Voir p. 97 (018-528700 ; www.gronaudden.com/en)

HavsVidden
Voir p. 95 (018-49408 ; www.havsvidden.com ; Havsviddsvägen 90)

Kvarnbo Pensionat
Voir p. 95 (018-44015 ; www.kvarnbopensionat.ax ; Kyrkvägen 48, Kvarnbo)

Sandösunds Camping
Voir p. 97 (018-47750 ; www.sandosund.com ; Trollvägen 40, Vårdö ; mai-août)

Susannes B&B
Voir p. 95 (70-265-5533 ; susannes-b.com ; Mörbyvägen 4, Västerbo)

Ångbåts Bryggan
Voir p. 98 (018-17613 ; www.brasserie.ax ; Östra Hamnen ; 11h-22h lun-jeu, 11h23h ven-sam)

ÅSS Paviljongen
Voir p. 98 (018-19141 ; www.paviljongen.ax ; Västerhamn ; 11h-21h lun-ven, 12h-21h sam-dim mai-août)

Bodegan
Voir p. 98 (018-38530 ; www.karingsundsgasthamn.ax ; port Käringsund ; 9h-0h tlj mi-juin à mi-août, variables mai, juin et sept)

Indigo
Voir p. 98 (018-16550 ; www.indigo.ax ; Nygatan 1 ; 11h-0h lun-jeu, 11h-1h ven, 17h-1h sam mai-août, réduits hors saison)

Kallas SkärGård
Voir p. 98 (45-734-51554 ; www.kallas.ax ; 81 Sandövägen, Vårdö ; 16h-20h ven-sam)

Kvarter 5
Voir p. 98 (018-1555 ; www.facebook.com/Kvarter5/ ; Norragatan 10 ; 11h-14h et 17h-21h lun-jeu, 11h-14h et 17h-22h ven, 17h-22h sam).

Nautical
Voir p. 98 (018-19931 ; www.nautical.ax ; Hamngätan 2 ; 11h-14h lun, 11h-23h mar-ven, 17h-23h sam)

Pub Niska
Voir p. 98 (018-19151 ; www.facebook.com/PubNiska/ ; Sjökvarteret ; 11h-21h tlj juin-août, variables mai et sept)

Smakbyn
Voir p. 98 (018-43666 ; smakbyn.ax ; 134 Slottsvägen, Kastelholm ; variables selon la saison)

Soltuna Restaurang
Voir p. 98 (018-49530; soltuna.ax ; 16 Getabergsvägen, Geta ; 12h-20h ven-dim)

Amalia's Limonadfabrik
Voir p. 100 (40-721-5888 ; limonad.ax ; 1868 Lemlandsvägen ; 10h-15h lun-ven)

Open Water Brewery
Voir p. 100 (40-742-0766 ; limonad.ax ; 15 Knutsbodavägen)

Park Ålandia Pub
Voir p. 100 (018-527-555 ; www.parkalandia.com/en/restaurant-bar ; Norra Esplanadgatan 3 ; 10h30-0h lun-jeu, 10h30-2h ven, 13h-2h sam)

Pub Bastun
Voir p. 100 (www.facebook.com/pubbastun/ ; Sjöpromenaden 5)

Pub Ettan
Voir p. 100 (018-14041 ; www.facebook.com/pubettan ; 1 Torggatan ; 16h30-23h30 lun, 16h-23h30 mar-jeu, 14h-23h30 ven-dim)

Stallhagen Brewery
Voir p. 100 (018-184-8500 ; www.stallhagen.com ; 196 Getavägen ; 10h30-15h lun-jeu, 10h30-21h ven, 12h-21h sam)

Marché viking
Voir p. 97 (Vikingamarknaden ; www.fibula.ax ; fin juil)

Ålands Slöjd & Konsthantverk
Voir p. 97 (45-7524-4007 ; www.konsthantverk.ax ; Torggatan 15)

Grannas Äppel
Voir p. 101 (45-731 357 77 ; www.grannas.ax ; 1390 Getavägen, Västanträsk)

Guldviva
Voir p. 96 (www.guldviva.com ; Sjökvarteret ; 10h-17h lun-ven, 10h-14h sam)

Jussis Keramik
Voir p. 96 (018-13606 ; Nygatan 1)

Labelled
Voir p. 97 (40-861-2375 ; www.labelled.ax ; 15 Torggatan ; 11h-17h lun-ven, 11h-16h sam)

Little BBQ's Junk Art
Voir p. 96 (thelittlebbq.wordpress.com ; Krokviksgränd 2)

Mercedes Chocolaterie
Voir p. 96 (40-513-5402 ; www.facebook.com/mercedeschocolaterie/ ; 1865 Lemlandsvägen ; 10h-16h lun-jeu)

Öfvergårds
Voir p. 101 (45-734 212 67 ; ofvergards.ax ; 76 Vesterbacken, Tjudö ; variables selon la saison)

Salt
Voir p. 96 (www.salt.ax ; Sjökvarteret ; 10h-17h lun-ven, 10h-15h sam)

Viktor Crafts & Designs
Voir p. 97 (www.viktor.ax ; Torggatan 15 ; 11h-17h lun-ven, 11h-16h sam)

AUTOUR DE FASTA ÅLAND

Église Sainte-Anne
Voir p. 103 (Sankta Anna Kyrka ; 040-031-1805 ; Kumlinge : 10h-12h et 14h-18h lun-sam juin-août)

Église Sainte-Marie-Madeleine
Voir p. 103 (Sankta Maria Magdalena Kyrka ; Kyrkvägen 106 ; 11h-16h lun-sam mi-juin à mi-août)

Musée de l'Archipel
Voir p. 104 (018-50322 ; Föglövägen, Degerby ; entrée sur don ; 9h45-17h30 lun-sam, 13h-16h30 dim mi-juin à mi-août)

Pharmacie Kumlina
Voir p. 105 (018-554 08 ; Kumlinge Apotek ; Kumlingevägen 440 ; www.apoteket.ax/se/ ; variables selon la saison)

Coja Fishing
Voir p. 104 (040-094-7502 ; www.coja.nu ; excursion à partir de 80 €/heure, location de bateau à partir de 75 €/jour ; juin-août)

Storbåt Tacksamheten
Voir p. 104 (040-034-4281 ; tacksamheten.fi ; Pahaniemenkatu 83)

Brändö Stugby
Voir p. 105 (040-753-0514 ; www.facebook.com/BrandoStugby ; mai à mi-oct)

Fisketorpet
Voir p. 105 (040-500 83 61 ; Korsö Brändö Åland, Brändö ; www.fisketorpet.fi/fi/ ; variables selon la saison)

Gästhem Enigheten
Voir p. 104 (018-50310 ; www.enigheten.ax ; Tingsvägen)

Hasslebo Gästhem
Voir p. 105 (0457-570-0834 ; juin-août)

Hotel Gullvivan
Voir p. 104 (018-56350 ; www.hotellgullvivan.com ; Björnholma)

Hotel Svala
Voir p. 105 (018-474 74 ; www.thehotelsvala.com ; Södrapostvägen 10, Kumlinge)

Isakssons Stugby
Voir p. 105 (018-51490 ; isakssons.ax ; 2 Hamnkläppsvägen)

Pellas Gästhem
Voir p. 104 (40-832-4333 ; www.pellas.ax ; Lappo-by Lappo)

Sandvik Camping
Voir p. 105 (018-55911 ; www.sandvik.ax ; Munkvervan)

Café Kvarnen
Voir p. 104 (040-506-4777 ; www.jurmo.ax/cafe.html ; 9h-21h mi-juin à mi-août)

Glada Laxen
Voir p. 103 (018-55-304 ; www.gladalaxen.com ; Bärö ; 10h-22h30)

Lappokrogen Galeasen
Voir p. 103 (045-123-3413 ; www.lappo.ax ; Lappo ; 13h-22h juil-août, variables mai-juin)

Restaurant Seagram
Voir p. 103 (045-754-83386; www.seagram.ax ; Lotsuddsvägen ; 12h-22h mai-août)

HANKO (HANGO)

Château d'eau
Voir p. 108 (parc Kirkkopuisto ; 3 € ; 13h-18h tlj juil, 13h-16h tlj août, 13h-16h lun-sam mai-juin)

Phare de l'île de Bengtskär
Voir p. 108 (040-218-2960 ; www.bengtskar.fi ; tarif plein/enfant 9/4,50 € ; 10h-18h juin-août, sur rdv mai et sept)

Rintama Museo
Voir p. 109 (019-244-3068 ; www.rintamamuseo.fi ; route 25, Lappohja ; tarif plein/enfant 10/7 € ; 11h-18h mar-dim juin-août, 11h-18h sam sept-déc)

Regatta Spa
Voir p. 107 (010-501-8430 ; www.regattaspahotel.fi ; Merikatu ; accès au spa tarif plein/enfant 29/18 € ; 12h-20h lun-ven, 10h-14h sam, 10h-16h dim)

Hotel Bulevard
Voir p. 107 (044-988-0886 ; hotelbulevard.fi ; Bulevardi 8)

Villa Aurora
Voir p. 107 (044-970-3750 ; bbvillaaurora.hotelib.top/ ; Vartiovuorentie 4)

Villa Maija
Voir p. 107 (050-505-2013 ; www.villamaija.fi ; Appelgrenintie 7)

Alan's Café
Voir p. 109 (019-248-7622 ; www.facebook.com/AlansCafé-103343376402685 ; Raatihuoneentori 4 ; 11h-17h lun-sam, 12h-16h dim mai-août)

B&B Korsman
Voir p. 110 (050-339-0227 ; korsmanhanko.fi/ ; Korsmaninkatu 46)

Origo
Voir p. 110 (019-248-5023 ; www.restaurant-origo.com ; Satamakatu 7 ; 12h-22h)

På Kroken
Voir p. 110 (010-274-0741 ; www.pakroken.fi ; Tegelbruksvägen 12 ; café 8h-18h, restaurant 12h-20h ; horaires restreints hors saison)

Hanko Brewing Company
Voir p. 110 (040-071-6994 ; hankobrewing.com ; Satamakatu 11 ; 16h-21h jeu, 16h-0h ven, 14h-0h sam)

Nöjen Vin & Öl
Voir p. 108 (050-327-2249 ; nojenhanko.fi ; Ratakatu 10 ; 17h-0h mer-jeu, 17h-1h ven, 15h-1h sam, 15h-22h dim)

Park Café
Voir p. 109 (046-661 1233 ; Ratakatu 16 ; 10h45-20 lun-sam)

Pub Grönan
Voir p. 108 (019-248-6505 ; www.gronan.fi ; Bulevardi 17 ; 16h-0h lun-jeu, 10h-1h ven, 10h-3h sam, 10h-0h dim)

Régate de Hanko
Voir p. 110 (www.hangoregattan.fi ; 1er/2e week-end juil)

Wallis
Voir p. 108 (walliskaraokebar.fi ; Satamakatu 7 ; 21h-4h30 ven, 22h-4h30 sam)

ENVIRONS DE HANKO (HANGO)

Château de Raseborg
Voir p. 113 (Raasepori ; 019-234-015 ; www.visitraseborg.com ; Raseborgsslottsväg 110, Snappertuna ; tarif plein/enfant 5/1 € ; 10h-17h tlj mai-août, sam-dim sept)

Parc national de l'archipel d'Ekenäs
Voir p. 113 (www.nationalparks.fi/ekenasarchipelagonp)

Café Gamla Stan
Voir p. 113 (050-556-1665 ; www.cafegamlastan.fi ; Bastugatan 5 ; 11h-19h juin-août)

Restaurant GH Fyren
Voir p. 113 (019-241-3200 ; www.ghfyren.fi ; Norra Strandgatan 12 ; 12h-22h lun et sam, 11h-17h mar, 11h-21h mer-jeu, 11h-22h ven, 12h-17h dim)

YLP!
Voir p. 113 (ylp.fi ; Stora Kyrkogatan 23 ; 16h-21h mar-sam)

Fiskars Shop
Voir p. 114 (Fiskarsintie 352 ; 10h-18h mi-mai à août, 11h-17h sept à mi-mai)

Kuura Cider
Voir p. 114 (www.kuuracider.fi ; Kuparivasarantie 7 ; 10h-18h)

Onoma
Voir p. 114 (019-277-7500 ; www.onoma.fi ; Fiskarsintie 352 ; 12h-17h mer-dim)

Vanja Sea & Friends
Voir p. 114 (www.vanjasea.com ; Fiskarsintie 333 ; 11h-17h mar-dim juin-août, 12h-16h mar-ven et dim, 11h-17h sam sept-oct)

PORVOO

Cathédrale
Voir p. 117 (Tuomiokirkko ; www.porvoonseurakunnat.fi ; 10h-14h mar-sam, 14h-16h dim oct-avr, 10h-18h lun-ven, 10h-14h sam, 14h-17h dim mai-sept)

Galleria Fikka
Voir p. 117 (040-730-9273 ; porvoontaiteilijaseura.com/galleria-fikka ; Läntinen Aleksanterinkatu 1 ; 10h-18h mar-ven, 11h-16h sam-dim)

Gallery Kulma
Voir p. 117 (040-730 9273 ; www.taidetehdas.fi/en/porvoo-art-hall-2/ ; 10h-18h mar-ven, 11h-16h sam-dim)

Gallery Vanha Kappalaisentalo
Voir p. 117 (040-489-1771 ; www.porvoo.fi/kulttuuri-ja-vapaa-aika/kulttuuri/museot-ja-nayttelyt/galleria-vanha-kappalaisentalo/ ; Välikatu 13 ; 10h-16h mar-dim)

Halle des arts
Voir p. 117 (Taidetehdas ; www.taidetehdas.fi ; Läntinen Aleksanterinkatu 1 ; 10h-18h mar-ven, 11h-16h sam-dim)

Musée de Porvoo
Voir p. 117 (Porvoon Museo ; 040-838-0556 ; www.porvoonmuseo.fi ; Vanha Raatihuoneentori ; tarif plein/enfant 12 €/gratuit ; 10h-16h lun-sam, 11h-16h dim mai-août, 12h-16h mer-dim sept-avr)

Hotel Runo
Voir p. 116 (029-319-1200 ; runohotel.com ; Rihkamakatu 4)

Hotelli Onni
Voir p. 116 (044-534-8110 ; www.onniporvoo.fi ; Kirkkotori 3)

Hotelli Pariisin Ville
Voir p. 116 (019-580-131 ; www.pariisinville.fi ; Jokikatu 43)

Bosgård
Voir p. 117 (040-680-8004 ; bosgard.com ; Bosgårdintie 68 ; mer-sam 11h-18h, 11h-16h dim)

Brunberg
Voir p. 117 (www.brunberg.fi ; Välikatu 4 ; 10h-18h lun-ven, 10h-16h sam-dim)

Café Cabriole
Voir p. 117 (019-523-2800 ; cabriole.fi ; Piispankatu 30 ; 8h30-18h lun-ven, 8h30-17h sam)

Fryysarinranta
Voir p. 117 (040-073-2038 ; www.fryysarinranta.fi ; Jokikatu 20 ; 11h-23h juin-août)

Helmi Tea & Coffee House
Voir p. 117 (www.teehelmi.fi ; Välikatu 7 ; 10h30-18h lun-ven, 10h-18h sam, 11h-18h dim)

PetriS Chocolate Room
Voir p. 117 (020-734-3465 ; petris.fi/en ; Jokikatu 16 ; 12h-17h mar-sam)

SicaPelle
Voir p. 117 (040-147-9933 ; www.sicapelle.fi ; Kirkkotori 3 ; 17h-23h mer-ven, 14h-23h sam)

Vanhan Porvoon Glassikko
Voir p. 117 (040-516-6995 ; Kirkkotori 7 ; 12h-20h)

Zum Beispiel
Voir p. 117 (050-439-6066 ; Rihkamakatu 2 ; 12h-18h lun, 10h-20h mar-jeu, 10h-21h ven-sam)

ENVIRONS DE PORVOO

Centre maritime Vellamo
Voir p. 119 (Merikeskus Vellamo ; 040-350-0497 ; www.merikeskusvellamo.fi ; Tornatorintie 99 ; tarif plein/enfant 12 €/gratuit ; 10h-17h mar-dim)

Forteresse maritime de Svartholm
Voir p. 119 (0500-102-111 ; www.visitsvartholm.fi)

Pavillon de pêche impérial de Langinkoski
Voir p. 119 (05-211-1600 ; réserve naturelle gratuite)

Hamina Tattoo
Voir p. 119 (040-199-1426 ; www.hamina.fi ; billets 30-60 € ; fin juil-début août)

SITES PRINCIPAUX

TAMPERE
Vie urbaine et patrimoine industriel. P. 132

HÄMEENLINNA
Château et réserve naturelle. p. 141

RÉGION DU LAC SAIMAA
Lacs, phoques et itinéraires enchanteurs. P. 147

TAMPERE, RÉGION DU LAC SAIMAA ET CARÉLIE

DÉCOUVERTES URBAINES ET EXPÉRIENCES EN PLEINE NATURE

Forêts féeriques, lacs étincelants, villes créatives passionnantes : bienvenue au cœur de la Finlande !

Le dynamisme de Tampere, le fascinant dédale de lacs et d'îlots de la région de Saimaa, les chefs-d'œuvre architecturaux d'Alvar Aalto à Jyväskyla, la faune sauvage de Carélie... Le centre de la Finlande ne compte plus ses trésors. Ce vaste territoire qui englobe la région des lacs s'étend de la Carélie, à la frontière orientale de la Finlande, à Tampere, troisième plus grande ville du pays.

Jusqu'à la fin du XXe siècle, les voies navigables de la région du lac Saimaa étaient saturées par "l'or vert" de la Finlande, convoyé sous forme d'immenses trains de bois flottants. La région est bien plus paisible de nos jours, avec ses chalets d'été au bord de l'eau et ses petits bateaux amarrés auprès des hôtels.

Moderne et branchée, Tampere n'a pas oublié ses racines industrielles. Sur les rapides de la Tammer, au cœur de la ville, la filature de coton et de lin Finlayson a attiré au XIXe siècle une importante population ouvrière, et des quartiers entiers de maisons de bois furent construits pour loger les travailleurs. Abritant aujourd'hui cafés et musées, ces quartiers pittoresques illustrent à merveille l'art de vivre à la finlandaise.

À l'est, la Carélie est très peu peuplée. Pourtant, pendant la Seconde Guerre mondiale, plus de 400 000 Caréliens russes passèrent la frontière, apportant avec eux leurs riches traditions culinaires. Peu à peu, leurs spécialités ont conquis le reste de la Finlande, et les délicieux ragoûts et tartes de Carélie sont désormais appréciés partout.

JYVÄSKYLÄ
L'architecture d'Alvar Aalto. **P. 157**

PARC NATIONAL DE KOLI
Sentiers de randonnée et festins caréliens. **p. 164**

S'orienter

La Finlande compte plus de 100 000 lacs, dont la plupart se trouvent au centre et à l'est du pays. Découvrez la richesse naturelle, historique et culturelle de la région grâce à notre sélection d'itinéraires, de villes et de balades.

Jyväskylä, p. 157

L'architecture d'Alvar Aalto, l'animation de la vie universitaire et un cadre naturel enchanteur font de Jyväskylä la ville finlandaise par excellence.

Tampere, p. 132

"Capitale mondiale du sauna", Tampere séduit par son mélange étonnant de patrimoine industriel et de quartiers pittoresques.

Hämeenlinna, p. 141

Avec son château médiéval et sa réserve naturelle, Hämeenlinna est une étape riche de découvertes entre Helsinki et Tampere.

Parc national de Koli, p. 164

Avec leurs monts dénudés et leurs forêts entourant le lac Pielinen parsemé d'îlots, les paysages du parc national de Koli sont emblématiques de la Finlande.

Région du lac Saimaa, p. 147

La nature est reine dans cette région de lacs ponctués d'innombrables îles, cadre fabuleux pour des randonnées à pied ou à vélo, des sports nautiques ou du repos dans un chalet au bord de l'eau.

VOITURE

La voiture reste le meilleur moyen pour explorer la région et découvrir les richesses naturelles et gastronomiques des terres les plus reculées de la Carélie et de la région des lacs.

BUS

Sans voiture, le bus est la meilleure solution pour rejoindre des endroits reculés comme Koli ou Kuhmo. Matkahuolto opère dans toute la Finlande, et il existe des services de bus régionaux. Les bus rouges d'OnniBus permettent de circuler d'une ville à l'autre à moindre coût.

TRAIN

Les villes principales de la région, Tampere, Jyväskylä et Savonlinna sont facilement accessibles depuis Helsinki. Les trains rallient Tampere en moins de 2 heures, avec 50 départs par jour. Pour Jyväskylä, des trains partent presque toutes les heures, et le trajet dure environ 3 heures 30. Pour Savonlinna, il faut compter plus de 4 heures, avec cinq trains par jour.

Planifier son séjour

Énergie citadine, eaux paisibles et nature sauvage s'entremêlent entre Tampere, la Carélie et la région des lacs. Goûtez les spécialités locales, observez la nature, et rafraîchissez-vous le temps d'un plongeon.

FINN STOCK/SHUTTERSTOCK ©

Tampere (p. 132)

Si vous avez peu de temps

- Dirigez-vous vers **Tampere** (p. 132), où l'ancienne usine textile **Finlayson** (p. 133) trône encore sur le canal Tammerkoski. Ce bâtiment de briques rouges accueille désormais musées, galeries d'art et restaurants.

- Visitez ensuite l'adorable **musée des Moumines** (p. 135) et explorez l'univers de Tove Jansson et de ses célèbres personnages, puis rendez-vous sur la **colline de Pyynikki** (p. 137) pour admirer le panorama depuis sa tour d'observation – son petit café est idéal pour une pause gourmande. Pour finir en beauté, direction **Rajaportin** (p. 137), le plus ancien sauna public du pays.

Au fil des saisons

L'hiver est parfait pour les sports de glisse, l'été pour explorer les villes en bord de lacs, et l'automne pour les randonnées en pleine nature.

JANVIER

À **Koli**, admirez le **tykkylumi**, ce manteau de neige d'une beauté presque surréaliste qui recouvre les sapins.

FÉVRIER

Profitez de beignets à la crème et des descentes en luge de **Mardi gras**, et des *korvapuusti* (roulés à la cannelle) le reste du mois.

MAI

La meilleure période pour apercevoir le **phoque annelé du lac de Saimaa**, espèce rare et menacée.

DE GAUCHE À DROITE : WIRESTOCK CREATORS, LARS KASTILAN, PASCAL VOSICKI/SHUTTERSTOCK ©

Si vous avez trois jours

- Après une journée à **Tampere** (p. 132), partez à la découverte des **œuvres architecturales d'Alvar Aalto à Jyväskylä** (p. 158). Rejoignez ensuite la région du lac Saimaa, en passant par Mikkeli, qui continue de jouer un rôle stratégique sur les berges du lac Saimaa.

- De Mikkeli, continuez sur l'A62, avec une pause déjeuner à **Sahanlahti** (p. 148). En arrivant à **Savonlinna** (p. 148), visitez son **château** médiéval (p. 148), décor d'un fabuleux festival d'opéra. Continuez ensuite jusqu'au village voisin de **Punkaharju** (p. 152) pour admirer la superbe crête serpentant sur le lac.

Si vous avez plus de temps

- Au départ d'Helsinki, prenez vers l'est la direction du parc national de Koli, avec une étape à **Lappeenranta** (p. 151) pour visiter sa forteresse, et une nuit au complexe hôtelier **Sahanlahti** (p. 148) de Puumala, au bord du lac Saimaa. Explorez ensuite le **parc national de Koli** (p. 164), ce bijou de verdure typiquement finlandais.

- En continuant vers le nord, vous pourrez observer ours, loups et gloutons à **Kuhmo** (p. 167). En repartant vers Helsinki depuis Kuhmo, arrêtez-vous pour admirer les chefs-d'œuvre architecturaux d'Alvar Aalto à **Jyväskylä** (p. 157) et découvrir la ville dynamique de **Tampere** (p. 132).

JUIN

La température monte, légumes et fruits rouges abondent sur les **marchés**. Celui de Kuopio est réputé pour son ambiance animée.

JUILLET

Le soleil ne se couche que pendant 2 heures, profitez-en pour passer la nuit dans une cabane d'observation de la faune à **Kuhmo**.

OCTOBRE

Les paysages arborent leurs plus belles couleurs d'automne. C'est la période idéale pour les **randonnées** (sans moustiques).

DÉCEMBRE

Ouverture du **marché de Noël** de Tampere, où vous trouverez des spécialités gourmandes, des boissons et des objets d'artisanat de toute la Finlande.

TAMPERE

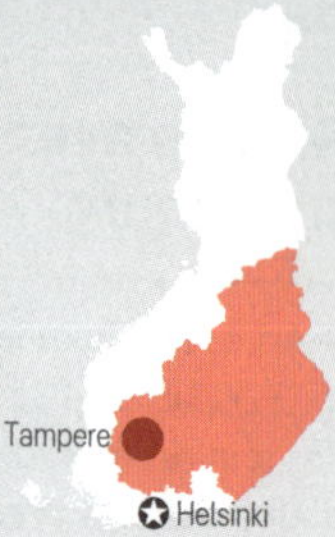

Si le seul musée au monde consacré aux Moumines ne suffit pas à vous convaincre de visiter Tampere, la ville a bien d'autres richesses à offrir. Au bord des rapides de la Tammer (Tammerkoski), les bâtiments de briques rouges de l'ancienne usine Finlayson abritent désormais musées et restaurants, et le charmant quartier de maisons de bois voisin cache le plus ancien sauna public du pays.

Le bois et la brique de Tampere laissent deviner son passé industriel : au XIXe siècle, la ville attira de nombreux entrepreneurs, tel l'Écossais James Finlayson, qui y établit en 1820 une importante manufacture textile. Au début du XXe siècle, un tiers des habitants de Tampere travaillaient dans des usines. Cette présence ouvrière fit de la ville un des principaux théâtres de la guerre civile finlandaise, qui vit s'opposer en 1918 la bourgeoisie "blanche" aux prolétaires "rouges".

Surnommée la "capitale mondiale du sauna", la ville captive aujourd'hui par le contraste entre son héritage industriel et son dynamisme culturel.

Pour les infos pratiques, voir le Carnet d'adresses p. 168

À SAVOIR

On peut explorer Tampere à pied, mais le vélo est une autre solution, excepté en hiver. Des vélos en libre-service sont disponibles de mi-avril à fin octobre, et peuvent être utilisés grâce à l'application Tampereen kaupunkipyörät. Certains loueurs proposent aussi des vélos électriques.

AIMUR KYTT/SHUTTERSTOCK ©

Vapriikki

INCONTOURNABLES
1 Musée des Moumines
2 Särkänniemi
3 Vapriikki

VOIR
4 Cathédrale
5 Centre Finlayson
Musée du Hockey sur glace **voir 3**
Musée du Jeu **voir 3**
Musée du Travail Werstas **voir 5**
6 Musée Lénine
7 Galerie d'art Sara Hildén

L'histoire au fil des rapides

EAUX-VIVES AU CŒUR DE TAMPERE

La principale artère commerçante de la ville, Hämeenkatu, traverse les rapides Tammerkoski. En visitant les bâtiments de brique rouge qui les bordent, vous découvrirez le passé fascinant de Tampere, berceau de Nokia, mais aussi sa vitalité actuelle. Installé dans l'ancienne usine textile Tampella, le **centre Vapriikki** accueille aujourd'hui plusieurs petits

OÙ SE LOGER À TAMPERE

Unity
Bien placé à Pyynikki, avec salle de sport et pizzeria/brasserie. **€€**

Dream Hostel & Hotel
Idéal pour les petits budgets. Différentes options sont proposées, du dortoir au studio avec sauna. **€**

Solo Sokos Hotel Tampere
Superbe vue sur Tampere depuis le bar situé au dernier étage de cet hôtel de chaîne. **€€€**

LES MEILLEURS FESTIVALS DE TAMPERE

Sauna Open Air Metal Festival
Début juillet. Un des plus grands festivals de metal d'Europe du Nord. Sur scène : groupes cultes et nouveaux venus talentueux.

Tammerfest
Fin juillet, les foules accourent à ce festival rock pour écouter des groupes finlandais très populaires.

SaariBlues
Fin août, les musiciens finlandais font vibrer Viikinsaari au son du blues et de la musique roots.

Tamperrada
Sur plusieurs jours de septembre, pour le plus grand bonheur des gourmets, les restaurants de toute la ville rivalisent dans l'art des *pintxos*, petites portions variées proposées à prix fixes et inspirées des tapas basques.

TAMPERE PHOTOGRAPHY/SHUTTERSTOCK ©

Parc d'attractions de Särkänniemi

musées, parmi lesquels le **musée du Jeu**, ludique et rétro, qui ravira les plus jeunes, et le **musée du Hockey sur glace** qui permettra de comprendre la passion nationale pour ce sport.

À 10 minutes à pied vers l'est, la **cathédrale** (1907) est un exemple représentatif de l'architecture romantique nationale. Ses fresques et ses vitraux signés Hugo Simberg (1873-1917) sont plutôt lugubres. Le retable de Magnus Enckell (1870-1925) dépeint une Résurrection dans un style semblable.

De l'autre côté du canal, le **Centre Finlayson**, ancienne manufacture tentaculaire, abrite de nombreux restaurants, cinémas et boutiques ainsi que des espaces culturels, comme l'excellent **musée du Travail Werstas**, où l'on peut voir la colossale machine à vapeur Sulzer qui fournissait l'usine Finlayson en électricité au XIXe siècle. Depuis le toit, accessible en visite guidée, on découvre Tampere sous un nouveau jour.

Près du parc Hämeenpuisto se trouve le **musée Lénine**, qui retrace la vie de Lénine grâce à des photos et des documents en tout genre. Il se tient dans l'ancienne Maison des Travailleurs, là où se réunissait le Parti ouvrier social-démocrate de Russie au début du XXe siècle. C'est ici que Lénine et Staline se rencontrèrent pour la première fois, en 1905.

OÙ SE LOGER À TAMPERE

Lillan Boutique Hotel & Kök
Hôtel de charme dans une villa du début du XXe siècle, avec restaurant sur place. **€€€**

Lapland Hotels Tampere
Un air de Laponie au cœur de la ville. Chambres élégantes avec une touche typiquement nordique. **€€€**

Omena-hotelli Tampere
Hôtel de chaîne au centre de Tampere, abordable, avec enregistrement automatique. **€€**

À cinq minutes à pied du Centre Finlayson, le quartier de **Tallipiha**, avec ses cafés et boutiques d'artisans aménagés dans d'anciennes écuries, offre une promenade agréable, particulièrement au moment de Noël.

La magie des Moumines

EXPLOREZ L'UNIVERS DE TOVE JANSSON

Nul besoin d'avoir des enfants pour tomber sous le charme des Moumines. Imaginés dans les années 1930 par l'artiste suédo-finlandaise Tove Jansson (1914-2001), ces personnages ont su conquérir le monde à travers bandes dessinées, livres, dessins animés et jouets. En Finlande, deux sites touristiques leur sont entièrement consacrés.

Unique au monde, le **musée des Moumines** expose sur deux niveaux des dessins originaux de Tove Jansson. De nombreuses citations cultes jalonnent le parcours, rappelant la dimension philosophique de ces créatures. Au premier niveau, le plafond orné de petits fils brillants comme du cristal crée une atmosphère magique.

Le musée expose également de ravissants dioramas représentant des scènes tirées des livres de Tove Jansson. Ils sont l'œuvre de l'artiste Tuulikki Pietilä (1917-2009), compagne et associée de l'auteure. Les photos ne sont autorisées que dans une partie du musée (fermé le lundi).

Si vous voulez rencontrer les Moumines, rendez-vous à **Muumimaailma** (p. 91), sur l'île de Kailo, près de Turku.

Särkänniemi

AVENTURES ET ART MODERNE

Au bord du lac Näsi, le parc d'attractions Särkänniemi est facile à repérer grâce à **Näsinneula**, sa tour d'observation haute de 168 m. Sa plateforme à 120 m de hauteur et son restaurant tournant panoramique offrent une superbe vue sur la ville et le lac. Le parc propose également 32 manèges, dont 6 montagnes russes.

Les jeunes enfants adoreront le **Koiramäen eläinpuisto** ("parc à animaux") où l'on peut caresser ânes, poneys, lapins et agneaux au milieu de jolies maisonnettes inspirées de livres pour enfants de Mauri Kunnas, très populaire en Finlande.

Le parc abrite aussi le **musée d'Art Sara Hildén** (fermé le lundi de septembre à mai), qui présente une collection impressionnante de plus de 5 000 œuvres allant des grands maîtres de l'art moderne, tels Joan Miró ou Paul Klee, à l'art contemporain finlandais. Ce musée s'est constitué à partir de la collection privée de Sara Hildén (1905-1993), entrepreneuse

PRENDRE UN VERRE ET FAIRE LA FÊTE À TAMPERE

Public House Huurre
Grillades et plats de pub, des côtelettes au *fish and chips*, le tout accompagné de bière maison. **€€**

G Livelab
Un club dans un cadre industriel, où l'on peut boire et manger un morceau en musique. **€**

Ruby & Fellas
Pub irlandais avec petits plats au menu et karaoké tous les week-ends à partir de 22h, jusqu'au début des concerts à 23h30. **€€**

Ravintola Telakka
Situé derrière la gare, bar-restaurant à concert, avec une agréable terrasse estivale. **€€**

Konttori
Paradis des amateurs de bière, avec plus de 200 bières à la carte.

OÙ SE RESTAURER À TAMPERE

Pyynikin Brewhouse
Brasserie avec terrasse sur les Tammerkoski. Plats savoureux et bières artisanales. **€€€**

4vuodenaikaa
Dans l'ambiance animée du marché couvert de Tampere. Spécialités françaises et bons vins. **€**

Kajo
Gastronomie créative et durable à base de produits de saison, de la mûre arctique au kimchi nordique. **€€€**

LES MEILLEURS SAUNAS PUBLICS TAMPERE

Kuuma sauna
Sauna moderne du centre-ville, ouvert toute l'année. Bain dans un trou de glace pour les audacieux.

Rauhaniemen kansankylpylä
Charmant établissement au bord du lac, en activité depuis les années 1920. Ouvert tous les jours.

Kaukajärven sauna
Sa plateforme sur le lac permet d'y plonger après un sauna, que les eaux soient gelées ou non.

Kaupinojan sauna
Au bord du lac, ouvert toute l'année. Propose des saucisses finlandaises à griller sur un feu de bois pour un petit encas.

INSPIRED BY MAPS/SHUTTERSTOCK ©

Kuuma sauna

du monde de la mode et passionnée d'art. Son déménagement dans le centre-ville de Tampere est prévu pour 2026.

L'île des idylles

ÉCHAPPÉE BELLE

Au-delà de ses attraits citadins, Tampere offre de nombreuses possibilités d'évasion dans la nature, comme la charmante **île de Viikinsaari**. De mi-mai à fin août, des bateaux de la compagnie Suomen hopealinja (hopealinjat.fi) permettent de rejoindre l'île depuis le quai Laukontori. Comptez 20 minutes de trajet.

Zone protégée, l'île propose plusieurs sentiers de découverte et ses petites plages sont idéales pour prendre le soleil après une baignade dans le lac. Une foule d'autres activités sont proposées sur l'île : paddle, barques et kayaks à louer pour ceux qui n'ont pas peur de se mouiller, mini-golf et *Mölkky* (pétanque finlandaise) pour les autres.

Pour déjeuner, prévoyez votre pique-nique (notez qu'il est interdit d'apporter de l'alcool sur l'île) ou installez-vous à la terrasse du restaurant Ravintola Viikinssari, ouvert tout l'été.

COMMENT S'Y RENDRE ET CIRCULER

Des trains pour Tampere quittent la gare centrale d'Helsinki (www.vr.fi) toutes les 30 minutes entre 4h et 23h (14-34 €). Les bus OnniBus s'y rendent aussi régulièrement (www.onnibus.com ; 6-13 €).

Si vous arrivez en voiture, la plupart des hôtels de Tampere proposent un parking (frais supplémentaires possibles). Pour stationner dans des parkings souterrains ou dans la rue, les paiements se font par carte ou via une application.

La ville s'explore facilement à pied ou à vélo, disponibles en libre-service (www.nysse.fi/en/city-bikes.html ; 5/10/30 € par jour/mois/saison).

Les bus Nysse Mobiili (www.nysse.fi) parcourent la ville (aller tarif plein /enfant 3,50/1,50 €, par jour tarif plein/enfant 7/3,50 €).

PROMENADE À PIED DANS TAMPERE

Explorez le centre-ville au fil de cette promenade artistique, panoramique et gastronomique. Départ au **1 Tampere Art Museum**, la deuxième plus grande collection d'art de Finlande, avec des œuvres des plus grands artistes finlandais tels Helene Schjerfbeck ou Akseli Gallen-Kallela. Dirigez-vous ensuite vers le nord et le **2 musée Amuri de l'Habitat ouvrier**, qui reconstitue tout un quartier de maisons de bois du XIXe siècle, abritant 32 appartements, une boulangerie, une cordonnerie, des bains publics, deux épiceries et un café. Cet ensemble offre un tableau très réaliste des conditions de vie des ouvriers à Tampere des années 1880 jusqu'au début des années 1970. Faites ensuite une pause gourmande au café **3 Amurin Helmi**, fameux dans le quartier, qui propose petits pains moelleux et *pannukakku* (crêpes épaisses au four) dans un décor sorti tout droit du musée de l'Habitat ouvrier.

Rejoignez ensuite la **4 colline de Pyynikki** au sud-est. À 80 m au-dessus du lac Pyhäjärvi, elle serait l'*esker* (crête morainique) le plus haut au monde, avec un sommet culminant à 160 m. Prenez l'ascenseur de la **5 tour d'observation de Pyynikki** pour admirer la vue spectaculaire sur la région.

De là, vous pourrez apercevoir l'autre tour emblématique de Tampere, Näsinneula, qui domine le parc d'attractions Särkänniemi (p. 135). Avant de partir, passez par le café **6 Pyynikin munkkikahvila**, réputé pour ses doughnuts. Descendez ensuite la colline par le nord-est pour atteindre l'un des plus célèbres saunas de Finlande, le **7 Sauna Rajaportin**, qui réchauffe le pittoresque quartier de Pispala depuis 1906. Vestiaires et installations sont séparés entre hommes et femmes, mais on peut se retrouver sur la terrasse commune pour discuter et se rafraîchir entre deux sessions de *löyly* (vapeur).

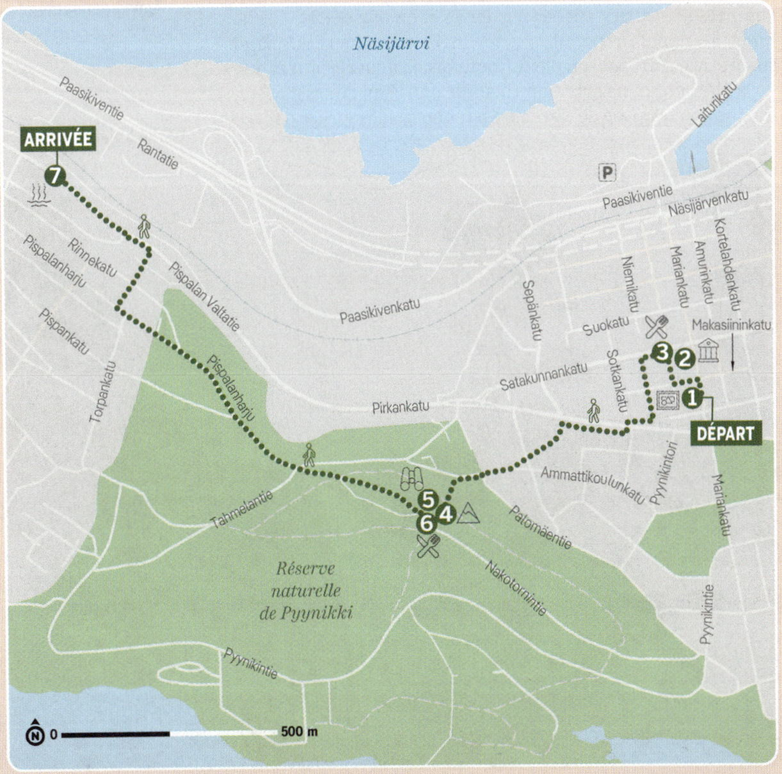

Environs de Tampere

Laissez l'effervescence urbaine de Tampere derrière vous le temps d'une escapade artistique ou d'une plongée en pleine nature.

Si Tampere est sans conteste le cœur urbain de Pirkanmaa, une région de vertes collines, de lacs et de cours d'eau bucoliques abritant de petites villes industrielles, cette dernière a bien plus à offrir. Ouvert toute l'année, le parc national d'Helvetinjärvi ("lac de l'enfer") est réputé pour son lac splendide, bordé de hautes falaises rocheuses, et pour Helvetinkolu ("porte de l'enfer"), un défilé de 40 m de profondeur creusé à la fin de la dernière période glaciaire. Plusieurs circuits de randonnée sillonnent le parc, allant de la promenade courte à une excursion de 11 km qui vous mènera du sommet des crêtes au fin fond des gorges. Le terrain est assez accidenté, mais certaines sections sont équipées d'escaliers. Riche en galeries et en musées, la ville de Mänttä-Vilppula apparaît sous son meilleur jour en été, quand son festival d'art bat son plein. Toutefois, la nouvelle attraction de la ville, un sauna artistique installé dans l'un de ses musées, est une bonne raison de s'y rendre par une froide journée d'hiver.

Pour les infos pratiques, voir le Carnet d'adresses p. 169

À SAVOIR

Une voiture est nécessaire pour visiter le parc national d'Helvetinjärvi, mais on peut rejoindre Mänttä-Vilppula en bus.

Défilé d'Helvetinkolu

ILARI NACKEL/SHUTTERSTOCK ©

Musées Gösta Serlachius et Gustaf Serlachius

Mänttä-Vilppula

L'ART JUSQUE DANS LE SAUNA

Ville artistique renommée, Mänttä-Vilppula est située à 1 heure 15 de route au nord-est de Tampere. Une navette quotidienne relie Tampere aux musées Serlachius de juin à août ; le reste de l'année, des bus circulent du mardi au dimanche.

Le centre de Mänttä-Vilppula s'est développé au XIXe siècle autour de sa fabrique de papier, fondée au milieu du XIXe siècle par les Serlachius. Cette famille d'entrepreneurs éclairés s'appliqua à construire une cité industrielle modèle et dota la ville de nobles édifices et d'œuvres d'art. Les principaux sites d'intérêt de la ville sont les **musées Gösta Serlachius et Gustaf Serlachius**. Consacré à l'art, le premier est aménagé pour une part dans un manoir ancien où vécut Gösta Serlachius (1876-1942), patron de la fabrique de papier locale et célèbre mécène. Le musée s'organise autour de sa collection privée, l'une des plus remarquables de toute la Scandinavie : elle comprend des pépites de l'âge d'or finlandais ainsi que des chefs-d'œuvre de maîtres français, notamment Claude Monet, Jean-Baptiste Camille Corot ou Camille Pissarro. Dans le centre-ville, le **musée Gustaf Serlachius** établi dans une élégante demeure moderniste blanche des années 1930, ancien quartier général de la famille Serlachius, propose une exposition très complète sur l'histoire de la fabrication du papier et de la famille.

Chaque été, de mi-juin à fin août, le festival d'art contemporain de la ville perpétue cette passion pour l'art qui anima la famille Serlachius. Une visite hivernale se révélera cependant délicieuse, avec un passage au fameux **sauna artistique** du musée Gösta Serlachius. Son architecture harmonieuse cache une salle de sauna circulaire et l'ensemble est soigné dans les moindres détails, des serviettes design aux douches décorées de mosaïques. Pour clore l'expérience sur une note gastronomique, vous pourrez ensuite profiter du restaurant du musée.

SHOPPING À MÄNTTÄ-VILPPULA

Myllyrannan uniikit putiikit
Linge, vêtements, décoration et produits naturels de Laponie sont proposés dans cet ensemble de boutiques au bord du lac.

Satumaista
Sélection d'objets de style scandinave, de la vaisselle aux bougies, sans oublier les boissons de saison comme le *glögi* (vin chaud).

OÙ SE LOGER À MÄNTTÄ-VILPPULA

Mäntylinnan huoneistomajoitus
Vivez à la finlandaise dans ces appartements des années 1950 à la décoration vintage. **€€**

Mäntän Klubi
Un peu désuet, cet hôtel brille néanmoins par son architecture et son design soigné. **€€**

Art Hotel Honkahovi
Hôtel de style fonctionnaliste donnant sur le lac. Certaines chambres partagent la même salle de bains. **€€**

Parc national de Helvetinjärvi

UNE VUE D'ENFER

Au départ de Tampere, suivez la route vers le nord pendant 1 heure 15 et vous arriverez à un portail des plus étranges : deux arbres à l'envers, dont les racines s'entremêlent pour former une arche sur laquelle on peut lire : "Helvettiin —To hell" (vers l'enfer). Il s'agit d'une des deux entrées du **parc national d'Helvetinjärvi**. Celle-ci est accessible depuis Helvetinkoluntie 775 (parking de Kankimäki), la seconde depuis Ruovesi à l'ouest. De nombreux sentiers de randonnée s'offrent aux visiteurs, ainsi que plusieurs aires de camping (surtout dans la partie nord du parc). Posez votre tente près de la plage d'Haukkajärvi pour admirer le soleil couchant sur le lac, ou au camping de Ruokejärvi, plus proche des principaux sites du parc. De mai à octobre, vous pouvez également louer le chalet rustique de Hiedanmaja.

Le seul itinéraire formant une boucle part de Kankimäki et mène aux deux sites phares du parc : le **lac Helvetinjärvi** et le **défilé d'Helvetinkolu**, apparu il y a 200 millions d'années. Chemins de caillebotis à travers les marais, sentiers forestiers et escaliers composent ce circuit de 4 km. Pour des raisons de sécurité, l'accès au défilé lui-même est interdit, mais on peut l'admirer depuis une plateforme d'observation.

Juste à l'extérieur du parc, le **circuit de Siikaneva** permet d'apprécier la beauté des marais finlandais. Non loin de là, on trouve aussi Ollinkivi, un bloc erratique qui fut la première curiosité naturelle du pays à être protégée par une loi environnementale.

UNE LIBRAIRIE SAUVÉE DE L'OUBLI

Véritable OVNI dans la Finlande rurale, la librairie ancienne **Vinhan kirjakauppa** de Ruovesi est une étape de choix pour les voyageurs amoureux du livre. Vieille de 120 ans et tenue par la même famille depuis quatre générations, elle était proche de la fermeture lorsque deux Finlandais passionnés décidèrent de la sauver. Après sa rénovation, elle a rouvert en 2023. Son joli bâtiment de bois se trouve dans la rue principale de ce village de 4 000 habitants.

Keuruu

UNE ÉGLISE DE RÊVE

Sur la rive nord du lac Keurusselkä, la charmante Keuruu vaut essentiellement le détour pour son **église** en bois du XVIIIe siècle (Keuruun vanha kirkko), qui justifie une halte sur la route entre Mänttä et Jyväskylä (p. 157). Elle renferme de superbes peintures de personnages bibliques (le cycle n'a pas été achevé en raison d'un litige concernant la rémunération de l'artiste). Le plafond, orné de nuages sombres dans un firmament peuplé de chérubins, d'anges et de démons, illustre l'Apocalypse. Dans la pure tradition luthérienne, la sacristie ne contient ni riches vêtements sacerdotaux ni objets liturgiques, mais de sinistres piloris pour châtier les mécréants.

COMMENT S'Y RENDRE ET CIRCULER

En semaine, plusieurs bus relient quotidiennement Mänttä à Tampere (18 €, 1 heure 50). Keuruu est accessible en train depuis Tampere (1 heure 40, dès 13 €). Les musées Serlachius proposent une navette depuis la gare routière de Tampere à 10h50 (de la gare ferroviaire à 11h05) les jours d'ouverture (1 heure 30, aller simple/aller-retour 20/30 €, enfant demi-tarif). Elle repart pour Tampere à 17h20. Réservation indispensable (040-488-6801 ; sales@serlachius.fi).

Pour accéder au parc national d'Helvetinjärvi, mieux vaut venir en voiture ou en camping-car (il existe des aires de stationnement réservées). Au départ de Tampere, un bus part trois fois par jour en semaine pour s'arrêter à 10 km du parc, au carrefour Helvetinkoluntie (matkahuolto.fi ; 22 €).

HÄMEENLINNA

Fondée en 1639, Hämeenlinna est la plus ancienne cité de l'intérieur du pays. Ses origines sont en réalité bien antérieures : le château qui lui donne son nom (Hämeenlinna signifie littéralement "château du Häme") fut érigé au XIIIe siècle à la suite de l'expédition du noble suédois Birger Jarl, désireux d'étendre la domination de la Suède en Finlande. Hämeenlinna devint alors un centre administratif, une ville de garnison et un comptoir de commerce majeur, à la croisée de la route des bœufs du Häme (Hämeen Härkätie) et de la route haute de Viipuri (Ylinen Viipurinti). En 1777, le roi Gustave III de Suède décida de déplacer le centre de la ville vers sa position actuelle. Après le grand incendie de 1831 qui détruisit les trois quarts de la cité, l'architecte allemand Carl Ludwig Engel, qui conçut également le centre d'Helsinki au XVIIIe siècle, orchestra sa reconstruction dans un style plus en phase avec les goûts bourgeois de l'époque. L'actuelle Hämeenlinna conserve encore aujourd'hui quelques éléments d'architecture de cette époque.

Pour les infos pratiques, voir le Carnet d'adresses p. 170

À SAVOIR

Pour une promenade pittoresque, arpentez Eteläkatu dans le centre-ville, où s'alignent de charmantes villas du début du XXe siècle.

INCONTOURNABLES
1 Château du Häme

VOIR
2 Maison des Palander
3 Maison natale de Jean Sibelius
4 Musée militaire
5 Musée municipal des Beaux-Arts
6 Musée municipal d'Haamenlinna (Skogster)

FAIRE LE PLEIN DE NATURE À HÄMEENLINNA

Ramer sur le lac Vanajavesi
Des circuits en kayak permettent d'observer depuis les eaux le château du Häme et le parc national urbain d'Hämeenlinna (premier en son genre).

Piscine Ahvenisto
Construite pour les Jeux olympiques de 1952, la piscine en plein air Ahvenisto, située tout près d'une plage, est ouverte de début juin à mi-août.

Sauna olympique Katajistonranta
Autre projet olympique, ce sauna au bord du lac est équipé d'un jacuzzi. On peut y louer kayaks et paddle en réservant.

KARASEV VIKTOR/SHUTTERSTOCK ©

Château du Häme

Château du Häme

DES SIÈCLES D'HISTOIRE

À 20 minutes de marche de la gare, on trouve le principal monument d'Hämeenlinna : le **château du Häme** (Hämeen linna), dominant le lac Vanajavesi.

Sa construction remonte au XIIIe siècle. Ce n'était alors qu'une redoute destinée à fortifier la domination de la Suède. Après l'attaque de l'armée de la principauté russe de Novgorod sur la Finlande centrale en 1311, le château reçut son deuxième étage, tout en briques. Il est aujourd'hui l'un des trois monuments médiévaux en brique encore debout en Finlande.

Brièvement contrôlé par le Danemark dans les années 1520, il tomba aux mains de la Russie de 1713 à 1721, pendant la période de la Grande Colère (l'invasion et l'occupation russe). Quand les Suédois reprirent le pouvoir, ils renforcèrent les défenses du château et y construisirent une grande boulangerie à six fours pour nourrir leurs troupes.

OÙ SE LOGER À HÄMEENLINNA

Matin ja Maijan Majatalo
Coquette villa du centre-ville à l'atmosphère chaleureuse, avec une petite bibliothèque dans le hall. **€€**

Hostelli Naurava Kulkuri
Auberge de jeunesse simple avec salles de bains partagées, à 20 minutes de marche du centre. **€**

Original Sokos Hotel Vaakuna
Situé sur les rives du Vanajavesi et proche de la gare, cet hôtel est idéal pour explorer Hämeenlinna. **€€**

Après un long conflit, la Russie vainquit la Suède pour de bon, et la Finlande fut intégrée à l'Empire russe en 1809. L'architecte C. L. Engel transforma le château en prison en 1841 et, 40 ans plus tard, on y établit l'unique prison pour femmes du pays. Cette fonction cessa en 1953, quand commencèrent les travaux de restauration du château.

Aujourd'hui, le château du Häme expose son histoire riche et mouvementée, et en été on peut également visiter le **musée de la prison**.

À deux pas, le **musée militaire** retrace les nombreuses guerres qui déchirèrent le pays au fil des siècles.

Réserve naturelle d'Aulanko

UN JARDIN ANGLAIS GÉANT

Si l'histoire d'Aulanko remonte à plus de 10 000 ans, avec le premier peuplement de la région de Häme, c'est au tournant du XXe siècle que ce parc forestier connut sa plus grande transformation : le colonel Hugo Standertskjöld (1844-1931) façonna le paysage pour lui donner un air de parc à l'anglaise avec étangs artificiels, routes, pavillons, arbres exotiques et fleurs de toutes sortes.

Le gouvernement racheta le parc en 1963, et en 1991, Aulanko devint une zone protégée par la loi. Elle est désormais sillonnée d'agréables chemins de promenade, le plus long s'étendant sur 7 km.

En hiver, la réserve offre deux pistes de ski de fond éclairées de 4,5 km et 6,5 km, ainsi qu'une piste de 10 km (non éclairée) autour du lac Aulangonjärvi. L'attraction principale du parc reste sa **tour d'observation** en granit, haute de 33 m. Sa curieuse architecture intérieure fait paraître l'ascension moins ardue, et au sommet, la vue sur les lacs et les forêts est spectaculaire.

Depuis la tour, en redescendant par les escaliers de pierre, vous tomberez nez à nez avec une famille d'ours de pierre : il s'agit de Karhuluola (grotte des ours), une œuvre du sculpteur Robert Stigell (1852-1907) achevée en 1906.

JEAN SIBELIUS, COMPOSITEUR NATIONAL

Né à Hämeenlinna en 1865, Jean Sibelius grandit dans un environnement féminin après le décès de son père, emporté par le typhus en 1868. Dans son enfance, c'est sa tante qui lui apprit le piano, et son oncle qui lui offrit son premier violon, instrument qu'il aimait tant.

Si la famille Sibelius était suédophone, Jean (*Janne* pour ses proches) parlait couramment le finnois et fit sa scolarité au lycée normal d'Hämeenlinna, le premier en Finlande à adopter la langue finnoise. Jean Sibelius devint ensuite l'un des principaux artisans de l'identité nationale de la Finlande alors qu'elle tentait de se libérer de la domination russe. Célèbre dans le monde entier, Sibelius jouit d'un statut particulier dans son pays natal, où il est reconnu comme le compositeur national.

OÙ SE RESTAURER À HÄMEENLINNA

Villa Marenki
Ce ravissant café meublé à l'ancienne sert de copieux petits-déjeuners pour bien démarrer la journée. **€**

Piparkakkutalo
Cuisine gastronomique dans la "maison en pain d'épice" bâtie en 1907 pour August Skogster, dont le grand magasin se trouvait à côté. **€€**

Vanai Bistro & Bastu
De délicieux plats à base de produits typiques de la Finlande, dans une ancienne caserne (avec sauna sur place !). **€€**

Musées municipaux

ARTS, HISTOIRE ET TRADITIONS

Tout près de la place du Marché d'Hämeenlinna, une modeste plaque sur un bâtiment de bois jaune indique qu'il s'agit de la maison natale d'un des plus célèbres compositeurs de Finlande, Jean Sibelius (1865-1957). Il y passa les 20 premières années de sa vie, et c'est entre ses murs qu'il commença sa carrière musicale. Aujourd'hui transformée en musée (fermé le lundi), la **maison natale de Jean Sibelius** comprend un beau salon de musique avec deux pianos ainsi que la petite chambre où Sibelius serait né. Si vous le demandez, vous pourrez faire la visite au son de ses compositions.

Aménagé dans un ancien grenier d'État conçu par C. L. Engel, le **musée municipal des Beaux-Arts** présente une collection importante d'œuvres finlandaises et étrangères des XIXᵉ et XXᵉ siècles. Une partie d'entre elles provient de la collection du musée de Vyborg, évacuée avant le bombardement de la ville à l'automne 1939.

Le **musée municipal d'Haamenlinna (Skogster)**, occupant un superbe édifice Art nouveau dans le centre-ville (l'ancien grand magasin Skogster), propose des expositions sur l'histoire d'Hämeenlinna.

Quant à la **maison des Palander**, belle demeure des années 1860, elle offre une plongée fascinante dans la vie d'une famille bourgeoise à la fin du XIXᵉ siècle. Il est conseillé de réserver pour une visite guidée, et de vérifier en ligne les horaires d'ouverture, qui changent selon les saisons.

UNE VUE INSPIRANTE

On dit de Jean Sibelius qu'il trouva l'inspiration pour *Finlandia*, l'un de ses chefs-d'œuvre, en contemplant le paysage depuis la tour d'observation d'Aulanko. Si on s'y arrête un instant pour admirer la vue, on admet volontiers que l'anecdote puisse être véridique.

NAISSANCE DE L'IDENTITÉ FINLANDAISE

Jean Sibelius est l'une des principales figures de l'Âge d'or de l'art finlandais (1890-1910), cette période où le pays forgea son identité nationale afin de se libérer de la domination russe. Pour en savoir plus, voir p. 277

COMMENT S'Y RENDRE ET CIRCULER

Située entre Helsinki et Tampere, Hämeenlinna est facilement accessible depuis ces deux villes en train, bus ou voiture. Comptez 1 heure 30 de trajet en train (12-18 €) ou en bus (4-19 €) depuis Helsinki (1 heure en voiture), et environ 45 minutes en train (10-16 €), en bus (4-15 €) ou en voiture depuis Tampere.

La gare routière se trouve dans le centre-ville, et la gare ferroviaire est à quelques minutes de marche. On se gare sans problème dans Hämeenlinna.

Environs d'Hämeenlinna

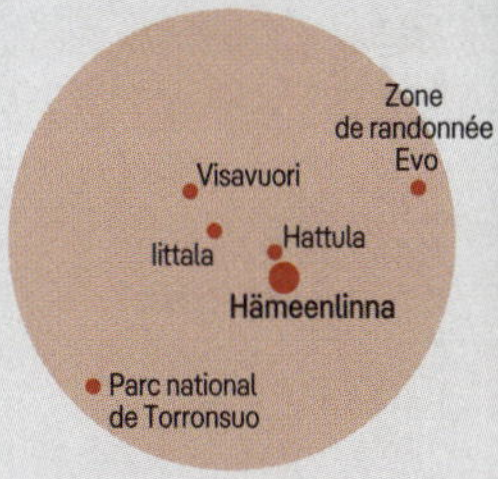

Découvrez les pépites artistiques de la région d'Hämeenlinna, du soufflage de verre mondialement renommé à l'art naïf enchanteur.

Les imposantes statues de granit gardant la gare ferroviaire d'Helsinki sont presque aussi connues que l'ondulant "vase Aalto" qui orne de nombreux salons du monde entier depuis les années 1930. Les premières sont l'œuvre du sculpteur Emil Wikström, dont on peut visiter la maison et l'atelier (musée Visavuori) à Valkeakoski, près d'Hämeenlinna. Le second est une création des célèbres architectes et designers Aino et Alvar Aalto.

Les amateurs de verrerie d'art finlandaise seront comblés au petit village d'Iittala, où l'on peut observer les maîtres souffleurs à l'œuvre. Iittala propose également une exposition d'art naïf tout à fait captivante, à ne pas rater.

Pour les infos pratiques, voir le Carnet d'adresses p. 171

À SAVOIR

En été, embarquez sur un des *slow boats* de la compagnie Hopealinja, qui voguent entre Hämeenlinna et Tampere avec un arrêt à Visavuori.

ESA RIUTTA/SHUTTERSTOCK ©

Verrerie finlandaise

Iittala

CHEFS-D'ŒUVRE DE VERRE ET DE PEINTURE

Si la Finlande est si réputée pour son design, et en particulier sa verrerie, c'est en grande partie grâce à Iittala. Situé à 20 minutes d'Hämeenlinna, ce village est considéré comme le fer de lance du design finlandais depuis 1881, date de la fondation de sa verrerie.

Après des débuts dominés par des créateurs suédois, Iittala commença à produire des pièces finlandaises dès les années 1920. Aino et Alvar Aalto conquirent ensuite Iittala par leur style alliant fonctionnalisme et élégance, notamment avec les verres Aino Alto (1932) et le fameux vase Aalto (1936). Par la suite, les designers Tapio Wirkkala, Timo Sarpaneva et Kaj Franck imprimèrent également leur marque.

Vous pourrez observer le savoir-faire des souffleurs depuis la plateforme d'observation de la verrerie Iittala. À voir aussi : le **musée du Design** (ouvert toute la semaine sauf le lundi en été, et uniquement le week-end le reste de l'année) qui présente des œuvres d'art en verre, et le **Centre d'art naïf**, qui offre un contraste réjouissant avec les lignes épurées des pièces d'Iitalla.

Les boutiques ne manquent pas non plus, dont l'incontournable **Iittala outlet**, où vous trouverez tous les grands classiques de la verrerie, **Keramiikkapaja Anubis** et ses céramiques d'art, ou encore **Naskali Leather**, avec ses nœuds papillons en cuir fabriqués à partir de vieux gants de boxe.

Visavuori

SCULPTURES ET BANDES DESSINÉES

Au bord du lac Vanaja, près de Valkeakoski, à 25 minutes de route d'Hämeenlinna, **Visavuori** fut la demeure du sculpteur Emil Wikström (1864-1942), puis celle de son petit-fils, le célèbre caricaturiste et auteur de bandes dessinées Kari Suomalainen (1920-1999).

Conçue par Wikström lui-même et construite en 1902, cette maison de style romantique carélien présente de nombreux détails Art nouveau.

Dans le bâtiment attenant, l'ancien atelier de Wikström, près d'une centaine de ses œuvres sont exposées. Au rez-de-chaussée, la fonderie de bronze (la première de Finlande) a été transformée en café agréable ouvert l'été. Enfin, de nombreux dessins de Suomalainen sont présentés dans le pavillon de Kari.

Visavuori est ouvert tous les jours de juin à août, et du mercredi au dimanche le reste de l'année.

À NE PAS MANQUER PRÈS D'HÄMEENLINNA

Hattulan Pyhän Ristin
Construite au XVe siècle dans le style gothique, l'église de la Sainte-Croix d'Hattula est célèbre pour ses merveilleuses fresques médiévales. Ouverte de mi-mai à fin-août.

Zone de randonnée d'Evo
À 40 minutes de route d'Hämeenlinna, la zone protégée d'Evo est parfaite pour une balade en famille. Pêche possible (consultez luontoon.fi pour le permis).

Parc national de Torronsuo
À 60 km de route au sud-ouest d'Hämeenlinna, cette zone marécageuse de 25,5 km² offre une foule d'activités nature.

COMMENT S'Y RENDRE

Au départ d'Hämeenlinna, on peut atteindre Iittala et Visavuori en voiture ou bus en une demi-heure. Un train relie Hämeenlinna à Iittala en 12 minutes (2,30 €).

RÉGION DU LAC SAIMAA

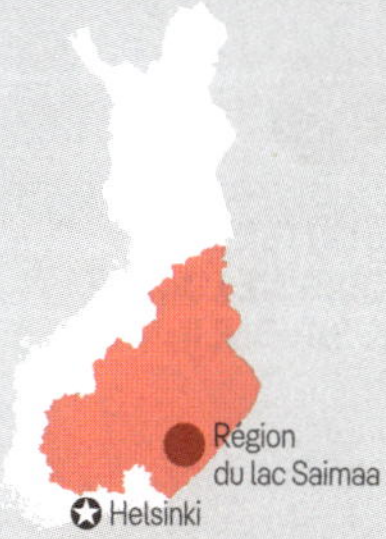

En Finlande, le lac Saimaa, le plus grand du pays et le quatrième d'Europe par sa superficie (4 400 km^2), relève presque du mythe. La région alentour est un dédale de lacs parsemés d'îlots reliés entre eux par des rivières ou des canaux. Ce paysage qu'on dirait éternel est apparu à la fin de la dernière période glaciaire, il y a 11 000 ans, lorsque les glaciers se sont retirés, sculptant les terres et laissant des milliers de lacs derrière eux.

À l'époque, une colonie de phoques annelés fut séparée de ses congénères baltiques et se retrouva isolée en eau douce. Bien qu'ils soient toujours menacés, les phoques annelés du lac Saimaa ont vu leur population passer de quelques douzaines à plus de 400 individus au cours des dernières décennies grâce à d'ambitieuses campagnes de préservation.

Les phoques sont l'attraction phare de la région, mais les Finlandais aiment aussi venir à Saimaa pour prendre le soleil depuis leurs *mökki* (chalets d'été) au bord de l'eau ou profiter de l'animation des terrasses et des festivals dans les villages alentour. En hiver, les lacs se couvrent de glace et de neige, pour le plus grand bonheur des amateurs de sports d'hiver et de pêche.

Pour les infos pratiques, voir le Carnet d'adresses p. 171

À SAVOIR

Renseignez-vous auprès des offices du tourisme locaux sur les excursions possibles à vélo en été. Parmi les itinéraires proposés, deux boucles fameuses, l'une de 120 km et l'autre de 60 km, sillonnent les lacs avec traversées en bateau, parcours sur les crêtes surplombant les eaux, mais aussi hôtels, restaurants, cafés et spots de baignade le long du circuit.

Château d'Olavinlinna (p. 148)

GOÛTER LA CUISINE LOCALE À SAVONLINNA

Soupe de saumon
Situé dans une rue pavée près du château, Kahvila Saima sert une délicieuse soupe de saumon crémeuse. €

Lörtsy
Ces tourtes frites en forme de demi-lune sont encore meilleures fraîches. Les stands du marché les proposent farcies à la viande ou aux pommes. €

Boissons
Waahto Brewery, sur le port, propose une large sélection de bières blondes et brunes, ainsi que du cidre. €

Savourer Savonlinna

UN CADRE EXTRAORDINAIRE

Avec son château médiéval et son port animé tout l'été, Savonlinna est le joyau de la région de Saimaa. Perché sur son îlot rocheux (désormais accessible par des ponts), le **château d'Olavinlinna** fut édifié au XVe siècle par les Suédois pour se protéger des assauts russes. En raison des courants, le plan d'eau ne gelait pas l'hiver, empêchant ainsi les attaques ennemies.

Chaque été il accueille le **festival d'opéra de Savonlinna**, créé en 1912 par la soprano finlandaise Aino Ackté (1876-1944). Vous pourrez explorer le château à votre guise en prenant part à l'une des nombreuses visites guidées proposées tous les jours de juin à août.

À proximité, l'**île de Riihisaari** servit de base navale jusqu'à l'absorption de la région par la Finlande en 1617, qui rendit ces défenses obsolètes. Riihisaari fut dès lors utilisée pour l'installation de séchoirs à grains, "*riihi*" en finnois, d'où le lieu tient désormais son nom.

SUR LA ROUTE DE KOLI

Si vous vous rendez au parc national de Koli (p. 164) depuis Helsinki, la ville de **Lappeenranta (p. 151)**, sur les rives du lac Saimaa, est parfaite pour une petite pause avant de s'aventurer plus loin en Carélie. Lappeenranta est la capitale de la Carélie du Sud, et Koli celle de la Carélie du Nord.

SÉJOURS BUCOLIQUES DANS LA RÉGION DU LAC SAIMAA

Manoir de Tertti
Escapade champêtre près de Mikkeli. Chambres des plus élégantes dans le manoir et sa grange rénovée. €€

Hotel & Spa Resort Järvisydän
Spa au bord de l'eau et suites avec immenses baies vitrées. €€€

Sahanlahti Resort
Complexe hôtelier au bord du lac disposant de son propre port. Son restaurant primé utilise des produits locaux. €€

Le site abrite aujourd'hui le **musée de Savonlinna**, dont les collections présentent l'histoire de la région et son écosystème, avec des phoques annelés grandeur nature, ainsi que d'étonnants objets liés aux activités maritimes, comme ces combinaisons de plongée des années 1950 dignes d'un film de James Bond.

Linnankatu est une jolie rue pavée menant du château (linna) au port de Savonlinna. Dans une belle villa de bois, le café-restaurant **Kahvila Saima** sert une délicieuse soupe de saumon et diverses friandises.

La **place du Marché** (*Kauppatori*) et le **port** (Satama) tout proche sont particulièrement agréables en été, quand les étals regorgent de spécialités locales comme le corégone frit et le *lörtsy*. Sur le port, quelques navires anciens ont été transformés en restaurants, et des bateaux de plaisance proposent des croisières en *slow boat* sur le lac (de 1 à 8 heures de trajet) permettant d'apprécier toute la beauté de la région.

Parcs nationaux de Kolovesi et de Linnansaari

AU FIL DE L'EAU

Les **parcs nationaux de Kolovesi et de Linnansaari** couvrent des centaines d'îles du lac Saimaa et du lac Haukivesi qui fait partie du système lacustre de Saimaa. Pendant l'été, le complexe hôtelier Järvisydän propose des balades en kayak et en bateau jusqu'à Linnansaari, principale île du parc éponyme. Base idéale pour explorer les deux parcs, le village d'**Oravi** propose de nombreux hébergements : appartements, villas modernes pieds dans l'eau, et même des cabanes dans les arbres ou des petits chalets sur Linnansaari. Depuis Oravi, on peut se rendre à Linnansaari en bateau-taxi.

Quand le lac est gelé, des sentiers balisés relient Linnansaari à Oravi et Järvisydän. Ne vous éloignez pas du chemin, afin de ne pas déranger les phoques annelés de Saimaa en pleine saison des amours.

Le paysage de Linnansaari est marqué par la culture sur brûlis pratiquée par les paysans de l'île à partir du XVIe siècle. La forêt a fini par reconquérir les terres brûlées, et aujourd'hui castors et pics à dos blancs s'y ébattent en toute tranquillité. Le parc est sillonné de sentiers de randonnée, le plus spectaculaire étant celui qui grimpe sur la falaise de Linnanvuori, offrant un panorama splendide sur le lac.

Le parc national de Kolovesi, peu fréquenté, n'est accessible qu'en été. Une virée en kayak entre les îlots et les hautes falaises

LES PLUS BELLES CROISIÈRES DE SAIMAA

Saimaa Canoeing
Balades en kayak sans guide, avec possibilité de camper en chemin (en respectant le "droit de tout un chacun") ou de faire étape dans l'une des cabanes de la compagnie dispersées sur les îles. Les excursions proposées vont de quelques heures à plusieurs jours.

Croisières en slow-boat
Chaque été, des croisières en *slow-boat* sont proposées au départ des grands ports de Saimaa.

MS Aino
Cet ancien bateau à vapeur se rend à petite vitesse de Ristiina et Mikkeli à Astuvansalmi, célèbre pour ces peintures rupestres préhistoriques.

OÙ SE LOGER À SAVONLINNA

Lossiranta Lodge
Hôtel de caractère au bord de l'eau avec une vue spectaculaire sur le château médiéval d'Olavinlinna. **€€**

Saima
Ravissante villa de bois proposant 6 chambres meublées avec goût. La suite est spacieuse, et une des chambres donne sur le château. **€€**

Hotelli Punkaharju
Dans le cadre superbe d'un *esker* de Saimaa. Décoration typiquement scandinave et restaurant utilisant des produits locaux. **€€€**

POURQUOI J'AIME LA RÉGION DU LAC SAIMAA

Paula Hotti, auteure

J'ai grandi dans la région et ce que je préférais, enfant, dans nos virées familiales en voiture, c'étaient les pauses glace sur la route. Plus tard, j'ai appris à aimer ce que j'avais toujours eu sous les yeux : l'archipel sur le lac, les phoques annelés qu'on ne trouve qu'ici, les manoirs et leurs restaurants où se régaler de produits locaux…

Mais ce que je chéris par-dessus tout, c'est cette sensation de grande sérénité qui vous gagne quand, du haut d'une falaise, vous contemplez les lacs parsemés de petites îles boisées et oubliez la frénésie de la vie moderne. La Laponie et Helsinki offrent bien des richesses, mais ici, sur les rives du lac Saimaa, la nature vous enveloppe dans un calme incomparable.

ELENANOEVA/SHUTTERSTOCK ©

Saimaa

du lac Saimaa vous révélera la région dans toute sa splendeur. Avec un peu de patience, vous pourrez peut-être apercevoir un ou deux phoques annelés se reposant sur les rochers. Pour rejoindre Kolovesi en kayak depuis Oravi, comptez un à deux jours, avec la possibilité de camper en chemin.

Observation des phoques

À LA RENCONTRE DES FURTIFS PHOQUES ANNELÉS

Saimaa abrite l'une des espèces de phoques d'eau douce les plus menacées au monde : le phoque annelé de Saimaa. Il a élu domicile ici après avoir été séparé de ses cousins baltiques à la fin de la dernière ère glaciaire. Grâce à une campagne de protection acharnée, la région compte désormais près de 400 de ces phoques, qui mesurent moins de 1,5 m et pèsent entre 50 et 90 kg.

C'est de mai à mi-juin que vous aurez le plus de chance d'apercevoir ces animaux furtifs, car ils gagnent alors les rochers pour muer. Ils se montrent parfois jusqu'en septembre.

Les phoques annelés de Saimaa étant protégés, mieux vaut les observer dans le cadre d'une visite organisée, les guides connaissant d'ailleurs les meilleurs endroits pour les voir.

OÙ SE LOGER À LAPPEENRANTA

Rakuuna
Ancienne caserne des dragons de la ville. Ses belles chambres ont gardé une certaine sobriété militaire. **€€**

Original Sokos Hotel Lappee
Hôtel de chaîne finlandaise avec piscine, à proximité d'un centre commercial bien achalandé. **€€€**

Boutique Hotel Lähde
Bon rapport qualité-prix pour cet hôtel durable proche du port, disposant d'un jardin et d'une terrasse. **€€**

Si vous vous aventurez seul, ne vous approchez jamais trop près des phoques : la règle est de se tenir à une distance permettant de les observer avec des jumelles.

La meilleure façon d'apprécier la beauté de Saimaa et d'apercevoir des phoques est de prendre un éco-bateau électrique (lakelandgte.fi), qui glisse en silence entre les îles pour un voyage au cœur de la nature.

L'excursion en éco-bateau au départ de Puumala dure 1 heure 15, et le parcours est commenté par le capitaine, qui fournit également jumelles, café et petits pains. À la fin du circuit, vous pourrez écouter une chanson populaire finlandaise racontant l'histoire d'un homme solitaire qui se lia d'amitié avec un phoque. Cette chanson a eu un grand succès, sauvant ainsi peut-être l'espèce de l'extinction.

Lappeenranta

UNE FORTERESSE À LA FRONTIÈRE

L'histoire de **Lappeenranta** est étroitement liée à sa situation près de la frontière russe, et ce dès sa fondation au XVIIe siècle en tant que ville-garnison. La forteresse, édifiée par les Suédois dans les années 1640, reste le fleuron de la ville, qui compte désormais plus de 70 000 habitants. Autres points forts : ses musées, comme le musée des Beaux-Arts de Lappeenranta et celui de la Cavalerie, et son port d'où partent des croisières pour le lac Saimaa et sa région.

Dans le quartier de la forteresse, on trouve des boutiques, des cafés, et de beaux points de vue sur Saimaa et le reste de la ville.

On peut explorer l'essentiel de Lappeenranta à pied en une journée, en faisant une pause dans l'un de ses nombreux restaurants.

La ville est aussi un bon point de départ vers la région de Saimaa, en prenant par exemple l'un des bateaux qui partent du port pour une traversée en *slow boat* vers Puumala et Savonlinna.

Toujours en bateau, on peut aussi emprunter le canal de Saimaa, qui relie le lac Saimaa à la baie de Vyborg, en Russie, dans le golfe de Finlande. Long de 43 km, il fut construit dans les années 1850 et a été une voie navigable importante, mais il n'y a plus aujourd'hui que très peu de trafic international de marchandises, une partie du canal se trouvant en Russie.

LES MEILLEURS CAFÉS DE LAPPEENRANTA

Kahvila Majurska
Le charme désuet et les pâtisseries maison de Majurska attirent les foules jusqu'en haut de la forteresse.

Pulsan Asema
À 20 minutes de route du centre-ville, l'ancienne gare de Pulsa transformée en café et boutique vaut le détour. Devient un charmant B&B en été.

Satamatie 6
Proche de la forteresse, ce café-torréfacteur primé sert de délicieux *flat whites* et des gourmandises salées ou sucrées.

COMMENT CIRCULER

Punkaharju (dès 7 €, 30 minutes) fait partie des rares destinations accessibles en train directement depuis Savonlinna. Depuis Helsinki (dès 36 €, 4 heures 15), il faut changer à Parikkala. Un bus direct rejoint Helsinki (dès 9 €, 4 heures 45). Pour Jyväskylä, il faudra changer (dès 25 €, 3 heures 25). Des bus relient Rantasalmi à Savonlinna (1 heure 20). Pour gagner Enonkoski, 15 km au sud du parc de Kolovesi, il faut prendre un bus (dès 6 €, 40 minutes) puis un taxi. Deux lignes de bus relient Lappeenranta à Savonlinna en 4 heures 40, avec une correspondance à Mikkeli ou Imatra (29-33 €). Le train passe près de la frontière russe, pour un voyage d'un peu plus de 2 heures avec correspondance à Parikkala (20-30 €).

ROAD TRIP DANS LA RÉGION DU LAC SAIMAA

Cette boucle part de **1 Savonlinna** (p. 148) et traverse les plus beaux paysages de la région, avec pauses gastronomiques et culturelles en prime.

De Savonlinna, prenez la route 14 puis la 464 vers l'**2 hôtel et spa Järvisydän** (p. 148). Détendez-vous au bord de l'eau ou partez en kayak vers le **3 parc national de Linnansaari** (p. 149).

Continuez ensuite vers Juva par les routes 464, 467 et 14. En pleine campagne, **4 TeaHouse of Wehmais** (p. 148), salon de thé anglais, propose des sandwichs au pain de seigle et des scones, ainsi qu'une sélection de thés préparée par la première sommelière en thé de Finlande. Étape suivante : **5 Mikkeli** et ses beaux manoirs. **6 Kenkävero**, presbytère en bois du XIXe siècle, abrite un restaurant ainsi que des boutiques d'artisanat et de design. Il y a aussi un café d'été au bord de l'eau, une boulangerie artisanale et un superbe jardin réunissant plus de 500 espèces de plantes. Le café-restaurant du **7 manoir de Tertti** offre aussi des chambres dans sa grange rénovée.

En empruntant ensuite la route 62 vers le complexe hôtelier Sahanlahti, vous passerez par une crête sinueuse avec vue sur les îlots rocheux parsemant le lac. Il s'agit de la **8 route panoramique de Lietvesi** dans le Géoparc de Saimaa, vestige spectaculaire de l'ère glaciaire. Juste avant la **9 plage de Pistohiekka**, déjeunez au **10 complexe hôtelier Sahanlahti** (p. 148) : son restaurant primé excelle dans la préparation des produits locaux. Si vous avez le temps, passez la nuit dans cette ancienne scierie du XIXe siècle rénovée. Au retour, dépassez Savonlinna pour rejoindre le village et la **11 crête de Punkaharju**, le plus célèbre des *eskers* de Saimaa (7 km de long). Reposez-vous à l'Hotteli Punkaharju et profitez de ses offres de relaxation ainsi que des plats de son restaurant avant de rentrer à Savonlinna.

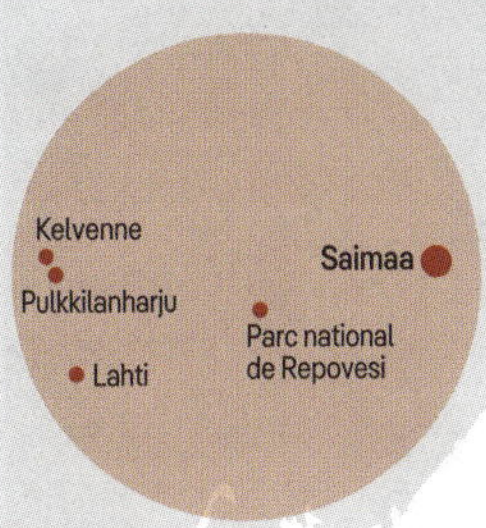

Ailleurs dans la région du lac Saimaa

Explorez les merveilles glaciaires du Géoparc de Salpausselkä et découvrez Lahti, première ville verte du pays.

Pour les infos pratiques, voir le Carnet d'adresses p. 172

À SAVOIR

La région de Saimaa est bordée à l'est par la nature sauvage de Carélie et au nord par de denses forêts. Au sud-ouest, Lahti offre une parenthèse urbaine dans ce paysage lacustre et boisé typiquement finlandais.

Le territoire situé entre la région du lac Saimaa et Helsinki est l'un des plus pittoresques du sud du pays. Le paysage est dominé par les forêts et les lacs, dont le majestueux lac Päijänne. Au bord du Géoparc de Salpausselkä, Lahti, la ville principale de la région, est aussi une ville pionnière en matière d'urbanisme durable.

Avec ses trois tremplins de saut à skis et ses nombreuses pistes de ski de fond, Lahti est également réputée pour ses sports d'hiver. Mais la ville charme en toutes saisons, avec son ravissant port et ses nombreux musées. L'été, on peut profiter de la piscine en plein air au pied de la plus haute tour de la ville.

LAHTI TOUT EN MUSÉES

Musée du Ski
Proche des tremplins de saut à skis, ce musée équipé d'un simulateur de sauts en 3D retrace l'histoire du ski en Finlande.

Musée Mastola de la Radio et de la TV
Une collection impressionnante de TV et radios anciennes, près de la gare.

Musée de la Moto
Le seul musée de Finlande consacré à la moto, situé tout près du centre (prendre le bus n°2), ouvert de mai à septembre et sur réservation le reste de l'année.

Malva, musée des Arts visuels
Un festin visuel mais aussi gastronomique : ce musée du centre-ville propose plusieurs expositions, ainsi qu'un café, un bistrot et une microbrasserie.

KARAVANOV_LEV/SHUTTERSTOCK ©

Saut à skis à Lahti

Lahti

SKI ET DURABILITÉ

Longtemps connue avant tout comme un haut lieu des sports d'hiver, du saut à skis au ski de fond, Lahti est en pleine réinvention. Nommée Capitale verte de l'Europe en 2021, la ville enchaîne les succès environnementaux, et s'est récemment dotée d'un nouvel espace culturel, le **Malva, musée des Arts visuels**. Elle est aussi connue des mélomanes, pour son orchestre symphonique municipal qui forgea sa réputation internationale sous la direction d'Osmo Vänskä.

Chef-d'œuvre des Finlandais Hannu Tikka et Kimmo Lintula, le **Palais Sibelius** (Sibeliustalo) salle de concerts inaugurée en 2000 est l'une des réalisations architecturales majeures de ces dernières décennies en Finlande. Magnifiquement située sur le port, il comprend un auditorium en bois relié à un bâtiment plus ancien par un vaste foyer vitré dont les hauts piliers évoquent les forêts de la région.

LES MEILLEURS HÔTELS DE LAHTI

Solo Sokos Hotel Seurahuone
Récompensé pour sa démarche durable, cet hôtel du centre propose notamment d'élégants lofts avec kitchenette. **€€€**

Hostel Matkakoti Patria
Chambres simples ou doubles à petit prix, salles de bains partagées. Proche de la gare. **€**

GreenStar Hotel
Situé juste à côté de la gare, cet hôtel sobrement décoré met l'écologie au premier plan. **€€**

À 15 minutes à pied du centre, les trois imposants **tremplins de saut à skis** de Salpausselkä témoignent de la passion des Finlandais pour la neige. Avec un peu de chance, vous pourrez voir un skieur planer dans les airs lors d'une session d'entraînement. En été, une **piscine en plein air** ouvre au pied de la plus haute tour de la ville, promettant une baignade mémorable. Au port de Lahti, où les cafés et restaurants s'animent, admirez le spectacle des bateaux qui semblent posés sur les eaux placides du Päijänne.

Pour mieux comprendre l'importance du bois dans la culture finlandaise, direction **Pro Puu**, une galerie consacrée à l'ébénisterie locale. Enfin, visitez dans le centre-ville le musée **Malva**, dont les collections vont de la sculpture et la peinture à l'art numérique en passant par le design graphique et la décoration intérieure. Au sein du musée, vous pourrez faire une pause au café Kahiwa, au bistrot Malski ou à la brasserie Ant Brew. En sortant, vous ne pourrez manquer l'impressionnante **église de la Croix**, conçue par Alvar Aalto en 1978, située juste en face du musée et dont les 52 fenêtres forment une croix.

Géoparc de Salpausselkä

UNE NOUVELLE ZONE PROTÉGÉE

Forgée par l'eau et la glace, la région de Salpausselkä près de Lahti a été reconnue Géoparc mondial par l'Unesco en 2022 pour ses remarquables paysages géologiques.

Les deux crêtes de Salpausselkä – moraines apparues pendant l'ère glaciaire, il y a 12 000 ans – traversent tout le sud de la Finlande, et c'est près de Lahti qu'elles sont les plus impressionnantes. Elles s'étendent sur plus de 600 km et culminent à 80 m. Ici, les activités en plein air ne manquent pas, de l'exploration des marais aux randonnées à vélo (consultez visitlahti.fi). Les principales curiosités du géoparc sont l'**île de Kelvenne** et l'***esker* de Pulkkilanharju**, qui tous deux font partie du **parc national de Päijänne**. Kelvenne se situe au sud du Päijänne et n'est accessible qu'en bateau. De fin juin à début août, le *MS Jenni Maria* assure la liaison depuis le port de Padasjoki.

À 40 minutes de route de Lathi, l'*esker* de Pulkkilanharju, long de 8 km, forme une suite d'îles reliées par des ponts. Non loin de cette crête spectaculaire, on trouve la jolie ville de **Vääksy**, au bord du canal du même nom. Construit en 1871, c'est aujourd'hui le canal le plus fréquenté de toute la Finlande. Aux alentours, charmants petits cafés et restaurants permettent de faire une halte agréable.

LES DÉLICES DE VÄÄKSY

Ranskalainen kyläkauppa
Petits-déjeuners, brunchs et déjeuners à la française dans une charmante maison rose avec une boutique associée. €

Kanavan panimo
Pour les voyageurs assoiffés, cette brasserie artisanale ouvre sa terrasse en juin et juillet. Boutique ouverte toute l'année et visites sur réservation. €

Kanavan helmi
Au bord du canal de Vääksy, ce café estival propose glaces artisanales, délicieux beignets et autres gourmandises. €

LES MEILLEURS RESTAURANTS DE LAHTI

Soppa Baari
Parfait pour déjeuner au marché couvert de Lahti, avec trois soupes du jour (viande, poisson, végétarien). €

Gastropub Mylly
Petits-déjeuners à toute heure, déjeuners conviviaux et dîners raffinés. €€

Roux
Restaurant gastronomique avec menus fixes (dont végan) et plats à la carte. €€€

DES RANDONNÉES POUR TOUS LES GOÛTS

Ketunlenkki
Partant du parking de Lapinsalmi, cette boucle de 3,5 km est le parcours le plus populaire du parc, avec traversée en bac à chaîne et beau panorama depuis le pont de Lapinsalmi.

Kakkurinkierros
Sur 26 km, la plus longue randonnée du parc (2 à 4 jours de marche) passe par tous ses sites remarquables.

Korpinkierros
Cette boucle de 4,3 km permet d'admirer la falaise d'Olhavanvuori sous tous ses angles.

Olhavanvuori (ci-dessous)

Parc national de Repovesi

LE SITE FAVORI DES GRIMPEURS

Situé entre la région de Saimaa et Lahti, le **parc national de Repovesi** se trouve à 2 heures 30 de route de Savonlinna et à 1 heure de Mikkeli. Il est surtout connu pour sa spectaculaire paroi rocheuse, **Olhavanvuori**, qui s'élève à 50 m au-dessus des eaux. Destination préférée des amateurs d'escalade en Finlande, le parc est aussi un lieu privilégié pour l'observation des oiseaux, comme les plongeons catmarins, dont une colonie vit près de la falaise. Repovesi s'explore à pied, mais aussi à vélo ou en kayak, que l'on peut louer dans les différents points-services du parc (la falaise d'Olhavanvuori n'est cependant pas accessible à vélo). À voir également : le pont suspendu de Lapinsalmi, long de 55 m.

Le parc national de Repovesi est ouvert toute l'année, mais les sentiers ne sont pas entretenus l'hiver, bien qu'ils soient fréquentés par les promeneurs. On y trouve de nombreux chalets privés, interdits d'accès même en vertu du "droit de tout un chacun". Le grand chalet du camp de Valkjärvi peut cependant être réservé d'avril à octobre (luontoon.fi).

La voiture est le meilleur moyen pour se rendre au parc de Repovesi, mais de mi-juin à fin octobre, le bus n°15 relie Kouvola au parc le week-end. Vous pouvez également prendre le train jusqu'à Mäntyharju, et parcourir les 47 derniers kilomètres en canoë, kayak ou à vélo.

COMMENT S'Y RENDRE ET CIRCULER

Lahti est à moins d'une heure de train d'Helsinki, avec un ou deux départs par heure (www.vr.fi; 12-15 €). Pour explorer les environs, il vaut mieux disposer d'une voiture.

JYVÄSKYLÄ

Le campus universitaire et la créativité foisonnante de Jyväskylä, fondée en 1837 par le tsar Nicolas Ier, lui ont valu le surnom d'"Athènes de la Finlande". Le centre-ville se concentre autour de son artère commerciale, Kauppakatu, qui s'étend du quartier étudiant de Yläkaupunki (haute-ville) à Alakaupunki (basse-ville). En chemin, on trouve bars, restaurants, musées, galeries et boutiques, plusieurs bâtiments dessinés par le célèbre Alvar Aalto et le parc de l'Église (Kirkkopuisto), le principal espace vert du centre-ville.

En remontant depuis Kauppakatu, vous arriverez en quelques minutes au pied d'une des collines de la ville, Harju, très appréciée des habitants pour une balade, un jogging ou une soirée entre amis. Depuis le sommet, on découvre une nouvelle facette de la ville : cité universitaire jeune et dynamique, Jyväskylä est aussi une ville paisible au bord de l'eau offrant une multitude d'activités pour profiter de la nature.

Pour les infos pratiques, voir le Carnet d'adresses p. 172

À SAVOIR

Le centre-ville de Jyväskylä s'explore à pied en un jour ou deux, mais par beau temps, pensez à louer un vélo pour découvrir les alentours du lac Jyväsjärvi. Vous apprécierez ainsi à la fois l'énergie citadine de Jyväskylä et son ancrage dans la nature.

Musée Alvar Aalto (p. 158)

INCONTOURNABLES
1 Capitolium
2 Lutakko
3 Maison des travailleurs
4 Musée Alvar Aalto
5 Musée de la Finlande centrale

ACTIVITÉS
6 Sataman Viilu

SORTIR
7 Théâtre municipal de Jyväskylä

Le Jyväskylä d'Alvar Aalto

PROFUSION ARCHITECTURALE

De toutes les villes du monde, Jyväskylä est celle qui compte le plus grand nombre d'édifices conçus par Alvar Aalto (29 au total). L'architecte (voir aussi p. 279) y a vécu plusieurs années ; c'est ici qu'il a débuté sa carrière et épousé Aino Marsio, elle-même architecte de renom. Situé dans un bâtiment créé par Aalto au début des années 1970, le **musée Alvar Aalto** présente sa vie et son œuvre architecturale, mais aussi ses créations dans le

OÙ SE LOGER ET SE RESTAURER À JYVÄSKYLÄ

Boutique Hotel Yöpuu
Hôtel de charme primé aux chambres décorées avec goût. Délicieux petits-déjeuners finlandais. €€

Teeleidi
Merveilleux salon de thé dans une jolie villa ancienne, entre le musée Alvar Aalto et le campus universitaire. €

Hotelli Verso
Sur l'artère commerçante. Intérieur un peu vieillot mais saunas excellents. €€

domaine du mobilier et de la verrerie. Juste à côté, le **musée de la Finlande centrale**, le "KeMu", également conçu par l'architecte, est consacré à l'histoire et à la culture de la région. En remontant vers le campus universitaire, on arrive au **Capitolium**, tout de brique rouge, construit en 1955. Après avoir déambulé sur le campus, en grande partie composé de bâtiments dessinés par Alvar Aalto dans les années 1950, descendez Kauppakatu vers le parc de l'Église. De l'autre côté du parc, vous pourrez admirer la façade blanche du **théâtre municipal de Jyväskylä**, au style typique de l'architecte. En continuant sur Kauppakatu jusqu'à l'angle de Väinönkatu, vous trouverez le premier bâtiment public d'Aalto, la **Maison des travailleurs**, construite en 1924-1925.

Dans les environs, on retrouve l'empreinte d'Aalto avec la **Maison expérimentale de Muuratsalo** et l'**hôtel de ville de l'île de Säynätsalo**. Le paisible îlot de Muuratsalo, relié par des ponts à Säynätsalo, était la retraite estivale d'Alvar et Elissa Aalto. La Maison expérimentale se découvre lors de visites guidées (alvaraalto.fi) de début juin à mi-septembre. Quant à l'hôtel de ville, il est ouvert de juin à septembre, avec des visites en anglais tous les jours à 12h30. En dehors de cette période, on peut le découvrir sur réservation préalable. Il dispose également de quelques chambres et appartements à louer. L'organisation Visit Jyväskylä (visitjyvaskyla.fi) propose différents circuits consacrés à Alvar Aalto.

Pour compléter votre découverte des œuvres d'Alto, rendez-vous en Laponie, à Rovaniemi (p. 214) qui porte également la marque de l'architecte.

Port de Jyväskylä

DÉTENTE LES PIEDS DANS L'EAU

Le port de Jyväskylä s'est modernisé à une vitesse folle au cours des dernières années. Avec ses cafés, ses bateaux de croisière et son sauna, c'est aujourd'hui un lieu très apprécié des habitants comme des visiteurs. On y accède facilement depuis le centre-ville : en descendant la colline puis en traversant les voies ferrées, on rejoint la rive de Jyväsjärvi dans le quartier de **Lutakko**, connu pour sa salle de concerts éponyme.

Toute dernière nouveauté du port, le **sauna et restaurant Sataman Viilu** propose trois types de saunas mixtes avec vestiaires séparés. On peut aussi se rafraîchir sur la terrasse, plonger dans le lac ou profiter du jacuzzi. Les saunas sont ouverts tous les jours de 9h à 22h.

Pour une expérience originale et plus intime, plusieurs opérateurs de Jyväskylä proposent des **saunas flottants**. De nombreuses **croisières en *slow boat*** partent du port pour une traversée des eaux de Jyväskylä et ses environs. Ne ratez pas le **vieux bateau d'Alvar Aalto**, *Nemo Propheta in Patria* ("nul n'est prophète en son pays"), amarré à demeure près de Viilu.

PAROLE D'HABITANT : LA SCÈNE MUSICALE DE JYVÄSKYLÄ

Ismo Puhakka, musicien natif de Jyväskylä et membre du groupe Muuan Mies, partage ses salles de concerts préférées.

Vakiopaine
Ce bar populaire qui semble tout droit sorti d'un film de Kaurismäki devient en soirée une scène pour les poètes, les groupes et les chanteurs folk.

Ylä-Ruth
Entre bohème et underground, un bar prisé des artistes, des journalistes et des musiciens.

Lutakko & Musta kynnys
Les meilleures salles de la ville, où se produisent des groupes de renom d'ici et d'ailleurs.

Poppari
Une fois leurs concerts finis, les musiciens de la ville se retrouvent ici pour un bœuf mémorable. Si vous savez jouer, vous pouvez même rejoindre les stars sur scène.

COMMENT S'Y RENDRE ET CIRCULER

Grâce à sa situation centrale, Jyväskylä est facilement accessible en bus ou en train depuis les grandes villes du pays. Si vous venez en voiture, vous trouverez de nombreuses places de stationnement dans le centre-ville.

PROMENADE PANORAMIQUE ET CULTURELLE À JYVÄSKYLÄ

Outre l'architecture d'Alvar Aalto, il y a beaucoup à découvrir à Jyväskylä. Commencez par 1 **Harju**, colline boisée de pins qui s'élève juste derrière la rue commerçante Kauppakatu. Empruntez les escaliers de pierre pour apprécier la vue sur la ville et son lac. Un chemin de promenade fait le tour de la colline et à son sommet, à 34 m de haut, vous trouverez la 2 **tour d'observation Vesilinna** avec son pittoresque café-restaurant, ainsi que le petit 3 **Muséum d'Histoire naturelle de Finlande centrale**.

Redescendez ensuite vers le centre pour visiter le 4 **musée d'art de Jyväskylä** et son voisin, le 5 **musée de l'Artisanat finlandais**. Le premier est consacré à l'art local et national (fermé le lundi, entrée gratuite le vendredi). Le second présente de superbes costumes traditionnels et propose une découverte originale de l'artisanat à travers l'ouïe, le goût et l'odorat. Les deux musées bordent le 6 **parc de l'Église**, au centre duquel se dresse une église de brique rouge construite en 1880. Une statue de Minna Canth (1844-1897), féministe et femme de lettres finlandaise, regarde passer les promeneurs. On y trouve aussi un bistrot aux murs de verre, et le parc est joliment illuminé pour les fêtes de fin d'année.

De là, marchez quelques minutes vers 7 **la vieille cour de Toivola**, entourée de bâtisses de bois où l'on trouve petites boutiques et ateliers d'artisans. Ne ratez pas la jolie 8 **boutique du musée Sparvin**, nichée au sein du bâtiment le plus ancien du centre-ville (1861). Avant de quitter la cour, faites une pause au Kahvila Valkoinen Puu, un charmant café installé dans une cave aux voûtes de brique rouge.

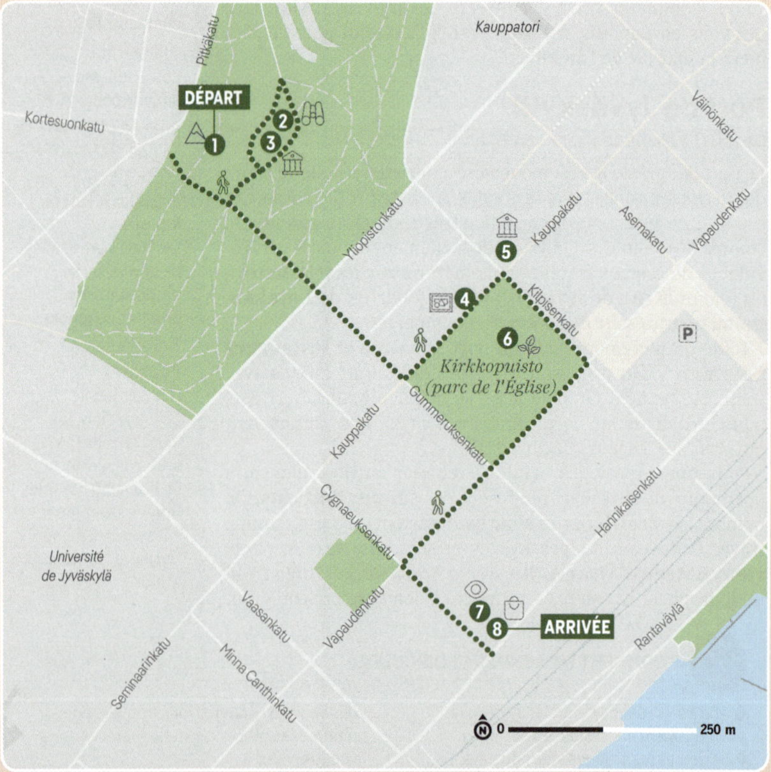

Environs de Jyväskylä

Kuopio, la chaleureuse capitale de la Savonie du Nord, est célèbre pour sa cuisine traditionnelle.

La vie est paisible dans les villes et villages de cette région de lacs entourés de denses forêts.

Kuopio est réputée pour son marché d'été des plus animés et pour ses halles, où l'on trouve toute l'année une grande variété de produits régionaux. En 2020-2021, la région de Kuopio fut la première de Finlande à être nommée Région européenne de la gastronomie. Au-delà des plaisirs gustatifs, Kuopio est une étape idéale pour une pause relaxante d'un jour ou deux au bord de l'eau.

Pour les infos pratiques, voir le Carnet d'adresses p. 173

Marché de Kuopio (p. 162)

SHEVCHENKO ANDREY/SHUTTERSTOCK ©

Statue de Minna Canth

AVANT-GARDE FÉMINISTE

Au musée du Vieux Kuopio, le salon de Minna Canth (1844-1897) permet de découvrir cette figure pionnière du féminisme, qui fut aussi la première auteure et journaliste finlandaise à écrire en finnois. Veuve à 35 ans et mère de 7 enfants, Canth militait sans relâche pour l'éducation des femmes et l'égalité des sexes. Son théâtre critique marqua son époque, et lui valut autant de louanges que d'insultes. Canth est la première femme finlandaise à être honorée par une fête nationale : le 19 mars, la Journée de l'égalité est aussi la "Journée de Minna Canth".

Promenade citadine à Kuopio

UN APERÇU DE LA CAPITALE DES GOURMETS

Kuopio est à 2 heures de route de Jyväskylä. De juin à août, sa **place du Marché** *(kauppatori)* grouille d'animation, les stands croulant sous les fruits rouges et autres spécialités de la région, comme le fameux *kalakukko* (pain de seigle farci de poisson et de viande de porc).

Le **marché couvert** de style Art nouveau ravira les gourmets toute l'année.

Depuis la Kauppatori, marchez quelques minutes pour atteindre le **musée des Beaux-Arts de Kuopio**, consacré à l'art finlandais de la fin du XIXe siècle à nos jours. Cherchez les toiles du peintre Juho Rissanen (1873-1950), dont les portraits réalistes de Finlandais au travail contrastaient avec le romantisme prévalant à l'époque. Tout proche, le château Art nouveau (1907) abrite le **musée de Kuopio**, dont les collections couvrent aussi bien l'histoire culturelle que l'histoire naturelle.

OÙ SE LOGER À KUOPIO

Lapland Hotels Kuopio
Dans le centre. Décoration aux influences lapones et sauna sur place ouvert le soir. **€€**

Boutique Hotel Sawohouse
Hôtel accueillant et abordable à 7 km du centre-ville, avec une salle de concerts, l'Underground. **€€**

Spa Hotel Rauhalahti
Spa populaire au bord du Kallavesi. Propose aussi un sauna à fumée traditionnel au milieu des arbres. **€€**

Ces musées bordent le parc Snellmanninpuisto, où trône la **cathédrale luthérienne de Kuopio**, construite entre 1806 et 1815. Le quartier situé au sud du parc, avec ses maisons de bois traditionnelles, est un incontournable du patrimoine culturel de la ville. On y trouve le **musée du Vieux Kuopio**, qui présente la vie des habitants de Kuopio au tournant du XIXe siècle.

Prenez le bus n°6, 7 ou 9 sur la place du Marché vers la **tour d'observation Puijo** (restaurant sur place). Après cinq minutes de trajet, descendez pour monter à pied jusqu'à la tour pendant 15 minutes environ – la vue d'en haut sur la vaste étendue de lacs et de forêts en vaut la peine !

Au port, embarquez sur l'un des bateaux de la compagnie Roll pour profiter des superbes paysages du lac Kallavesi (de juin à fin-août). À 1 heure de route de la ville, vous trouverez le **parc national d'Etelä-Konnevesi**, ses forêts de pins, ses falaises abruptes et ses petits étangs parfaits pour un pique-nique.

Quand la neige recouvre la Finlande, prenez la route pour rejoindre **Tahko**, à 45 minutes au nord de Kuopio, et ressourcez-vous dans un chalet ou dans un spa, avant de passer la journée à skis ou à raquettes dans la poudreuse.

Le sauna à fumée Jätkänkämppä

UNE EXPÉRIENCE MÉMORABLE

Un sauna à fumée traditionnel est une expérience hors du commun, même pour les Finlandais. Situé sur la rive du Kallavesi à Kuopio, l'immense sauna de Jätkänkämppä est l'un des plus réputés du pays.

Prenez le bus n°7 depuis la place du Marché de Kuopio et descendez au Spa Hotel Rauhalahti. Un panneau indique le sauna, que l'on rejoint en quelques minutes de marche dans la forêt.

Le règlement se fait dans le bâtiment principal, où un buffet est servi au son de mélodies traditionnelles à l'accordéon (il est conseillé de réserver pour le dîner). On peut aussi se rafraîchir en terrasse et profiter de la vue sur le lac avant de s'aventurer vers le sauna, un verre à la main.

Le sauna étant mixte, n'oubliez pas d'apporter votre maillot. Il dispose de vestiaires séparés pour les hommes et les femmes, et les serviettes sont fournies.

Si l'épaisseur de la fumée peut déranger certains au début, l'expérience reste mémorable : autour de vous, vos compagnons semblent comme enveloppés dans un nuage.

OÙ SE RESTAURER À KUOPIO

Kahvila Kaneli
La bossa nova émanant du gramophone donne le ton dans ce joli café-restaurant. Au menu : déjeuners simples et savoureux gâteaux et tartes. **€**

Muikkuravintola Sampo
Fumé, frit, roulé dans la farine de seigle... le corégone est à l'honneur dans ce restaurant spécialiste de ce petit poisson depuis 1931. **€€**

Ravintola Musta Lammas
Installé dans une belle cave voûtée, ce restaurant réputé propose une cuisine gastronomique inspirée par la nature environnante. **€€€**

COMMENT CIRCULER

Le centre-ville de Kuopio peut être exploré à pied en une journée. Les bus de la ville vous mèneront aux destinations plus éloignées, comme le sauna à fumée Jätkänkämppä (www.vilkku.kuopio.fi ; aller simple : 3,30 € ; ticket journalier : 8 €)..

PARC NATIONAL DE KOLI

Bordant le Pielinen, le quatrième plus grand lac de Finlande, le parc national de Koli est le cœur battant de la Carélie du Nord.

Culminant à 347 m, le mont Ukko-Koli est le point le plus élevé du sud du pays. Depuis son sommet, la vue s'étend des coteaux boisés jusqu'aux rives du lac Pielinen ponctué d'îlots. Elle a inspiré de nombreux artistes de la période du romantisme national, comme les peintres Pekka Halonen (1865-1933) et Eero Järnefelt (1863-1937).

Mais nul besoin d'être artiste pour apprécier la beauté de Koli. En hiver, c'est le point le plus méridional de Finlande où l'on peut assister à la magie du *tykkylumi*, quand les arbres entièrement recouverts de neige se transforment en étranges créatures. C'est alors aussi un merveilleux domaine pour le ski et les raquettes.

Les villes sont peu nombreuses dans la région, et elles offrent peu d'hébergements, restaurants ou sites remarquables. Ici, c'est la nature qui retient toute l'attention.

Pour les infos pratiques, voir le Carnet d'adresses p. 173

À SAVOIR

Le Centre de la nature d'Ukko est accessible par télésiège (station proche d'un parking). Il comprend un petit musée et fournit des cartes touristiques. C'est aussi le point de départ de nombreuses randonnées ; d'autres partent du village de Koli ou de son port. Les itinéraires plus longs partent des villes voisines comme Lieksa d'où part un ferry en été.

Parc national de Koli

Randonnées dans le parc national de Koli

LES PLUS HAUTS PICS DU SUD DU PAYS

Plus de 80 km de sentiers balisés sillonnent le parc national de Koli, allant d'un chemin de 800 m (légèrement escarpé) à une randonnée sur plusieurs jours.

Le circuit **Huippujenkierros** ("circuit des sommets", 1,4 km) est un classique, passant par les fameux **monts Ukko-Koli** (347 m), **Akka-Koli** (339 m) et **Paha-Koli** (334 m), dont les sommets de quartzite gris clair offrent une vue imprenable sur le lac Pielinen et son chapelet d'îles. Tout autour, les troncs torturés se mêlent aux pins touffus.

Passant les mêmes pics, le **Mäkrän kierros** ("circuit de Mäkrä", 7,5 km) mène à de superbes forêts et clairières. Certaines montées sont ardues, mais la vue depuis Mäkrä, qui s'élève à 219 m au-dessus du Pielinen, en vaut largement la peine.

La randonnée la plus longue fait le tour du **lac Herajärvi**, s'étendant sur 60 km pour 4 jours de marche. Un itinéraire alternatif la coupe en deux pour un parcours de 35 km sur 3 jours. En hiver, le circuit de Herajärvi est fermé, mais les itinéraires plus courts et plus populaires se suivent aisément, tracés par le passage des randonneurs.

LE MEILLEUR DE L'HIVER AU PARC NATIONAL DE KOLI

Raquettes
Explorez les pentes enneigées de Koli et admirez les arbres chargés de neige. De nombreux hôtels et agences de la région, dont Koli Active, proposent des circuits libres ou guidés.

Traîneau à chiens
Filez à toute vitesse sur le Pielinen gelé, tiré par les infatigables huskies des voyagistes locaux.

Ski alpin
Le centre de ski alpin de Koli propose sept pistes de niveaux différents et quatre télésièges.

OÙ SE LOGER PRÈS DU PARC NATIONAL DE KOLI

Kolin Ryynänen
Chambres rustiques dans une ancienne grange, avec cuisine et salles de bains partagées. Supplément pour draps et petits-déjeuners. **€**

Vanhan koulun majatalo
Installé dans une ancienne école au cœur de la forêt. Chambres avec salles de bains et cuisine partagées ou suites avec kitchenette. **€**

Break Sokos Hotel Koli
Sur le mont Koli. Vue magnifique sur les pentes et le lac depuis le spa et certaines chambres. **€€€**

Environs de Koli

Avec ses splendides étendues sauvages, la région de Koli est un havre pour la faune finlandaise.

Abritant aujourd'hui le plus grand nombre de loups et d'ours de Finlande, Kuhmo a souvent été au cœur de conflits territoriaux. Proche de la frontière russe, capitale officieuse de Vienan Karjala, cœur historique de la Carélie, aujourd'hui en Russie, elle fut convoitée pendant des siècles par la Suède et la Russie. En 1809, quand la Finlande devint un grand-duché russe, l'activité économique de Kuhmo commença à prospérer. En 1940, pendant la guerre d'Hiver contre la Russie, la ville fut le théâtre de combats acharnés. Le musée de la Guerre d'Hiver est aujourd'hui l'un des principaux centres d'intérêt de Kuhmo. Avec moins de 10 000 habitants, elle est loin de la frénésie urbaine : ici, la nature est reine.

Pour les infos pratiques, voir le Carnet d'adresses p. 173

À SAVOIR

Avis aux amateurs de nature et de culture : chaque année en juillet, Kuhmo s'anime pendant 2 semaines à l'occasion de son célèbre festival de musique de chambre, qui attire des milliers de visiteurs.

Jeunes loups à Kuhmo

RISTO RAUNIO/SHUTTERSTOCK © ; À DROITE : DOMINIK EHRHARDT/SHUTTERSTOCK ©

Gloutons dans la forêt

La faune de Kuhmo

OURS ET GLOUTONS

La région de Kuhmo a reçu le surnom évocateur de "Taïga sauvage", et pour cause : ses paysages semblent vierges de toute trace humaine, et ses forêts de conifères à perte de vue s'étendent jusqu'en Sibérie. Dans ce vaste territoire, on trouve la plupart des grands carnivores de Finlande, comme l'ours, le loup et le glouton. De nombreuses agences de tourisme proposent des refuges et des chalets à louer pour la nuit. Sous ces latitudes, le soleil se couche à peine entre juin et juillet, ce qui offre de belles opportunités d'observation et de photo de la faune. La meilleure période pour apercevoir des ours est d'avril à septembre ou octobre, quand ils se préparent à hiberner. Gloutons et loups sont observables toute l'année.

Le **Bear Centre** est un grand chalet d'observation avec lits et salles de bains ; il dispose également d'affûts disséminés dans les marais, que parcourent les ours et les gloutons. Les cabanes d'observation de **Wild Taiga** se trouvent à Kuhmo et dans les environs de Suomussalmi. **Wildlife Safaris Finland** propose des activités variées : observation de la faune depuis des refuges, chasse aux aurores boréales, randonnées à raquettes… et séance de sauna (avec ou sans fumée) pour terminer.

OÙ SE RÉGALER À KUHMO

Kaesan Kotileipomo Cette boutique de souvenirs est aussi une boulangerie proposant de délicieuses spécialités locales, comme le *rönttönen* (tarte de seigle garnie de pommes de terre et d'airelles). €

Neljä Kaesaa Déjeuner buffet et savoureuses pâtisseries de la boulangerie associée, Kaesan Kotileipomo. €

Kahvila retro Café simple, typiquement finlandais, servant douceurs, encas salés et glaces à l'italienne. €

COMMENT S'Y RENDRE ET CIRCULER

Kuhmo étant entourée de terres sauvages, la voiture est nécessaire pour explorer la région. Helsinki est à 600 km, et l'aéroport le plus proche est Kajaani, à 100 km à l'ouest. Kajaani dispose d'une gare ferroviaire et d'une gare routière, avec des bus pour Kuhmo plusieurs fois par jour. Des bus relient également Kuhmo à Nurmes (à 80 km au sud), le vendredi et le dimanche (www.matka-kyllonen.fi).

Carnet d'adresses

TAMPERE

Cathédrale
Voir p. 134 (Tuomikirkko ; 40-804 87 65 ; Tuomiokirkonkatu 3b ; 10h-17h tlj)

Koiramäen eläinpuisto
Voir p. 135 (parc à animaux 20-713-0200 ; sarkanniemi.fi/fi/koiramaki ; Laiturikatu 1 ; à partir de 29 €)

Musée Amuri de l'Habitat ouvrier
Voir p. 137 (Amurin Museokortteli ; 3-565 666 90 ; www.amurinmuseokortteli.fi ; Satakunnankatu 49 ; adulte/7-17 ans/famille 9/5/20 € ; variables selon les saisons, voir le site Web)

Musée d'Art Sara Hildén
Voir p. 135 (03-5654-3500 ; www.sarahildenintaidemuseo.fi ; Laiturikatu 13 ; 15 € ; 10h-18h mar-sam, 10h-16h dim)

Musée des Moumines
Voir p. 135 (Muumilaakso ; 03-243-4941 ; www.muumimuseo.fi ; Tampere Hall, Yliopistonkatu 55 ; tarif plein/enfant 14,50/7 € ; 9h-17h mar-mer, 9h-19h jeu-ven, 10h-17h sam-dim)

Musée du Hockey
Voir p. 134 (50 501-1196 ; www.jaakiekkomuseo.fi ; Alaverstaanraitti 5 ; tarif plein/réduit/enfant 15/7 €/gratuit ; 10h-16h mar-dim)

Musée du Jeu
Voir p. 134 (50 501-1196 ; www.vapriikki.fi/pelimuseo ; Alaverstaanraitti 5 ; tarif plein/réduit/enfant 15/7 €/gratuit ; 10h-16h mar-dim)

Musée du Travail Werstas
Voir p. 134 (10 420 92 20 ; www.tyovaenmuseo.fi ; Väinö Linnan aukio 8 ; gratuit ; 11h-18h mar-dim)

Musée Lénine
Voir p. 134 (10 420 92 22 ; www.lenin.fi ; Hämeenpuisto 28 ; tarif plein/réduit 8/6 €, gratuit pour les -18 ans ; variables selon les saisons, voir le site Web)

Näsinneula
Voir p. 135 (20-713-0200 ; sarkanniemi.fi/fi/nasinneula ; Laiturikatu 1 ; 11h-23h30)

Tampere Art Museum
Voir p. 137 (41-730-3104 ; www.tampereentaidemuseo.fi ; Puutarhakatu 34 ; adulte/enfant 13/6 € ; 9h-17h mar-jeu, 10h-18h ven-dim)

Tour d'observation de Pyynikki
Voir p. 137 (03-212-3247 ; www.munkkikahvila.net ; Näkötornintie 20 ; 9h-20h mar-ven, 9h-21h sam-lun)

Vapriikki
Voir p. 133 (50 501-1196 ; www.jaakiekkomuseo.fi ; Alaverstaanraitti 5 ; tarif plein/réduit/enfant 15/7 €/gratuit ; 10h-16h mar-dim)

Kaukajärven sauna
Voir p. 136 (40-590-0539 ; www.kaukajarvensauna.fi ; Kangasalantie 80 ; tarif plein/réduit/enfant 10/8/5 € ; 13h-22h)

Kaupinojan sauna
Voir p. 136 (50-551-7732 ; talviuimarit.fi/kaupinojan-sauna ; Kaupinpuistonkatu 1A ; tarif plein/enfant 10/5 € ; 15h-20h45 lun-ven, 12h-18h45 sam, 12h-20h45 dim)

Kuuma sauna
Voir p. 136 (10-406-5121 ; saunaravintolakuuma.fi ; Laukontori 21 ; tarif plein/réduit 17/12 € ; 12h-18h lun, 11h-21h mar, 11h-23h mer-jeu, 11h-2h ven, 12h-2h sam)

Rauhaniemen kansankylpylä
Voir p. 136 (050-391-2381 ; www.rauhaniemi.net ; Pispalan Valtatie 9 ; tarif plein/enfant 10/4 € ; 14h-22h30 lun-ven, 11h-22h30 sam-dim)

Sauna Rajaportin
Voir p. 137 (050-310-2611 ; www.rajaportinsauna.fi ; Pispalan Valtatie 9 ; tarif plein/enfant 12/4 € ven-sam, 8/4 € lun et mer ; 16h-22h lun et mer, 14h-22h ven-sam)

Dream Hostel & Hotel
Voir p. 133 (045-236-0517 ; www.dreamhostel.fi ; Åkerlundinkatu 2)

Lapland Hotels Tampere
Voir p. 134 (03-383-000 ; www.laplandhotels.com ; Yliopistonkatu 44)

Lillan Boutique Hotel & Kök
Voir p. 134 (10-200-7305 ; www.lillan.fi ; Kurjentaival 35)

Omena-hotelli Tampere
Voir p. 134 (600-555-222 ; www.omenahotels.com/fi/hotellit/tampere ; Hämeenkatu 7)

Solo Sokos Hotel Tampere
Voir p. 133 (020-123-4631 ; www.sokoshotels.fi ; Hatanpään valtatie 1)

Unity
Voir p. 133 (020-778-9825 ; unity-living.com/en/locations/unity-tampere ; Pyynikintie 25)

4vuodenaikaa
Voir p. 135 (03-212-4712 ; 4vuodenaikaa.fi ; Hallituskatu 10 ; 9h-16h mar-sam)

Amurin Helmi
Voir p. 137 (03-565-66634 ; www.museokortteli.fi/etusivu/kahvila-amurin-helmi/ ; Satakunnankatu 49 ; 8h-17h lun et sam, 7h-17h mar-ven, 8h-16h dim)

Kajo
Voir p. 135 (50-329-8044 ; www.kajoravintola.fi ; Rautatienkatu 12 ; 17h-23h mer-jeu, 17h-0h ven ; 15h-0h sam, 15h-21h dim)

Konttori
Voir p. 135 (03-222-5007 ; konttori.fi ; Verkatehtaankatu 5 ; 12h-0h lun, 12h-1h mar et dim, 12h-2h mer-sam)

Pyynikin Brewhouse
Voir p. 135 (10-423-3279 ; www.pyynikinbrewhouse.fi ; Verkatehtaankatu 2 ; 12h-22h lun, 16h-23h mar-jeu, 15h-2h ven, 13h-2h sam-dim)

Pyynikin munkkikahvila
Voir p. 137 (03-212-3247 ; www.facebook.com/munkkikahvila ; Näkötornintie 20 ; 9h-20h)

Restaurant Viikinssari
Voir p. 136 (10-422 56 66 ; www.ravintolaviikinsaari.fi ; Viikinsaari 2 ; variables selon les saisons, voir le site Web)

Public House Huurre
Voir p. 135 (50-300-0908 ; publichousehuurre.fi ; Sammonkatu 46 ; 16h30-21h30 mar-jeu, 13h-23h30 ven, 14h-23h30 sam, 14h-20h lun)

DUDLAJZOV/STOCK.ADOBE.COM ©

Église de Keuruu (p. 140)

Ravintola Telakka
Voir p. 135 (03-225-0700 ; www.telakka.eu ; Tullikamarin aukio 3 ; 11h-0h lun-jeu, 11h-3h ven, 12h-3h sam, 13h-23h dim)

Ruby & Fellas
Voir p. 135 (50-570-4591 ; rubyandfellas.fi ; Hämeenkatu 15 ; 16h-2h mer-jeu, 16h-4h ven, 15h-4h sam)

G Livelab
Voir p. 135 (50-590-5628 ; glivelab.fi/tampere ; Puutarhakatu 1 ; 16h-22h mar-jeu, 16h-0h ven, 14h-0h sam)

SaariBlues
Voir p. 134 (50-559-8001 ; www.facebook.com/saariblues ; août)

Sauna Open Air Metal Festival
Voir p. 134 (www.saunaopenair.fi/en/ ; juillet)

Tammerfest
Voir p. 134 (www.tammerfest.fi ; mi-juil).

Tamperrada
Voir p. 134 (www.tamperrada.fi ; fin août)

ENVIRONS DE TAMPERE

Keuruun vanha kirkko
Voir p. 140 (40-965-55 38 ; www.keuruunmuseo.fi/index.php/kohteet/kirkot ; Keuruuntie 1, 42700 Keuruu ; 11h-16h lun-dim)

Musée Gösta et Gustaf Serlachius
Voir p. 139 (www.serlachius.fi ; Joenniementie 47 ; tarif plein/enfant 10 €/gratuit, musée Gustaf compris ; 10h-18h tlj juin-août, 11h-18h mar-dim sept-mai)

Sauna artistique
Voir p. 139 (03-488-6801 ; serlachius.fi/en/see-do-in-tampere-region/serlachius-art-sauna ; Joenniementie 47 ; 10h-18h tlj juin-août, 11h-18h mar-dim sept-mai)

Art Hotel Honkahovi
Voir p. 139 (03-474-7005 ; www.klubin.fi ; Johtokunnantie 12)

Mäntän Klubi
Voir p. 139 (03-474-5900 ; www.klubin.fi/fi/mantan-klubi ; Tehtaankatu 33)

Mäntylinnan huoneistomajoitus
Voir p. 139 (44-994-3600 ; Postikatu 13)

Festival d'art de Mänttä
Voir p. 139 (www.mantankuvataideviikot.fi ; mi-juin à août)

Myllyrannan uniikit putiikit
Voir p. 139 (44-916-3515 ; www.uniikitputiikit.fi ; Myllyrannantie 5 ; 11h-16h lun-ven, 11h-14h sam, 12h-14h dim)

Satumaista
Voir p. 139 (@_satumaista_)

Vinhan kirjakauppa
Voir p. 140 (03-476-2281 ; Ruovedentie 15 ; 10h-17h lun-ven, 10h-14h sam)

HÄMEENLINNA

Château du Häme
Voir p. 142 (Hämeenlinna ; 029-533-6932 ; www.kansallismuseo.fi/en/haemeenlinna ; tarif plein/enfant 12/8 € ; 10h-17h tlj juin-août, 10h-16h lun-ven et 11h-16h sam-dim mai, 10h-16h mar-ven et 11h-16h sam-dim sept-avr)

Maison des Palander
Voir p. 144 (Palanderin talo ; 03-621-2967 ; www.hmlmuseo.fi ; Linnankatu 16 ; tarif plein/enfant 8 €/gratuit ; 12h-16h mar-dim mai-août, 12h-16h sam-dim sept-avr).

Maison natale de Jean Sibelius
Voir p. 144 (Sibeliuksen syntymäkoti ; 03-621-2755 ; hmlmuseo.fi ; Hallituskatu 11 ; tarif plein/enfant 8 €/gratuit ; 10h-16h tlj mai-août, 12h-16h mar-dim sept-avr)

Musée militaire
Voir p. 143 (Artillery, Engineer and Signals Museum of Finland ; 03-682-4600 ; www.museomilitaria.fi ; Vanhankaupunginkatu 19 ; tarif plein/réduit 10/5 € ; 11h-17h mar-dim)

Musée municipal d'Haamenlinna (Skogster)
Voir p. 144 (03-621-2979 ; hmlmuseo.fi ; Raatihuoneenkatu 8, tarif plein/enfant 8 €/gratuit ; 11h-17h mar et jeu-dim, 11h-18h mer)

Musée municipal des Beaux-Arts
Voir p. 144 (Hämeenlinnan Taidemuseo ; 03-621-2669 ; www.hameenlinnantaidemuseo.fi ; Viipurintie 2 ; tarif plein/enfant 12 €/gratuit ; 11h-18h mar-jeu, 11h-17h ven-dim)

Piscine Ahvenisto
Voir p. 142 (46-923-2608 ; www.ahvenisto.fi/fi/maauimala ; Olympiakatu 18-20 ; adulte/enfant 4,60/3 € ; 12h-18h tlj été)

Sauna olympique Katajistonranta
Voir p. 142 (44-767-4772 ; www.katajistonranta.fi ; Katajistontie 1)

Matin ja Maijan Majatalo
Voir p. 142 (40-355-6640 ; www.matinjamaijan.fi ; Eteläkatu 5)

Hostelli Naurava Kulkuri
Voir p. 142 (40-877-131 ; nauravakulkuri.fi ; Korkeakoulunkatu 6 3.krs)

Original Sokos Hotel Vaakuna
Voir p. 142 (20-123-4636 ; www.sokoshotels.fi/fi/hameenlinna/sokos-hotel-vaakuna ; Possentie 7)

Piparkakkutalo
Voir p. 143 (03-648-040 ; www.ravintolapiparkakkutalo.fi ; Kirkkorinne 2 ; 17h-22h mar-jeu, 17h-23h ven, 12h-23h sam)

Vanai Bistro & Bastu
Voir p. 143 (50-556-2265 ; vanai.fi ; Mensanaukio 4 ; 11h-16h lun, 16h-22h mar-jeu, 16h-23h ven, 12h-23h sam)

Tour d'observation d'Aulanko (p. 143)

TUOMAS/STOCK.ADOBE.COM ©

Villa Marenki
Voir p. 143 (☎45-783-15261 ; www.villamarenki.fi ; Eteläkatu 3 ; 9h-15h dim-lun, 8h-20h mar-ven, 9h-17h sam)

ENVIRONS DE HÄMEENLINNA

Centre d'art naïf
Voir p. 146 (☎40-5111-466 ; iittalavillage.fi/en/iittala-centre-of-naive-art ; Add. Hollaajantie 2, Iittala ; adulte/enfant 10 €/gratuit ; 11h-17h ven-dim)

Hattulan Pyhän Ristin
Voir p. 146 (église de la Sainte-Croix d'Hattula ; ☎03-631-1520 ; www.hattulanseurakunta.fi/kirkot-ja-tilat/kirkot/hattulan-kirkko ; Kirkkotie 29, Hattula)

Musée du Design
Voir p. 146 (☎20-439-6230 ; iittalavillage.fi/en/design-museum-iittala ; Könnölänmäentie 2 C, Iittala ; adulte/enfant 5 €/gratuit ; 11h-17h ven-dim jun-août, 11h-17h sam-dim sept-mai)

Visavuori
Voir p. 146 (☎3-543-6528 ; www.visavuori.com/en/welcome-to-visavuori ; Visavuorentie 80, Valkeakoski ; tarif plein/réduit/7-15 ans 10/8/2 € ; variable selon les saisons, voir le site Web)

Iittala outlet
Voir p. 146 (☎20-439-3512 ; www.iittala.com/fi-fi/footer/iittalan-myymalat ; Könnölänmäentie 2, Iittala ; 10h-18h)

Keramiikkapaja Anubis
Voir p. 146 (☎40-084-3343 ; www.facebook.com/keramiikkapaja.anubis ; Lasikeskus, Iittala ; 11h-16h lun-sam, 12h-16h dim)

Naskali Leather
Voir p. 146 (☎40-775-7957 ; naskalileather.com ; Könnölänmäentie 2, Iittala ; 12h-15h mer-dim)

RÉGION DU LAC SAIMAA

Château d'Olavinlinna
Voir p. 148 (☎29-533 69 42 ; www.kansallismuseo.fi/fi/olavinlinna ; Savonlinna ; adulte/7-17 ans/famille 12/6/25 € ; variables selon les saisons, voir le site Web)

Riihisaari (musée de Savonlinna)
Voir p. 149 (☎44 417 4466 ; www.savonlinna.fi/riihisaari/en/ ; île de Riihisaari ; tarif plein/réduit 10/5 €, gratuit -18 ans, billet combiné avec le château d'Olavinlinna 15 € ; 10h-17h)

MS Aino
Voir p. 149 (☎40-70-58043 ; www.facebook.com/astuvanaino ; Brahentie, Ristiina)

Saimaa Canoeing
Voir p. 149 (☎50-548-7653 ; www.saimaacanoeing.fi ; Ylössaarentie 84, Puumala)

Boutique Hotel Lähde
Voir p. 150 (☎44-766-5005 ; hotellilahde.fi ; Ainonkatu 12, Lappeenranta)

Hotel & Spa Resort Järvisydän
Voir p. 148 (☎600-413-160 ; www.jarvisydan.com ; Porosalmentie 313, Rantasalmi)

Hotelli Punkaharju
Voir p. 149 (☎15-511-311 ; www.facebook.com/hotellipunkaharju/ ; Punkaharjun Harjutie 596, Punkaharju)

Lossiranta Lodge
Voir p. 149 (☎44-511-2323 ; www.lossiranta.net ; Olavinkatu 8, Savonlinna)

Manoir de Tertti
Voir p. 148 (☎015-176-012 ; tertinkartano.fi ; Kuopiontie 68, Norola)

Original Sokos Hotel Lappee
Voir p. 150 (☎10-762-1000 ; www.sokoshotels.fi/fi/lappeenranta/sokos-hotel-lappee ; Brahenkatu 1, Lappeenranta)

Rakuuna
Voir p. 150 (☎10-340-2040 ; Mannerheiminkatu 8, Lappeenranta)

Sahanlahti Resort
Voir p. 148 (☎40-779-9896 ; sahanlahtiresort.fi ; Lietvedentie 830, Puumala)

Saima
Voir p. 149 (☎015-515-340 ; www.kahvilasaima.fi ; Linnankatu 11, Savonlinna)

Kahvila Majurska
Voir p. 151 (☎05-453-0554 ; www.kahvilamajurska.fi ; Kristiinankatu 1, Lappeenranta ; 10h-17h mar-sam, 11h-17h dim-lun)

Kahvila Saima
Voir p. 149 (☎015-515340 ; www.kahvilasaima.fi ; Linnankatu 11, Savonlinna ; 10h30-16h30 lun-dim)

Kenkävero
Voir p. 152 (☎0440-162 270 ; www.kenkavero.fi ; Pursialankatu 6, Mikkeli ; variables selon les saisons, voir le site Web)

Pulsan Asema
Voir p. 151 (☎40-595-0093 ; pulsanasema.fi ; Pulsan Aseman tie 21, Pulsa ; 12h-16h jeu-dim)

Satamatie 6
Voir p. 151 (☎40-837-2846 ; lehmusroastery.com/pages/satamatie-6 ; Satamatie 6, Lappeenranta ; 11h-20h mar-ven, 10h-18h sam-dim)

TeaHouse of Wehmais
Voir p. 152 (☎40-410 626 ; www.teahouse.fi ; Pieksämäentie 234, Juva ; 12h-18h lun-ven, 12h-17h sam-dim)

Waahto Brewery
Voir p. 148 (☎44-989-6112 ; waahtobrewery.fi ; Puistokatu 4, Savonlinna)

Festival d'opéra de Savonlinna
Voir p. 148 (operafestival.fi, été)

AILLEURS DANS LA RÉGION DU LAC SAIMAA

Église de la Croix
Voir p. 155 (050-577 29 28 ; Kirkkokatu 4, Lahti)

Malva, musée des Arts visuels
Voir p. 154 (044-482-6042 ; www.malvamuseo.fi ; Päijänteenkatu 9, Lahti ; tarif plein/enfant 10 €/gratuit ; 10h-18h mar et jeu-dim, 10h-21h mer)

Musée de la Moto
Voir p. 154 (40-071-2310 ; www.moottoripyoramuseo.fi ; Veistämönkatu 1, Lahti ; 10h-16h lun-ven)

Musée du Ski
Voir p. 154 (Hiihtomuseo ; 050-398-5523 ; www.hiihtomuseo.fi ; centre sportif, Salpausselänkatu 8, Lahti ; tarif plein/enfant 10 €/gratuit ; 9h-17h mar-ven, 11h-16h sam-dim)

Musée Mastola de la Radio et de la TV
Voir p. 154 (Hiihtomuseo ; 44-416-4830 ; www.lahdenmastola.fi ; Radiomäenkatu 37, Lahti ; tarif plein/enfant 10 €/gratuit ; 9h-17h mar-jeu, 10h30-17h ven, 11h-16h sam-dim)

Piscine en plein air
Voir p. 155 (www.lahti.fi/en/leisure-and-sports/sports-services/swimming ; Svinhufvudinkatu 8, Lahti ; tarif plein/enfant 6/3 € 13h30-20h lun, 6h-20h mar et jeu-ven, 13h-20h mer, 11h-17h sam-dim)

Pro Puu
Voir p. 155 (050-3212-667 ; propuu.fi/ ; Satamakatu 2, Lahti ; 10h-17h lun-sam)

Terrasse d'observation du saut à skis
Voir p. 155 (tarif plein/enfant 8/4 € ; 10h-17h lun-ven, 11h-17h sam-dim juin-août)

GreenStar Hotel
Voir p. 154 (010-423-9392 ; www.greenstar.fi ; Vesijärvenkatu 1, Lahti)

Hostel Matkakoti Patria
Voir p. 154 (03-782-3783 ; www.patriahostel.fi ; Vesijärvenkatu 3, Lahti)

Solo Sokos Hotel Seurahuone
Voir p. 154 (020-123-4655 ; www.sokoshotels.fi/en/lahti/sokos-hotel-lahden-seurahuone ; Aleksanterinkatu 14, Turku)

Gastropub Mylly
Voir p. 155 (44-750-9720 ; www.gastropubmylly.fi ; Vuorikatu 35, Lahti ; 11h-15h lun, 11h-23h mar-jeu, 11h-0h ven, 12h-0h sam, 12h-20h dim)

Kanavan helmi
Voir p. 155 (44-029-0100 ; kanavanhelmi.fi ; Kanavatie 21, Asikkala; 10h-18h lun-jeu, 10h-19h ven et dim, 10h-21h sam)

Kanavan panimo
Voir p. 155 (44-524-2288 ; kanavanpanimo.fi ; Meijeritie 1, Vääksy ; 11h-17h mar-sam)

Ranskalainen kyläkauppa
Voir p. 155 (40-060-3346 ; ranskalainenkauppa.fi ; Vesijärventie 1, Vääksy ; 10h-18h lun-ven, 10h-19h sam, 11h-17h dim)

Roux
Voir p. 155 (010-279-2930 ; www.roux.fi ; Rautatienkatu 7, Lahti ; 16h-23h mer-ven, 13h-23h sam, 12h-17h dim)

Soppa Baari
Voir p. 155 (045-7837-3353 ; www.facebook.com/kuhaonkeittoo ; Torikatu 3, Lahti ; 11h-15h lun-jeu, 11h-14h30 ven)

Palais Sibelius
Voir p. 154 (Sibeliustalo ; 600 39 3949 ; www.sibeliustalo.fi ; Ankkurikatu 7, Lahti)

JYVÄSKYLÄ

Hôtel de ville de l'île de Säynätsalo
Voir p. 159 (46-582 10 60 ; tavolobianco.com ; Parviaisentie 9, Säynätsalo)

Maison des travailleurs
Voir p. 159 (10-231 44 00 ; aaltosali.fi ; Väinönkatu 7, Jyväskylä)

Musée Alvar Aalto
Voir p. 158 (040-135-6210 ; www.alvaraalto.fi ; Alvar Aallonkatu 7 ; fermé pour travaux jusqu'à l'été 2023)

Musée d'art de Jyväskylä
Voir p. 160 (50-577-2712 ; www.jyvaskyla.fi/taidemuseo ; Kauppakatu 23 ; tarif plein/réduit/enfant 8/6 €/gratuit ; 11h-18h mar-sam, 11h-16h dim)

Muséum d'Histoire naturelle de Finlande centrale
Voir p. 158 (Luontomuseo ; 40-805-4043 ; tiedemuseo.jyu.fi/fi/luontomuseo ; Vesilinna, Ihantolantie 5 ; gratuit ; 12h-18h mar-ven, 12h-17h sam-dim)

Musée de l'Artisanat finlandais
Voir p. 158 (50-311-8884 ; www.craftmuseum.fi ; Kauppakatu 25 ; tarif plein/réduit 8/4 €/gratuit le vendredi ; 11h-18h mar-sam, 11h-16h dim)

Musée de la Finlande centrale
Voir p. 159 (Keski-Suomen Museo ; www.jyvaskyla.fi/en/museum-central-finland ; Alvar Aallonkatu 7 ; tarif plein/enfant 8 €/gratuit ; 11h-18h mar-dim)

Tour d'observation Vesilinna
Voir p. 160 (Ihantolantie 5 ; 11h-18h mar-mer, 11h-21h jeu-sam)

Boutique Hotel Yöpuu
Voir p. 158 (014-333-900 ; www.hotelliyopuu.fi/en/164/home ; Yliopistonkatu 23)

Hotelli Verso
Voir p. 158 (014-333-999 ; www.hotelliverso.fi ; Kauppakatu 35)

Sataman Viilu
Voir p. 159 (☎10-767-5453 ; satamanviilu.fi ; Satamakatu 10 ; 9h-22h)

Teeleidi
Voir p. 158 (☎10-336-0670 ; teeleidi.fi ; Vapaudenkatu 26 ; 12h-19h mar-ven, 12h-17h sam)

Ylä-Ruth
Voir p. 159 (☎50-411-5765 ; Seminaarinkatu 19 ; 10h-22h lun, 10h-1h mar-jeu, 10h-2h ven, 12h-2h sam, 12h-22h dim)

Boutique du musée Sparvin
Voir p. 160 (☎50-563-8823 ; Cygnaeuksenkatu 2 ; 11h-16h mar-sam)

Lutakko & Musta kynnys
Voir p. 159 (☎40-145-4470 ; mustakynnys.com ; Hannikaisenkatu 16 ; 14h-0h lun-mar, 14h-2h mer-jeu, 14h-3h ven-dim)

Poppari
Voir p. 159 (☎14-621-398 ; ravintolapoppari.fi ; Puistokatu 24 ; 21h-5h lun-mar, 16h-5h mer-ven, 19h-5h sam, 23h-5h dim)

Théâtre municipal de Jyväskylä
Voir p. 159 (☎014- 569-0110 ; www.jklteatteri.fi ; Vapaudenkatu 36 ; billeterie 10h-17h lun-ven)

Vakiopaine
Voir p. 159 (☎50-472-7601 ; www.facebook.com/vakiopainebaari ; Kauppakatu 6 ; 16h-2h)

ENVIRONS DE JYVÄSKYLÄ

Cathédrale de Kuopio
Voir p. 163 (Vuorikatu 17 ; 10h-15h tlj plus 18h-22h ven)

Marché de Kupio
Voir p. 163 (kuopionkauppahalli.fi ; Kauppakatu 45 ; 8h-17h lun-jeu, 8h-18h ven, 8h-16h sam)

Musée de Kuopio
Voir p. 162 (☎017-182-603 ; kuopionmuseo.fi ; Museokatu 1 ; tarif plein/réduit 13/7 €, gratuit -18 ans ; 10h-17h mar-dim, 10h-19h mer)

Musée des Beaux-Arts de Kuopio
Voir p. 162 (☎017-182-633 ; kuopiontaidemuseo.fi ; Kauppakatu 45 ; tarif plein/réduit 10/6 €, gratuit -18 ans 10h-17h mar, 10h-19h mer, 10h-17h jeu-dim)

Musée du Vieux Kuopio
Voir p. 163 (Kuopion Korttelimuseo ; ☎017-182-625 ; www.korttelimuseo.kuopio.fi ; Kirkkokatu 22 ; tarif plein/réduit 8/5 € ; 10h-15h mar-dim)

Tour d'observation Puijo
Voir p. 163 (Puijon Torni ; ☎044-552-4887 ; www.puijopeak.fi ; Puijontie 135 ; tarif plein/enfant 8/5 € ; 10h-21h lun-sam, 10h-19h dim juin-août, 10h-18h lun-sam, 10h-16h dim sept-mai)

Sauna de Jätkänkämppä
Voir p. 163 (☎030-60830 ; www.rauhalahti.fi/en/restaurants/jatkankamppa/public-traditional-finnish-evenings ; Katiskaniementie 8 ; tarif plein/enfant 16/8€ ; 16h-22h mar et jeu juin-août, 16h-22h mar sept-mai)

Boutique Hotel Sawohouse
Voir p. 162 (☎017-552-8800 ; Tarhakuja 1)

Lapland Hotels Kuopio
Voir p. 162 (☎010-338-9490 ; www.laplandhotels.com/FI/kaupunkihotellit/kuopio/lapland-hotels-kuopio.html ; Puijonkatu 32)

Spa Hotel Rauhalahti
Voir p. 162 (☎03-060-830 ; www.rauhalahti.fi ; Katiskaniementie 8)

Kahvila Kaneli
Voir p. 163 (☎40-017-2283 ; kahvilakaneli.fi ; Kauppakatu 22 ; 11h-18h mar-ven, 12h-18h sam)

Muikkuravintola Sampo
Voir p. 163 (☎40-630-4550 ; www.muikkuravintolasampo.fi ; Kauppakatu 13 ; 12h-21h lun, 11h-22h mar-jeu, 11h-23h ven, 12h-23h sam-dim)

Ravintola Musta Lammas
Voir p. 163 (☎017-581-0458 ; mustalammas.ravintolamestarit.net ; Satamakatu 4 ; 16h30-22h mar-jeu, 16h30-23h ven, 15h-23h sam)

PARC NATIONAL DE KOLI

Break Sokos Hotel Koli
Voir p. 165 (☎20-123-4662 ; www.sokoshotels.fi/fi/koli/sokos-hotel-koli ; Ylä-kolintie 39)

Kolin Ryynänen
Voir p. 165 (☎44-569-5757 ; www.kolinryynanen.com ; Ylä-kolintie 1)

Vanhan koulun majatalo
Voir p. 165 (☎ 050-343-7881 ; www.vanhankoulunmajatalo.fi ; Niinilahdentie 47)

ENVIRONS DE KOLI

Bear Centre
Voir p. 167 (☎40-546-9008 ; bearcentre.fi ; Kostamustie 5644, Lentiira ; excursions à partir de 159 €)

Wildlife Safaris Finland
Voir p. 167 (☎40-038-0878 ; www.wildfinland.org ; Kivikiekintie 938, Kuhmo ; à partir de 350 €)

Wild Taiga
Voir p. 167 (wildtaiga.fi)

Kaesan Kotileipomo
Voir p. 167 (☎20-766-1566 ; Kainuuntie 87, Kuhmo ; 9h-14h lun, 7h-17h mar-ven, 7h-15h sam)

Kahvila retro
Voir p. 167 (☎44-581-3133 ; www.facebook.com/Kahvilaretro ; Kainuuntie 91, Kuhmo ; 13h-19h dim-jeu, 13h-23h ven-sam)

Neljä Kaesaa
Voir p. 167 (☎08-652-1573 ; www.neljakaesaa.fi ; Koulukatu 3, Kuhmo ; 10h30-14h mar-ven)

SITES PRINCIPAUX

RAUMA
Ravissante cité historique aux maisons de bois. p. 180

VAASA
Ville portuaire et universitaire très animée. p. 188

CÔTE OUEST ET OSTROBOTNIE DU NORD

PORTS, BATEAUX, ÎLES ET VILLES

Visitez les villes historiques du littoral et explorez de fascinants archipels, des forêts parsemées de lacs et les parcs nationaux de l'arrière-pays.

Au bord du golfe de Botnie, la côte ouest alterne sur 500 km rivages rocheux et plages de sable émaillés de petites villes, de ports de pêche et de quelques localités portuaires plus grandes, sans oublier des milliers d'îles à fleur d'eau. Ce littoral ne cesse d'évoluer depuis des millénaires en raison du rebond postglaciaire – à certains endroits, la mer a reculé de 100 km depuis la période glaciaire.

Le charme pittoresque des anciennes cités en bois, comme Rauma et Kristinestad, contraste avec l'effervescence des grandes villes modernes et animées que sont Oulu et Vaasa. L'influence suédoise qui a tant compté reste visible, et nombre de localités comptent encore une majorité de suédophones. Les îles attirent les passionnés de navigation et d'exploration de la nature. Différentes compagnies maritimes proposent un service de navette vers certaines d'entre elles. Le pont de Replot, le plus long du pays, permet de franchir le bras de mer qui sépare le continent de l'archipel de Kvarken, près de Vaasa.

Située à l'extrémité nord de la côte, Oulu est la capitale de l'Ostrobotnie du Nord (Pohjois-Pohjanmaa), qui couvre toute la largeur de la Finlande, du golfe de Botnie jusqu'à la longue frontière russe. Les forêts et collines de la zone orientale abritent plusieurs parcs nationaux reculés, notamment Oulanka, dont les rivières et les canyons dessinent des paysages parmi les plus spectaculaires du pays. Ces parcs sont le cadre idéal pour pratiquer la randonnée, le canoë ou le rafting, ou simplement s'immerger dans une nature sauvage.

OULU
Capitale culturelle et centre technologique en plein essor.
p. 193

PARC NATIONAL D'OULANKA
Forêts denses et rivières tumultueuses. **p. 197**

S'orienter

S'étirant sur 600 km entre Uusikaupunki et Oulu, la côte ouest abrite nombre de jolies localités et des îles par milliers. Forêts, canyons, lacs et rivières se succèdent sur toute la largeur du centre de la Finlande. Vous pouvez explorer les multiples facettes de cette région en partant de quatre villes.

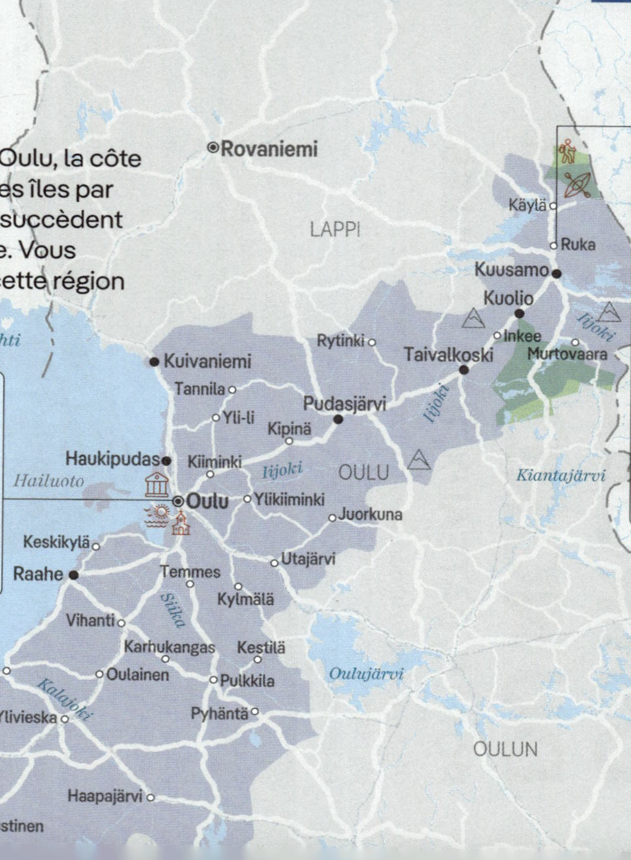

Oulu, p. 193

Formée de plusieurs îles reliées par des passerelles et des pistes cyclables, l'agréable "capitale du Nord" met à l'honneur la cuisine, la musique et l'art, avec une bonne dose d'humour décalé.

Parc national d'Oulanka, p. 197

Forêts, canyons, chutes d'eau, rapides et ponts suspendus : Oulanka est l'une des destinations favorites du pays pour les randonneurs, les adeptes du canoë et du rafting et tous les amoureux de la nature.

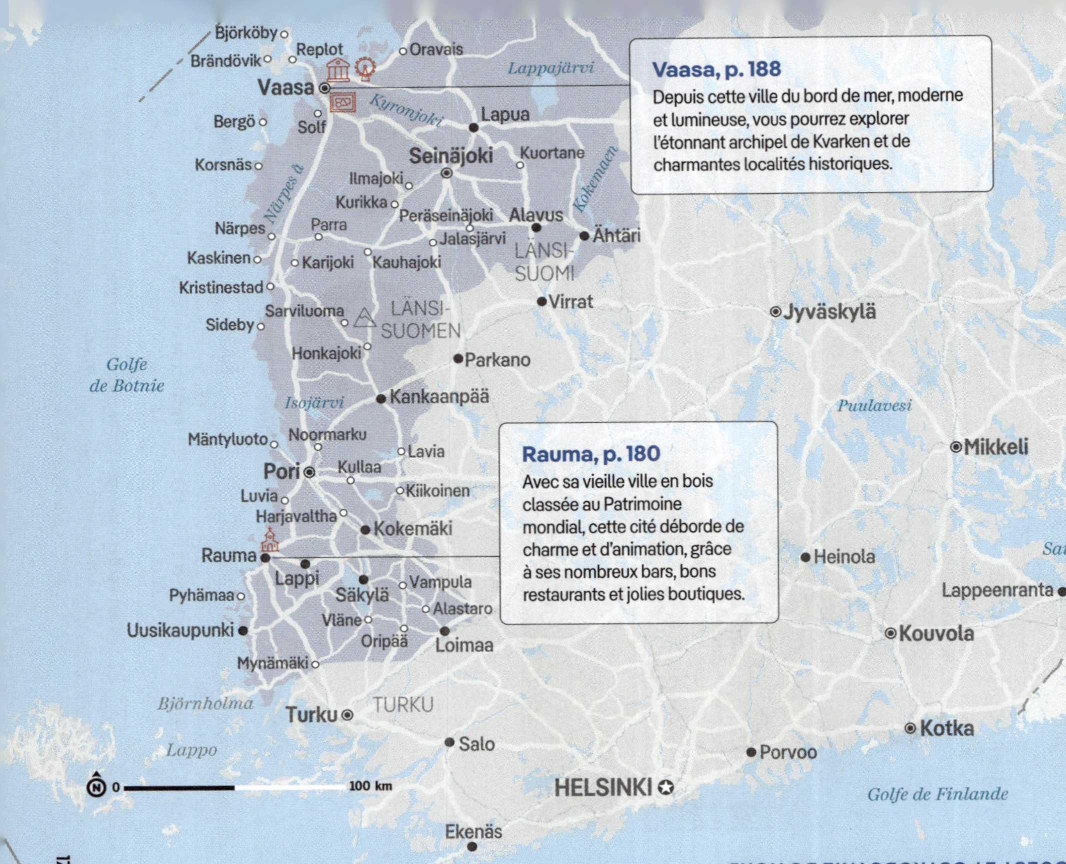

Vaasa, p. 188

Depuis cette ville du bord de mer, moderne et lumineuse, vous pourrez explorer l'étonnant archipel de Kvarken et de charmantes localités historiques.

Rauma, p. 180

Avec sa vieille ville en bois classée au Patrimoine mondial, cette cité déborde de charme et d'animation, grâce à ses nombreux bars, bons restaurants et jolies boutiques.

VOITURE ET MOTO

Le plus commode pour visiter la région est d'avoir son propre véhicule. On trouve des comptoirs de location de voitures dans les quatre aéroports locaux (Pori, Vaasa, Oulu et Kuusamo) et dans le centre de plusieurs villes.

TRAIN

Les liaisons nord-sud permettent de rejoindre Pori, Vaasa, Seinäjoki, Jakobstad et Oulu. Pour les trajets interrégionaux, les seules lignes réellement utiles couvrent la partie nord : il s'agit des axes Seinäjoki-Oulu et Vaasa-Oulu – cette dernière est plus pratique en train qu'en bus.

BUS

Le bus est le seul moyen de transport public entre de nombreuses villes ; les services sont fréquents sur certaines lignes et rares sur d'autres. Ils relient aussi des sites très isolés comme l'île de Hailuoto, près d'Oulu, et les départs de pistes du Karhunkierros, dans le parc national d'Oulanka.

Planifier son séjour

Lors de votre exploration de la côte ouest, ne vous limitez pas aux villes : partez à la découverte des îles et du littoral. Vérifiez les horaires de tous les sites : certains ne sont ouverts que sur une très courte période.

Rauma (p. 180)

Si vous avez deux jours

- Direction **Rauma** (p. 180), qui concentre le caractère unique de cette partie du littoral. Depuis la **place du Marché** (*kauppatori*, p. 181), flânez dans la vieille ville parsemée de maisons en bois. Vous pourrez visiter des sites incontournables comme l'**ancien hôtel de ville** (p. 182), aujourd'hui musée et boutique d'artisanat, ou la **maison-musée Marela** (p. 182). Déjeunez au bistrot **Sydvest** (p. 34) et admirez de ravissantes dentelles typiques chez **Pits-Priia** (p. 182).

- Le lendemain, embarquez pour l'**île de Kuuskajaskari** (p. 184) afin d'explorer à pied ses forêts et ses fortifications. Cette ancienne caserne recèle un café où vous pourrez vous restaurer.

Au fil des saisons

Les mois de juin à septembre sont idéals pour visiter la majeure partie de la région. La météo est clémente, les jours sont longs et presque tout est ouvert.

JANVIER

Parfait pour les sports d'hiver à Ruka : la foule est repartie, tout scintille grâce au **Festival des lumières de la nuit polaire**.

MARS

Rendez-vous au **Festival de musique d'Oulu** (omj.fi/en) pour deux semaines de concerts classique et jazz.

JUIN

Début de l'été et des vacances scolaires ; les nuits sont claires, les lacs et les sentiers ont dégelé dans l'est.

Si vous avez plus de temps

- Après un jour et une nuit dans la vieille ville de **Rauma** (p. 180), admirez des cairns funéraires de l'âge du bronze à **Sammallahdenmäki** (p. 187), puis ralliez **Uusikaupunki** au sud (p. 185), pour découvrir le **musée Bonk** (p. 185) et les bars ou restaurants de la ville.

- Le lendemain, parcourez à vélo la **boucle de Velhovesi** (p. 185).

- Le quatrième jour, remontez la côte jusqu'à **Vaasa** (p. 188) en faisant étape dans la vieille ville de **Kristinestad** (p. 192). Consacrez une journée à Vaasa, riche en bars et restaurants, puis poursuivez jusqu'à l'**archipel de Kvarken** (p. 191) et observez le rebond postglaciaire à l'œuvre sur le **sentier nature Bodvattnet** (p. 191). Terminez par un repas face à la mer au **Restaurant Arken** à Replot (p. 192).

Pour aller plus loin

- Réalisez l'itinéraire précédent, puis poursuivez vers le nord pour découvrir la ville de **Jakobstad** (p. 192), entre histoire et modernité, le **musée arctique Nanoq** (p. 192) tout proche et la jolie plage de **Fäboda** (p. 192).

- Faites une étape-détente à **Oulu** (p. 193) pour jouir de l'animation urbaine dans la plus grande ville du nord de la Finlande.

- Ensuite, gagnez **Posio** (p. 203), au cœur du pays, et visitez Pentik, célèbre marque finlandaise de décoration. Continuez vers le **parc national d'Oulanka** (p. 197), près de la frontière russe, pour deux jours de randonnée en forêt, voire une paisible balade en canoë ou une grisante descente en eaux vives.

JUILLET

La côte se remplit de vacanciers et accueille entre autres le festival **Pori Jazz** et la **Pitsiviikko** de Rauma (Semaine de la dentelle).

AOÛT

Les écoles reprennent la deuxième semaine ; c'est une période plus calme pour voyager, et la météo reste agréable.

SEPTEMBRE

Idéal pour explorer les parcs nationaux d'Oulanka et de Hossa : couleurs d'automne, peu d'insectes et météo convenable.

NOVEMBRE

Festival des lumières Lumo à Oulu et **Ruka Nordic** pour les amateurs de ski ; guettez les aurores boréales.

DE GAUCHE À DROITE : TELIA, ANN-BRITT, ADAMIKARL, RAWPIXEL.COM/SHUTTERSTOCK ©

RAUMA

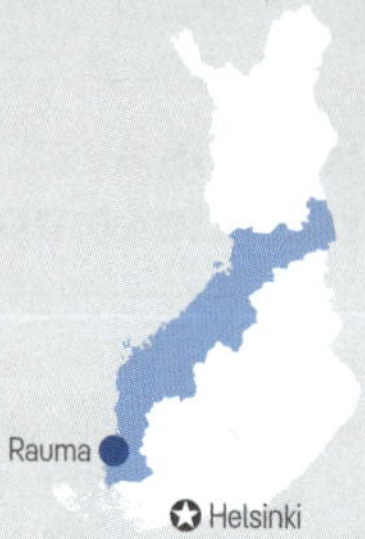

Rauma conserve l'empreinte du passé comme peu d'autres villes en Finlande. Riche de quelque 600 maisons anciennes, son charmant vieux centre, Vanha Rauma, est classé au Patrimoine mondial de l'Unesco, car il constitue la plus grande zone urbaine en bois de Scandinavie demeurée intacte.

Si elle date de 1442, comme en atteste sa charte, la ville brûla deux fois au cours du XVIIe siècle. La plupart des bâtiments de Vanha Rauma remontent donc aux XVIIIe et XIXe siècles, époque à laquelle Rauma devint l'un des plus grands ports marchands du pays et conservera toujours des liens étroits avec la mer. Par ailleurs, la ville peut remercier les dentellières du XVIIIe siècle qui refusèrent de déménager à Helsinki malgré l'ordre du roi de Suède. Leur entêtement paya, car grâce à l'engouement européen pour les bonnets en dentelle, Rauma devint une ville commerciale florissante.

Aujourd'hui, Vanha Rauma, où vous entendrez peut-être parler le *giäl*, un mélange d'anglais, d'estonien, d'allemand et d'autres langues apportées par les marins, est toujours au cœur de l'animation, avec plus de 100 boutiques, restaurants et cafés. Elle peut aussi devenir le point de départ de passionnantes excursions sur le continent et dans les îles.

Pour les infos pratiques, voir le Carnet d'adresses p. 204

À SAVOIR

L'office du tourisme (visitrauma.fi), très efficace, se trouve à Valtakatu 2, hors de la vieille ville ; de juin à août, il ouvre un guichet dans l'ancien hôtel de ville (Vanha Raatihuone), en plein cœur du vieux quartier. Toute l'année, des guides locaux proposent des expériences et des visites recommandées par l'office du tourisme, à réserver sur fr.doerz.com/rauma.

Église de la Sainte-Croix (p. 182)

VOIR
1 Ancien hôtel de ville
2 Centre Tammela
3 Église de la Sainte-Croix
4 Église de la Sainte-Trinité
5 Maison-musée Marela
6 Musée d'Art de Rauma
7 Place du Marché
8 Vieille ville

SHOPPING
9 Céramique d'art Kirsi Backman
10 Heikklän Taidepiha
11 Kistupuad
12 Kultaseppä Laiho
13 Pits-Priia
14 TaruLiina

La vieille ville de Rauma

VIVRE L'HISTOIRE

Il est bien agréable de flâner quelques heures dans les rues pavées de **Vanha Rauma**, bordées de maisons en bois à un étage, entre lèche-vitrines, pause-café et visite de plusieurs sites d'intérêt. Au centre, la **place du Marché** (*kauppatori*) est très animée avec ses étals de produits maraîchers et de fleurs, et ses stands de café qui attirent la foule même en hiver.

OÙ SE LOGER À RAUMA

Hotelli Vanha Rauma
Le seul hôtel de la vieille ville a des chambres confortables et de bon goût ; excellent restaurant. **€€**

Hotelli Cityhovi
Petit hôtel familial, confortable et moderne, juste à l'extérieur de la vieille ville. **€€**

Poroholman Lomakeskus
Vaste site de camping/caravaning face à une jolie baie. Possibilité de chalets de 2 chambres et nombreux équipements. **€€**

PAROLE D'HABITANT : À LA RENCONTRE DES RÉSIDENTS

Aino Koivukari, coordinatrice pour le Patrimoine mondial de l'Unesco à Rauma, donne quelques conseils.

C'est dans la vieille ville de Rauma que tout le monde se retrouve. Elle recèle de charmants cafés où déguster des pâtisseries traditionnelles. Faites comme les habitants : le matin, commandez un café et un beignet sur la place du Marché et savourez-les debout près du stand. C'est le *pystökaffe* ("café debout"), qui permet de bien démarrer la journée.

Si vous leur demandez la permission, les habitants de Vanha Rauma vous ouvriront volontiers leur porte pour que vous jetiez un coup d'œil à leur cour. Ces cours privées qui donnent un aperçu authentique de leur quotidien, sont ouvertes aux visiteurs durant la Semaine de la dentelle, en juillet.

Quelques rues plus loin, se trouve l'**ancien hôtel de ville** (Vanha Raatihuone), un bel édifice de 1776, qui recèle un intéressant musée sur l'histoire et la dentelle locales.

À deux pâtés de maisons au nord, se dresse la superbe **église de la Sainte-Croix** (Pyhän Ristin kirkko), construite en 1520 dans l'enceinte d'un monastère franciscain. Autour du chœur, d'éclatantes fresques de cette époque retracent des scènes de la vie des saints. Abandonnée après la Réforme, elle fut transformée en église luthérienne en 1640 à la place de l'église de la Sainte-Trinité (ci-dessous).

Au sud de la place du Marché, le **Tammela** est un captivant musée-atelier qui retrace l'histoire de la rénovation de Rauma et présente des expositions sur le Patrimoine mondial.

Dans l'est de la vieille ville, la **maison-musée Marela** dévoile le quotidien d'une riche famille d'armateurs à la fin du XIXe siècle dans une demeure merveilleusement préservée.

En face, la **place Kalatori**, où furent érigés les premiers bâtiments de Rauma au Moyen Âge, se trouvait alors à côté de la mer, qui a reculé de 2 km vers l'ouest en raison du rebond postglaciaire. Jetez un coup d'œil aux vestiges de l'**église de la Sainte-Trinité** (Pyhän Kolminaisuuden kirkko), dévastée par un incendie en 1640. Ses pierres ont servi à la construction du clocher de l'église de la Sainte-Croix. Un peu à l'est du Marela, le **musée d'Art de Rauma** (Rauman Taidemuseo) possède une collection de peintures de l'Âge d'or finlandais (fin XIXe-début XXe) et accueille des expositions d'art traditionnel et contemporain.

Artisanat ancien et moderne

BOUTIQUES ET ATELIERS DANS L'ANCIENNE RAUMA

De nombreux artisans et artistes sont installés dans la vieille ville. Outre les boutiques de design classiques comme Pentik et Marimekko, présentes dans tout le pays, on y trouve une kyrielle de petits ateliers liés au textile, au travail du bois, aux articles en papier et aux céramiques.

Dans l'ancien hôtel de ville, **Kistupuad** propose un bon choix d'artisanat local. La rue Kuninkaankatu est aussi très bien dotée. Au n°13, **Kultaseppä Laiho** fabrique des bijoux en argent ouvragés, inspirés de la dentelle de Rauma. Au n°21, la boutique de céramique d'art **Kirsi Backman** présente des pièces ultra-originales. Deux portes plus loin, TaruLiina (également au n°21) propose des objets éclectiques, y compris des couteaux en argent et des porte-clés fabriqués avec des cuillères anciennes.

À l'extrémité est de Kuninkaankatu, la **Heikklän taidepiha** (cour d'art de Heikklä, Itäkatu 4) abrite les studios ou galeries de quatre artistes. Non loin, Pits-Priia (Kauppakatu 29) fabrique de ravissants ouvrages en dentelle, et on y voit souvent une dentellière à l'œuvre. Vous trouverez d'autres idées sur les pages de shopping et d'art de visitrauma.fi.

COMMENT CIRCULER

La vieille ville de Rauma se parcourt facilement à pied. Il y a peu d'endroits où se garer, mais les places ne manquent pas à l'extérieur.

Environs de Rauma

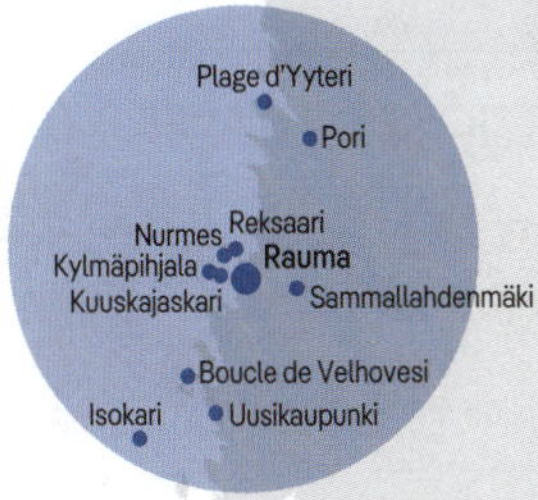

Partez à la découverte d'îles, de phares, de plages, de villes de tradition maritime et de forêts denses.

Au large de la côte sud-ouest, les archipels forment un dédale propice à l'exploration : des centaines d'îles basses de toutes tailles, dont certaines ne sont guère plus qu'un amas rocheux, tandis que d'autres sont émaillées de forêts, de plages, de phares, d'hébergements et de restaurants. En été, vous pouvez les rallier par la mer, voire, dans le cas de l'archipel de Velhovesi, à vélo ou en voiture. Le parc national de la mer de Botnie englobe des dizaines d'îles et de zones marines le long de ses 160 km de côtes. Sur le continent, vous trouverez le port d'Uusikaupunki et son ambiance détendue, la grande ville de Pori et la superbe plage d'Yyteri à une heure de route de Rauma tout au plus.

Pour les infos pratiques, voir le Carnet d'adresses p. 204

À SAVOIR

La période de juin à septembre est idéale pour visiter la région. Le reste de l'année, nombre de sites et de prestataires touristiques réduisent leurs opérations ou ferment complètement.

Plage d'Yyteri (p. 186)

PORI JAZZ

La ville de Pori déborde d'animation la deuxième semaine de juillet à l'occasion de Pori Jazz, l'un des plus grands festivals de Finlande, tous genres confondus – plus de 300 000 spectateurs lors des dernières éditions. Le parc verdoyant de Kirjurinluoto est au cœur de l'événement, proposant des dizaines de concerts gratuits les six premiers jours du festival. Les trois derniers jours, des artistes de renom se produisent dans le parc sur une scène spéciale (payant). L'événement fait la part belle au jazz finlandais, mais la programmation musicale est variée. Les plus grands artistes, comme Elton John, Miles Davis et Björk, ont joué à Pori, et Tom Jones, Robbie Williams et Sam Smith ont été les têtes d'affiche de l'édition 2023.

Port d'Uusikaupunki

Découvrir l'archipel de Rauma

EN BUS FLOTTANT, À LA RAME, EN PAGAYANT ET À PIED

En été, vous pourrez passer une agréable journée à visiter **Kuuskajaskari** (à 6 km au large), et **Kylmäpihlaja** (à 10 km), que l'on rejoint en bus flottant au départ du port de Suvitien Merijakamo, à Rauma.

Très boisée, Kuuskajaskari est la plus grande île de l'archipel de Rauma (30 ha). Elle a abrité l'artillerie nécessaire pour protéger Rauma pendant la guerre d'Hiver en 1939 et a ensuite servi de fort militaire jusque dans les années 1990. Un circuit à pied (3 km) permet de découvrir plusieurs éléments militaires datant de son passé (canons, miradors et tranchées). Plus petite et moins verdoyante, Kylmäpihlaja est la plus éloignée des îles de l'archipel. Elle accueille 28 espèces d'oiseaux nicheurs qui font la joie des naturalistes. Un phare de 31 m de haut y a été construit. Les deux îles abritent un restaurant et/ou un café, ainsi que divers hébergements. De la mi-juin au 20 août environ, les horaires des bus flottants (raumansaaristokuljetus.fi) permettent de les visiter le même jour.

Pour une immersion en pleine nature, gagnez la plus vieille île, **Reksaari**, plus étendue et tapissée de forêts denses. Située au nord-ouest de Rauma, l'île est desservie par plusieurs compagnies de bateau-taxi (www.visitrauma.fi/en/see-and-experience/sea-and-archipelago/boat-transportations) ; on peut aussi combiner vélo ou voiture, bateau à rames et marche (réservations possibles depuis le site de l'office du tourisme visitrauma.fi). Reksaari compte 6 km de sentiers pédestres et un café ouvert l'été à Karttu.

OÙ SE LOGER SUR LES ÎLES DE RAUMA

Kylmäpihlaja Majakahotelli
Au phare de l'île, 15 chambres petites, mais confortables. **€€**

Kuuskajaskari
Dix cabanons (4-6 personnes) et des hébergements spartiates dans l'ancienne caserne. **€€**

Reksaari
Cabane sommaire à Rohela, louée à la belle saison (apportez bougies, provisions, eau potable et linge de lit), sur rauma.fi. **€**

Vous pouvez explorer les îles plus proches à votre rythme, en canoë ou en kayak. Comptez 1 ou 2 heures pour atteindre la grande **île de Nurmes**, à 9 km au nord-ouest de Rauma. Des prestataires comme Eräheppu et Luontotaival louent du matériel et proposent des traversées avec guide.

Uusikaupunki : un parfum d'embruns

AMBIANCE NAUTIQUE ET MUSÉES INSOLITES

Située à environ 1 heure de route au sud de Rauma et accessible en bus, **Uusikaupunki** compte presque autant de vieilles maisons en bois, mais l'ambiance y est plus nautique. Si, en finnois, *kaupunki* signifie "ville" et *uusi* "nouvelle", "Uki", comme l'appellent ses habitants, fut fondée en 1617 par les Suédois qui l'appelèrent Nystad. C'est ici que fut signé, en 1721, le traité éponyme qui mit fin à la grande guerre du Nord entre la Suède et la Russie.

Rendez-vous des plaisanciers en été, sa riche histoire maritime (le port fut un haut lieu de contrebande jusqu'à la construction de la maison des douanes en 1760), ses bars-restaurants conviviaux au bord d'un bras de mer et ses musées insolites en font une étape agréable.

Ne manquez pas de visiter le **musée Bonk** (Bonk museo), merveilleuse parodie d'un musée de l'industrie qui retrace l'ascension de la dynastie Bonk, une famille fictive d'humbles pêcheurs d'anchois, jusqu'à la création d'un empire industriel international et d'un ensemble de "machines complètement obsolètes".

La **maison-musée Wahlberg** (Wahlbergin museotalo) quant à elle vous révèle le mode de vie de la – vraie – plus riche famille locale il y a 120 ans et l'histoire maritime de la ville au XIXe siècle, son apogée.

La ravissante **vieille église** (Vanha Kirkko) du XVIIe siècle est l'un des sites majeurs d'Uusikaupunki. Sa voûte en berceau semée d'étoiles ressemble à la coque d'un navire et son intérieur a conservé les bancs rustiques et les peintures d'origine, ainsi que des sculptures en bois des XVe et XVIe siècles.

Rejoindre les îles à vélo et en bateau

EXCURSIONS DEPUIS UUSIKAUPUNKI

Au nord-ouest d'Uusikaupunki, un circuit sur petites routes, la **boucle de Velhovesi** (Velhoveden kierros), fait le tour de l'archipel du même nom, dont les îles sont reliées par de courts ponts et chaussées. De quoi faire une belle excursion à vélo ou en voiture !

En ville, procurez-vous la carte-brochure du circuit. La boucle de base (50 km) part du **Santtioranta Camping**, à l'orée d'Uusikaupunki. Elle traverse de nombreuses forêts et le parcours est jalonné de baies, de bras de mer et de quelques plages pour la

PAROLE D'HABITANT : L'HISTOIRE REVIT À UUSIKAUPUNKI

Irmeli Laiho-Andersson est conceptrice de produits touristiques à l'office du tourisme d'Uusikaupunki.

Le bras de mer de Kaupunginlahti est idéal pour commencer à explorer cette ville côtière. Vous découvrirez son histoire maritime en consultant les panneaux d'information et en repérant les noms de navires insérés dans les murs et les pavés. Le long de la rive sud, d'anciens entrepôts à sel du XIXe siècle abritent d'excellents restaurants.

Selon la Direction des musées de Finlande, le vaste quartier constitué de maisons en bois de style Empire russe est l'un des mieux préservés du pays. Tous les deux ans, le premier week-end de septembre, des dizaines de ravissantes demeures anciennes en bois ouvrent leurs portes aux visiteurs.

OÙ SE LOGER À UUSIKAUPUNKI

Hotelli Aittaranta
Hôtel douillet de taille moyenne, assez récent, face au port ; chambres épurées de style nordique. **€€**

Hotelli Aquarius
Grand hôtel de vacances face à la mer, avec salle de sport, saunas, bowling et boîte de nuit. **€€**

Gasthaus Pooki
Quatre chambres au décor joliment suranné, au-dessus de l'un des meilleurs restaurants de la ville. Central. **€€**

LES MEILLEURES ACTIVITÉS À YYTERI

SUP et planche à voile
Louez une planche ou prenez une leçon avec l'Yyterin Surfkeskus.

Balades
Entre la plage et la mer de Botnie, 30 km de sentiers de randonnée et de promenades de planches traversent les dunes et les étendues sablonneuses au sud d'Yyteri. Les itinéraires sont indiqués sur de larges panneaux cartographiques. Le Lietteiden reitti (4,5 km aller) par exemple part de la lisière sud de la grande plage, traverse des marais côtiers (en général, sur des chemins de planches) et propose des plateformes pour observer les oiseaux.

Vélo
Louez un fat bike ou un vélo électrique chez Huikee Retkipiste.

Parcours dans les arbres
Le parc d'aventure, Seikkailupuisto Huikee, propose plusieurs parcours d'Accrobranche (2 km au total).

baignade, ainsi que de localités dispersées. Le circuit principal est signalé par des petits panneaux marron ornés d'un cercle orange ; un cercle vert indique les détours.

L'un d'entre eux mène au joli village de **Pyhämaa**, qui compte un café-restaurant, une boutique, une pension et deux vieilles églises côte à côte. La plus petite et la plus ancienne, l'**église du Sacrifice** (Uhrikirkko), est en bois et date du XVIIe siècle ; murs et plafonds sont tapissés de fresques colorées. Puis remontez la côte sur 8 km jusqu'à **Pitkäluoto**, un village de pêcheurs isolé. Vous pouvez louer des vélos classiques et électriques au Santtioranta Camping ou à l'office du tourisme d'Uusikaupunki.

De fin mai à mi-septembre, le ***MS Kerttu*** propose des excursions vers la belle **Isokari** (isokari.fi), située à 22 km au sud-ouest d'Uusikaupunki. Les rivages rocheux de cette petite île de 2,4 km de long entourent des forêts, des prairies, un lac, un phare du XIXe siècle, un sentier nature (2,2 km) et un restaurant.

Le *MS Kerttu* propose aussi des safaris-photos pour immortaliser les phoques, des croisières d'observation des oiseaux et de simple découverte des paysages.

Pori et Yyteri

MUSÉE PASSIONNANT ET PLAGE SPLENDIDE

À une heure de route au nord de Rauma, la ville de **Pori** (Björneborg en suédois), accessible en bus, est l'une des villes les plus anciennes du pays. Fondée en 1558 par le duc Jean de Finlande, futur Jean III de Suède, elle ne compte plus que quelques rares édifices historiques en raison d'une série d'incendies dévastateurs (le plus récent en 1852). Elle abrite l'excellent **musée du Satakunta** (Satakunnan Museo) et ses collections consacrées à l'histoire régionale depuis le néolithique – ainsi, une animation sur écran montre comment le rebond postglaciaire fait reculer la mer depuis 8 000 ans. Un vaste parc au bord du fleuve, le **Kirjurinluoto**, propose pléthore de jeux et d'activités pour enfants.

À quelques kilomètres au nord-ouest, s'étend l'un des plus beaux rivages sablonneux du pays : la **plage d'Yyteri**, longue de 6 km. Très prisée en été mais jamais surpeuplée, elle est bordée de dunes et de forêts de pins sillonnées de sentiers. Point d'observation des oiseaux et des bancs de phoques toute l'année, c'est l'endroit idéal pour des vacances d'été actives, entre SUP, fat bike et trampoline.

La plupart des équipements et des lieux de restauration sont groupés autour de l'hôtel Virkistyshotelli Yyteri, vers l'extrémité nord.

À 15 km au nord de Pori, à Noormarkku, immergée dans une épaisse forêt de pins, la superbe **Villa Mairea** est tenue pour le chef-d'œuvre d'Alvar Aalto. Elle fut commandée en 1937 par les Gullichsen, un couple d'industriels qui donna carte blanche

OÙ SE LOGER À PORI ET À YYTERI

Lomakeskus Yyteri Beach
Bungalows et villas en bois haut de gamme dans la forêt, juste derrière la plage d'Yyteri. **€€€**

Hostel River
Auberge de jeunesse accueillante près du centre de Pori ; simples, doubles et dortoirs pour 3-4 personnes. **€**

Virkistyshotelli Yyteri
Ensemble hôtelier avec centre de bien-être et nombreux équipements, à l'extrémité nord de la plage d'Yyteri. **€€**

Sammallahdenmäki

à l'architecte pour construire leur résidence d'été. D'inspiration moderne, l'édifice offre un bel exemple du travail d'Aalto, disciple du fonctionnalisme dont les constructions cherchent à se fondre dans la nature environnante. Son plan en L correspond au plan des fermes finlandaises traditionnelles. À l'intérieur de la villa, vous pourrez admirer la collection d'art moderne des anciens propriétaires, qui contient notamment des œuvres de Picasso, Modigliani ou Braque.

Les tombes de Sammallahdenmäki

D'ANCIENS CAIRNS AU CŒUR D'UNE FORÊT PRÉSERVÉE

À 30 minutes de route à l'est de Rauma, près du village de Lappi, en pleine forêt, s'élèvent les 36 cairns funéraires de **Sammallahdenmäki**, un site remarquable inscrit au Patrimoine mondial de l'Unesco. Ces mystérieuses tombes de pierre furent érigées entre 1500 et 500 av. J.-C. En suivant les sentiers de cette forêt tapissée de lichens des rennes, on aurait presque l'impression de remonter le temps.

Mais, lorsque les cairns furent érigés, la forêt n'existait pas : ils se dressaient sur des îlots rocheux juste au-dessus de la mer. Depuis, la côte a reculé de 20 km vers l'ouest. Les blocs de pierre, parfois immenses et de forme surprenante, occupent une zone de quelque 700 m de long sur 200 m de large.

Aux lisières nord et sud du site, accessibles en voiture par la nationale 12, on trouve des panneaux d'information, mais le chemin n'est presque pas balisé : téléchargez l'itinéraire sur votre Smartphone et comptez entre 1 heure et 1 heure 30 d'exploration.

LES MEILLEURS RESTAURANTS À UUSIKAUPUNKI ET DANS LES ENVIRONS

Gasthaus Pooki
Restaurant central au décor nautique, doté d'un charmant patio, très bons plats créatifs à base de produits locaux. **€€**

Bistro Bay
L'un des bars-restaurants sur le port intérieur, terrasse en bois, face à la mer ; service convivial, plats simples et bons. Parfois des concerts. **€€**

Pyhämaan Pirtti
Excellente petite adresse à Pyhämaa, sur la boucle de Velhovesi ; buffet au déjeuner avec poisson et légumes locaux. **€€**

Kirsta
Pizzas et burgers d'un bon rapport qualité/prix dans ce bar-restaurant cosy du port. **€**

COMMENT CIRCULER

Mieux vaut être motorisé, d'autant qu'il est facile de stationner partout. Sinon, des bus fréquents relient Rauma à Pori (dont la gare routière, *matkakeskus*, se situe à 1,2 km au sud du centre-ville), et 6 bus quotidiens font l'aller-retour entre Rauma et Uusikaupunki (lun-ven). Environ une fois par heure, les bus de Pori n°s 34, 34M, 34R ou 34W relient la *matkakeskus* à la place centrale, *kauppatori*, et à Yyteri (50 minutes).

Une course en taxi aller-retour pour Sammallahdenmäki coûte environ 60 €. En juillet et presque tout le mois d'août, des visites guidées en anglais sont proposées au départ de Rauma (10 €/personne, transport inclus) ; réservez sur doerz.com/visitrauma.

VAASA

Sympathique et animée, la plus grande cité de la côte ouest centrale (68 000 habitants) est à la fois un port, une ville étudiante, un lieu de villégiature et un pôle de l'industrie énergétique. Avec ses six universités, Vaasa accueille 13 000 étudiants et il y règne une atmosphère décontractée, jeune et cosmopolite. Une kyrielle de bars, de restaurants et de boutiques bordent la vaste place du Marché, *kauppatori*, et les rues alentour.

Vaasa fut fondée en 1606 sur ordre du roi Charles IX de Suède, à 7 km au sud-est du centre-ville moderne, et comptait alors un port maritime, qui s'assécha au fil du temps. La vieille ville brûla en 1852, avant d'être rebâtie à son emplacement actuel. Les larges avenues de Vaasa et l'impression d'espace qu'elles dégagent doivent beaucoup aux stratégies de prévention des incendies lors de sa reconstruction.

Environ un quart de la population est suédophone, et un car-ferry circule chaque jour entre Vaasa et Umeå, une ville suédoise située à 120 km au nord-ouest.

Pour les infos pratiques, voir le Carnet d'adresses p. 205

À SAVOIR

La période de juin à septembre est idéale pour visiter la région. Le reste de l'année, nombre de sites et de prestataires réduisent leurs opérations ou ferment. Il est facile de visiter la ville à pied ou à vélo. Des bus desservent les environs. Visitez visitvaasa.fi.

LES MEILLEURS RESTAURANTS ET BARS À VAASA

Sweet Vaasa
Salades copieuses, quiches, wraps, gâteaux et tourtes dans le centre. **€**

Fröj
Dans un lieu lumineux, créations superbes à base de produits nordiques ; envisagez un menu dégustation et réservez. **€€€**

Strampen
Merveilleux pavillon de 1868 avec grande terrasse face à la baie ; déjeuners à prix étudiés et dîners à la carte. **€€**

Faros
Montez à bord pour savourer un burger gourmand, un steak de renne ou une soupe à la betterave. **€€**

Promenade sur le front de mer

CULTURE, GASTRONOMIE ET ACTIVITÉS

Explorez le verdoyant port intérieur, doté de bons musées, de restaurants alléchants et d'un grand choix d'activités physiques. L'excellent **musée d'Ostrobotnie** (Pohjanmaan museo) permet de se familiariser avec Vaasa, son histoire et l'environnement naturel et géologique de la région, notamment de l'archipel de Kvarken. Face à la mer, le **musée d'Art moderne de Kuntsi** possède l'une des collections d'art contemporain finlandais et international les plus importantes du pays. À une rue de l'imposant palais de justice, le **musée d'Art Tikanoja** expose de nombreux artistes d'envergure, tels Gauguin et Matisse, et d'autres à découvrir. Au sud de l'esplanade Vaasanpuistikko, trois restaurants émaillent le front de mer : le **Faros**, en partie niché sur un

POPOVA VALERIYA/SHUTTERSTOCK ©

Musée d'Art moderne de Kuntsi

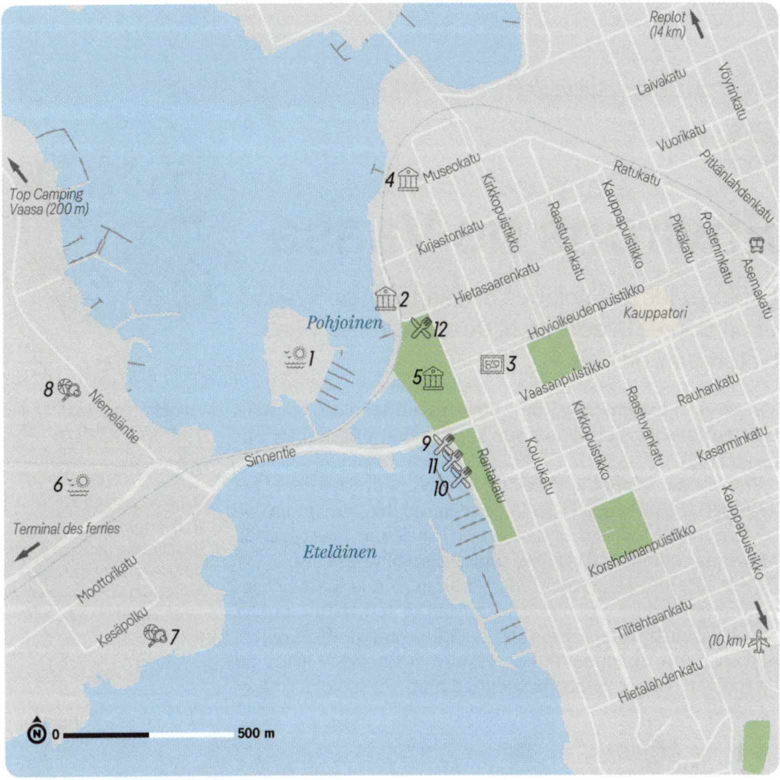

VOIR
1 Hietasaari
2 Musée d'Art moderne de Kuntsi
3 Musée d'Art Tikanoja
4 Musée d'Ostrobotnie
5 Palais de justice
6 Vaskiluoto

ACTIVITÉS
7 Tropiclandia
8 Zip Adventure Park

SE RESTAURER
9 Faros
10 Fiskdisken
11 Hejm
12 Strampen

ancien voilier, l'**Hejm** et sa vue, et le **Fiskdisken**, dont le bâtiment moderne en bois est surmonté d'un toit évoquant une vague. De là, un charmant sentier, le **Kaupunginselän Reitti**, serpente parmi les arbres au bord du rivage sur 10 km (carte sur vaasa.fi). Vous pouvez aussi faire du kayak dans le port, depuis les locaux de Vaasankajakkivuokraus, ou traverser le pont pour rejoindre la petite **île de Hietasaari** pour un pique-nique, puis **Vaskiluoto**, où se trouvent le parc aquatique et spa Tropiclandia, et le Zip Adventure Park pour de l'Accrobranche.

OÙ SE LOGER À VAASA

Hotel Astor
Hôtel raffiné au décor d'époque ; chambres petites mais très confortables, excellent buffet au petit-déjeuner. **€€€**

GreenStar Hotel
Cet hôtel de taille moyenne, un peu excentré, a un bilan carbone neutre et propose des chambres confortables. **€€**

EC Hostel
Chambres privées type logement étudiant, simples mais propres ; cuisine partagée. **€**

Environs de Vaasa

Explorez les îles uniques de l'archipel de Kvarken et parcourez la côte au fil de charmantes villes historiques en bois.

Vaasa est idéalement située pour rayonner vers d'autres destinations passionnantes sur le littoral et dans l'intérieur des terres.

Franchissez le pont le plus long du pays pour explorer le bel archipel de Kvarken, à la géologie remarquable, sis à moins de 30 minutes de Vaasa. Les vestiges de l'ancienne Vaasa (Vanha Vaasa), la commune d'origine, sont encore plus proches.

Trois localités se prêtent à des excursions à la journée : les pittoresques villes en bois de Jakobstad et de Kristinestad, et Seinäjoki, qui tranche par son architecture avant-gardiste, œuvre d'Alvar Aalto. Chacune d'elles se trouve à 1 heure, 1 heure 30 de route de Vaasa, respectivement au nord, au sud et à l'est.

Pour les infos pratiques, voir le Carnet d'adresses p. 205

À SAVOIR

Vérifiez les dates d'ouverture des restaurants, des opérateurs de croisières et des sites à visiter. Certains n'ouvrent qu'en été, pour une courte période.

Kvarken

NBLX/SHUTTERSTOCK ©

Pont de Replot

Un archipel classé

L'ARCHIPEL DE KVARKEN CONTINUE D'ÉMERGER

Les 5600 îles de l'**archipel de Kvarken**, au large de Vaasa, et la Haute Côte (Höga Kusten) de Suède forment un site classé au Patrimoine mondial et le meilleur endroit au monde pour observer le rebond postglaciaire. En effet, le sol s'y soulève à un rythme étonnant, près de 8 mm par an. Durant la dernière période glaciaire, le poids de la glace recouvrant Kvarken a creusé une dépression de 1 km dans la croûte terrestre. Avec la fonte de la glace, la pression diminue et de nouvelles îles émergent. On estime qu'en l'an 4500, un pont terrestre reliera la Suède à la Finlande.

Ceintes d'innombrables bras de mer, baies et îlots, ces belles îles basses, couvertes de forêts et de champs, semées de fermes, se prêtent à une charmante journée d'excursion (ou plus) depuis Vaasa.

À 16 km au nord-ouest de Vaasa, le **pont de Replot** (1 km) traverse l'île éponyme, qui abrite le centre des visiteurs de l'archipel, le **World Heritage Gateway**. La route principale gagne ensuite l'île de Björkö par des chaussées. **Svedjehamn,** sur la côte nord, est un ravissant petit port émaillé de hangars à bateaux de couleur rouille, avec un café flottant en été. C'est aussi le point de départ du **sentier nature Bodvattnet**, une boucle de 4 km ; il croise le port de pêche de **Bodback**, inutilisable depuis les années 1940 en raison du soulèvement de l'île mais qui se visite, et la **tour d'observation de Saltkaret**, qui domine les moraines (crêtes formées par des glaciers) De Geer.

En été, on peut louer des vélos au World Heritage Gateway et à Svedjehamn. Si vous préférez découvrir l'archipel en bateau, le ***MS Tiira*** ou le ***MS Tuulia*** (depuis Vaasa) et le ***MS Corina*** (depuis le World Heritage Gateway) effectuent de courtes croisières dans les îles intérieures de la fin juin à la fin août. Kvarkenturer organise, depuis Svedjehamn, des sorties en bateau (voire des traversées régulières certains étés) vers les

LE REBOND POSTGLACIAIRE

Dans l'archipel de Kvarken, tout comme sur la Haute Côte suédoise, les îles se soulèvent – lentement – après avoir été écrasées sous une nappe de glace de 3 km d'épaisseur durant la dernière période glaciaire (– 10 000 ans environ). Le rythme actuel de ce rebond est de 1 m par siècle, ce qui peut être significatif à l'échelle humaine, comme en témoigne le sentier nature Bodvattnet, sur Björkö. Ce phénomène unique affecte toute la côte ouest : des îles comme Björkö et Kylmäpihjala, au large de Rauma, n'ont commencé à émerger qu'il y a 1 200 ans environ. Quant à Vaasa et Rauma, fondées au bord de la mer il y a quelques siècles, leur littoral a reculé de 2 km ou plus depuis lors. Et il y a 10 000 ans, les terres où se dressent ces villes se trouvaient sous la mer, à quelque 80 km des côtes. Une animation remarquable illustre le rebond postglaciaire sur landupliftanimation.highcoastkvarken.org.

OÙ SE LOGER DANS LES ENVIRONS DE VAASA

Eleonora's Bed & Breakfast
Charmant B&B récemment rénové dans une maison ancienne à Kristinestad. **€€**

Hôtel Epoque
Ancienne maison des douanes à Jakobstad, transformée en hôtel raffiné, très confortable et central. **€€**

Merenkurkun Camping
Bungalows bien équipés en bord de mer, sur une petite île de Kvarken entre Replot et Björkö. **€€**

îles extérieures, peu arpentées. D'autres idées sur www.vaasa.fi/en/see-and-experience/activities-and-nature/.

Aux origines de Vaasa

D'ÉMOUVANTS VESTIGES

À 7 km au sud-est du centre-ville de Vaasa, le quartier moderne de Vanha Vaasa abrite quelques vestiges évocateurs qui survécurent au grand incendie de 1852. On découvre ainsi, à pied, l'enveloppe extérieure de l'**église Sainte-Marie** (Pyhän Marian kirkko) et une partie de son clocher, le **musée du Vieux Vaasa** (Vanhan Vaasan museo), dédié à l'histoire de la ville entre dominations suédoise et russe, l'imposant **palais de justice**, aujourd'hui une église consacrée, et la motte du **château de Korsholm**, érigé au XIVe siècle, symbole de la mise sous tutelle suédoise de la région.

Kristinestad, Jakobstad et Seinäjoki

LE CONTE DE TROIS VILLES

Des trois villes propices à une excursion depuis Vaasa, **Kristinestad**, située à 1 heure 15 en voiture, est la plus charmante. Fondée au milieu du XVIIe siècle et baptisée en l'honneur de la reine Christine de Suède, cette ville décontractée de 2700 âmes, nichée au bord d'un estuaire, compte quelque 300 édifices en bois, témoins de son héritage maritime et commercial, datant principalement du XIXe siècle ; le site visitkristinestad.fi propose une intéressante visite numérique. Jetez un œil au bel édifice légèrement penché de l'**église Ulrique-Eleonore** (Ulrika Eleonoran kirkko, 1700). Fondée en 1652, **Jakobstad** (19 000 habitants, dont plus de la moitié est suédophone) ainsi nommée en l'honneur d'un héros de guerre suédois, Jacob de La Gardie, s'enorgueillit d'une vieille ville aux nombreuses maisons en bois (Skata), ainsi que d'un impressionnant ensemble éducatif et culturel, le Campus Allegro, et de l'église restaurée de **Pedersöre** (XVe siècle), ornée d'une superbe flèche élancée. À 8 km, **Fäboda** déroule ses plages de sable et ses forêts sillonnées de sentiers, sans oublier le captivant **musée Nanoq** consacré aux cultures des peuples de l'Arctique. Dans un environnement boisé, ce musée de plein air inclut les reconstitutions de 18 bâtiments, dont une maison en tourbe du Groenland, un camp de chercheurs d'or lapon et l'église la plus septentrionale du monde.

Plus grande, **Seinäjoki** ne présente guère d'intérêt, hormis le **Centre Aalto** (Aaltokeskus), conçu par le plus célèbre architecte et designer finlandais, Alvar Aalto, dans les années 1950 et 1960. Il comprend l'hôtel de ville, le théâtre, la bibliothèque et la belle **église de la Croix des Plaines** (Lakeuden Risti kirkko). Prenez l'ascenseur de la tour de l'horloge pour une vue de l'ensemble.

LES MEILLEURS RESTAURANTS ET CAFÉS DANS LES ENVIRONS DE VAASA

After Eight
Café-centre culturel à Jakobstad, avec agréable cour-jardin, ouvert surtout en journée. Excellent rapport qualité/prix le midi. Location de vélos. €

Eleonora's Bed & Breakfast
Charmant café blotti dans la vieille ville de Kristinestad, tapissé de papier peint William Morris. Salades, gaufres, café et limonade. €

Fäboda Kaffestuga
Poisson frais, burgers gourmands, viennoiseries et terrasse ouverte sur les plages à Fäboda. €€

Jungman
Vue époustouflante sur l'estuaire à Kristinestad et bon buffet au déjeuner, ou steaks, saumon, pizzas à la carte. €€

Restaurant Arken
Excellentes spécialités danoises à Replot, avec vue sur la côte. €€

COMMENT CIRCULER

La voiture est conseillée, notamment sur les îles, et indispensable pour visiter Fäboda et le musée Nanoq. Des bus – lents en général – relient Vaasa à Kristinestad, Jakobstad et Seinäjoki en semaine, mais il y en a peu ou pas du tout le week-end. Pour aller à Seinäjoki, le train est plus rapide, plus fréquent et moins cher. Les bus nos 1 et 4 relient le centre de Vaasa (centre commercial Rewell, côté ouest) à Vanha Vaasa.

OULU

La "capitale du Nord" charme les visiteurs d'emblée. En été, les rayons du soleil baignent de lumière la *kauppatori* (place du Marché), et tout respire l'harmonie. Les habitants (environ 210 000), qui savent apprécier la lumière du jour, se massent sur les terrasses, et les étals croulent sous le poids des baies arctiques.

La majeure partie du centre-ville s'étend sur plusieurs îles dans l'embouchure de l'Oulujoki, reliées par des passerelles et des ponts routiers, ce qui en fait une ville très agréable pour se balader à pied ou à vélo – qui rencontre un grand succès à Oulu.

Dotée d'un secteur informatique solide (Nokia est le premier employeur privé et il y a de nombreuses start-up), Oulu est en plein essor. Cette ville très propre foisonne de restaurants, de cafés et de bars conviviaux, et son dynamisme artistique se traduit par des expositions et des concerts été comme hiver.

Oulu sera l'une des deux capitales européennes de la culture en 2026. Si elle se considère comme le temple du metal en Finlande, l'un de ses événements les plus réputés n'est musical qu'en apparence : le championnat mondial d'Air Guitar (en août) résume à lui seul l'humour décalé des résidents.

Pour les infos pratiques, voir le Carnet d'adresses p. 206

À SAVOIR

Les gares ferroviaire et routière d'Oulu sont pratiques pour les visiteurs : elles se trouvent à la lisière est du centre-ville et à 1,5 km de la place du Marché, *kauppatori*, située sur le front de mer. L'aéroport est à 14 km au sud-ouest d'Oulu ; il est relié au centre-ville par les lignes de bus n^os^8 et 9. La ligne n°15 circule entre la plage de Nallikari et le centre (arrêt Kaupungintalo).

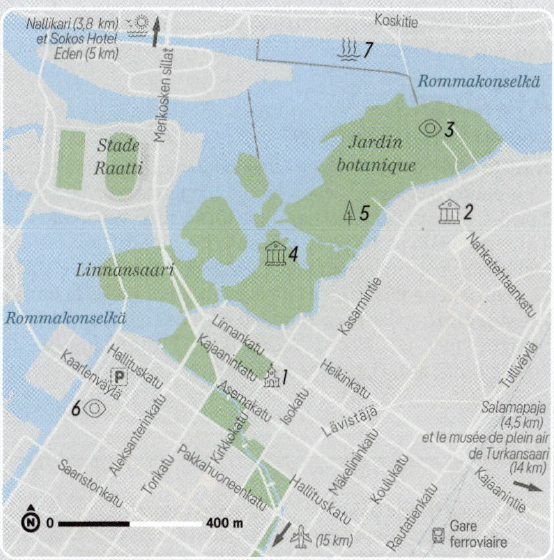

VOIR
1 Cathédrale
2 Centre scientifique Tietomaa
3 Échelle à poissons de Merikoski
4 Musée de l'Ostrobotnie du Nord
5 Parc Hupisaaret
6 Place du Marché

ACTIVITÉS
7 Kesän Sauna

LES MEILLEURS RESTAURANTS ET BARS À OULU

Rooster
Burgers spéciaux copieux, pita et salades, déjeuner d'un bon rapport qualité/prix. Options végétariennes et végans. €

1881 Uleåborg
Gastronomie finlandaise raffinée et créative d'inspiration française, dans un ancien entrepôt en bois, près de la *kauppatori*. €€€

Sokeri-Jussin Kievari
Taverne en bois avec vue sur l'eau à Pikisaari, prisée pour ses plats traditionnels à base d'ingrédients locaux et de saison et pour savourer une bière. €€€

Kauppuri 5
Délicieux burgers maison et bonnes bières artisanales dans un lieu décontracté. €

Viinibaari Vox
Bar à vins cosy proposant de nombreux crus au verre, à accompagner de fromage et de savoureux en-cas. €€

Découvrir Oulu à pied

SE METTRE AU RYTHME DE LA VILLE

Commencez par visiter la vaste place du Marché, *kauppatori*, sur le front de mer, très animée en été avec ses étals culinaires et ses restaurants éphémères. Sur un côté se dresse l'un des symboles d'Oulu : la **Toripolliisi**, une statue représentant un policier à la silhouette rebondie, sorte de gardien de la ville. Derrière la place, le centre-ville présente un quadrillage de rues bétonnées ; faites-y une courte promenade pour prendre le pouls de la ville.

Dirigez-vous ensuite vers le nord en passant devant l'impressionnante **cathédrale** construite en 1777, endommagée par un incendie en 1822 et reconstruite ensuite dans le style Empire par C. L. Engel qui lui ajouta un dôme. Continuez jusqu'au beau **parc Hupisaaret**. Au détour de ses arbres, cours d'eau et petits ponts, vous découvrirez un café en été et un site aussi vaste que remarquable : le **musée de l'Ostrobotnie du Nord** (Pohjois Pohjanmaan museo), qui retrace l'histoire de la région depuis la préhistoire et le passé commercial et maritime de la ville. Non loin se trouve le **Tietomaa**, un excellent musée des sciences interactif avec écran géant en 3D, qui accueille des expositions temporaires. Prenez l'ascenseur de la tour d'observation pour admirer le panorama urbain.

De retour dans le parc, derrière l'Hotel Lasaretti, localisez l'**échelle à poissons Merikoski** (Merikosken kalatie), un canal de 750 m qui permet aux espèces migratoires de contourner les installations hydroélectriques sur le fleuve.

Tenté par une séance de relaxation estivale à la finlandaise ? Traversez le barrage jusqu'au **Kesän Sauna**, un sauna public flottant près de la rive nord, équipé d'un poêle à bois et – fait inhabituel – mixte. Il ouvre vers la mi-mai et ferme fin septembre.

À la plage !

EN PÉDALANT OU EN PAGAYANT

Nallikari est une jolie plage sablonneuse de 500 m de long, au nord-ouest du centre-ville, sur l'île de Toppilansaari. Accessible à pied, il est aussi amusant de s'y rendre à vélo : le parcours de 4 km traverse la petite île de **Pikisaari**, semée de pittoresques maisons en bois, en empruntant passerelles et ponts cyclables. Et pourquoi ne pas y aller en pagayant et négocier le **canal Mustasalmi,** qui sépare Toppilansaari de Hietasaari ? Vous pourrez louer kayaks et planches de SUP chez **Lappis**, sur l'île de Linnansaari, proche du centre.

OÙ SE LOGER À OULU

Turusen Saha
Excellente petite pension sur Pikisaari, avec hôtes accueillants ; petits-déjeuners copieux faits maison. €€

Lapland Hotels Oulu
Hôtel de luxe à l'ambiance lapone, restaurant aux saveurs du Grand Nord et piscine splendide. €€€

Hotel Lasaretti
Hôtel cosy avec collection d'art nordique dans le parc Hupisaaret ; piscine, petit-déjeuner généreux. €€

Environs d'Oulu

Embarquez pour l'une des plus grandes îles finlandaises ou filez dans les terres pour découvrir la vie finlandaise d'autrefois.

Hailuoto, l'île la plus vaste du golfe de Botnie, est une excursion incontournable depuis Oulu. Sortie des eaux il y a à peine 2 000 ans, elle couvre 200 km², s'étend sur 30 km et compte seulement 950 résidents. Véritable microcosme de la société rurale traditionnelle, elle recèle des maisons peintes en rouge, des granges en bois, des moulins çà et là et de vastes champs encadrés d'épaisses forêts de pins sylvestres. Avec ses jolis paysages côtiers et ses plages de sable, c'est l'un des endroits préférés des artistes et des résidents d'Oulu en quête d'escapade. Dans l'arrière-pays, en amont des cours d'eau, vous pouvez faire l'expérience de la vie à l'âge de la pierre au Kierikkikeskus, ou vous promener parmi des édifices en bois séculaires sur des îles fluviales à Turkansaari.

Pour les infos pratiques, voir le Carnet d'adresses p. 206

À SAVOIR

Le site touristique officiel d'Hailuoto, visithailuoto.fi, existe uniquement en finnois ; la meilleure source d'informations en anglais sur Internet est hailuoto.fi/en/tourism.

Plage de Marjaniemi (p. 196)

LES MEILLEURS HÉBERGEMENTS À HAILUOTO

Arctic Lighthouse Hotel
Hôtel au charme nordique, dans l'ancienne station de pilotage du phare ; le menu met à l'honneur le poisson local. **€€**

Hailuodon Majakkapiha
Logement douillet dans l'ancienne maison du gardien de phare, chambres économiques. Il existe des hébergements similaires à Marjaniemi **€€**

Pöllän Mökkimajoitus
Bungalows modernes, écoresponsables et bien équipés face à la plage de sable de Pöllänlahti, dans le sud. **€€**

Ailasto
Dans une ancienne école à la lisière est, 2 chambres et bungalow 4 couchettes. Restaurant, camping. **€**

Hailuoto

ÉCHAPPÉE INSULAIRE

Située à 1 heure 15 d'Oulu en voiture, Hailuoto offre des plaisirs variés. Explorez ses petites routes de campagne à vélo, randonnez en forêt et sur la côte (la plupart des sentiers partent du village de Marjaniemi), savourez du poisson pêché localement, goûtez d'excellentes bières artisanales à la brasserie bio **Hailuodon Panimo**, profitez de plages de sable bordées de dunes et, dans le sud, admirez les oiseaux depuis des affûts.

Il y a deux localités principales : le village de **Hailuoto**, au milieu de l'île, et le petit village de pêcheurs de **Marjaniemi**, à l'extrémité ouest, où se dresse un phare emblématique, l'un des plus vieux du pays. L'île compte plusieurs hébergements si vous souhaitez prolonger votre escapade. Le ferry gratuit depuis le port de Riutunkari, à Oulunsalo, est la manière la plus pittoresque de rallier Hailuoto. Sachez que les files d'attente des véhicules peuvent être très longues ; il vous faudra peut-être patienter plusieurs heures durant les périodes les plus prisées, comme les week-ends d'été.

Voyages dans le temps

REVIVRE L'HISTOIRE EN PLEIN AIR

En été, l'arrière-pays d'Oulu propose deux musées en plein air dans de beaux paysages. À 55 km au nord-est, le **Kierikkikeskus** (Centre de l'âge de la pierre Kierikki) s'étend à l'emplacement d'un grand village peuplé il y a environ 6 000 ans. Un imposant bâtiment moderne en rondins abrite des trouvailles préhistoriques, et on peut visionner des films sur l'histoire des fouilles. À l'extérieur, examinez les vestiges et visitez un village mésolithique reconstitué au bord de l'Iijoki ; vous pourrez vous essayer au tir à l'arc, faire du kayak préhistorique ou fabriquer des outils en pierre.

Autre balade, autre époque : le **musée de plein air de Turkansaari** vous emmène au cœur d'un village finlandais typique. Réparti sur trois îles du fleuve Oulujoki, à 12 km au sud-est d'Oulu, il rassemble de beaux édifices en bois traditionnels, dont un moulin à vent et une église du XVIIe siècle où se tiennent encore des offices religieux. Vous pourrez aussi assister à une démonstration de fabrication de goudron végétal, jadis une importante industrie locale.

COMMENT CIRCULER

Le ferry gratuit rejoint Hailuoto (finferries.fi) en 25 minutes, départs d'Oulunsalo toutes les heures environ. Le bus n°59 part de la gare routière d'Oulu et traverse l'île jusqu'à Marjaniemi (1 heure 30) deux-trois fois par jour. Bus et résidents embarquent en priorité. Sur Hailuoto, vous pouvez louer des vélos à Marjaniemi et auprès d'Ailasto et de Luotorent.

Le Kierikkikeskus n'est pas accessible en bus ; Saaga Travel organise des navettes le samedi en été. Vous pouvez rallier le Turkansaari lors d'une jolie balade à vélo depuis Oulu ou avec le bus municipal n°41, qui s'arrête à 1,6 km du musée.

PARC NATIONAL D'OULANKA

Situé à la lisière orientale de la région centrale de la Finlande, Oulanka est l'un des parcs nationaux les plus populaires du pays. Il est surtout apprécié pour les paysages abrupts que composent canyons, rapides, cascades, falaises et lacs creusés parmi des forêts denses par ses deux principaux cours d'eau : l'Oulankajoki et la Kitkajoki, qui se rejoignent près de la frontière russe.

Le parc a l'attrait de merveilleuses excursions, notamment le célèbre Karhunkierros (circuit de l'Ours, 82 km), qui traverse le parc du nord au sud, mais aussi de nombreux itinéraires plus courts dans des perspectives à couper le souffle. Les fleuves se prêtent à la pratique du canoë, du kayak et du rafting en eaux vives. En hiver, on foule les pistes de ski de fond et de randonnée à raquettes. Les possibilités de restauration et d'hébergement dans le parc ou à proximité sont limitées, mais le choix est vaste à Ruka, une station de sports d'hiver et d'été située non loin au sud.

Pour les infos pratiques, voir le Carnet d'adresses p. 207

À SAVOIR

Le site nationalparks.fi regorge d'informations pratiques et pédagogiques de qualité sur le parc, le Karhunkierros et autres activités, ainsi que de cartes et de descriptions d'itinéraires. Le centre des visiteurs est situé au cœur d'Oulanka, à 13 km de Käylä, sur une route non goudronnée ; le personnel est d'excellent conseil.

Parc national d'Oulanka

OÙ SE LOGER À OULANKA ET DANS LES ENVIRONS

Basecamp Oulanka
Lodge écoresponsable, douillet près de Juuma ; accueil chaleureux, bonne cuisine, sauna gratuit. €€

Ajakka
B&B dans une ancienne école entourée d'un grand domaine au bord d'un lac, à 7 km à l'ouest de Juuma ; chambres de caractère et délicieux repas à base de produits locaux. €€

Oulangan Leirintäalue
En été, emplacements RV/tentes au camping du parc ; 10 chalets pour 4 personnes, kiosque de restauration. €

Juuman Leirintäalue
Camping d'été à Juuma et bungalows avec sauna privatif (toute l'année) ; café, bateaux à rames et planches de SUP. €

Retkietappi
À Juuma, 3 cabanes en rondins confortables ; camping et café au bord du lac. €€

Randonnées à la journée

LES PLUS BEAUX SENTIERS COURTS D'OULANKA

Le très populaire **Pieni Karhunkierros** (petit circuit de l'Ours) recèle certains des paysages les plus spectaculaires d'Oulanka. Au départ de Juuma, la boucle balisée de 12 km (3 heures 30-4 heures) est praticable toute l'année, mais il faut des raquettes en hiver. Ses temps forts : les rapides de Myllykoski et d'Aallokkokoski, la chute grondante de Jyrävä et deux ponts suspendus.

Moins fréquenté, l'excellent sentier **Kanjonin kurkkaus** (6 km, 2-3 heures), dans le nord du parc, permet d'admirer l'impressionnant canyon d'Oulankajoki. Praticable de juin à octobre, il part du parking de Savilampi, à 10 km de la route 950. Vous pouvez le prolonger (4 heures au total) sur 4 km jusqu'aux rapides de Taivalköngäs, avant de revenir sur vos pas.

Les chutes d'eau grandioses de **Kiutaköngäs**, où l'Oulankajoki se précipite entre les falaises rouges, se situent à 1 km de marche facile depuis le centre des visiteurs. Poursuivez la balade sur le circuit de Könkään keino (8 km, 3-4 heures).

Descentes fluviales

RAFTING ET KAYAK SUR LES COURS D'EAU D'OULANKA

Lorsqu'elles ne sont pas gelées (de juin à mi-octobre environ), les eaux d'Oulanka sont propices aux sports de pagaie. Le

OÙ SE RESTAURER À OULANKA ET DANS SES ENVIRONS

Basecamp Oulanka
Bons repas copieux à base de produits frais et locaux, servis dans une salle à manger lumineuse tout en bois. €€

Ravintola Talonpöytä
Le restaurant du centre des visiteurs propose un buffet pour le déjeuner et un dîner à la carte. €

Retkietappi Kahvila
Viennoiseries et tourtes alléchantes à savourer dans un café au bord du lac, au départ du Pieni Karhunkierros. €

principal itinéraire est une descente en canoë ou en kayak sur l'**Oulankajoki**, de Mataraniemi (accessible en voiture et proche du centre des visiteurs) à Jäkälämutka (25 km). Cette descente de 5-7 heures en général, très calme, convient aux débutants comme aux familles avec enfants. Des prestataires comme Kuusamo Safaris, à Ruka, fournissent tout le matériel et vous ramènent à Mataraniemi en fin de parcours (35-40 €/personne).

Amateurs de rapides ? La rivière **Kitkajoki** comprend trois sections. L'itinéraire "familial" (14 km) s'étend entre Käylä et Juuma, près de la route 950, et compte sept rapides de classes I à III. La deuxième section, plus sauvage, s'étire de Juuma à l'orée de la chute de Jyrävä ; elle compte trois rapides, dont deux de classe IV, ceux de Myllykkoski et d'Aallokkokoski (il faut avoir 18 ans). La dernière section (13 km), la plus paisible, permet de profiter du paysage ; elle débute juste après la chute de Jyrävä et s'étend jusqu'à Huotinniemi. Entre autres prestataires, Basecamp Oulanka et Retkietappi, à Juuma, et Stella Polaris et Ruka Safaris, à Ruka, proposent ces parcours. Comptez de 50 à 75 € par descente pour les adultes (réductions pour les enfants).

Karhunkierros : le circuit de l'Ours

LE CHEMIN DE RANDONNÉE PRÉFÉRÉ DU PAYS

Malgré son nom (*kierros* signifie "boucle" en finnois), le Karhunkierros (82 km) est linéaire : il court de Hautajärvi, juste au nord d'Oulanka, à Ruka, au sud. La plupart des randonneurs le réalisent en 4 à 6 jours. Quatre points permettent d'y accéder : du nord depuis le centre d'information des visiteurs de Hautajärvi, sur la route de Salla ; plus au sud sur la route 950 depuis le parking de Ristikallio ; dans le sud, vous pouvez commencer la randonnée à la station de ski de Ruka ; ou plus vers le nord-est au village de Juuma, sur les berges du lac Yli-Juumajärvi.

S'il comporte beaucoup de montées et de descentes, le terrain n'est pas montagneux. Cours d'eau, lacs, chutes d'eau, rapides, canyons, falaises et ponts suspendus émaillent d'épaisses forêts. En général, il n'y a pas de neige de début juin à mi-octobre. Si juillet est le pire mois en raison des moustiques, septembre est idéal.

Six refuges ponctuent l'itinéraire principal ; il existe un camping près du centre des visiteurs, et Juuma compte plusieurs hébergements. Vous trouverez des cafés et des restaurants au centre des visiteurs et à Juuma.

POURQUOI J'AIME LE PARC NATIONAL D'OULANKA

John Noble, auteur

J'aime la nature finlandaise : ses forêts, ses lacs, ses rivières, son air pur, ses grands espaces. Oulanka est riche de tous ces attraits, auxquels il faut ajouter ses canyons vertigineux, ses rapides rugissants et ses chutes d'eau spectaculaires. On peut vite se retrouver en pleine forêt depuis le départ des sentiers. Le lodge forestier Basecamp Oulanka est idéal pour organiser ses explorations.

LA FAUNE DE L'EST SAUVAGE

La **région de Kuhmo** (p. 167), la "Taïga sauvage" du pays, se prête aussi idéalement à l'observation des ours, et parfois des loups et des gloutons.

COMMENT CIRCULER

Maints voyageurs atterrissent à l'aéroport de Kuusamo, à 26 km au sud de Ruka, pour visiter la région. On peut y louer une voiture, mais un bus-navette (ruka.fi) relie l'aéroport à Ruka (30 minutes) ; ses horaires coïncident avec ceux des vols et certains services continuent vers Hautajärvi (1 heure 15). Comptez environ de 65 à 140 € pour rallier Ruka/Hautajärvi en taxi.

Tous les points d'accès au parc et au Karhunkierros sont accessibles par des routes goudronnées ou des pistes en bon état. Chaque matin, un bus relie Ruka à Hautajärvi, et de début juin à début août (lun-sam), un autre bus dessert Juuma et le centre des visiteurs (horaires sur ruka.fi). De Ruka, comptez environ 55/90 € pour rallier Juuma/Hautajärvi en taxi.

Environs du parc national d'Oulanka

Découvrez une station de sports d'hiver et d'été renommée et un parc national peu fréquenté. Vous pourrez y observer des ours en été.

Pour les infos pratiques, voir le Carnet d'adresses p. 207

À SAVOIR

Le site ruka.fi propose des informations complètes sur la région, ce qui facilitera la planification de votre voyage, réservations comprises.

À 20 km environ au sud-ouest d'Oulanka, Ruka est l'une des stations de ski les plus prisées du pays. On peut aussi y pratiquer d'autres activités hivernales comme la motoneige et la pêche sur glace. En été, elle est tout aussi dynamique et constitue une bonne base pour visiter Oulanka, faire du vélo, photographier les ours ou visiter des élevages de rennes et de chiens de traîneau. À 100 km au sud de Ruka, le parc national de Hossa, bien moins fréquenté qu'Oulanka, est parfait pour des randonnées à pied, à vélo et en canoë ; il recèle de vastes forêts, des lacs, des rivières et de célèbres peintures rupestres de l'âge de pierre. Enfin, pourquoi ne pas faire une excursion à Posio, le berceau de Pentik, l'une des grandes maisons de décoration finlandaises ? La ville se situe à 65 km à l'ouest de Ruka.

Parc national de Hossa (p. 203)

TORSTENGRIEGER/SHUTTERSTOCK ©

Pistes de ski à Ruka

Sports d'hiver à Ruka

SKI ALPIN ET AUTRES ACTIVITÉS HIVERNALES

À 20 minutes en voiture d'Oulanka, la station de Ruka, neutre en carbone, est l'une des meilleures destinations de ski du pays. Elle offre plus de 200 jours de ski par an sur 39 pistes variées, et se distingue par son ambiance animée.

La station est divisée en deux secteurs : Ruka Village (Rukan Kylä) et Ruka Valley (Rukan Laakso), séparés par les pistes du mont Rukatunturi (492 m). Il n'y a que six pistes noires, mais la **FIS**, longue de 600 m, constitue un défi de choix. Les pistes, qui serpentent à travers la forêt, sont éclairées d'octobre à mai et restent ouvertes jusqu'en début de soirée.

Ruka compte aussi un *snowpark* exceptionnel, **Ruka Park**, le **Rosa & Rudolf Family Park**, destiné aux débutants, et 500 km de pistes de ski. Le magasin **PisteVuokraamo**, installé à Ruka Village et à Ruka Valley, vend des forfaits de ski, loue du matériel et gère les réservations de cours (ruka.fi).

Il existe bien d'autres divertissements hivernaux. Parcourez les forêts à motoneige – si vous avez de l'expérience, vous pouvez en louer une, sinon, faites une sortie guidée. Visitez

PAROLE D'HABITANT : UNE JOURNÉE IDÉALE SUR LES PISTES À RUKA

Tuomas Lipasti, passionné de snowboard, réside à Ruka.

En plein hiver, les jours sont courts ; je vous conseille d'aller skier dès l'ouverture des remontées mécaniques pour dévaler des pistes fraîchement damées (ou profiter de la poudreuse, si vous avez de la chance). Mes pistes préférées pour le carving sont les **front slopes** et **Kelo**, qui sont larges, pentues et généralement en excellent état. Je conseille également le **Ruka Park**, un *snowpark* où tout le monde trouvera de quoi s'amuser. Pour admirer le coucher du soleil dans de beaux paysages, marchez jusqu'à **Juhannuskallio**. Après le ski, essayez le **Hanki Baari**, un petit restaurant douillet en plein cœur de Ruka.

OÙ SE LOGER À RUKA

Iisakki Village
Charmante reconstitution d'un village carélien, bungalows et chambres douillets. À 7 km au sud-est de Ruka Village, au bord d'un lac. **€€**

Arctic Zone Hotel
Chambres simples dans un hôtel bien entretenu à prix raisonnables, au cœur de Ruka Village. **€€**

Ski-Inn RukaValley
Chambres et appartements 4 étoiles près des remontées mécaniques de Ruka Valley ; autre adresse à Ruka Village. **€€€**

PRESTATAIRES D'ACTIVITÉS À RUKA

Tailored Adventures Rukapalvelu
Vaste éventail d'activités en hiver et en été, de la motoneige aux balades à raquettes en passant par la pêche et le tubing ; bureau bien placé à Ruka Village.

Kuusamo Safaris
Spécialiste des sorties à motoneige, fat bike et canoë (en été).

Ruka Bikes
Ce prestataire accueillant loue des VTT électriques d'excellente qualité.

Ruka Safaris
Programme très fourni, notamment du SUP sur un lac tout proche ; en hiver, activités autour des huskies et des rennes.

Stella Polaris Adventures
Location de motoneiges en hiver et rafting en eaux vives en été.

un élevage de huskies tel **Erä-Susi Huskies** (à 8 km au sud-est de Ruka) et conduisez un attelage de chiens à travers des paysages enneigés. Ou découvrez un élevage de rennes comme **Kujalan porotila** (à 13 km au sud, sur la route de Kuusamo), géré par une famille depuis plusieurs générations. Hôtes expérimentés, les éleveurs proposent des visites de la ferme (1 heure), des virées en traîneau, des journées d'activités, et même du yoga avec les rennes !

À 9 km à l'est de Ruka, le **Lammintupa Winter Village** (lammintupa.fi) est prisé pour ses balades en traîneau tiré par des rennes ou des huskies et ses motoneiges pour enfants. Vous pourrez aussi faire une sortie à raquettes ou à fat bike (plusieurs sentiers sont ouverts en hiver), ou encore profiter d'une promenade nocturne pour admirer une aurore boréale. Plusieurs prestataires de confiance proposent ces expériences. Vous pouvez les combiner, par exemple en vous rendant à l'élevage de huskies à motoneige ou en enfilant vos raquettes pour aller voir une aurore boréale.

Aventures estivales à Ruka

VTT, LUGE D'ÉTÉ, RENNES

Durant la saison estivale (de mi-juin à mi-septembre environ), le **Ruka Bike Park** fonctionne à plein régime ; les vététistes peuvent dévaler des pistes depuis le sommet des remontées mécaniques et suivre des pistes de fond. En outre, le secteur recèle 70 km de sentiers pour VTT qui serpentent dans les montagnes et la campagne alentour (Ruka compte plusieurs magasins de location de vélos).

Vous pouvez aussi descendre à toute vitesse la **piste de luge d'été**, un toboggan qui serpente à travers le domaine sur 1 km, ou survoler le mont Rukatunturi avec la **télécabine Village-2-Valley**.

Les élevages de rennes et de huskies proposent souvent des activités en été ; au lieu d'être tiré en traîneau, vous marcherez en compagnie des bêtes.

Ours en vue !

PHOTOGRAPHIER L'ANIMAL EMBLÉMATIQUE DE LA FINLANDE

En été, il y a de fortes chances que vous repériez des ours bruns sauvages dans l'un des postes d'observation sécurisés, confortables et spécialement conçus pour les photographes amateurs de **Karhu-Kuusamo** (karhujenkatselu.fi), à 40 km à l'est de Ruka. Il n'est pas rare de voir plusieurs ours visiter

OÙ SE RESTAURER À RUKA

Pizzeria Ruka
Ambiance sympathique et pizzas délicieuses, à 600 m au sud du centre de Ruka Village. **€€**

Restaurant Kaltiokivi
Poisson savoureux, viande de renne, burgers, pâtes et soupes au cœur de Ruka Village. **€€**

Riipinen Riistaravintola
Plats de gibier traditionnels du Nord, à base d'élan, de renne et même d'ours, dans un chalet en rondins. **€€€**

le lac le même soir, attirés par les poissons. Vous apercevrez peut-être aussi des balbuzards. Les séances de 4 heures (120 €/ personne) débutent à 18 h, de mai à septembre ; on rejoint l'affût à pied.

Lammintupa propose des expériences similaires depuis un poste situé à 75 km de Ruka.

Parc national de Hossa

RANDONNÉE, VÉLO, CANOË ET ART PRÉHISTORIQUE

Doté d'un immense territoire sylvestre où d'innombrables lacs et cours d'eau dessinent un labyrinthe aquatique, le parc national de Hossa est un véritable paradis estival pour les promeneurs, les vététistes et les amateurs de canoë.

Son **centre des visiteurs** (Hossan Luontokeskus), situé à 1 heure 20 au sud de Ruka par la route (et à 700 m de la route 843), dispense des informations sur le parc, également publiées sur nationalparks.fi et hossa.fi. Il possède un petit restaurant et loue canoës, kayaks et fat bikes.

Au cœur de la forêt de pins, le camping **Karhunkainalon**, doté de bungalows et d'appartements modernes en plus des emplacements de camping, jouxte le centre des visiteurs. Le village de Hossa, à 4 km au sud du centre, compte d'autres hébergements. Si vous n'avez que quelques heures, gagnez le **lac de canyon Julma Ölkky** et ses falaises culminant à 50 m en certains points. Il mesure 3 km de long pour 10 m de large dans sa partie la plus étroite. L'été, vous pouvez faire une sortie en bateau de 30 minutes, louer un canoë ou faire le tour du lac à pied sur le sentier **Ölökyn ähkäsy** (10 km), une balade d'environ 5 heures. En choisissant le sentier **Ölökyn ylitys**, certes plus exigeant, il est possible de réduire ce temps de moitié en traversant le lac par un pont suspendu à mi-parcours. Le terrain rocailleux et escarpé vous permettra néanmoins de vous dégourdir les jambes.

Prenez vers le sud au départ du sentier du lac Julma Ölkky pour une balade de 4,4 km jusqu'à l'ensemble de peintures rupestres préhistoriques le plus important de Finlande à **Värikallio**. Les silhouettes aux tons ocre, apposées sur la paroi d'une falaise qui surplombe les eaux du lac Somerjärvi, sont vieilles de 3 500 ans au moins ; elles symbolisent principalement des animaux et des figures d'apparence humaine, peut-être des rituels chamaniques.

UN HAUT LIEU DU DESIGN FINLANDAIS

Les passionnés de design finlandais fileront à **Posio**, le berceau de la grande maison de décoration d'intérieur **Pentik**, fondée en 1971 par la céramiste Anu Pentik et son mari, Topi Pentikäinen. Attrayantes et épurées, les collections de Pentik sont souvent inspirées de la nature du nord de la Finlande ; elles sont vendues dans près de 50 boutiques de la marque (et bien d'autres) en Finlande. Les céramiques (parfois encore dessinées par Anu) et les bougies sont fabriquées à Posio. Le **centre culturel Pentik-mäki** (Kulttuurikeskus Pentik-mäki) comprend la galerie Anu Pentik, ornée d'une superbe façade en mosaïque de 20 m de large, le musée de la Maison Pentik (Pentik kotimuseo), dans l'ancienne cabane en rondins familiale, un café, un magasin d'usine et une boutique vintage.

COMMENT CIRCULER

En hiver, des bus-navettes relient le centre de Ruka Village à Ruka Valley et à d'autres lieux proches. Pour aller plus loin, mieux vaut être motorisé : vous trouverez des comptoirs de locations de voitures à l'aéroport de Kuusamo, à 26 km au sud. De début juin à début août (sauf le dimanche), le Hossa Bussi relie Ruka au parc national de Hossa le matin et retourne à Ruka le soir.

Carnet d'adresses

RAUMA

Église de la Sainte-Croix
Voir p. 182 (Pyhän Ristin Kirrko ; www.raumanseurakunta.fi/kirkot-ja-tilat/pyhan-ristin-kirkko ; Luostarinkatu 1 ; 12h-15h lun-sam, 9h-13h dim)

Maison-musée Marela
Voir p. 182 (Rauman Museo ; 44-567 91 83 ; www.rauma.fi/museo/marela ; Kauppakatu 24 ; tarif plein/réduit 8/6 € pour 3-4 musées, 6/3 € pour 1 musée, gratuit pour -18 ans ; variables selon la saison, voir le site Web)

Musée d'Art de Rauma
Voir p. 182 (Rauman Taidemuseo ; 02-822-4346 ; www.raumantaidemuseo.fi ; Kuninkaankatu 37 ; adulte/enfant 6 €/gratuit, billet combiné avec la Marela 8 € ; 10h-17h mar-dim juin-août, 12h-17h mar-ven et 11h-16h sam-dim sept-mai)

Tammela
Voir p. 182 (02-834-4750 ; www.facebook.com/VanhanRaumanTammela ; Eteläpitkäkatu 17 ; 11h-17h juin-août)

Hotelli Cityhovi
Voir p. 181 (02-8376-9200 ; www.cityhovi.com ; Nortamonkatu 18)

Hotelli Vanha Rauma
Voir p. 181 (02-8376-2200 ; www.hotelvanharauma.fi ; Vanhankirkonkatu 26)

Poroholman Lomakeskus
Voir p. 181 (02-533-5522 ; www.poroholma.fi ; Poroholmantie 8 ; mai-août)

Céramique d'art Kirsi Backman
Voir p. 182 (50-5494-663 ; kirsibackman.net ; Aronperäntie 12 ; 10h-17h mer, 10h-14h sam)

Kistupuad
Voir p. 182 (44-793 3532 ; www.rauma.fi/museo/en/museum-shop-kistupuad ; Kauppakatu 13 ; variables selon la saison, voir le site Web)

Kultaseppä Laiho
Voir p. 182 (02-822-1211 ; www.kultaseppalaiho.fi ; Kuninkaankatu 13 ; 9h-17h mar-ven, 9h-14h sam)

Pits-Priia
Voir p. 182 (www.nyplaajat.net ; Kauppakatu 29 ; 10h-15h lun-ven, 10h-14h sam en été, 10h-14h sam en hiver)

ENVIRONS DE RAUMA

Église du Sacrifice
Voir p. 186 (Pyhämann Uhrikirkko ; pyhamaa.fi/matkailu/pyhamaan-uhrikirkko ; Kirkontaustantie 15, Uusikaupunki)

Kirjurinluoto
Voir p. 186 (www.visitpori.fi/kirjurinluoto)

Maison-musée Wahlberg
Voir p. 185 (044-351-5447 ; Ylinenkatu 11, Uusikaupunki ; adulte/enfant 5 €/gratuit ; 10h-17h lun-ven, 12h-15h sam-dim mi-juin à août, 12h-15h mar-ven sept-mai)

Musée Bonk
Voir p. 185 (02-841-8404 ; www.bonkcentre.fi ; Siltakatu 2, Uusikaupunki ; adulte/enfant 9/4 € ; 10h-18h tlj fin juin à début août, 11h-15h mar-sam juin, 11h-15h sam mi-août à fin août)

Musée du Satakunta
Voir p. 186 (Satakunnan Museo ; 02-621-1078 ; www.pori.fi/satakunnanmuseo ; Hallituskatu 11, Pori ; adulte/enfant 8/3 € ; 11h-18h mar et jeu-dim, 11h-20h mer)

Vieille église
Voir p. 185 (Vanha Kirkko ; 02-840 400 ; Alinenkatu 44, Uusikaupunki)

Villa Mairea
Voir p. 186 (50-310 64 42 ; villamairea.fi ; Pikkukoivukuja 20, Noormarkku ; tarif plein/réduit/7-15 ans 30/25/20 €, visites guidées seulement)

Huikee Retkipiste
Voir p. 186 (44-493-2101 ; seikkailupuistohuikee.fi ; Yyterinsantojentie 1, Pori)

MS Kerttu
Voir p. 186 (040-186-6350 ; www.mskerttu.fi ; adulte/enfant 69/35 € ; 10h30 jours variables juin à début sept)

Seikkailupuisto Huikee
Voir p. 186 (parc d'aventure de Huikee ; 040-059-7722 ; www.seikkailupuistohuikee.fi ; Hiekkarannantie 189, Pori ; +/- de 130 cm 27/21 € ; variables mai-oct, voir site)

Yyterin Surfkeskus
Voir p. 186 (50-512 13 66 ; spll.fi/yyteri ; Sipintie 1, Pori)

Gasthaus Pooki
Voir p. 187 (02-847-7100 ; www.gasthauspooki.fi ; Ylinenkatu 21, Uusikaupunki)

Hostel River
Voir p. 186 (02-534-0500 ; www.hostelriver.fi ; Karjapaiha 2, Pori)

Hotelli Aittaranta
Voir p. 185 (040-935-0644 ; www.hotelliaittaranta.fi ; Aittaranta 2, Uusikaupunki)

Hotelli Aquarius
Voir p. 185 (☎02-841-3123 ; www.hotelliaquarius.fi ; Kullervontie 11, Uusikaupunki)

Kuuskajaskari
Voir p. 184 (☎50-313-9160 ; www.kuuskajaskari.fi ; Kuuskajaskari, Rauma)

Kylmäpihlaja Majakkahotelli
Voir p. 184 (☎45-175-0619 ; www.kylmapihlaja.com ; Kylmäpihlaja, Rauma)

Lomakeskus Yyteri Beach
Voir p. 186 (☎44-727-2251 ; yyteribeach.fi ; Hiekkarannantie 189, Pori)

Santtioranta Camping
Voir p. 185 (☎041-314-4890 ; karilla.fi/santtioranta/ ; Kalalokkikuja 14, Uusikaupunki ; juin-début sept)

Virkistyshotelli Yyteri
Voir p. 186 (☎02-628-5300 ; virkistyshotelli.fi ; Sipintie 1, Pori)

Bistro Bay
Voir p. 187 (☎44-770-8888 ; www.bistrobay.fi ; Aittaranta 10, Uusikaupunki ; 16h-22h jeu, 11h-2h ven, 12h-3h sam, 13h-2h dim)

Gasthaus Pooki
Voir p. 187 (☎02-847-7100 ; www.gasthauspooki.fi ; Ylinenkatu 21, Uusikaupunk ; 15h-21h lun-ven, 12h-21h sam)

Kirsta
Voir p. 187 (☎040-779-8889 ; www.kirsta.fi ; Aittaranta 4-6, Uusikaupunki ; 11h-20h lun-jeu, 11h-22h ven, 12h-22h sam, 12h-18h dim)

Pyhämaan Pirtti
Voir p. 187 (☎050-537-9860 ; www.pyhamaanpirtti.fi ; Pyhämaanraitti 35, Pyhämaa ; 11h-15h lun-sam, 12h-16h dim)

Pori Jazz
Voir p. 184 (www.porijazz.fi ; juillet)

VAASA

Musée d'Art moderne de Kuntsi
Voir p. 188 (Kuntsi Modernin Taiteen Museo ☎06-325-3920 ; www.vaasankaupunginmuseot.fi ; Sisäsatama ; adulte/enfant 9 €/gratuit ; 11h-17h mar-dim)

Musée d'Art Tikanoja
Voir p. 188 (Tikanojan Taidekoti ; ☎06-325-3916 ; www.vaasankaupunginmuseot.fi ; Hovioikeudenpuistikko 4 ; adulte/enfant 9 €/gratuit ; 11h-17h mar-dim)

Musée d'Ostrobotnie
Voir p. 188 (Pohjanmaan Museo ; www.vaasankaupunginmuseot.fi ; Museokatu 3 ; adulte/enfant 9 €/gratuit ; 10h-17h mar-dim)

Tropiclandia
Voir p. 189 (☎020-796-1300 ; www.tropiclandia.fi ; Sommarstigen 1, Vaskiluoto ; adulte/enfant 18/13 € ; 10h-20h dim-mar, 10h-21h mer-sam)

Vaasankajakkivuokraus
Voir p. 189 (☎040-505-5665 ; www.vaasankajakkivuokraus.fi)

Zip Adventure Park
Voir p. 189 (☎040-832-2221 ; en.zipadventurepark.com/vaasan-puisto ; Niemeläntie 15, Vaskiluotu ; adulte/enfant 28/25 € ; 10h-20h lun-sam, 10h-18h dim juin-août, horaires réduits mai et sept-oct)

EC Hostel
Voir p. 189 (☎40-507-9613 ; echostel.booking.site ; Korsholmanpuistikko 2 B)

GreenStar Hotel
Voir p. 189 (☎10-423-9393 ; www.greenstar.fi ; Myllykatu 17)

Hotel Astor
Voir p. 189 (☎06-326-9111 ; astorvaasa.fi ; Asemakatu 4)

Faros
Voir p. 188 (☎045-151-3007 ; www.faros.fi ; port de Kalaranta ; 16h-22h lun-sam avr-déc)

Fiskdisken
Voir p. 189 (☎50-409-8150 ; fiskdisken.fi ; 9h-18h lun-ven, 10h-16h sam)

Fröj
Voir p. 188 (☎40-511-0176 ; restaurantfroj.com ; Hovioikeudenpuistikko 19 ; 16h30-23h mar-jeu et dim, 11h-15h et 16h-0h ven, 16h30-0h sam)

Hejm
Voir p. 189 (☎40-773-2176 ; restauranthejm.com ; Sininen tie 1 B ; 11h 16h lun ; 11h-15h et 16h-23h mar-ven, 12h-14h30 et 16h-23h sam, 16h-23h dim)

Strampen
Voir p. 188 (☎041-451-4512 ; www.strampen.com ; Rantakatu 6 ; 11h-14h30 lun, 11h-14h30 et 17h-22h mar-jeu, 11h-14h30 et 16h-22h ven, 16h-22h sam)

Sweet Vaasa
Voir p. 188 (www.sweetvaasa.fi ; Hovioikeudenpuistikko 11 ; 10h-18h lun et sam, 10h-19h mar-ven)

ENVIRONS DE VAASA

Campus Allegro
Voir p. 192 (☎06-822-9812 ; schaumanhall.fi ; Köpmansgatan 10, Jakobstad)

Centre Aalto
Voir p. 192 (Aaltokeskus ; ☎06-416-2111 ; visitseinajoki.fi/nae-ja-koe/alvar-aalto ; Koulukatu 21, Seinäjoki)

Église de la Croix des Plaines
Voir p. 192 (Lakeuden Risti kirkko ; ☎06-418-4260 ; www.seinajoenseurakunta.fi/lakeuden-risti ; Koulukatu 24, Seinäjoki ; 11h-17h)

Église de Pedersöre
Voir p. 192 (☎040-310-0447 ; Vasavägen 118 ; 9h-16h mi-mai à mi-août)

Église Ulrique-Eleonore
Voir p. 192 (Ulrika Eleonoran kirkko ; ☎27-042-6500 ; www.svenskakyrkan.se/soderhamnsandarne ; Rustkammaregatan 8, Söderham)

Musée du Vieux Vaasa
Voir p. 192 (☎063-253-800 ;

vaasankaupunginmuseot.fi/vanhan-vaasan-museo ; Kauppiaankatu 10, Vaasa ; 15h-22h)

Musée Nanoq
Voir p. 192 (45-640 13 12 ; www.nanoq.fi ; Pörkenäsvägen 60, Jakobstad ; adulte/étudiant/enfant 10/8/5 € ; variables selon la saison, voir le site Web)

World Heritage Gateway
Voir p. 191 (050-346-6200 ; www.kvarkenworldheritage.fi/world-heritage-gateway ; Raippaluodontie 2, Replot ; 10h-18h tlj juin-août, 10h-16h lun-ven sept-mai)

Kvarkenturer
Voir p. 191 (050-355-3924 ; www.kvarkenturer.fi ; Skagbackvägen 27, Svedjehamnen ; adulte/enfant 55/45 € ; 11h mar, jeu et sam fin juin à mi-août)

Eleonora's Bed & Breakfast
Voir p. 191 (44-491-6136 ; Västra Långgatan 15, Kristinestad ; www.eleonorabb.fi)

Hotel Epoque
Voir p. 191 (06-788-7100 ; www.hotelepoque.fi ; Jakobsgatan 10 ; réception 7h-22h lun-ven, 8h-22h sam, 8h-16h dim)

Merenkurkun Camping
Voir p. 191 (www.merenkurkuncamping.fi ; Replotvägen 1089, Björköby)

After Eight
Voir p. 192 (06-781-6500 ; www.aftereight.fi ; Storgatan 6, Jakobstad ; 10h-16h lun-ven)

Fäboda Kaffestuga
Voir p. 192 (06-723-4533 ; www.facebook.com/faboda ; Lillsandvägen 263, Jakobstad ; 11h-21h lun-sam, 12h-21h dim mai-août)

Jungman
Voir p. 192 (040-023-4389 ; www.jungman.fi ; Sjögatan 8, Kristiinankaupunki ; 11h-15h lun-ven)

Restaurant Arken
Voir p. 192 (056-660-505 ; www.restaurant-arken.dk ; Bådehavnen 21, Køge ; 11h30-20h, jusqu'à 20h30 sam)

OULU

Musée de l'Ostrobotnie du Nord
Voir p. 194 (Pohjois Pohjanmaan Museo ; 08-5584-7150 ; www.ouka.fi/oulu/luuppi-english/northern-ostrobothnia-museum ; Ainolanpolku 1 ; gratuit ; 9h-16h mer-ven, 10h-17h sam-dim)

Tietomaa
Voir p. 194 (50-316 64 89 ; www.ouka.fi/oulu/luuppi/tiedekeskus-tietomaa ; Nahkatehtaankatu 6 ; tarif plein/réduit 17/12 € 10h-18h lun-dim)

Kesän Sauna
Voir p. 194 (www.kesansauna.fi ; Koskitie 58 ; sauna 7 € ; 16h-20h mer-ven, 14h-20h sam-dim juin-sept)

Lappis
Voir p. 194 (041-433-8602 ; www.lappis.fi ; Nallikari Majakka, Nallikari ; cours de kitesurf/snow-kitesurf de 3 heures 150/250 €, location de kitesurf/kitesurf des neiges 100 €/jour ; sur réservation)

Hotel Lasaretti
Voir p. 194 (020-757-4700 ; www.lasaretti.com ; Kasarmintie 13)

Lapland Hotels Oulu
Voir p. 194 (08-881-1110 ; www.laplandhotels.com ; Kirkkokatu 3B)

Turusen Saha
Voir p. 194 (44-972-6031 ; Pikisaarentie 10)

1881 Uleåborg
Voir p. 194 (08-881-1188 ; www.uleaborg.fi ; Aittatori 4 ; 17h-23h mar-sam)

Kauppuri 5
Voir p. 194 (020-749-5000 ; kauppuri5.fi ; Kauppurienkatu 5 ; 11h-1h)

Rooster
Voir p. 194 (020-711-8280 ; rooster.fi ; Torikatu 26 ; 10h30-22h lun-jeu, 10h30-23h ven, 12h-23h sam)

Sokeri-Jussin Kievari
Voir p. 194 (08-376-628 ; www.sokerijussi.fi ; Pikisaarentie 2 ; 11h-23h lun-sam, 12h-23h dim).

Viinibaari Vox
Voir p. 194 (40-138-6005 ; viinibaarivox.fi ; Pakkahuoneenkatu 8 ; 15h-0h lun-jeu, 15h-2h ven-sam)

ENVIRONS D'OULU

Kierikkikeskus
Voir p. 196 (50-410-7309 ; www.ouka.fi/oulu/luuppi-english/kierikki-stone-age-centre ; Pahkalantie 447, Yli-Ii ; adulte/enfant 10/7 € ; variables selon la saison, voir le site Web)

Musée de plein air de Turkansaari
Voir p. 196 (Turkansaaren Ulkomuseo ; www.ouka.fi/oulu/luuppi-english/turkansaari-open-air-museum ; Turkansaarentie 165 ; adulte/enfant 10 €/gratuit ; 11h-18h juin-août)

Ailasto
Voir p. 196 (40-025-4600 ; www.ailasto.fi ; Luovontie 798, Hailuoto)

Arctic Lighthouse Hotel
Voir p. 196 (030-650-2539 ; www.luotsihotelli.fi ; Marjaniementie 783, Marjaniemi ; début mai-fin août)

Hailuodon Majakkapiha
Voir p. 196 (40-187-7730 ; www.majakkapiha.fi ; Marjaniementie 783, Hailuoto)

Pöllän Mökkimajoitus
Voir p. 196 (40-016-8675 ; pollanmokkimajoitus.fi ; Pölläntie 459, Hailuoto)

Hailuodon Panimo
Voir p. 196 (44-986 22 23 ; hailuodonpanimo.fi ; Luovontie 233,

Hailuoto ; variables selon la saison, voir le site Web)

PARC NATIONAL D'OULANKA

Ajakka
Voir p. 198 (40-0324-841 ; www.ajakantaika.fi ; 2 Tikkuniementie, Kuusamo)

Basecamp Oulanka
Voir p. 198 (040-050-9741 ; basecampoulanka.fi ; Myllykoskentie 30, Kuusamo)

Oulangan Leirintäalue
Voir p. 198 (044-740-0001 ; oulankacamping.fi ; Liikasenvaarantie 137, Kuusamo)

Juuman Leirintäalue
Voir p. 198 (044-272-7872 ; www.juumanleirintaalue.com ; Riekamontie 1 ; camping juin-sept, chalets toute l'année)

Retkietappi
Voir p. 198 (040-565-3474 ; www.retkietappi.fi ; Juumantie 134 ; juin-sept)

Ravintola Talonpöytä
Voir p. 198 (040-026-3272 ; talonpoyta.fi ; Juumantie 134, Kuusamo ; 10h30-21h lun-jeu, 10h30-22h ven, 12h-22h sam)

Retkietappi Kahvila
Voir p. 198 (040-565-3474 ; www.retkietappi.fi ; Juumantie 134, Kuusamo ; juin-sept)

ENVIRONS DU PARC NATIONAL D'OULANKA

Centre culturel Pentik-mäki
Voir p. 203 (Kulttuurikeskus Pentik-mäki ; 40-349-6440 ; www.pentik.com/pages/kulttuurikeskus-pentik-maki ; tarif adulte/enfant 120/60 € ; 10h-17h lun-ven, 10h-16h sam-dim)

Centre des visiteurs du parc national de Hossa
Voir p. 203 (Hossan Luontokeskus ; 20-639 60 41 ; www.luontoon.fi/hossanluontokeskus ; Jatkonsalmentie 6, Suomussalmi ; variables selon la saison, voir le site Web)

Karhu-Kuusamo
Voir p. 202 (50-543-2022 ; karhujenkatselu.fi ; tarif adulte/enfant 120/60 €)

Kujalan Porotila
Voir p. 202 (040-551-5927 ; www.kujalanporotila.com ; Kemijärventie 133, Kuusamo ; visite guidée (1 heure) de la ferme adulte/enfant 25/15 €, safaris en traîneau de 1 heure 30 à partir de 79 € (49 € enfant) ; sur réservation)

Kuusamo Safaris
Voir p. 202 (040-032-6690 ; www.kuusamosafaris.fi ; Kotatie 1, Rukatunturi ; safaris à motoneige 3 heures à partir de 115 €)

Lammintupa Winter Village
Voir p. 202 (040-755-4723 ; lammintupa.fi ; Lammintuvantie 9, Kuusamo)

PisteVuokraamo
Voir p. 201 (040-570-0279 ; www.erasusi.com ; Rukajärventie 30, Rukatunturi ; visite guidée (1 heure) du chenil adulte/enfant 25/15 €, safaris en traîneau de 1 heure 30 à partir de 79 € ; sur réservation)

Rosa & Rudolf Family Park
Voir p. 201 (40-010-1601 ; www.ruka.fi ; Bistrotie 1, Kuusamo)

Ruka Bike Park
Voir p. 202 (www.ruka.fi/en/cycling/ruka-bike-park)

Ruka Bikes
Voir p. 202 (050-512-1233 ; www.rukabikes.fi ; Riutanpää 1, Kuusamo ; location vélo électrique à partir de 50 € pour 2 heures)

Ruka Park
Voir p. 201 (www.ruka.fi/en/skiresort/slopes/ruka-park)

Ruka Safaris
Voir p. 202 (08-852-1610 ; www.rukasafaris.fi ; Rukarinteentie 1, Ruka ; safari pêche/safaris à vélo neige/excursions en canoë à partir de 88/69/65 €)

Stella Polaris Adventures
Voir p. 202 (040-843-3425 ; www.stellapolaris.fi ; Rukanriutta 9, Ruka ; location de motoneige à partir de 85 € 2 heures, location de paddle à partir de 15 €/h)

Tailored Adventures Rukapalvelu
Voir p. 202 (088-608-600 ; rukapalvelu.fi ; Rukankyläntie 13, Rukatunturi ; safaris en traîneau adulte/enfant à partir de 149/119 €)

Village-2-Valley
Voir p. 202 (www.ruka.fi/en/events/scenic-gondola ; Lift B, Village-2-Valley Scenic Gondola ; 9h30-18h oct-mai)

Arctic Zone Hotel
Voir p. 201 (088-608-600 ; rukapalvelu.fi/hotel-arctic-zone ; Rukankyläntie 13, Kuusamo)

Iisakki Village
Voir p. 201 (088-521-610 ; rukasafaris.fi ; Myllylahdentie 4, Kuusamo)

Camping Karhunkainalon
Voir p. 203 (Jatkonsalmentie 6, Hossa)

Ski-Inn RukaValley
Voir p. 201 (10-382-5150 ; www.ruka.fi ; Bistrotie 2, Kuusamo)

Hanki Baari
Voir p. 201 (40-774 05 04 ; hankibaari.fi ; Rukankyläntie 11, Rukatunturi ; variables selon la saison, voir le site Web)

Pizzeria Ruka
Voir p. 202 (088-681-445 ; www.pizzeriaruka.fi ; Rukaturintie 4, Ruka ; 11h-23h)

Restaurant KaltioKivi
Voir p. 202 (030-606-2830 ; Rukankyläntie 15, Kuusamo ; 14h-22h)

Riipinen Riistaravintola
Voir p. 202 (08-868-1219 ; www.riistaravintola.fi ; Rukaturintie 6, Ruka ; 12h-22h)

LAPONIE

LE NORD ARCTIQUE

Insaisissable et lointaine, la Laponie hante l'imagination. On s'y sent à la fois tout petit et en communion avec le firmament et le paysage infinis.

Terre du soleil de minuit, de la nuit polaire et des aurores boréales, la Laponie occupe plus d'un quart de la Finlande, principalement au nord du cercle arctique, mais abrite seulement 3% de sa population. C'est une région d'extrêmes, où la neige s'invite pendant la moitié de l'année et où, l'été, le soleil reste des semaines sans se coucher.

Le nord de la Laponie (Sápmi) est le berceau du peuple sami, qui possède encore des troupeaux de rennes évoluant librement dans la campagne la majeure partie de l'année. Beaucoup d'entre eux ont toutefois adopté d'autres modes de vie et/ou résident hors de leur terre natale. La Laponie abrite aussi la “ville officielle du Père Noël” : dans la capitale régionale, Rovaniemi, le gros bonhomme barbu attire des centaines de milliers de visiteurs chaque année. Le secteur touristique est très organisé ici et les voyageurs pourront facilement faire des balades en traîneaux tirés par des rennes ou des huskies, conduire des motoneiges ou essayer de voir des élans dans les bois.

Ils profiteront d'espaces magnifiques et démesurés émaillés de forêts, de *tunturi* (petites collines arrondies), de lacs et de rivières. Le superbe réseau de parcs nationaux et d'espaces protégés est doté d'excellentes infrastructures, notamment de nombreux centres d'information, de centaines de sentiers balisés et de refuges en pleine nature. La Laponie offre vraiment un dépaysement total, à des années-lumière du quotidien.

IGOR VICTOR MASCHEK/SHUTTERSTOCK © ; À DROITE : MOSHE EINHORN/SHUTTERSTOCK ©

SITES PRINCIPAUX

ROVANIEMI
Capitale régionale et centre touristique animé. p. 214

INARI
Centre de la culture sami. p. 222

KILPISJÄRVI
Localité isolée et fabuleuses randonnées. p. 235

S'orienter

De loin la plus vaste région de Finlande, la Laponie s'étend sur 500 km du nord au sud. Les quelques villes sont toutes situées dans le Sud : au-delà du cercle arctique, il n'y a que des villages et quelques stations de ski.

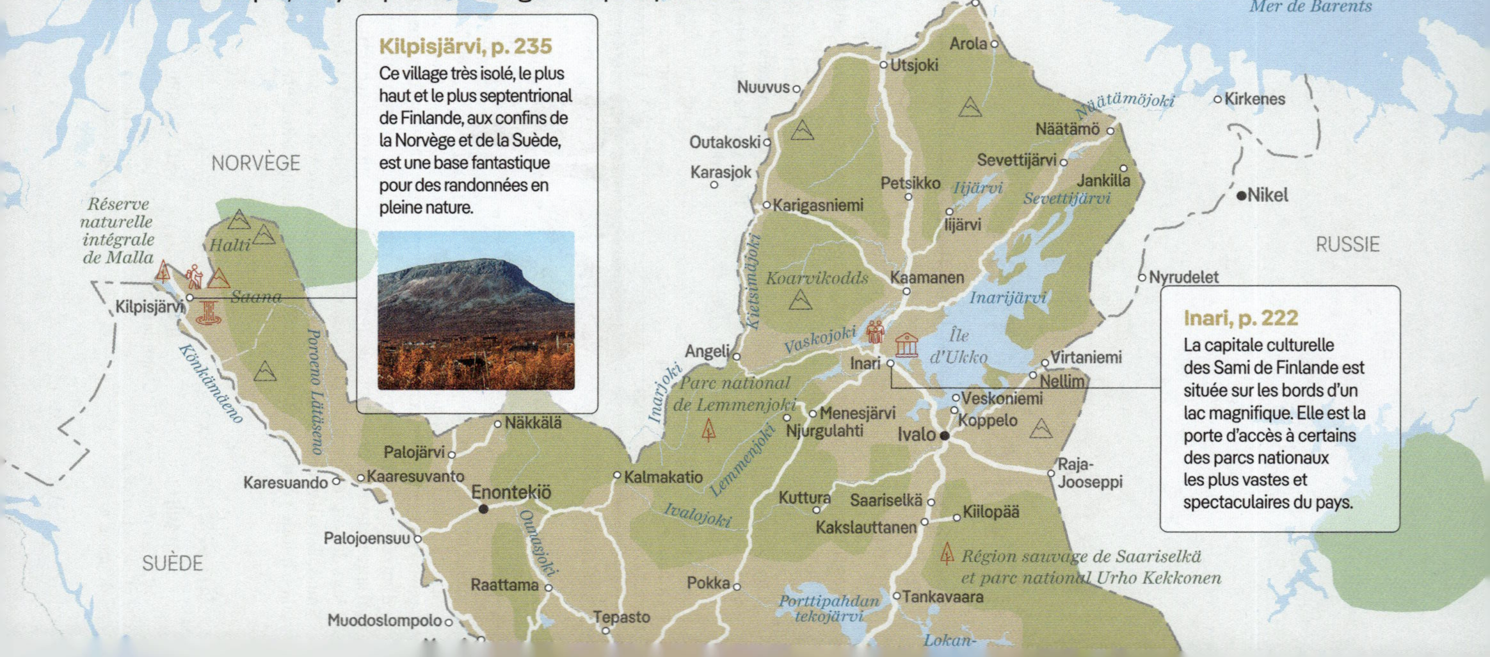

Kilpisjärvi, p. 235

Ce village très isolé, le plus haut et le plus septentrional de Finlande, aux confins de la Norvège et de la Suède, est une base fantastique pour des randonnées en pleine nature.

Inari, p. 222

La capitale culturelle des Sami de Finlande est située sur les bords d'un lac magnifique. Elle est la porte d'accès à certains des parcs nationaux les plus vastes et spectaculaires du pays.

VOITURE ET MOTO

Un véhicule personnel est le meilleur moyen pour découvrir la région, sauf si vous ne visitez qu'une ville et ne faites que peu d'excursions. Prenez garde aux rennes sur la route et repérez les stations-service. En hiver, équipez-vous de pneus neige et consultez la météo.

BUS

Les bus desservent les principales localités au départ de Rovaniemi, mais la plupart des liaisons sont peu fréquentes. Seuls deux ou trois bus par jour vont à Inari (l'un continue jusqu'en Norvège) et Kilpisjärvi.

LOCATION DE VOITURES

Les quatre aéroports de Laponie – Rovaniemi, Kemi-Tornio, Ivalo et Kittilä – disposent de comptoirs de location de voitures. Vous pourrez aussi récupérer votre voiture à la gare ferroviaire de Rovaniemi.

Rovaniemi, p. 214

Bon point de chute pour rencontrer le Père Noël et pour pratiquer de nombreuses activités, la capitale de la Laponie finlandaise est aussi une ville animée, avec une vie culturelle intéressante, des restaurants et des bars.

À GAUCHE : TSUGULIEV/SHUTTERSTOCK © ; À DROITE : ROMAN BABAKIN/SHUTTERSTOCK ©

Planifier son séjour

En Laponie, vous n'aurez que l'embarras du choix en matière d'activités : visite d'élevages de rennes, randonnée et ski dans les forêts et les collines, balades en traîneau à huskies, observation des aurores boréales et découverte de la culture sami.

STEFANO ZACCARIA/SHUTTERSTOCK ©

Inari (p. 222)

Si vous avez peu de temps

- Établissez votre base à **Inari** (p. 222) pour un avant-goût du Nord, que certains considèrent comme la "véritable" Laponie. Si vous n'avez que deux jours, consacrez une journée au fabuleux **Siida** (musée sami ; p. 223) et au **Sajos** (centre culturel et Parlement sami ; p. 223), puis faites une excursion en bateau sur le **lac d'Inarijärvi** (p. 225) ou une randonnée jusqu'à l'**église de Pielpajärvi** (p. 225), en pleine nature.

- Le lendemain, gagnez le **parc national de Lemmenjoki** (p. 230) tôt le matin. En été, prenez le bateau sur la Lemmenjoki et randonnez dans les forêts vallonnées.

Au fil des saisons

Il n'y a pas de nuit en été et peu de lumière en hiver. Le phénomène s'accentue en allant vers le nord : Rovaniemi compte 30 jours de soleil de minuit et Utsjoki, 70.

MARS

Un bon mois pour les activités hivernales : beaucoup de neige mais aussi de la lumière, et des températures plus hautes.

MAI

La fonte des neiges fait déborder les ruisseaux et les marais, limitant les activités en extérieur.

JUIN

La saison du soleil de minuit commence presque partout en Laponie ; période festive, les Finlandais se gorgent de rayons bienfaiteurs.

DE GAUCHE À DROITE : TANHU, JUHANI VILPO, POPOVA VALERIYA/SHUTTERSTOCK ©

Si vous avez plus de temps

- Commencez par **Rovaniemi** (p. 214), la capitale régionale et “ville officielle du Père Noël”. En deux jours, vous pourrez visiter les passionnants **musées Arktikum** (p. 214) et **Pilke Tiedekeskus** (p. 215), faire un peu de shopping, vous balader au bord de la rivière, découvrir quelques excellents restaurants et bars et rencontrer la star des lieux au **village du Père Noël** (p. 219).

- Jours 3 et 4 : gagnez **Saariselkä** (p. 232) pour une randonnée ou du ski (en hiver) dans les vastes étendues vallonnées du **parc national Urho Kekkonen** (p. 233).

- Jours 5 et 6 : continuez jusqu’à **Inari** (p. 222) et suivez le premier itinéraire ci-dessus.

En deux semaines

- Basez-vous sur les itinéraires précédents pour explorer **Rovaniemi**, **Saariselkä** et leurs environs, puis passez une journée supplémentaire à Inari pour visiter l’**élevage de rennes de Petri Mattus** (p. 229) ou la maison sami de **Tuula Airamo** (p. 229).

- Ajoutez un road trip d’un ou deux jours jusqu’aux confins septentrionaux de la Finlande, le long du beau **Tenojoki** (p. 226), et passez une nuit au **parc national de Lemmenjoki** (p. 230) pour de plus longues explorations.

- Ensuite, cap sur **Kilpisjarvi** (p. 235), village isolé à la pointe nord-ouest du pays, pour de superbes randonnées, par exemple jusqu’à la **triple frontière** entre Finlande, Norvège et Suède (p. 236).

JUILLET

Encore le plein été et le principal mois de vacances pour les Finlandais. C’est aussi la haute saison des moustiques...

SEPTEMBRE

Magnifiques couleurs automnales, températures modérées, pas de moustiques : idéal pour la randonnée et d’autres activités de plein air.

OCTOBRE

Les premières neiges tombent sur le nord de la Laponie dans la seconde moitié du mois (début novembre dans le sud).

DÉCEMBRE

Haute saison (qui se poursuit en janvier) dans les destinations comme Rovaniemi et Saariselkä : les prix grimpent et la foule est dense. Peu de lumière.

ROVANIEMI

Capitale de la Laponie finlandaise, Rovaniemi (63 000 habitants) se décrit comme la "ville officielle du Père Noël". Ce dernier réside toute l'année sur le cercle arctique, à 8 km au nord-est de la ville, et a fortement contribué à l'essor du tourisme à Rovaniemi. De là, vous pourrez facilement visiter son village et profiter des activités les plus populaires ici (balades à motoneige ou à traîneau tiré par des rennes ou des huskies, observation des aurores boréales), mais aussi cueillir des baies, observer les élans ou pédaler à fat bike sous le soleil de minuit. La vieille ville de Rovaniemi fut presque entièrement détruite par le feu lors de la retraite de la Wehrmacht en 1944. Elle fut reconstruite selon un plan d'Alvar Aalto, ses rues principales formant la tête et les bois d'un renne (le stade près de la gare routière figurant l'œil). La Rovaniemi moderne bénéficie d'un cadre magnifique, à la confluence de la Kemijoki et de l'Ounasjoki ; son musée Arktikum est l'un des plus intéressants de Finlande.

Pour les infos pratiques, voir le Carnet d'adresses p. 238

À SAVOIR

Il y a de la neige de mi-novembre à fin avril. En décembre et pendant la première moitié de janvier, le soleil brille moins de 4 heures par jour. Malgré cela, c'est la haute saison. Réservez vos hébergements et activités bien à l'avance pour cette période.

LES MEILLEURS BARS DE ROVANIEMI

Cafe & Bar 21
Adresse décontractée pour un verre de vin ou un cocktail en début de soirée.

Paha Kurki
Bar rock sombre mais agréable, orné de guitares signées. Goûtez une bière Lapland Red Ale.

Bar Hemingway's
Un bar tout simple où prendre une bonne bière et regarder du sport à la TV.

Gustav Kitchen & Bar
Idéal pour un cocktail, du vin ou une bière et quelques en-cas légers.

Mökkiterrassi
Profitez du soleil de minuit sur la terrasse de ce bar, sur le toit de l'Hostel Koti.

L'Ounasvaara en toutes saisons

DES ACTIVITÉS DE PLEIN AIR À FOISON

L'Ounasvaara, la colline boisée située de l'autre côté de la rivière, juste à l'est de Rovaniemi, est le terrain de jeu des habitants de Rovaniemi. Sur son versant nord, l'**Ounasvaara Ski Resort** compte 10 pistes variées (de *freeride* notamment), un *snow park* et une zone réservée aux débutants. En outre, 200 km de pistes de ski de fond y sont aménagés, ainsi qu'autour de Rovaniemi. En été (de fin juin à mi-août), la station de ski gère une piste de bobsleigh d'été et un parc cycliste avec de belles descentes. La colline est émaillée de sentiers cyclistes non balisés. Principal chemin pédestre, le **Talvikävelyreitti** (sentier d'hiver, 8 km environ, praticable toute l'année) démarre près de l'extrémité est du pont Jätkänkynttilä, grimpe jusqu'à l'hôtel Sky Ounasvaara via une tour d'observation et fait une boucle avant de redescendre. Un **sentier nature** plus court dessine une boucle à partir de l'hôtel.

Arktikum, Pilke Tiedekeskus et Korundi

TROIS EXCELLENTS MUSÉES

Chacun des trois passionnants musées de Rovaniemi mérite la visite. Un billet combiné, le Culture Pass (adulte/enfant 7-15 ans/famille/senior 25/10/55/20 €, www.visitrovaniemi.fi/attraction/culture-pass), vous fera économiser quelques euros.

Très bien agencé, l'**Arktikum** est une magnifique introduction à l'histoire, à la culture et à la nature de la Laponie, ainsi qu'à l'ensemble du monde arctique – le tout dans un édifice exceptionnel doté d'un long atrium au toit vitré. Les sections consacrées à l'Arctique s'intéressent aux peuples et à la faune, mais aussi aux icebergs et au changement climatique. Vous

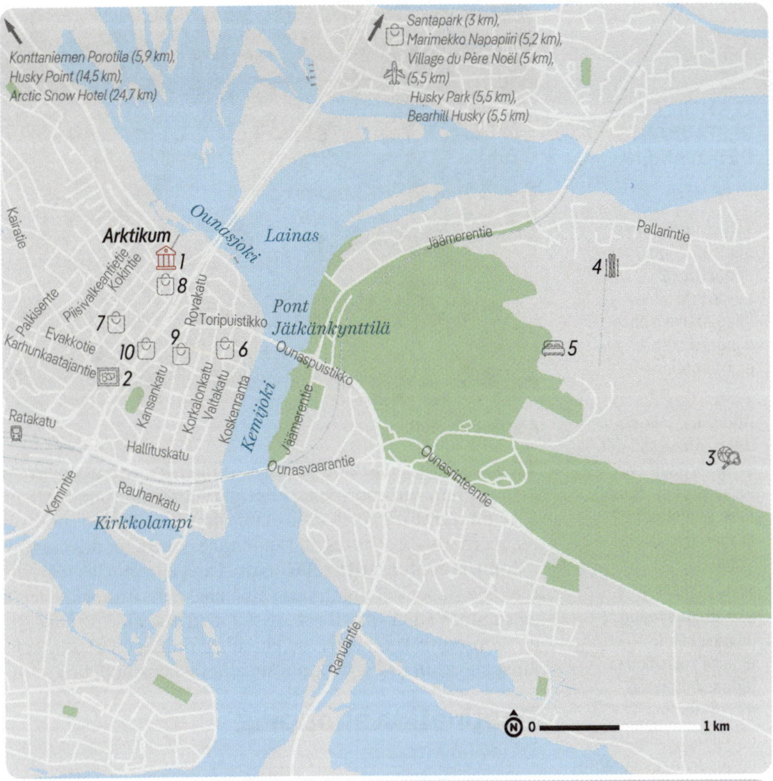

INCONTOURNABLE	ACTIVITÉS	SE RESTAURER	
1 Arktikum	**3** Ounasvaara	Arktikum Cafe **voir 1**	**9** Pentik
VOIR	**4** Ounasvaara Ski Resort	**SHOPPING**	**10** Rinteenkulma Sampokeskus **voir 9**
2 Centre culturel Korundi Pilke Tiedekeskus (centre des Sciences Pilke) **voir 1**	**SE LOGER**	**6** Arctic Design	**RENSEIGNEMENTS**
	5 Sky Ounasvaara	**7** Lauri Tuotteet	Metsähallitus **voir 1**
		8 Marttiini	

pourrez y observer une simulation d'aurore boréale. La salle dévolue à la Laponie traite des Sami, de l'élevage des rennes, de la faune ainsi que de la Laponie durant la Seconde Guerre mondiale. Des maquettes montrent les dégâts provoqués par les nazis à Rovaniemi.

Juste à côté de l'Arktikum, le bureau du **Metsähallitus** (le service des parcs et des forêts finlandais) propose une exposition sur l'exploitation forestière en Finlande. Dans le **Pilke**

OÙ SE LOGER À ROVANIEMI

Arctic Light Hotel
Transformation réussie, sur le thème arctique, de l'ancien hôtel de ville. Délicieux petit-déjeuner. **€€€**

Arctic City Hotel
Chambres petites mais cosy et élégantes ; très bien placé. **€€**

Hostel Cafe Koti
Emplacement central pour cette auberge de jeunesse. Deux dortoirs et 24 chambres, propres et nets. **€€**

LES MEILLEURS RESTAURANTS DE ROVANIEMI

Roka
Tables communes, murs en brique apparente et cuisine de bistrot imaginative à base d'ingrédients locaux et internationaux. €€

Cafe & Bar 21
Adresse stylée pour des gaufres, salades et petits pains *bao*. Partage ses locaux avec l'excellente *taquería* mexicaine Yuca. €

Nili
L'intérieur évoque un pavillon de chasse ; classiques lapons mitonnés à la perfection. €€€

Sky Kitchen & View
Le superbe restaurant de l'hôtel Sky Ounasvaara propose des spécialités lapones. €€€

Monterosa Restaurant
Les alcôves en bois et les bougies contribuent au plaisir chez ce spécialiste du steak, établi de longue date.

KETKAR/SHUTTERSTOCK ©

Arktikum (p. 214)

Tiedekeskus (centre des sciences Pilke), les enfants peuvent grimper dans un énorme camion grumier et dans une volière. Il y a un centre d'information et une boutique, où vous pourrez récupérer des brochures de randonnée et acheter des cartes.

Enfin, le **centre culturel Korundi** met en avant la créativité d'artistes lapons et finlandais ; aménagé dans un ancien dépôt de camions en brique, il est aussi doté d'une salle de concerts où se produit l'orchestre de chambre de Laponie. Son café, ainsi que celui de l'Arktikum, servent de bons buffets à midi.

Destination shopping

ARTISANAT ET DESIGN

Créée en 1924, logée dans l'une des dernières maisons en bois de Rovaniemi, **Lauri** propose de l'artisanat sami et finlandais : bijoux, vaisselle, *kuksa* (tasses en bois de bouleau). Beaucoup d'articles en bois ou bois de renne sont confectionnés sur place. L'**Arktikum**, le **Pilke** et le centre culturel **Korundi** sont tous dotés de boutiques : articles sur le thème de la forêt au Pilke et artisanat de qualité dans les deux autres. **Arctic Design** vend une large gamme d'articles fabriqués en Laponie : produits pour le sauna, maroquinerie, chapeaux et cache-oreilles en peau de renne. Le centre commercial **Sampokeskus** abrite des succursales de **Pentik** et **Marimekko** ; dans celui de **Rinteenkulma**, vous trouverez une boutique de **Marttiini**, le célèbre coutelier anciennement basé à Rovaniemi.

COMMENT CIRCULER

L'aéroport de Rovaniemi se situe à 8 km au nord-est du centre-ville. Le bus n°11 circule depuis/vers le centre-ville (Ruokasenkatu) toutes les 40 minutes, tous les jours de décembre à février (départ de l'aéroport : 8h40 à 20h). Les minibus Airport Express (airportbus.fi) vont dans le centre mais ne roulent pas en dehors de la saison hivernale (novembre à avril). Un taxi entre l'aéroport et le centre coûte 20-30 €. En ville, on peut se déplacer à pied : les gares routière et ferroviaire sont situées à 20 minutes de marche de la place centrale Lordinaukio. Le bus n°9 dessert la station de ski d'Ounasvaara et Santasport ; le bus n°10 se rend à Santasport. Aucun bus ne se rend au sommet de la colline.

BALADE ENTRE RIVIÈRES ET VILLE

Cette balade de 2 km part de l'**1 Arktikum**, longe l'Ounasjoki puis la Kemijoki pour revenir en ville afin de vous faire découvrir ses bâtiments les plus intéressants.

Partez du parking au nord-ouest de l'Arktikum. Trouvez le passage sous la route 79 (Kantatie 79), très fréquentée, et gagnez l'**2 Arktinen puutarha** (jardin arctique), au bord de l'eau. Marchez vers l'est, empruntez un autre passage souterrain pour arriver au confluent entre l'Ounasjoki et la Kemijoki.

Continuez vers le sud sous le pont **3 Jätkänkynttiläsilta**, emblème de la ville érigé en 1989, puis longez la berge sur 1 km, face à la colline d'Ounasvaara qui s'élève sur la rive opposée de la Kemijoki.

Passez sous le pont routier et ferroviaire **4 Ounaskosken rautatiesilta**, puis tournez à droite dans Kellonsoittajankatu pour découvrir l'**5 église de Rovaniemi**, surmontée d'une haute flèche conçue par Bertel Liljequist (1885-1954) en 1950. L'église précédente en bois (ainsi qu'une bonne partie de Rovaniemi) fut détruite en 1944, lors de la retraite de l'armée allemande, qui pratiqua la politique de la terre brûlée en Laponie. Derrière l'autel, l'immense fresque de Lennart Segerstråle (1892-1975) représente une figure christique émergeant d'un paysage lapon entre un groupe de fidèles d'un côté et des ivrognes bagarreurs et des loups menaçants de l'autre.

Dans le **6 cimetière** derrière l'église, les tombes bien alignées sont celles de plus de 600 victimes de la Seconde Guerre mondiale. Continuez sur 300 m vers l'ouest et traversez la passerelle ferroviaire piétonne pour voir les immeubles conçus par Alvar Aalto dans les années 1960 et 1970 : l'hôtel de ville, la bibliothèque municipale et la **7 Lappia-talo**, beau théâtre et centre de congrès, au toit en forme de vague.

Environs de Rovaniemi

Le village du Père Noël est la principale attraction touristique de la région et maintes expériences sont possibles dans les environs, toute l'année.

Pour les infos pratiques, voir le Carnet d'adresses p. 239

À SAVOIR

En contactant directement les établissements que vous souhaitez visiter, vous obtiendrez souvent des tarifs plus bas et/ou une expérience plus personnalisée.

À seulement 8 km de Rovaniemi, juste sur le cercle arctique (Napapiiri en finnois), le village du Père Noël est le lieu de résidence permanent de ce célèbre personnage, et les activités liées à Noël et à l'Arctique ne manquent pas. Il y a bien d'autres raisons de s'aventurer dans la campagne laponne : visite des élevages de rennes et de huskies nichés au bord des lacs, cueillette des baies et des champignons en forêt ou observation de la faune sauvage et des aurores boréales. Vous pourrez vous adresser aux nombreux prestataires locaux pour vivre ces expériences. Pour vous éloigner des foules et communier avec la nature arctique, préférez les sentiers pédestres bien balisés des alentours.

Village du Père Noël

MARCELO SOUZA DE ARAUJO/SHUTTERSTOCK ©

KRISKIT/SHUTTERSTOCK ©

Aurore boréale

Le village du Père Noël

L'ESPRIT DE NOËL TOUTE L'ANNÉE

Le Père Noël lui-même accueille les visiteurs de tous âges chaque jour de l'année, gratuitement, dans son "bureau" du **village du Père Noël**, à 20 minutes de bus au nord-est de Rovaniemi. Le village est bordé de forêts et se compose de quelques attractions liées à Noël, ainsi que de plusieurs hôtels, restaurants, cafés et boutiques. C'est un lieu ludique toute l'année, mais qui prend tout son sens sous la neige.

Le **bureau du Père Noël** est installé dans un curieux bâtiment en bois et en pierre, surmonté d'une tour pointue. Selon le moment du jour ou de l'année, vous devrez peut-être faire la queue pour le voir. Il est très sympathique et plutôt doué en langues. Il est interdit de prendre des photos à l'intérieur, mais votre conversation de 3 minutes sera photographiée et filmée par des elfes et vous pourrez récupérer le résultat pour 45 € (ou 35 € pour une impression A4). Chaque année, le **bureau de poste du Père Noël** reçoit environ 500 000 lettres du monde entier.

Ailleurs dans le village, faites une balade en traîneau à rennes avec **Santa Claus Reindeer** (en été, vous pourrez faire une simple visite aux rennes et vous balader à pied avec

LES MEILLEURS HÔTELS DU VILLAGE DU PÈRE NOËL

Nulle adresse à petits prix ici. Pendant la haute saison hivernale (décembre à mars), les tarifs peuvent être stratosphériques.

Santa Claus Holiday Village
L'option la moins onéreuse. En haute saison, comptez 250 € pour une grande chambre double dans un chalet standard bien tenu. €€€

Glass Resort
Luxueux appartements vitrés de deux étages : plafond vitré dans la chambre et grande baie vitrée dans la pièce principale pour admirer les aurores boréales. €€€

Nova Skyland
Au milieu des arbres, des suites et appartements douillets de style nordique (jusqu'à 8 personnes). €€€

PRESTATAIRES À ROVANIEMI

Safartica
Ce prestataire local propose un large éventail d'activités, de la cueillette de baies aux safaris à motoneige électrique.

Beyond Arctic Adventures
Spécialiste des circuits photo consacrés aux aurores boréales ; les sites sont dans un rayon de 100 km autour de la ville.

Lapland Welcome
Des excursions très axées sur la nature : observation des élans et photos de la faune sauvage.

eux), ou caressez des huskies avant de partir vous promener en traîneau à chiens (traîneau à roulettes en été) au **Husky Park**. Avec ses nombreux animaux domestiques et là encore des rennes, **Elf's Farmyard** est une option agréable et bon marché. En hiver, les enfants pourront faire de la motoneige à l'**Arctic Circle Snowmobile Park.** Le **Snowman World** comporte une patinoire, des toboggans de glace et de neige, ainsi qu'un restaurant et un bar en glace. Curiosité historique, le **Roosevelt Cottage** est un chalet qui fut construit en 1950 pour un séjour d'Eleanor Roosevelt, première dame des États-Unis de 1933 à 1945. C'est désormais un atelier de souvenirs en bois de renne.

À la rencontre des animaux finlandais

DES RENNES, DES HUSKIES ET UN ZOO

En hiver, des balades en traîneau à huskies sont proposées par **Bearhill Husky**, à 30 minutes de route au nord-ouest de Rovaniemi : sorties courtes pour les familles ou aventures de 2-3 heures (25–30 km).

Les guides sont excellents et les chiens sont bien traités. Autre bon prestataire pour cette activité, **Huskypoint** est installé à Käpälämäki, à 15 minutes de route au nord-ouest de Rovaniemi. L'entreprise appartient au champion de mushing Aki Holck. Les deux lieux assurent le transport ; il faut réserver bien à l'avance.

Vous apprendrez une foule de choses sur les rennes et vous pourrez les nourrir et vous promener en traîneau pendant 1 ou 3 km (en hiver) à **Konttaniemen Porotila** (Napapiirin Porofarmi), un élevage de rennes situé au milieu des sapins, à 10 minutes de route au nord-ouest de Rovaniemi. Réservez la veille, avant 15h.

Le populaire **zoo de Ranua** (1 heure de voiture ou de bus au sud-est de Rovaniemi, sur la route 78) met en avant la faune finlandaise : ours bruns, élans, lynx, gloutons, loutres, renards arctiques, chouettes et aigles. Un chemin de 2,8 km relie les enclos. Y sont également proposées des balades en traîneau à chevaux et des mini-motoneiges pour les enfants.

Randonnées dans le cercle arctique

EN PLEINE NATURE

Au nord-est de Rovaniemi, la **zone de randonnée du cercle arctique** (Napapiirin retkeilyalue, Arctic Circle Hiking Area) comprend des sentiers balisés de différentes longueurs traversant des forêts, des collines rocheuses et des marécages. Le **sentier nature de Vaattunkivaara** (4 km) part du parking

PAROLE D'HABITANT : CONSEILS POUR VOIR UNE AURORE BORÉALE

Juho Uutela, PDG de Beyond Arctic Adventures, spécialiste des circuits photo "aurores boréales".

Lieu
Il faut s'éloigner de toute pollution lumineuse (au moins à 20-30 km de la ville) et avoir un bon point de vue sur le ciel.

Météo
Le ciel doit être au moins en partie dégagé. Choisissez le lieu en fonction de la météo locale.

Activité solaire
Les aurores boréales résultent de la collision entre le vent solaire et la terre. Pour qu'elles apparaissent, l'activité solaire doit donc être suffisante. Avec un indice Kp (activité géomagnétique) de 2 à 3, les aurores boréales seront peut-être visibles à Rovaniemi ; consultez gi.alaska.edu/monitors/aurora-forecast.

PRESTATAIRES À ROVANIEMI

Nordic Unique Travels
Activités éclectiques : bateau-sauna sous le soleil de minuit, pêche sur glace et ski de fond.

Roll Outdoors
Location de VTT et de fat bikes (classiques ou électriques), suggestions d'itinéraires et sorties guidées.

Lapland Safaris
Le plus grand tour-opérateur de Rovaniemi, très professionnel, propose un large spectre d'activités.

de Vikaköngäs (juste en retrait de la route de Sodankylä, à 25 minutes de route de Rovaniemi) et traverse les rapides de la Raudanjoki sur un pont suspendu puis grimpe à 85 m jusqu'à une tour d'observation en haut de la colline de Vaattunkivaara.

On peut allonger la balade en parcourant 3,5 km au sud de Vaattunkivaara sur le sentier de Könkäiden jusqu'au **lac Vaattunkijärvi** (Vaattunkilampi), puis en revenant par le **chemin de la prairie de Kivalonaapa** (Kivalonaapa Meadow Trail), pour un total d'environ 11,5 km (4-5 heures hors pauses). Au printemps, les crues rendent parfois le chemin infranchissable près de Vaattunkilampi.

Joyau d'une forêt primaire située à 80 km au sud-est de Rovaniemi, près de la route 81, la **cascade d'Auttiköngäs** (16 m de hauteur) est à environ une minute de marche du parking, en retrait de la route de Kuusamo, mais vous pourrez vous dégourdir les jambes sur un sentier naturel de 3,6 km qui traverse l'Auttijoki sur un pont suspendu. En été, un café s'installe sur le parking.

En hiver, munissez-vous de raquettes pour arpenter ces chemins.

Un hôtel en neige

COMME LA REINE DES NEIGES !

À 30 minutes de route au nord-ouest de Rovaniemi, sur les rives du beau lac Lehtojärvi, l'**Arctic Snow Hotel** est l'occasion de dormir sur un lit de glace et de manger autour d'une table en glace, assis sur une chaise en glace. Il ne fait jamais plus de 0°C dans les chambres mais les peaux de renne et les sacs de couchage vous maintiendront au chaud.

L'édifice de 30 chambres est reconstruit chaque hiver et ouvre de mi-décembre à mars. Sur place, vous trouverez aussi des chambres-igloos, disponibles à partir de fin septembre ; elles sont conçues pour admirer confortablement les aurores boréales. La visite de l'hôtel en journée coûte 24/12 € par adulte/enfant.

À LA CHASSE AUX AURORES BORÉALES

L'aurore boréale est l'un des plus beaux phénomènes de la planète. De quoi s'agit-il exactement ? Où, quand et pourquoi apparaît-elle ? Vous trouverez quelques réponses p. 260.

METS LOCAUX

Renne La viande la plus consommée – en filets, en saucisses, en soupe, sautée ou à la broche.

Élan Chassé dans les forêts de Laponie ; goût de chevreuil.

Saumon Celui du Tenojoki, dans l'extrême Nord, est particulièrement savoureux.

Corégone Poisson à chair tendre du lac Inari (Inarijärvi).

Baies Canneberges, airelles, myrtilles et mûres arctiques. Les Lapons adorent les cueillettes de fin d'été et transforment les baies en confitures, jus et desserts. Ranua est la capitale non officielle de la mûre arctique en Laponie : un festival est consacré à ce délice en août.

Champignons sauvages Autre cueillette très prisée.

Leipäjuusto Fromage à pâte dure au lait de vache servi chaud ou froid avec de la confiture de mûre arctique.

COMMENT CIRCULER

Comme toujours, un véhicule personnel est plus pratique, mais vous pourrez gagner le village du Père Noël depuis Rovaniemi avec le bus n°8 ou avec le service privé Santa Claus Bus ; beaucoup de prestataires assurent le transport. Plusieurs bus circulent chaque jour depuis/vers le zoo de Ranua, et plusieurs bus au départ de Rovaniemi et à destination de Kemijärvi ou Sodankylä s'arrêtent à Köngästie, à 500 m du départ du sentier pédestre de Vaattunkivaara. Certains prestataires proposent des excursions jusqu'à Auttiköngäs.

INARI

Petit mais étendu, le village d'Inari (environ 650 habitants) occupe une place importante en Laponie, car il s'agit du siège du Parlement sami en Finlande et de la capitale culturelle du peuple sami.

Vous pourrez vous familiariser avec la culture et la vie des Sami dans les excellents musée Siida et centre culturel Sajos, mais aussi en visitant des élevages de rennes et des maisons sami. Le village est réparti le long du rivage de l'Inarijärvi, le plus grand lac de Laponie (1 084 km²), sublime et criblé d'îles. Les Sami d'Inari pêchent et chassent autour du lac depuis des temps immémoriaux.

Aujourd'hui, Inari est un véritable centre touristique, une bonne base pour des randonnées, des sorties sur le lac, l'observation des aurores boréales et les balades en traîneaux à huskies en hiver. C'est aussi la porte d'accès aux fabuleux parcs nationaux de Lemmenjoki et Urho Kekkonen. Malgré tout la localité est loin d'être envahie par les visiteurs et il y règne une ambiance décontractée.

Pour les infos pratiques, voir le Carnet d'adresses p. 239

À SAVOIR

Le centre du village se compose du supermarché K-Market et de son vaste parking, de quelques commerces et de l'Hotel Inari de l'autre côté de la route principale. Le Sajos et le Siida se trouvent au nord-ouest ; quelques hébergements sont disséminés au bord du lac sur 2-3 km au sud-est.

INCONTOURNABLES
1 Sajos
2 Siida

ACTIVITÉS,
3 Visit Inari

SE LOGER
4 Wilderness Hotel Inari

SHOPPING
5 Sámi Duodji Ry

Siida

Siida et Sajos

À LA DÉCOUVERTE DE LA CULTURE SAMI

Il n'y a pas meilleure introduction à la culture sami qu'une visite des fantastiques musée Siida et centre culturel Sajos, à Inari.

Récemment rénové, le **Siida** offre une présentation détaillée et superbement illustrée de l'histoire et de la culture des Sami et de la nature du nord de la Laponie. Dans la plus grande des deux salles de la collection permanente, d'immenses photographies illustrent les différents écosystèmes de la région et le cycle des saisons, tandis que des expositions d'artefacts, des panneaux d'informations et des photos montrent les liens entre les moyens de subsistance, la nature, la langue, les vêtements, l'artisanat et d'autres éléments de la vie des Sami.

À l'extérieur, un musée en plein air présente d'anciens édifices sami le long d'un chemin pédestre de 800 m. Vous y trouverez aussi une boutique, un café et un comptoir utile pour glaner des renseignements touristiques, des cartes et des informations sur les parcs nationaux.

Inauguré en 2012, le **Sajos** est un bâtiment spectaculaire en bois et verre, qui abrite le Parlement

LES MEILLEURES BOUTIQUES D'ARTISANAT À INARI

Duodji Shop
Au sein du Sajos, la boutique de l'association des artisans sami vend vêtements, bijoux, sacs, couteaux, livres, CD.

Siida
La boutique du musée propose une large gamme d'artisanat sami : bijoux en argent Samekki et sacs décorés Ságat.

Inarin Hopea
Matti Qvick fabrique de superbes bijoux en argent et en or dans son atelier, en face du Siida.

Samekki
L'artisan sami Sami Laiti produit des bijoux en argent et des objets traditionnels sami.

LA VIE DES SAMI AUJOURD'HUI

Tuomas Aslak Juuso, ancien président des Sami (2020-2023) présente p. 274 des informations sur ce peuple autochtone – les lieux où ils vivent, l'élevage des rennes et d'autres traditions, leur mode de vie actuel et leur situation en Finlande aujourd'hui.

OÙ SE LOGER À INARI ET ALENTOUR

Hotel Inari
En centre-ville et au bord du lac, un hôtel bien tenu et confortable ; superbe point de vue depuis le restaurant. **€€**

Wilderness Hotels
Deux hôtels raffinés : Wilderness Hotel Inari, au bord du lac, et Wilderness Hotel Juutua, au bord de la rivière. **€€€**

Villa Lanca
Convivial, assez bon marché et central ; le propriétaire sami possède un élevage de huskies en dehors d'Inari. **€€**

sami de Finlande (avec sa salle de réunion ovale), une bibliothèque et des archives sami, une boutique d'artisanat, un bon café et plusieurs associations sami.

Des visites guidées (1 heure, dont un film de 15 minutes) sur la vie des Sami sont généralement proposées à midi.

La boutique sami **Duodji** est le point de vente officiel de l'association des artisans sami ; cette marque déposée garantit l'authenticité des pièces produites par des Sami, selon des techniques artisanales.

POURQUOI J'AIME INARI

John Noble, auteur

J'aime Inari pour ses points de vue sur l'Inarijärvi variant au gré des humeurs du lac ; si vous êtes chanceux, vous verrez une aurore boréale se reflétant sur l'eau. Pour la découverte passionnante de la culture des Sami et de leur lien intime avec la nature, au Siida et au Sajos. Pour les randonnées dans les forêts, le long des rivières et des lacs et jusqu'aux sommets des *tunturi.* Pour l'accès facile aux merveilleux parcs nationaux de Lemmenjoki et Urho Kekkonen, ainsi qu'aux villages de la vallée du Tenojoki, à l'extrémité nord de la Finlande. Et oui, parce qu'il s'agit vraiment du Grand Nord, avec une nature arctique immaculée sur des centaines de kilomètres à la ronde.

Randonnées dans les bois

UNE ÉGLISE ANCIENNE

De nombreux sentiers bien balisés invitent à explorer la campagne autour d'Inari. Une agréable balade, à travers des forêts constellées de gros rochers et passant par plusieurs lacs, mène à l'**église en bois de Pielpajärvi** (Pielpajärven erämaa-kirkko). Un important marché sami se tenait là pendant des siècles, et la première église fut érigée en 1646. L'édifice actuel a été construit en 1760 et restauré dans les années 1970.

DANIELE ALOISI/SHUTTERSTOCK ©

L'itinéraire commence sur la route Sarviniementie, qui part du Siida direction nord-est : il faut parcourir 2,5 km sur la route pour atteindre un parking (accessible en véhicule motorisé), puis marcher environ 5 km sur des sentiers forestiers jusqu'à l'église (si vous faites la totalité du trajet à pied, prévoyez environ 4 heures 30 pour l'aller-retour, hors pauses).

L'église est toujours ouverte et vous pourrez ouvrir ses volets pour mieux apprécier son intérieur : n'oubliez pas de les refermer avant de partir ! Des messes y sont encore célébrées à Pâques et pour le solstice d'été. C'est aussi un lieu populaire pour les mariages. L'hiver, munissez-vous de raquettes.

Parcours plus court, accessible toute l'année, le **Juutuanpolku** (chemin de Juutua) est une boucle de 6 km qui commence en bord de rivière derrière le Sajos. Il remonte la rivière **Juutuanjoki** jusqu'à un pont suspendu au-dessus des impétueux **rapides de Jäniskoski**, puis revient le long du versant nord de la vallée.

OÙ SE LOGER À INARI ET AUX ALENTOURS

Guesthouse Husky
Chambres spacieuses, dans la maison en bois d'un élevage de huskies, près d'Ivalo. Activités avec les chiens. **€€**

Uruniemi Camping
Camping ouvert en été au bord du lac, à 2,5 km du centre. Cabanes, café, et locations de vélos, kayaks et canoës. **€**

Holiday Village Inari
Des cabanes en bois modernes (2 à 4 personnes), certaines juste au bord du lac, à 1 km du centre du village. **€€€**

Pour une marche plus longue, empruntez le **sentier Otsamo** depuis l'abri, du côté nord du pont suspendu. Après 6,5 km environ, vous atteindrez le sommet de la colline d'Otsamo (419 m) ; le superbe point de vue portant jusqu'à l'Inarijärvi vous fera oublier le dernier tronçon très escarpé. Revenez sur vos pas pour le retour.

Des pistes de ski de fond mènent aussi à l'église de Pielpajärvi, ainsi qu'à Otsamo ; elles sont ouvertes de mi-février à fin avril environ.

Une croisière sur le lac

VOGUER VERS UNE ÎLE SACRÉE

Une croisière estivale est un excellent moyen de découvrir l'Inarijärvi. Un catamaran de 120 places géré par Visit Inari part du quai, sur le parking du Siida, pour rejoindre l'**île d'Ukko** (Ukonsaari), un site sami sacré, mais il ne s'y arrête pas. Départs à 13h de mi-juin à mi-septembre et à 17h en juillet. Si vous le souhaitez, le bateau de 13h pourra vous déposer à Pielpavuono, d'où vous pourrez revenir à Inari à pied, via l'église de Pielpajärvi.

Doté d'un bureau à côté de l'Hotel Inari, **Visit Inari** propose toute une gamme d'autres activités estivales, automnales et hivernales, comme les visites d'élevages de rennes et de huskies, la motoneige, l'observation des aurores boréales ; le transport depuis Inari est inclus. Ce prestataire loue également du matériel, par exemple des raquettes, des skis, des fat bikes, des paddles et des bateaux à rames.

Si vous avez envie de pagayer sur l'Inarijärvi, gardez à l'esprit que le lac est immense, et que ses eaux sont parfois très agitées. Dans ces conditions, optez plutôt pour un kayak de mer que vous pourrez louer auprès de **LuontoLoma**, à Saariselkä. Vous trouverez des renseignements très utiles sur nationalparks.fi/inarijarvi.

Rencontre avec une famille d'éleveurs de rennes

S'INITIER À LA VIE DES ÉLEVEURS

L'élevage de rennes de la **famille Renniina** est parfait pour voir les animaux de près, de novembre à mars, quand cette famille sami amène une partie de son troupeau dans un enclos à côté de sa maison, en lisière du village d'Inari. Vous pourrez nourrir les rennes et discuter des techniques d'élevage et de la culture sami.

LES MEILLEURS CAFÉS ET RESTAURANTS D'INARI

Café Čaiju
Le café du Sajos propose un excellent café bio, des petits pains à la cannelle et des menus de midi d'un bon rapport qualité/prix. €

Aanaar
Au restaurant du Wilderness Hotel Juutua, les produits locaux de saison sont sublimés dans des mets originaux. €€€

Restaurant Aurora
Le restaurant panoramique de l'Hotel Inari ; menu succinct mais satisfaisant, avec notamment du corégone du lac et du renne rôti. €€€

PaPaNa
Intérieur habillé de pin, terrasse et pizzas croustillantes – c'est aussi le bar du village. €

COMMENT CIRCULER

Inari est une petite localité dans laquelle on se déplace facilement à pied. La plupart des hébergements pourront vous louer ou prêter un vélo. Beaucoup de visiteurs arrivent en avion à l'aéroport d'Ivalo, à 49 km au sud d'Inari. Des loueurs de voitures sont présents à l'aéroport.

Ilmari Slant (kuljetusliikeilmarislant.fi) assure des bus pour Inari (30 €) ; départ de l'aéroport 20 minutes après l'arrivée des vols. Le bus dépose et prend les passagers aux différents hôtels. Pour aller à l'aéroport, téléphonez ou envoyez un courriel la veille avant 15h.

ROAD TRIP

Cap sur le Grand Nord

Ce parcours s'articule essentiellement autour du Tenojoki (Deatnu dans la langue des Sami du Nord), un fleuve majestueux, réputé pour la pêche au saumon, qui forme la frontière Finlande-Norvège sur plus de 140 km. Il peut être réalisé en une seule longue journée mais il est plus plaisant de l'étaler sur deux ou trois jours. La majeure partie de l'itinéraire se déroule dans la municipalité d'Utsjoki, la seule de Finlande où les Sami sont majoritaires. Hors saison estivale, vérifiez l'état des routes avant de partir.

1 Inari

Partez d'**Inari**, village au bord du lac éponyme et capitale culturelle des Sami en Finlande.

L'itinéraire : Empruntez la route 4 vers le nord sur 32 km, puis la route 95 pendant 65 km vers l'ouest jusqu'à Karigasniemi (environ 1 heure 30 au total).

2 Karigasniemi

À Karigasniemi, un pont traverse l'Inarijoki (Anarjohka en norvégien et en sami) vers la Norvège, mais vous bifurquerez vers le nord juste avant et emprunterez la route 970. C'est ici que se trouve la dernière station-service avant Utsjoki. Vous pourrez faire une pause au café Guossi. Après 5 km, l'Inarijoki rejoint la Karasjohka qui arrive de Norvège, pour former le Tenojoki (malheureusement des arbres bouchent le point de vue sur la confluence).

L'itinéraire : La route serpente pendant 1 heure 30 le long de la vallée du Tenojoki jusqu'à Utsjoki, en longeant le fleuve large et puissant qui s'écoule entre les *tunturi* : le paysage est magnifique.

WJAREK/SHUTTERSTOCK ©

Le Tenojoki marque la frontière entre la Finlande et la Norvège

3 Utsjoki

À 99 km de Karigasniemi, vous atteindrez le Holiday Village Valle, hébergement doté d'un restaurant au bord du fleuve. Deux kilomètres plus loin, à Utsjoki, un pont sami enjambe le Tenojoki. Utsjoki (340 habitants) possède une boutique d'artisanat, un office du tourisme, un café, ainsi que l'Hotel Utsjoki (catégorie moyenne, chambres correctes) doté d'un restaurant et d'un bar. Quelques chemins pédestres (2 à 6 km) sillonnent le village et ses alentours.

L'itinéraire : Continuez dans la vallée du Tenojoki, jusqu'à Nuorgam et au bout de la route (c'est-à-dire, au bout de la Finlande). Comptez 45 minutes.

4 Nuorgam

Le village le plus septentrional de Finlande. On atteint ici la frontière norvégienne et un rocher au bord de la route indique qu'il s'agit du "point le plus septentrional de l'UE et de Finlande". Selon les cartes, ce point se trouve en réalité dans le fleuve, environ 400 m plus au nord, mais ne chipotons pas ! Quand il est ouvert, le camping Nuorgamin Lomakeskus est le lieu le plus animé de la ville : on peut y louer des cabanes et des appartements agréables et profiter du café-restaurant.

L'itinéraire : Regagnez Utsjoki et partez vers le sud jusqu'à Inari. Au bout de 5 km, vous atteindrez les Utsjoen kirkkotuvat (cabanes paroissiales d'Utsjoki), au bord du Mantojärvi.

5 Cabanes paroissiales d'Utsjoki

Ces cabanes en bois (13 aujourd'hui, plus de 20 dans le passé) datent pour certaines du XVIIIe siècle et furent utilisées jusque dans les années 1940 par les Sami qui fréquentaient l'église du secteur. L'église actuelle, en haut de la colline, fut édifiée en 1853 pour remplacer la précédente, en bois, tombée en décrépitude. Un chemin part des cabanes direction sud et mène au site de l'ancienne église. De là, roulez environ 2 heures vers le sud sur la route 4 pour regagner Inari.

Environs d'Inari

De vastes étendues de nature arctique immaculée invitent à l'exploration – en voiture ou en bateau, à vélo, à pied ou à skis.

Inari se situe au milieu d'un des territoires les plus spectaculaires et les moins peuplés de Finlande : les lacs, rivières, forêts et collines à la beauté infinie se prêtent idéalement aux aventures sportives. Les deux plus grands parcs nationaux du pays, Lemmenjoki et Urho Kekkonen, sont accessibles en moins d'une heure de route. Au nord, la vallée du superbe Tenojoki, qui constitue la frontière Finlande-Norvège sur 140 km, invite à un fabuleux road trip (p. 226). Les variations saisonnières sont extrêmes, ce qui permet la pratique d'activités différentes selon les périodes de l'année. Septembre et ses couleurs automnales est un mois idéal pour la randonnée, d'autant qu'il y a peu d'insectes. Mars est agréable pour le ski de fond en raison des journées assez longues et des températures relativement modérées.

Pour les infos pratiques, voir le Carnet d'adresses p. 240

À SAVOIR

Il est possible de visiter les grands parcs nationaux lors d'excursions à la journée au départ d'Inari, mais les séjours plus longs sont bien plus gratifiants.

Parc national Urho Kekkonen (p. 233)

DELBO ANDREA/SHUTTERSTOCK ©

Balade en traîneau à rennes

Visite d'une maison sami

TRADITIONS LOCALES

Découvrez la vie des Sami en visitant la chaleureuse maison de Tuula Airamo, au bord du lac, à Tulvalahti, à 20 minutes de route au nord-ouest d'Inari (en retrait de la route d'Angeli, route 9553).

Lors de la visite de 3 heures, vous pourrez nourrir les rennes de Tuula et assister à la fabrication des chaussures en peau de renne et à la teinture de la laine à partir de plantes. Vous découvrirez les traditions et l'histoire locales en dégustant un café et des douceurs maison. Des visites plus courtes sont possibles ; les réservations sont obligatoires (tuulasreindeer.weebly.com).

Rennes et huskies

LES FIDÈLES COMPAGNONS DES SAMI

Dans le secteur d'Inari, plusieurs élevages de rennes et de huskies sont ouverts au public. À 30 minutes de route au sud-ouest d'Inari, la **ferme de rennes de Petri Mattus** appartient à une sympathique famille sami. Les visites quotidiennes (décembre à avril) donnent aux visiteurs un aperçu authentique de l'activité des éleveurs.

LES PRINCIPAUX ÉVÉNEMENTS D'INARI

Poro-Kuninkuusajot
La finale de la saison de courses de rennes de Laponie, la King's Cup d'Inari a lieu fin mars-début avril : animaux et "jockeys" à skis sur l'Inarijärvi gelé.

Ijahis Idja
En août, le festival de musique autochtone "Nuit sans nuit" met en avant les multiples facettes de la musique sami.

Inari Viikot
"Les semaines d'Inari" (fin juillet) : concerts, marchés, fêtes, etc. à Inari, Saariselkä, Lemmenjoki et ailleurs.

Skábmagovat
Le Festival du film des peuples autochtones (fin janvier) propose des films en anglais, avec des projections en plein air.

Kaamosjazz
"Le festival de jazz le plus sombre du monde" illumine les nuits hivernales à Saariselkä, lors d'un week-end de concerts, en janvier.

OÙ TROUVER DE L'ARTISANAT DANS LES ENVIRONS D'INARI

Ateljee Huopapirtti
À Lemmenjoki, Paltto Elämysretket propose de superbes œuvres d'art en feutre.

Kaunispään Huippu
Fabuleux artisanat, dont de beaux bijoux ornés de pierres locales. En haut du télésiège Kaunispää de Saariselkä.

Kammigalleria
À Lemmenjoki, l'artisan sami Kikka Laakso imagine des bijoux très fins et des articles en cuir et bois de renne.

PAROLE D'HABITANT : HISTOIRE DE FAMILLE

Margetta Jompan-Tiainen est sami et gère la pension Ahkun Tupa, à Njurgulahti.

Mon grand-père et ses deux frères, des éleveurs de rennes sami de Norvège, ont fondé ce village à la fin du XIXe siècle. Mon père Juhani Jomppanen a lancé une activité touristique en 1946 : il transportait des voyageurs à bord de ses bateaux sur l'Inarijärvi et la Lemmenjoki. Il était aussi chercheur d'or et ma famille possède toujours la même concession. Mon mari Juha Tiainen continue de conduire nos bateaux entre Njurgulahti et les zones d'orpaillage dans le parc national de Lemmenjoki. En hiver, j'ai encore des rennes dans ma cour. Je suis née ici et j'aime travailler dans cette nature belle et paisible.

Vous verrez des centaines de rennes et découvrirez la vie du troupeau tout en dégustant un café et des en-cas. Il est primordial de prendre contact la veille au plus tard. En mai, vous pourrez voir les faons nouveau-nés dans la zone de vêlage.

Plus de 140 huskies vivent dans la **Guesthouse Husky**, gérée en famille, en retrait de la route d'Ivalo, à environ 45 minutes de route au sud d'Inari. Diverses sorties en traîneau sont possibles – de la promenade d'une heure aux expéditions de 3 jours avec nuits en cabane sur l'île de l'Inarijärvi. Chaque hiver, plusieurs départs pour des safaris de deux ou trois jours, en petits groupes, sont garantis. En été, des balades en traîneau à roulettes sont proposées si les températures ne sont pas trop élevées pour les chiens (maximum 10°C). Le propriétaire Juha-Pekka fut l'un des premiers Lapons à organiser des circuits avec des huskies ; en outre, ce musher est champion de course longue distance.

Ride North, un élevage de huskies appartenant à des Sami, en bord de lac et à environ 10 minutes de route au nord d'Inari, propose des activités plus courtes, notamment de simples visites de la propriété durant lesquelles vous pourrez caresser les chiens, et une “expérience husky”, permettant de préparer les chiens et de s'essayer au mushing sur 7 km environ. Également des traîneaux à roulettes pour l'été et des sorties raquettes et aurores boréales en hiver.

EMKA74/SHUTTERSTOCK ©

Lemmenjoki : le plus grand parc national de Finlande

DES POSSIBILITÉS INFINIES DE RANDONNÉES

Plus grand parc national de Finlande, le **Lemmenjoki** couvre plus de 2 860 km² de forêts, *tunturi*, vallées et marécages inhabités, au sud-ouest d'Inari.

En été, c'est un excellent secteur pour la randonnée, qui bénéficie en prime de liaisons régulières en bateau sur la rivière éponyme. La plupart des sentiers pédestres balisés se trouvent au sein de la “zone récréative” du parc, une bande d'environ 40 km de long et jusqu'à 12 km de large englobant la vallée de la Lemmenjoki, les forêts ancestrales et les *tunturi* (monts

OÙ SE RESTAURER À SAARISELKÄ

Kaunispään Huippu
Restaurant panoramique ouvert à midi sur la colline de Kaunispää. Soupe de renne, salades et tourtes au poisson. €€

Laanilan Kievari
À 2,5 km au sud de Saariselkä, ce restaurant sert des plats de gibier, poisson et légumes ; réservations conseillées. €€

Petronella
Des classiques du Nord – élan, tétras des neiges, poisson lacustre – dressés dans une belle salle à manger. €€€

Ravadasköngäs

arrondis) de chaque côté. Pour toute randonnée conséquente, vous aurez besoin de la carte au 1/100 000 *Lemmenjoki*.

Les hébergements et services sont concentrés autour du village sami de **Njurgulahti**, qui s'étend à la lisière est du parc national, à 11 km au sud-ouest après un embranchement fléché à 34 km d'Inari sur la route de Kittilä.

L'itinéraire le plus populaire longe la rivière, de Njurgulahti à **Ravadasköngäs**, où la Ravadasjoki se jette dans la Lemmenjoki, formant une cascade de 10 m de haut (à 17 km de Njurgulahti en bateau, un peu moins à pied) et continue sur 6 km jusqu'au refuge de **Kultahamina**. **Ahkun Tupa** assure les liaisons en bateau depuis Njurgulahti de début juin à mi-septembre. De mi-juin à mi-août, il y a un départ matin et soir dans chaque sens ; le reste du temps, départ le soir uniquement. Il faut environ 1 heure jusqu'à Ravadasköngäs (25 € aller) et 1 heure 30 jusqu'à Kultahamina (30 €). La rivière bordée de forêt s'ouvre parfois pour former des étendues de 300 m de large, appelées lacs par les gens du coin. À d'autres endroits, elle est très étroite et flanquée de falaises.

Vous pouvez marcher jusqu'à Ravadasköngäs et prendre le bateau au retour. Si les bateaux partent matin et soir, vous pourrez remonter la rivière en bateau et marcher vers l'aval au retour, ou prendre le bateau pour Kultahamina et marcher jusqu'à Ravadasköngäs, où vous prendrez le bateau du soir.

Les **chemins pédestres balisés** commencent sur un parking à environ 1,5 km au sud du centre de Njurgulahti. De là, il faut

LES MEILLEURS HÉBERGEMENTS DU PARC NATIONAL DE LEMMENJOKI

Hotel Korpikartano
Au bord du Menesjärvi, à 15 km de Njurgulahti. Propriétaires sami, produits locaux au restaurant et nombreuses activités. €€

Ahkun Tupa
À Njurgulahti. Chambres avec salle de bains partagée, chalets en bois avec sauna privé. Service en bateau vers Lemmenjoki. €

Paltto Elämysretket
À Njurgulahti, 4 chalets douillets et bien équipés (jusqu'à 6 personnes). Excursions sur la rivière. €€

Lomakylä Valkeaporo
Camping sami, avec des cabanes au bord du Menesjärvi, sur la route de Njurgulahti. Excursions sur la rivière et location de canoës. €

Lemmenjoen Lumo
Camping d'été HI, à Njurgulahti. Chambres et cabanes rudimentaires et café. €

OÙ SE RESTAURER À SAARISELKÄ

Restaurant Kaltio
Spécialités laponnes, de la soupe de saumon au renne grillé, dans le cadre élégant du Santa's Hotel Tunturi. €€€

Pirkon Pirtti
Goûtez la bouillabaisse et les plats de poisson dans une salle lumineuse et bien agencée. €€€

Rakka Restaurant
Hôtel-restaurant fiable, avec des burgers et un menu enfant mais aussi du renne et des escargots. €€

LES TYPES DE REFUGES

Metsähallitus (le service des parcs et forêts finlandais) gère un excellent réseau de plusieurs centaines de refuges dans les parcs nationaux et autres zones protégées de Finlande.

Refuges en pleine nature Refuges non fermés à clé, avec lits superposés ou couchettes, poêle, coin cuisine équipé, toilettes sèches et bois de chauffage. Ils peuvent être complets en haute saison.

Refuges de jour Semblables aux refuges en pleine nature, mais sans lits.

Refuges avec cheminée Refuges de jour dotés d'une cheminée.

Refuges à réserver Ce sont des refuges en pleine nature fermés à clé ; il faut payer pour réserver une nuit et obtenir une clé.

Refuge à louer On peut louer le bâtiment entier.

Pour plus de détails, consultez les centres d'information du Metsähallitus et le site Web nationalparks.fi.

Saariselkä

marcher environ 14,5 km le long de la vallée pour atteindre le refuge de Ravadasjärvi ; Ravadasköngäs est à 700 m. Une bonne partie du temps, le chemin longe des crêtes surplombant la rivière, mais vous devrez descendre pour traverser l'eau sur un bac à chaîne à Searitniva ou Härkäkoski. Autre beau chemin au départ du parking : la boucle de 16 km via le sommet du *tunturi* de **Joenkielinen** (535 m), avec de superbes panoramas récompensant la montée (puis la descente) de 300 m.

Kultahamina (le "port de l'or") est la porte d'accès à un secteur où eurent lieu la majorité des opérations de prospection et d'orpaillage durant la ruée vers l'or de Lemmenjoki (années 1940-1950). Il faut marcher 1,6 km pour arriver au site du premier filon d'or, à côté de la rivière Morgamoja. Si vous voulez faire une randonnée plus difficile sur deux jours, le **Kultareitti** (le "chemin de l'or") parcourt 25 km à partir de Kultahamina à travers des forêts de pins et de bouleaux sur les *tunturi* et descend à Ravadasjärvi. Vous trouverez des refuges à chaque extrémité du parcours ainsi qu'à Morgamoja (après 4,5 km). Vous pourrez aussi camper.

L'hiver à Saariselkä

LA STATION DE SKI LA PLUS SEPTENTRIONALE D'EUROPE

À 250 km au nord du cercle arctique et à 1 heure de route au sud d'Inari sur la route 4, Saariselkä est une agréable localité, assez étendue et plus grande que sa population permanente d'environ

OÙ SE LOGER À SAARISELKÄ ET AUX ALENTOURS

Log House Kuukkeli Teerenpesä
Chambres bien entretenues et douillettes, dans un chalet à Saariselkä ; sauna gratuit. €€

Suomen Latu Kiilopää
Au départ des chemins de Kiilopää. Chambres, auberge de jeunesse, cabanes, appartements et location de matériel. €€

Star Arctic Hotel
Hôtel panoramique raffiné. Suites et cabanes avec toit vitré pour observer les aurores boréales. Sur la colline de Kaunispää. €€€

300 habitants ne le suggère, car beaucoup de bâtiments sont des hôtels et des chalets de vacances. Elle est plus animée et plus jolie en hiver. La station de ski, **Saariselkä Ski & Sport Resort**, compte 20 pistes sur deux collines, Kaunispää et Isisakkipää, s'élevant de part et d'autre de la même vallée.

La saison s'étale de mi-novembre à début mai. La piste la plus longue couvre 2 km, avec un dénivelé de 180 m. Vous pourrez aussi emprunter la plus longue piste de luge de Finlande (1,3 km).

Plus de 150 km de pistes de ski de fond sont tracées sur les collines et dans les vallées autour de Saariselkä. Il est interdit de les emprunter à pied, à vélo ou à raquettes - mais n'ayez crainte car de nombreux chemins pédestres et cyclistes sont aussi praticables en hiver. Au **centre d'information de Kiehinen**, vous trouverez des cartes des chemins et des réponses à toutes vos questions.

La gamme complète des sorties avec huskies, rennes, motoneige et aurores boréales est proposée par les prestataires locaux, comme **LuontoLoma** et **Husky & Co**, ainsi que la branche de **Lapland Safaris** à Saariselkä.

À la fin de la journée, vous ne trouverez pas meilleur bistrot dans le nord de la Laponie que le **Local Pub Panimo**, avec ses longues tables en bois, son feu de cheminée, son large choix de bières et autres boissons et ses concerts à l'occasion.

L'été à Saariselkä

DES ACTIVITÉS SOUS LE SOLEIL DE MINUIT

L'été, Saariselkä offre également son lot d'activités. Vous aurez de très longues journées pour en profiter, car le soleil ne se couche jamais entre fin mai et fin juillet.

Dans le **parc national Urho Kekkonen**, plusieurs chemins balisés, pédestres ou cyclistes, commencent au point de départ de Lutontie, dans le village. Le **chemin de Rumakuru** (14 km) est la promesse d'une belle journée, avec de belles vues sur de belles gorges.

Plusieurs établissements de Saariselkä louent des fat bikes (VTT à grosses roues) et des VTT, classiques ou électriques. **LuontoLoma** organise des sorties en rafting ou canoë dans le secteur ; vous pourrez aussi louer un canoë et partir seul.

Parc national Urho Kekkonen

BALADES ET RANDONNÉES

Couvrant 2 550 km² de forêts, *tunturi*, crêtes et vallées, le **parc national Urho Kekkonen** commence à 40 km à l'est de Saariselkä et s'étend jusqu'à la frontière russe et même au-delà au sud.

PAROLE D'HABITANT : VOYAGE RESPONSABLE SUR LES TERRES DES SAMI

Kirsi Suomi coordonne le projet Tourisme Responsable du Parlement sami de Finlande.

Le fief des Sami
Les visiteurs considèrent parfois le Sápmi comme un territoire sauvage et vierge, mais il s'agit du lieu de résidence du peuple autochtone des Sami depuis des temps immémoriaux. Ils y élèvent leurs rennes, chassent, pêchent et pratiquent la cueillette ici. Respectez leur mode de vie.

Pas de photo sans permission
Si vous vous rendez dans une communauté sami, ne perturbez pas les habitants dans leur quotidien. Ne prenez pas de photo sans en avoir demandé l'autorisation. Les Sami sont très attachés à leur vie privée.

Avant votre visite
Consultez notre guide à l'adresse samediggi.fi/saamelaismatkailu/en/.

OÙ SE LOGER À SAARISELKÄ ET AUX ALENTOURS

Saariselkä Kuukkeli Inn
Chambres sobres et bien tenues se partageant salles de bains, cuisine/salle à manger et sauna. €€

Wilderness Hotel Muotka
Chambres lambrissées, cabanes en bois et chalet au toit vitré dans la forêt, à 2 km en retrait de la route de Kiilopää. €€€

Saariselkä Keskusvaraamo
Service de réservation de chalets, cabanes et appartements. €€

HUIT SAISONS

On dit souvent que le nord de la Laponie possède non pas quatre, mais huit saisons. Le Siida, à Inari, les décrit comme suit :

Printemps-hiver (mars-avril). Les oiseaux migrateurs commencent à arriver. Le soleil et les températures nocturnes encore basses font apparaître une croûte sur la neige sur laquelle on peut marcher.

Printemps (mai). La neige et la glace fondent, les faons naissent.

Printemps-été (juin). Début du soleil de minuit.

Été (fin juin et juillet). C'est la saison des insectes, agréable pour les oiseaux mais difficile pour les rennes et les humains.

Automne-été (août). Cueillette des baies et des champignons.

Automne (septembre-octobre). Superbes couleurs automnales *(ruska)* puis premières chutes de neige.

Automne-hiver (novembre-décembre). Les lacs gèlent, la neige s'installe, la nuit polaire commence.

Hiver (janvier-février). Températures très basses ; quand le soleil réapparaît, les heures de lumière augmentent rapidement.

Du haut de ses collines, les panoramas sont époustouflants. Vous pourrez gagner l'angle nord-ouest du parc à la lisière du village de Saariselkä, ou pénétrer plus profondément dans le parc depuis **Kiilopää**, à environ 1 heure 30 d'Inari, au bout d'une route de 6 km partant de Kakslauttanen, à 11 km au sud de Saariselkä sur la route 4. Kiilopää est presque entièrement composée des bâtiments de **Suomen Latu Kiilopää**, un excellent centre proposant des hébergements à prix divers, un café et deux restaurants. Vous pourrez y louer des vélos, des skis et du matériel de camping.

De nombreux chemins partent de Kiilopää. La **boucle de Kiirunapolku** (6 km) mène à la cime du ***tunturi* de Kiilopää** (546 m), avec un superbe point de vue à l'arrivée.

Sur la colline, remarquez le bouleau de Kiilopää, une espèce endémique de bouleau à faible croissance qui, au lieu de pousser vers le haut comme les autres arbres, rampe au ras du sol pour résister aux vents violents et aux températures hivernales. Vous pourrez allonger cette balade en passant sur le **chemin de Luulampi**, pour un circuit total d'environ 10 km.

Plus classique et plus exigeant, le **circuit de Rautulampi** (22 km) traverse de superbes paysages de *tunturi*. Il n'est pas entièrement balisé et il faudra savoir vous orienter.

Les randonneurs chevronnés pourront envisager des aventures de plusieurs jours, en dormant dans les nombreux refuges du parc. L'un des itinéraires non balisés les plus empruntés est la boucle de 4 à 6 jours (70 à 80 km) de Kiilopää au **lac Luirojärvi** via Suomuruoktu et Tuiskukuru, puis par le lac Lankojärvi au retour. Vous pourrez passer une journée supplémentaire près du Luirojärvi, pour faire l'ascension du **Sokosti** (718 m), point culminant du parc.

Plusieurs bons chemins de VTT, praticables en été et en hiver, et des pistes de ski de fond, traversent aussi Kiilopää ou en partent.

Pour des informations complètes sur le parc national, consultez le site Web nationalparks.fi/urhokekkonennp. Très utile, le **centre d'information Kiehinen** à Saariselkä vend des cartes du parc national. Vous pourrez aussi y réserver vos places dans les refuges du parc.

COMMENT CIRCULER

Comme toujours, il est plus pratique de disposer d'un véhicule personnel. Les bus Eskelisen Lapin Linjat partent de l'aéroport d'Ivalo à destination de Saariselkä et de Kiilopää 20 minutes après l'arrivée des vols. Au retour, ils partent de Kiilopää 2 heures 30 avant l'heure du vol et s'arrêtent à Saariselkä environ une demi-heure plus tard. Eskelisen assure aussi un bus quotidien entre Karasjok (Norvège) et Rovaniemi, avec des arrêts à Inari, Saariselkä et Kiilopää, ainsi qu'un bus quotidien entre Inari et Rovaniemi, avec un arrêt à Saariselkä. Vers le nord, les bus partent de Kiilopää et Saariselka l'après-midi. En saison, un bus fait la navette entre les hôtels de Saariselkä et les remontées mécaniques.

Aucun transport public ne dessert le parc national de Lemmenjoki. Si vous n'avez pas de véhicule, vous devrez prendre un taxi ou participer à un circuit organisé.

KILPISJÄRVI

Si vous aimez les lieux isolés, gagnez le village de Kilpisjärvi, tout en haut du bras nord-ouest de la Finlande. Il n'y a qu'une seule localité (Karesuvanto) sur tout le tronçon de 200 km qui part de Muonio.

Kilpisjärvi se tient dans l'ombre de l'intimidant *tunturi* de Saana, sur la rive est du beau lac Kilpisjärvi, face aux collines du nord de la Suède, au loin.

La frontière norvégienne est à quelques kilomètres au nord, et Skibotn, sur le fjord de Lyngen (Norvège), est à 50 km. Kilpisjärvi est aussi le plus haut village de Finlande, 490 m au-dessus du niveau de la mer, en lisière de l'extrémité septentrionale des Alpes scandinaves.

Le secteur est idéal pour de magnifiques randonnées, quand la neige a fondu (en général de début juin à début/mi-octobre). Outre la possibilité d'aller en Norvège, c'est cette perspective qui amène la plupart des visiteurs jusqu'ici.

Pour les infos pratiques, voir le Carnet d'adresses p. 241

À SAVOIR

La partie principale du village concentre la majorité des hébergements et restaurants, le centre d'accueil des visiteurs du Metsähallitus, un petit centre commercial et une station-service. Cinq kilomètres plus loin sur la route de la Norvège, vous trouverez le Kilpisjärven Retkeilykeskus (hébergement et centre de randonnée), et 2 km plus loin, le principal point de départ des randonnées.

Le Cairn des trois royaumes ; p. 236)

LES RENNES AU FIL DES SAISONS

Presque tous les rennes de Finlande sont semi-domestiqués et élevés principalement pour leur viande. Voici comment se déroule une année chez les rennes :

Avril/mai Déplacement vers les secteurs de mise bas.

Mai Naissance des faons. Les femelles perdent leurs bois environ deux semaines plus tard.

Fin juin/début juillet Les éleveurs marquent les oreilles des faons.

Octobre Saison du rut. Les mâles perdent ensuite leurs bois qui repoussent chaque été.

Fin octobre/ novembre/décembre Rassemblement et abattage des animaux sélectionnés.

Décembre-mars/ avril Les rennes restent dans leurs pâturages d'hiver, près de la maison de leur propriétaire.

Pour en savoir plus, consultez paliskunnat.fi (Association des éleveurs de rennes finlandais).

Excursion à la triple frontière

LE POINT DE RENCONTRE DES TROIS PAYS

Les frontières de Finlande, de Norvège et de Suède se croisent à courte distance à l'ouest de Kilpisjärvi. Leur point de jonction, le **Cairn des trois royaumes** (Kolmen valtakunnan rajapyykki), est l'occasion d'une fabuleuse sortie.

De mi-juin environ à fin septembre, le *MS Malla* part à 10h et 15h du rivage du Kilpisjärvi (en face du Kilpisjärven Retkeilykeskus) et rejoint **Koltaluokta**, sur la rive suédoise (30 minutes ; aller/aller-retour 35/50 €). Le bateau attend 2 heures avant de repartir – le temps de parcourir les 3 km à pied, sur un chemin facile, jusqu'à la triple frontière.

Le "Cairn des trois royaumes", un bloc de béton peint en jaune, se dresse au milieu du lac Golddajávri et est accessible via une passerelle métallique. Non loin, du côté finlandais, ceux qui voudront passer la nuit sur place trouveront les refuges de Kuohkimajärvi, en libre accès ou à réserver.

De là, vous pourrez regagner Kilpisjärvi à pied. Le chemin (11 km, environ 3 heures) longe un enclos à rennes vers le nord-est sur 2 km, puis se dirige vers l'est dans une forêt de bouleaux avant de traverser une lande, d'où l'on a un superbe point de vue sur le Kilpisjärvi et d'autres lacs plus petits.

OÙ SE RESTAURER À KILPISJÄRVI

Tundrea
Hôtel-restaurant spécialiste des classiques du Nord (soupe de saumon, steak de renne) mais aussi pizzas et pâtes. **€€**

Kilpisjärven Retkeilykeskus
Restaurant sans chichi, d'un bon rapport qualité/prix. Bon buffet de midi, gaufres, salades, pizzas et burgers. **€**

Cahkal Hotel
Hôtel-restaurant panoramique proposant des mets créatifs (ceviche de brochet et saucisses de renne). **€€€**

À l'approche des **cascades de Kitsiputous** (100 m de hauteur, plusieurs sauts), le chemin devient plus rocailleux. La traversée du torrent sous les chutes peut s'avérer difficile en cas de fort débit. Montez jusqu'à un petit col dominé par un **bunker allemand de la Seconde Guerre mondiale**. De là, une descente de 4,5 km vous ramènera à 2 km au nord du Kilpisjärven Retkeilykeskus.

Il est aussi possible de marcher jusqu'à la frontière et de revenir en bateau, ou de marcher à l'aller et au retour.

Sommets finlandais

LA FINLANDE VUE D'EN HAUT

Flanqué de falaises et dominant le lac Kilpisjärvi, le **Saana** (1 029 m), la montagne sacrée des Sami, a l'air plutôt hostile lorsqu'il est nimbé de nuages, mais quand la météo est correcte, l'ascension est récompensée par des panoramas spectaculaires.

Pour atteindre le sommet, il faut emprunter le chemin qui part de la route principale, 2 km après le Kilpisjärven Retkeilykeskus (ci-contre). Au bout de 1,5 km, il croise un sentier arrivant du même Kilpisjärven Retkeilykeskus et se prolongeant vers l'est jusqu'au lac Saanajärvi (5 km).

Continuez tout droit et montez sur le versant de la colline dépourvu d'arbres. Une volée de 200 marches est aménagée sur la partie la plus raide, puis le chemin souvent rocailleux continue de grimper, mais la pente s'adoucit à l'approche du sommet (à 4,3 km du point de départ). Reprenez le même parcours au retour.

Pour une randonnée d'une journée, tournez vers l'est, vers le lac Saanajärvi, sur le sentier que vous aviez précédemment traversé. Vous réaliserez un circuit de 11 km autour de la base du Saana, via le Saanajärvi (vous y trouverez des refuges avec cheminée) et le Kilpisjärven Retkeilykeskus. Selon la période, le courant peut être très fort dans les cours d'eau ponctuant le parcours.

Pour atteindre l'un des points culminants de la Finlande (1 324 m), le **Halti**, à la frontière norvégienne, il faut entreprendre une randonnée de 55 km (4 jours environ dans un sens) au départ de Kilpisjärvi. Cet itinéraire est envisageable de juillet à mi-septembre.

Pour une expédition plus rapide, des hôtels et tour-opérateurs de Kilpisjärvi proposent des excursions à la journée avec transport depuis/vers **Guolasjávri** en Norvège et de là, une ascension assez éprouvante (7 km dans chaque sens). Côté norvégien, le sommet appelé Ráisduattarháldi culmine à 1 361 m.

Le plus haut sommet entièrement en Finlande est le **Ridnitsohkka** qui culmine à 1 316 m et se trouve à 2 km environ du Halti.

LES MEILLEURS HÉBERGEMENTS À KILPISJÄRVI

Tundrea
Beaux appartements, chalets et cottages, certains avec sauna privé ; bon restaurant. €€

Kilpisjärven Retkeilykeskus
Camping et chambres simples et bien tenues, près du *MS Malla* et des départs de randonnée. €€

Cahkal Hotel
Ouvert en 2022, ce boutique-hôtel de 23 chambres, élégant et contemporain, dispose d'un emplacement avec une vue panoramique. €€€

Arctic Polar Holiday Village
Des appartements lambrissés et assez simples, dans le village principal, avec un restaurant. €€

COMMENT CIRCULER

Si vous n'avez pas de véhicule, vous devrez prendre deux bus (liaisons quotidiennes) : départ de Rovaniemi et correspondance à Muonio. Dans ce cas, loger au Kilpisjärven Retkeilykeskus est l'option la plus pratique pour le *MS Malla* et les chemins de randonnée. Si vous logez dans la partie principale du village, vous devrez marcher longtemps pour gagner l'extrémité nord (vous pourrez aussi louer ou emprunter un vélo). Toutefois, il est possible d'atteindre le circuit de Saanajärvi à son extrémité sud en empruntant un sentier de 2,3 km partant du centre du village.

Carnet d'adresses

ROVANIEMI

Arktikum
Voir p. 214 (www.arktikum.fi ; Pohjoisranta 4 ; adulte/enfant 18/5 € ; 10h-17h mar-ven, 10h-16h sam-dim)

Centre culturel Korundi
Voir p. 216 (Rovaniemen Taidemuseo ; Korundi ; www.korundi.fi ; Lapinkävijäntie 4 ; adulte/enfant 11/7 € ; 11h-18h mar-dim)

Église de Rovaniemi
Voir p. 217 (Rovaniemen Kirkko ; www.rovaniemenseurakunta.fi ; Rauhankatu 70 ; 9h-21h mi-mai à début sept)

Pilke Tiedekeskus
Voir p. 215 (020-639-7820 ; www.tiedekeskus-pilke.fi ; Ounasjoentie 6 ; adulte/enfant 7/5 € ; 9h-18h mar-ven, 10h-16h sam-dim)

Ounasvaara Ski Resort
Voir p. 214 (44-764 28 30 ; ounasvaara.fi ; Taunontie 14).

Arctic City Hotel
Voir p. 215 (016-330-0111 ; www.cityhotel.fi ; Pekankatu 9)

Arctic Light Hotel
Voir p. 215 (020-171-0100 ; www.arcticlighthotel.fi ; Valtakatu 18)

Hostel Cafe Koti
Voir p. 215 (020-730-4722 ; hostelcafekoti.fi ; Valtakatu 21)

Cafe & Bar 21
Voir p. 216 (040-8117-037 ; www.cafebar21.fi ; Rovakatu 21 ; 11h-21h lun-jeu, 11h-0h ven, 12h-0h sam, 12h-18h dim)

Monterosa Restaurant
Voir p. 216 (016-330-0400 ; www.monterosa.fi ; Pekankatu 9 ; 17h-22h lun-sam)

Nili
Voir p. 216 (040-036-9669 ; www.nili.fi ; Valtakatu 20 ; 17h-22h lun-jeu, 16h-22h ven, 14h-22h sam)

Roka
Voir p. 216 (050-311-6411 ; www.ravintolaroka.fi ; Ainonkatu 3 ; 11h-21h lun-jeu, 11h-22h ven, 12h-22h sam)

Sky Kitchen & View
Voir p. 216 (016-323-400 ; www.kitchensky.fi ; Juhannuskalliontie ; 18h-21h lun-sam)

Bar Hemingway's
Voir p. 214 (040-173-9761 ; www.hemingways.fi ; Koskikatu 11 ; 14h-1h dim-jeu, 14h-2h ven-sam)

Cafe & Bar 21
Voir p. 214 (040-811-7037 ; www.cafebar21.fi ; Rovakatu 21 ; 11h-21h lun-jeu, 11h-22h ven, 12h-22h sam, 12h-18h dim)

Gustav Kitchen & Bar
Voir p. 214 (040-042-1244 ; www.gustavkitchenbar.fi ; Koskikatu 12 ; 11h-23h mar-jeu, 11h-0h ven, 14h-0h sam)

Mökkiterrassi
Voir p. 214 (020-730-4722 ; hostelcafekoti.fi/mokki-kattoterassi ; Pekankatu 2 ; 7h-17h lun-ven, 8h-15h sam, 8h-12h dim)

Paha Kurki
Voir p. 214 (www.pahakurki.com ; Koskikatu 5 ; 16h-22h30 lun-sam, 18h-22h30 dim)

Arctic Design
Voir p. 216 (040-153-1131 ; www.facebook.com/arcticdesignshop ; Rovakatu 11 ; 11h-18h lun-ven, 11h-16h dim)

Centre commercial Rinteenkulma
Voir p. 216 (rinteenkulma.fi ; Suomi, Koskikatu 25 ; 7h-23h lun-sam, 9h-23h dim)

Centre commercial Sampokeskus
Voir p. 216 (040-662 50 13 ; sampokeskus.fi ; Maakuntakatu 29-31 A ; 8h-20h lun-ven, 9h-19h sam, 11h-18h dim)

Lauri
Voir p. 216 (44-706 00 60 ; www.laurihouse.com ; Pohjolankatu 25 ; 10h-17h lun-ven)

Marimekko
Voir p. 216 (044-746-8284 ; sampokeskus.fi/marimekko ; Maakuntakatu 28-30 ; 11h-19h lun-ven, 10h-17h sam, 12h-16h dim)

Marttiini
Voir p. 216 (www.marttiini.fi ; Vartiokatu 32 ; 10h-18h lun-ven, 10h-16h sam)

Pentik
Voir p. 216 (040- 349-6443 ; www.pentik.com ; Sampokeskus, Koskikatu 17 ; 11h-19h lun-ven, 10h-17h sam, 12h-16h dim)

Lappia-talo
Voir p. 217 (040-028 24 84 ; rovaniementeatteri.fi ; Jorma Eton tie 8 A)

ENVIRONS DE ROVANIEMI

Village du Père Noël
Voir p. 219 (www.santaclausvillage.info/fr ; Tarvantie 2, Napapiiri ; variables selon saison, voir site Web)

Bureau de poste du Père Noël
Voir p. 219 (santaclausvillage.info/santa-claus/santa-claus-main-post-office/ ; Sodankyläntie, Napapiiri ; 9h-18h juin-août, 10h-17h mi-jan-mai, sept et nov, 9h-19h déc-mi-jan)

Arctic Circle Snowmobile Park
Voir p. 220 (050 472-0023 ; snowmobilepark.com ; Joulumaantie 5, Rovaniemi ; 9h-17h)

Bearhill Husky
Voir p. 220 (040-760-0020 ; bearhillhusky.com ; Sinettäjärventie 22, Rovaniemi)

Beyond Arctic Adventures
Voir p. 219 (050-323-1090 ; beyondarctic.com ; Valtakatu 21, Rovaniemi ; excursions aurores boréales à partir de 125 €)

Elf's Farmyard
Voir p. 220 (040-645-8903 ; elfsfarmyard.com ; Joulupukin Pajakylä, Joulumaantie ; visite de la ferme adulte/enfant 15/10 €)

Husky Park
Voir p. 220 (044-755-7736 ; www.huskypark.fi ; Joulumaantie 3, Napapiiri ; adulte/enfant 10/5 € ; 9h-17h)

Huskypoint
Voir p. 220 (0400-790-096 ; www.huskypoint.fi ; Kittiläntie 1638, Sinettä ; balade en traîneau adulte/enfant 49/39 €)

Konttaniemen Porotila
Voir p. 220 (Napapiirin Porofarmi ; 040-099-1530 ; porofarmi.fi ; Tamsintie 76, Napapiiri ; visite de la ferme en été 2 heures adulte/enfant 20/10 €, avec balade en traîneau en hiver 40/25 € ; sur réservation)

Lapland Welcome
Voir p. 219 (020-735-2942 ; www.laplandwelcome.fi ; Rovakatu 26, Rovaniemi ; excursions aurores boréales 5 heures à partir de 159 €, randonnée à motoneige 3 heures à partir de 99 €)

Nordic Unique Travels
Voir p. 220 (040-145-3300 ; nordictravels.eu ; Maakuntakatu 29, Rovaniemi ; excursions aurores boréales à partir de 69 € ; 8h-21h)

Roll Outdoors
Voir p. 220 (040-018-8261 ; rolloutdoors.com ; Kiilopääntie 620, Saariselkä ; tours à vélo à partir de 115 € ; 8h-21h)

Lapland Safaris
Voir p. 220 (016-624-336 ; www.laplandsafaris.com ; Orresokantie 1, Luosto ; circuit motoneige 3 heures 30 avec balade traîneau à rennes 181 € ; déc à mi-avr)

Safartica
Voir p. 219 (016-311-485 ; www.safartica.com ; Koskikatu 9, Rovaniemi ; circuit traîneau à partir de 149 €, excursion à motoneige pour voir les aurores boréales 194 €)

Santa Claus Reindeer
Voir p. 219 (40-833 98 18 ; www.santaclausreindeer.fi ; Joulumaantie 13 Napapiiri, Rovaniemi ; balade en traîneau à partir de 20 €/adulte)

Snowman World
Voir p. 220 (040-845-3774 ; snowmanworld.fi ; Joulumaantie 5, Rovaniemi ; 29 € ; 10h-19h)

Zoo de Ranua
Voir p. 220 (16-469 20 50 ; ranuaresort.com ; Rovaniementie 29, Ranua ; adulte/4-14 ans/famille 23,50/19/70 € ; 10h-18h tlj)

Arctic Snow Hotel
Voir p. 221 (040-845-3774 ; arcticsnowhotel.fi ; Lehtoahontie 27, Sinettä)

Glass Resort
Voir p. 219 (040-519-4444 ; glassresort.fi ; Tähtikuja 16, Rovaniemi)

Nova Skyland
Voir p. 219 (040-560-3115 ; novaskyland.com ; Tähtikuja 6, Rovaniemi)

Santa Claus Holiday Village
Voir p. 219 (040-159-3811 ; www.santaclausholidayvillage.fi ; Tähtikuja 2, Napapiiri)

INARI

Sajos
Voir p. 223 (www.samediggi.fi ; Siljotie 4 ; 9h-17h lun-ven)

Siida
Voir p. 223 (www.siida.fi ; Inarintie 46 ; adulte/enfant 15 €/gratuit ; 9h-17h tlj juin-sept, 10h-17h lun-sam oct-mars)

Élevage de rennes de la famille Renniina
Voir p. 225 (040-591-9162 ; Itkosentie 4 ; www.reindeerworkshop.fi ; visite de la ferme 2 heures 100 €)

Visit Inari
Voir p. 225 (040-179-6069 ; www.visitinari.fi ; Inarintie 38)

Guesthouse Husky
Voir p. 224 (040-510-7068 ; guesthousehusky.fi/home ; Hirviniementie 65)

Hotel Inari
Voir p. 223 (040-179-6069 ; visitinari.fi ; Inarintie 40)

Holiday Village Inari
Voir p. 224 (050-360-5318 ; visitinari.fi/accommodation/holiday-village-inari ; Inarintie 26)

Holiday Village Valle
Voir p. 227 (040-094 82 10 ; www.holidayvillagevalle.fi/en/etusivu ; Ellintie 25, 99980 Utsjoki)

Hotel Utsjoki
Voir p. 227 (040-580 17 70 ; www.hotelutsjoki.fi ; Luossatie 4, 99980 Utsjoki)

Nuorgamin Lomakeskus
Voir p. 227 (040-029 46 69 ; www.nuorgaminlomakeskus.fi/fr ; Nuorgamintie 4401, 99990 Nuorgam)

Uruniemi Camping
Voir p. 224 (050-371-8826 ; uruniemi.fi ; Uruniementie 7)

Villa Lanca
Voir p. 223 (040-748-0984 ; www.villalanca.com ; Kittilänratsuie 2)

Wilderness Hotels
Voir p. 223 (050-447-7887 ; wildernesshotels.fi ; Inarintie 2)

Aanaar
Voir p. 225 (016-511-7100 ; www.hotelkultahovi.fi ; Saarikoskentie 2 ; 14h-21h)

Café Čaiju
Voir p. 225 (040-588-4062 ; laplandnorth.fi/en/company/cafe-restaurant-caiju ; Sajos, Menesjärventie 2 ; 9h-15h lun-ven)

PaPaNa
Voir p. 225 (040-652-6276 ; www.papanabar.fi ; Inarintie 49 ; 11h-2h)

Restaurant Aurora
Voir p. 225 (016-671-026 ; visitinari.fi/restaurant-aurora ; Inarintie 40 ; 7h-22h)

Duodji Shop
Voir p. 223 (040-515-9755 ; duodjishop.fi ; Menesjärventie 2 ; 10h-17h lun-ven)

Inarin Hopea
Voir p. 223 (016-671-333 ; fr.inarinhopea.fi ; Inarintie 61 ; 9h-20h tlj mi-juin à fin août, 9h-17h tlj sept, 10h-17h lun-ven nov à mi-juin)

Bouleaux de Kiilopää près de Nuorgam (p. 227)

GAVIA ARCTICA/STOCK.ADOBE.COM

Samekki
Voir p. 223 (016-671-086 ; www.samekki.fi ; Lehtolantie ; 10h-16h tlj mi-juin à août, 10h-16h lun-ven sept à mi-juin)

ENVIRONS D'INARI

Centre d'information Kiehinen
Voir p. 233 (20-639 72 00 ; www.luontoon.fi/urhokekkosen kansallispuistonpalvelupiste ; Lutontie 16, 99830 Saariselkä)

Ferme de rennes de Petri Mattus
Voir p. 229 (040-019 39 50 ; www.reindeerfarmpetrimattus.com ; Kittiläntie 3070 B, 99870 Inari ; journée entière 250 €/pers)

Husky & Co
Voir p. 233 (044-729-0007 ; www.huskyco.fi ; Hirvaspirtti 1 ; balade en traîneau à chiens 2 heures 30 185 €, safari hivernal 2/4 heures 160/230 €)

Lapland Safaris
Voir p. 233 (016-331-1280 ; www.laplandsafaris.com ; Saariseläntie 13)

LuontoLoma
Voir p. 233 (016-668-706 ; www.lapinluontolomat.fi ; Lutontie 3 ; excursion rafting 5 heures 130 € ; sur réservation)

Ride North
Voir p. 230 (040-0814-424 ; @ridenorthinari ; Kittilän Ratsutie 2, Inari)

Saariselkä Ski & Sport Resort
Voir p. 233 (16-668 882 ; skisaariselka.com ; Kullanhuuhtojantie, 99830 Saariselkä)

Tuula Airamo
Voir p. 229 (020-018-98 ; Tulvalahdentie 23, Inari ; tuulasreindeer.weebly.com ; 10h-22h)

Ahkun Tupa
Voir p. 231 (016-673-435 ; www.ahkuntupa.fi ; route 9551,

Njurgulahti, Inari ; juin à fin sept)

Hotel Korpikartano
Voir p. 231 (040-777-4339 ; www.korpikartano.fi ; Meneskartanontie 71, Inari)

Lemmenjoen Lumo
Voir p. 231 (040-041-4294 ; www.lemmenjoenmatkailu.com ; Lemmenjoentie 1020, Lemmenjoki)

Log House Kuukkeli Teerenpesä
Voir p. 232 (044-363-6972 ; Saariseläntie 5 c22, Saariselkä)

Lomakylä Valkeaporo
Voir p. 231 (0400-394-682 ; www.valkeaporo.fi ; Lemmenjoentie 134, Inari ; mars-sept)

Saariselkä Keskusvaraamo
Voir p. 233 (016-554-0500 ; saariselka.com ; Honkapolku 2, 99830 Saariselkä)

Saariselkä Kuukkeli Inn
Voir p. 233 (044-729-0006 ; www.saariselkainn.fi ; Saariseläntie 10, Saariselkä)

Star Arctic Hotel
Voir p. 232 (044-419-4000 ; stararctichotel.com ; Ylämajantie 1, Saariselkä)

Suomen Latu Kiilopää
Voir p. 232 (016-670-0700 ; www.kiilopaa.fi ; Kiilopääntie 620, Saariselkä)

Wilderness Hotel Muotka
Voir p. 233 (040-671-8337 ; wildernesshotels.fi/wilderness-hotel-muotka ; Muotkantie 204, Sodankylä)

Kaunispään Huippu
Voir p. 2320 (016-668-803 ; kaunispaanhuippu.fi/fi ; Kaunispääntie 260, Saariselkä ; 10h-17h)

Laanilan Kievari
Voir p. 230 (040-023-9868 ; www.laanilankievari.fi ; Sateenkaarenpääntie 9, Saariselkä ; 16h-22h lun-sam)

Local Pub Panimo
Voir p. 233 (044-7290-006 ; www.saariselkainn.fi ; Saariseläntie 10, Inari ; 10h-2h)

Paltto Elämysretket
Voir p. 231 (040-028-7544 ; www.paltto.fi/en/ ; Lemmenjoen Kylätie 100, Inari ; juin à mi-oct)

Petronella
Voir p. 230 (016-668-930 ; www.ravintolapetronella.fi ; Honkapolku 5, Ivalo ; 17h-23h sept et nov à fin avr)

Pirkon Pirtti
Voir p. 231 (040-010-2191 ; www.pirkonpirtti.fi ; Honkapolku 2, Saariselkä ; août-avr)

Rakka Restaurant
Voir p. 231 (030-686-6322 ; Saariseläntie 7, Inari ; 16h-22h mar-sam)

Restaurant Kaltio
Voir p. 231 (040-010-2191 ; santashotels.fi/ravintola-kaltio ; Lutontie 16, Saariselkä ; juin-nov)

Ijahis Idja
Voir p. 229 (www.ijahisidja.fi ; août)

Inari Viikot
Voir p. 229 (www.inariviikot.fi ; juil)

Kaamosjazz
Voir p. 229 (www.kaamosjazz.com ; fin nov)

Poro-Kuninkuusajot
Voir p. 229 (porokilpailijat.fi ; avr)

Skábmagovat
Voir p. 229 (www.skabmagovat.fi ; fin jan)

Ateljee Huopapirtti
Voir p. 229 (Lemmenjoen kylätie 100, Inari ; www.paltto.fi/ateljee-huopapirtti)

Kammigalleria
Voir p. 229 (040-744-3763 ; www.kammigalleria.fi ; Lemmenjoentie 650 ; 12h-18h mar-sam juin-sept, sur rdv oct-mai)

Kaunispään Huippu
Voir p. 229 (www.kaunispaanhuippu.fi ; Kaunispää ; 10h-17h, fermé mai et oct)

KILPISJÄRVI

Arctic Polar Holiday Village
Voir p. 237 (040-023-2217 ; www.arcticpolar.net ; Urpiaisenkuja 3)

Cahkal Hotel
Voir p. 237 (040-154-5229 ; cahkalhotel.fi ; Revontulentie 4)

Kilpisjärven Retkeilykeskus
Voir p. 237 (centre de randonnées de Kilpisjärvi ; 040-778-9445 ; www.kilpisjarvicamping.com ; Käsivarrentie 14663 ; mi-mars à fin sept)

Tundrea
Voir p. 237 (040-039-6684 ; tundrea.com ; Käsivarrentie 14188)

Cahkal Hotel
Voir p. 236 (Aïka Restaurant ; 040-154-5229 ; cahkalhotel.fi ; Revontulentie 4 ; 18h-21h)

Kilpisjärven Retkeilykeskus
Voir p. 236 (centre de randonnées de Kilpisjärvi ; 040-778-9445 ; www.kilpisjarvicamping.com/restaurant.html ; Käsivarrentie 14663 ; 16h-21h lun-ven, 14h-21h sam-dim mi-mars à fin sept)

Tundrea
Voir p. 236 (040-039-6684 ; tundrea.com/ravintola ; Käsivarrentie 14188 ; 16h-22h)

CARNET PRATIQUE

Ce chapitre présente toutes les informations pratiques essentielles dont vous aurez besoin pour voyager en Finlande.

Parc national d'Oulanka (p. 197)

…ver
…Finlande

…cès à la Finlande, l'aéroport d'Helsinki-Vantaa est situé à …e d'Helsinki. Rénové en 2021, il comprend désormais un seul te… arrivées et les départs, et une kyrielle de cafés, de restaurants et de bo…. Une nouvelle zone de récupération des bagages devait ouvrir durant l'été 2023. Une gare ferroviaire est située au sous-sol.

Visas

Pas de visa pour les citoyens de l'UE, de Suisse et du Canada pour les séjours de moins de 90 jours. Il faut pouvoir présenter une carte d'identité ou un passeport en cours de validité.

Cartes SIM

À l'aéroport d'Helsinki, des R-kioski vendent des cartes SIM prépayées dans le terminal des arrivées et dans la zone hors espace Schengen (porte 50). Les boutiques WHSmith en vendent également.

À la frontière

Les formalités sont les mêmes pour les arrivées en avion/ferry. Les citoyens de pays hors espace Schengen qui viennent par la route doivent se présenter à un poste-frontière avec des documents en règle.

Wi-Fi

L'aéroport propose un Wi-Fi gratuit (avec un débit de 100 Mbps) sans mot de passe. Sinon, le Wi-Fi est présent presque partout et la connexion est rapide.

Depuis/vers l'aéroport

	Helsinki	Tampere	Rovaniemi
TRAIN	30 min 4,10 €	S/O	S/O
BUS	45 min 2,80 €	30 min 4,50 €	10 min 8 €
TAXI	30 min 35 €	20 min 35 €	10 min 25 €

AÉROPORTS EN FINLANDE

L'aéroport le plus fréquenté est celui d'Helsinki-Vantaa (www.finavia.fi/fi/lentoasemat/helsinki-vantaa). Il existe également des aéroports régionaux, notamment celui de Rovaniemi, en Laponie. Le vol Helsinki-Rovaniemi dure environ 1 heure 30, mais le train est moitié moins cher ; comptez 8-9 heures de trajet ou 11-12 heures en train de nuit.

Outre celui de Rovaniemi, la Laponie possède des aéroports à Kemi-Tornio, à Kittilä et à Ivalo, principalement utilisés pour les vols intérieurs. L'aéroport Tampere-Pirkkala (www.finavia.fi/fi/lentoasemat/tampere-pirkkala) accueille le plus grand nombre de vols internationaux après celui d'Helsinki.

LIGNES DE FERRY

La Finlande est reliée à plusieurs pays d'Europe par voie maritime. Les ferries venus de Tallin (Estonie) arrivent à Helsinki au Länsiterminaali (Länsisatama), parfois au Katajanokan terminaali (centre-ville). Des ferries de Suède desservent Helsinki, Turku, Naantali et Vaasa ; le ferry venu d'Allemagne arrive à Helsinki au Hansa terminaali (Vuosaari). Les ferries les plus rapides (et les moins chers) font le trajet Helsinki-Tallinn en 2 heures (à partir de 17 €). Les ferries de nuit reliant la Finlande à Tallinn et à la Suède, prisés des fêtards, peuvent être bruyants.

Bus

Il n'est pas possible de se rendre en Finlande en bus en partant de France, de Belgique ou de Suisse, mais vous pouvez par exemple essayer de gagner Stockholm avec Flixbus (www.flixbus.com), et prendre ensuite le bateau.

Les villes contiguës de Tornio (Finlande) et de Haparanda (Suède) partagent une gare routière (Krannigatan 5, Haparanda, Suède) où l'on peut prendre une correspondance pour chaque pays. Il est également possible de passer la frontière en Laponie, entre les villes de Kaaresuvanto (Finlande) et de Karesuando (Suède), séparées par un pont et desservies de façon sporadique par des lignes intérieures.

Trois itinéraires relient la Laponie finlandaise et le nord de la Norvège, parfois uniquement opérationnels en été. **Eskelisen Lapin Linjat** (www.eskelisen.fi) et **Matkahuolto** (www.matkahuolto.fi) exploitent ces lignes.

Tous les itinéraires partent de Rovaniemi ou y passent ; les deux itinéraires du Nord-Est relient ensuite Tana Bru/Vadsø ou Karasjok via Inari. L'été, le bus pour Karasjok continue sa route jusqu'au cap Nord (Nordkapp). Sur le parcours de l'ouest, un bus Rovaniemi-Kilpisjärvi continue vers Tromsø en été.

Train

Comptez 24 heures de voyage pour vous rendre en Finlande en train depuis Paris ou Bruxelles. Le trajet le plus "rapide" conduit, après 3 ou 4 changements, jusqu'à Malmö, dans le sud de la Suède, d'où il faut ensuite embarquer sur un ferry menant à Turku ou à Helsinki.

Si vous optez pour un voyage en train, pensez aux forfaits ferroviaires qui permettent aux Européens de voyager dans 30 pays d'Europe, dont la Finlande et ses pays voisins, et offrent des réductions sur un certain nombre de trajets en ferry depuis/vers Stockholm (Suède), Mariehamn (île d'Åland), Tallinn (Estonie) ou encore Rostock (Allemagne).

Avion

Air France (www.airfrance.fr) et Finnair (www.finnair.com) proposent quotidiennement plusieurs vols directs depuis **Paris-Charles-de-Gaulle** vers Helsinki, en un peu moins de 3 heures. Comptez entre 160 et 400 € selon la saison. Finnair est la seule compagnie proposant des vols directs pour Helsinki depuis **Bruxelles** (300 € environ), **Genève et Zurich** (entre 280 et 400 CHF). Au départ du **Canada**, la plupart des compagnies permettent d'effectuer le voyage jusqu'à Helsinki avec une escale dans une capitale européenne. Le trajet dure de 11 heures 30 à 30 heures selon l'escale. Les prix, très variables, oscillent entre 1 200 et 3 100 $CA.

Voiture et moto

L'itinéraire le plus court consiste à parcourir en voiture 1 000 km environ (depuis Paris) jusqu'aux ports de Travemünde (Lübeck) ou de Rostock, pour embarquer vers la Finlande. Autre variante : embarquer depuis l'Allemagne vers le Danemark, enchaîner par la traversée en voiture du sud de la Suède jusqu'à Stockholm, avant une seconde traversée en ferry jusqu'à la Finlande.

Pour gagner la Finlande uniquement par la route, comptez 2 650 km depuis Paris (2 400 km depuis Bruxelles ou Zurich), soit 30 heures de route cumulées. Vous traverserez la Belgique, l'Allemagne, la Pologne et les pays baltes.

Munissez-vous de votre carte grise et de votre attestation d'assurance (carte verte). Le permis français est valable. Les Canadiens se muniront d'un permis de transport international.

Comment circuler

Le train est un moyen facile et confortable d'explorer les villes, mais le bus s'impose pour rejoindre les lieux plus isolés, et une voiture est parfois indispensable.

BUDGET

Location de voiture
à partir de 70 €/jour

Essence
environ 2,04 €/litre

Recharge
à partir de 0,2 €/KWh

Train
Helsinki-Tampere
à partir de 8,90 €

Billets de train

Les billets sont moins chers en ligne si vous les achetez au moins un mois à l'avance. La compagnie ferroviaire nationale, VR (www.vr.fi), est publique. Les billets longue distance doivent être achetés avant le voyage, mais ceux pour les destinations proches sont aussi vendus à bord. Distributeurs automatiques et guichets dans les gares.

Bus et train

Les grandes villes, notamment au sud de la Laponie, sont bien reliées par le train et les bus longue distance. En Laponie, Tornio, Rovaniemi, Kemijärvi et Kajaani sont accessibles en train (peu d'arrêts). Bus et trains sont fiables et confortables ; la neige peut entraîner des retards en hiver.

Avion

Finnair assure la desserte intérieure du pays depuis une douzaine d'aéroports. La compagnie propose par exemple des vols Helsinki-Turku (40 min) et Helsinki-Ivalo, en Laponie (1 heure 45). Si vous n'êtes pas pressé, préférez le train ; moins polluant, il permet de voir davantage du pays en un seul trajet.

État des routes

Les routes principales sont en bon état, mais le réseau se dégrade dans les zones isolées. Des panneaux signalent la présence d'élans/de chevreuils. Prudence sur les routes glissantes : la vitesse maximale est alors abaissée. Les voitures de location sont équipées de pneus hiver.

Louer une voiture

Préférez les grandes villes ou les aéroports pour louer une voiture (il y a plus de véhicules et les tarifs sont moins élevés). Il n'y a aucun loueur dans certaines petites villes. On peut louer une voiture hybride ou électrique (le réseau de rechargement est en plein essor).

CODE DE LA ROUTE

50

Vitesse limitée à 50 km/h en agglomération, à 80 km/h sur le réseau secondaire et à 120 km/h sur autoroute (100 km/h en hiver).

0,5

La limite légale d'alcoolémie au volant est de 0,5 g/l

ROMAN SIGAEV/STOCK.ADOBE.COM ©

Dans les rues d'Helsinki (p. 42)

Vélo

La Finlande réjouit les amateurs de petite reine, car son relief est relativement plat et les pistes cyclables y sont légion. Il est possible d'embarquer son vélo dans la plupart des trains, des bus et des ferries. Åland est particulièrement propice au cyclisme. Le port du casque est recommandé bien que non obligatoire.

Vous pouvez louer un vélo dans pratiquement toutes les villes de Finlande. La plupart des campings et des hôtels en ville prêtent ou louent des vélos à petits prix, mais ceux-ci sont faits pour circuler en ville, pas pour de longues randonnées. De meilleurs modèles sont proposés par les loueurs professionnels.

Voiture et moto

La Finlande dispose d'un excellent réseau routier, mais les autoroutes y sont rares. À l'approche d'une ville, le panneau *keskusta* vous en indique le centre. Il n'y a pas de péages mais beaucoup de radars.

L'essence est chère en Finlande ; consultez les prix du moment sur www.fuel-prices.eu. De nombreuses stations-service sont automatiques et fonctionnent avec des machines qui acceptent du liquide et la plupart des cartes bancaires. Elles ne rendent pas la monnaie.

TRANSPORTS LOCAUX

Seule Helsinki dispose de lignes de métros et de trams, gérées par HSL (hsl.fi). Toutes les villes finlandaises sont desservies par des bus, avec des départs toutes les 10 à 15 minutes dans les grandes villes, et toutes les 30 à 60 minutes dans les plus petites. Les tarifs tournent autour de 2,80-6,50 € : payez directement le chauffeur.

Taxi

Les *taksi* (taxis) finlandais coûtent cher, surtout pour les petites courses. Le compteur indique 5,50 € au départ à Helsinki (souvent plus ailleurs) et facture 1,10 € au kilomètre. Ces tarifs augmentent s'il y a plus de deux passagers, et il y a un supplément la nuit et le week-end.

Hélez un taxi dans la rue, aux gares routière et ferroviaire, ou commandez-en un sur Internet.

Argent

MONNAIE : **EURO (€)**

COMBIEN COÛTE…

une nuit dans un igloo lapon
environ 300 €

la visite d'un élevage de rennes avec balade en traîneau
à partir de 100 €

un sauna public
8-15 €

un ferry pour Tallinn
20 €

Cartes bancaires

Les hôtels, cafés, restaurants et boutiques acceptent les cartes bancaires, tout comme la plupart des stands de marché, surtout en ville. Dans les lieux plus isolés, mieux vaut conserver des espèces en cas de panne des terminaux de paiement.

Paiements mobiles

Si les paiements mobiles se développent, les cartes bancaires et les espèces sont encore très utilisées. MobilePay est l'application de paiement mobile la plus populaire en Finlande ; d'autres, comme ApplePay, fonctionnent également.

TVA

La TVA est de 24% sur les biens de consommation et de 14% sur les produits alimentaires. Les résidents hors UE peuvent se la faire rembourser pour les achats de plus de 40 €. Les formalités de remboursement s'effectuent dans certains magasins, à l'aéroport ou en ligne.

Pourboires

Le pourboire n'est pas obligatoire en Finlande, mais certains restaurants proposent aux clients d'en laisser un, notamment lors du paiement par carte bancaire. Le personnel appréciera toujours.

À SAVOIR

Si vous voyagez en voiture, gardez de la monnaie sur vous, car il existe encore des parcmètres à pièces, bien que le paiement par carte ou application mobile se répande.

L'ART DE… faire des économies

Les étudiants, les retraités et les plus de 65 ans bénéficient de réductions dans maints lieux touristiques ainsi que sur les billets de bus/train. Si vous souhaitez visiter plusieurs sites à Helsinki, achetez une Helsinki Card (www.helsinkicard.com ; 24/48/72 heures 46/54/62 € adulte, 23/27/31 € 7-16 ans) à l'office du tourisme ; elle permet d'emprunter les transports publics, de visiter de nombreux musées et sites majeurs, et de faire un circuit en bus. À Turku, dotée d'une scène culinaire en plein essor, vous pourrez tester 5 restaurants parmi une liste de 10 pour un prix forfaitaire (48 €) avec la Turku Food Walk Card.

Hébergement

Chalets à louer

Les chalets sont très populaires en Finlande et on en trouve souvent à louer ; Lomarengas (lomarengas.fi) propose le plus grand choix. Nombre de ces propriétés sont situées au bord d'un lac ou sur la côte et possèdent un sauna. Traditionnellement, les chalets finlandais étaient très sommaires (avec toilettes à l'extérieur), mais ces dernières années, des exemples plus luxueux ont vu le jour.

Camping

Le libre accès à la nature étant inscrit dans la loi (voir p. 254), le camping est autorisé presque partout, en particulier si vous ne plantez votre tente que pour un jour ou deux, et hors terres agricoles. Dans les réserves naturelles et les parcs nationaux, il est permis de camper dans des lieux précis. Certaines plages limitent le camping. Demandez toujours la permission du propriétaire avant d'allumer un feu.

Manoirs

La Finlande compte peu de B&B, mais dans les régions plus isolées, certains manoirs et fermes ont été transformés en de charmantes pensions. Les manoirs proposent habituellement un véritable festin à base de produits locaux. Parmi eux, on trouve des domaines raffinés avec centre de bien-être, mais également des demeures plus modestes, blotties dans un cadre tout aussi enchanteur.

COMBIEN COÛTE UNE NUIT DANS...

un chalet rustique au bord d'un lac
200 €

un lit en dortoir
30 €

une chambre dans un manoir
150 €

Hébergements économiques

En haute saison, une nuit en dortoir dans une auberge de jeunesse coûte à partir de 30 € et jusqu'à 70 € pour certaines, particulièrement à Helsinki. Le site hostellit.fi permet de trouver des adresses moins chères dans tout le pays. Il existe également des hôtels économiques (50-70 €/nuit). Certaines pensions pratiquent des prix plus abordables, en proposant des chambres avec salle de bains partagée.

Igloos en verre et hôtel de glace

Les igloos en verre sont un merveilleux moyen d'admirer une aurore boréale, surtout en Laponie, où ils abondent entre Rovaniemi et la lisière nord de la région de Saariselkä. Dans le sud du pays, les igloos en verre sont en général situés au bord d'un lac ou de la mer, afin de profiter du paysage et d'admirer le ciel nocturne semé d'étoiles. Sinon, dormez à l'Arctic SnowHotel (à Rovaniemi, arcticsnowhotel.fi), construit en blocs de glace et de neige, à une température comprise entre 0°C et -5°C.

SÉJOURS DURABLES

Les cabanes Nolla ("zéro" en finnois) sont des constructions minimalistes de forme triangulaire, situées sur le littoral près d'Helsinki et dans l'archipel de Turku. Adepte de la philosophie "zéro déchets", Nolla (nollacabins.com/en) reverse une partie des recettes à l'Association finlandaise pour la préservation de la nature. Ollero (www.olleroecolodge.com) loue des igloos en verre en Laponie ; l'Arctic TreeHouse (arctictreehousehotel.com), à Rovaniemi, a remporté plusieurs prix de développement durable, tout comme le Solo Sokos Hotel Seurahuone (www.sokoshotels.fi), à Lahti. Repérez les labels de certification Green Key et Sustainable Travel Finland pour réserver un séjour durable ; le choix est vaste en Finlande.

Avec des enfants

Parfaitement adaptée aux familles, la Finlande est une destination épatante avec des enfants, axée sur la vie au grand air. En été, vous pourriez barboter dans un lac, randonner dans des parcs nationaux, faire du vélo et visiter des parcs à thème. En hiver, la neige est toujours au rendez-vous et permet d'innombrables activités. En outre, le Père Noël vous recevra avec plaisir toute l'année.

Visites

Les petits Finlandais sont en vacances de mi-juin à début août, et nombre d'activités pour enfants ferment en dehors de cette période. Les campings sont remplis de familles finlandaises et il fait généralement chaud. Si vos enfants sont plus âgés et que vous préférez des activités hivernales, allez-y en mars ou avril : les jours rallongent, la neige est de meilleure qualité et il fait moins froid.

Sortir

La majorité des musées d'Helsinki sont gratuits pour les enfants. Beaucoup de restaurants ont des chaises hautes et des lits d'enfant, parfois en nombre restreint. La plupart des resorts proposent un menu enfant ou des repas gratuits pour les enfants accompagnés d'adultes.

Se déplacer

À Helsinki, les enfants bénéficient de la gratuité dans les transports publics et les ferries jusqu'à 7 ans ; si un enfant est dans une poussette, son accompagnateur adulte voyage également gratuitement. Dans la plupart des autres transports, le prix du billet enfant équivaut à 60% environ du tarif adulte. Si vous louez une voiture, sachez que les sièges auto doivent être réservés (environ 45 €/jour) ; si vous prenez l'avion, envisagez d'emporter le vôtre comme bagage à main.

Hébergement

Bungalows, chalets et appartements sont idéals, tout comme les campings : beaucoup ont une plage au bord d'un lac ainsi qu'une aire de jeux, et louent des bateaux et des vélos. La plupart des hôtels fournissent un lit supplémentaire à peu de frais. Séjour souvent gratuit pour les moins de 12 ans.

NOTRE SÉLECTION

Le Monde des Moumines (Muumimaailma ; p. 91)

Parc fabuleux sur le thème des Moumines.

Village du Père Noël (p. 219)

Rendez visite au célèbre bonhomme rouge.

Snowman World (p. 220)

Patinez, glissez et dînez dans un restaurant de glace.

Särkänniemi (p. 135)

Parc d'attractions avec montagnes russes et restaurant tournant.

La Ville des enfants (p. 54)

L'histoire d'Helsinki à travers des jeux.

JukuPark (p. 89)

Le plus grand parc aquatique du pays.

Zoo de Ranua (p. 220)

Nature, balades en traîneau et mini-motoneiges.

ÊTRE PARENT EN FINLANDE

En Finlande, les parents accordent une grande importance au jeu autonome et aux activités de plein air. Ils encouragent les enfants à explorer librement la nature. Dans des régions comme la Laponie, les enfants peuvent apprendre à allumer un feu en forêt et à utiliser certains outils à un jeune âge.

Les programmes et activités pour enfants sont parfois moins structurés qu'ailleurs et leur laissent du temps pour flâner ; cela va de pair avec les musées interactifs, pédagogiques et ludiques, qui proposent toutes sortes de démonstrations et d'activités en été, ce qui rend les visites intéressantes pour petits et grands.

Santé et sécurité

RENCONTRER UN OURS

Vous avez peu de chances de tomber sur un ours, car ces plantigrades fuient l'être humain. Si toutefois cela se produit, reculez sans bruit et évitez tout contact visuel ; courir ne sert à rien. Les ours sont de bons grimpeurs et savent nager. Si un ours vous poursuit, allongez-vous sur le sol en couvrant votre tête et votre cou avec vos mains et faites le mort.

Moustiques

Vers juin-juillet, les moustiques sont légion en Finlande, notamment dans les zones rurales et en Laponie. Dans les villes, on n'en voit presque pas ; ils sont particulièrement féroces en forêt, lorsqu'il n'y a pas de vent. Portez des vêtements couvrants de la tête aux pieds, un chapeau antimoustique, et utilisez un répulsif puissant. Leurs piqûres démangent mais sont inoffensives.

Hiver

Si la Finlande est sublime en hiver, cette beauté a un prix : le froid. Enfilez plusieurs couches de vêtements, car l'air emprisonné entre les couches sert d'isolant. À partir de -15°C, couvrez votre visage avec une écharpe ou une cagoule et évitez d'utiliser des produits contenant de l'eau, comme le fond de teint et certaines crèmes hydratantes.

VOYAGER EN SOLO

La Finlande est relativement sûre pour les voyageuses en solo. Mais comme toujours lorsqu'on voyage, la prudence reste de mise.

ATTENTION, DANGER

Danger : passage d'élans

Danger : passage de rennes

Danger : passage de chevreuils

Passage à niveau non protégé

Danger d'incendie : feux interdits dans la nature

Pertes et vols

Le vol à la tire est rare mais peut se produire, notamment dans les lieux bondés (magasins, transports, etc.). Si vous perdez votre téléphone, votre portefeuille ou d'autres objets de valeur, contactez le bureau des objets trouvés (Löytötavaratoimisto ; tél : +35 8600 41006, 24 h/24, 7 j/7) ou le commissariat local.

VIE NOCTURNE

En général, les Finnois sont un peu réservés, mais polis. Les comportements ouvertement agressifs se produisent le soir dans les bars, les clubs et les rues, mais la scène nocturne reste sûre. La consommation d'alcool des Finlandais peut sembler excessive, même si depuis quelques années, un nombre croissant d'entre eux optent pour des boissons sans alcool.

Manger, boire et sortir

Les repas

Aamiainen (petit-déjeuner, 7h-10h) : repas simple (pain, yaourt, porridge) accompagné de café filtre ou de thé.

Lounas (déjeuner, 11h-13h) : souvent servi sous forme de buffet.

Illallinen (dîner, 17h-18h) : généralement constitué de plats un peu plus chers, il peut être pris plus tard, en particulier avec des amis ou pour une occasion spéciale.

Où se restaurer

Ravintola (restaurant) : établissement proposant un buffet au déjeuner, bar de quartier ou restaurant raffiné.

Leipomo ou leipomo-kahvila (boulangerie ou café-boulangerie) : boulangerie généralement artisanale ou boulangerie traditionnelle avec petit espace restauration.

Panimoravintola (brasserie-restaurant) : il y en a un ou deux dans chaque grande ville ; cuisine variée : *street food*, plats de bistrot gourmands, assiettes d'inspiration allemande, etc.

Baari (bar) : de l'adresse chic où l'on savoure des cocktails raffinés, aux bars de quartier plus informels.

COMPRENDRE LA CARTE

Ruokalista : menu
Alkuruoka : hors-d'œuvre
Pääruoka : plat principal
Jälkiruoka : dessert
Brunssi : brunch
Lasten lista : menu enfant
Sesongin menu : menu de saison
Maistelumenu : menu dégustation
Kasvismenu : menu végétarien
Kasvisvaihtoehto : option végétarienne
Kala : poisson
Kana : poulet
Liha : viande
Naudanliha : bœuf
Lammas : agneau
Possu : porc
Pihvi : steak
Keitto : soupe
Salaatti : salade
Ranskanperunat : frites
Voileipä : sandwich
Juomat : boissons
Tuoppi : une pinte
Pullo : une bouteille
Lasi : un verre
Limonadi : soda
Mehu : jus
Viini : vin
Punaviini : vin rouge
Valkoviini : vin blanc
Rosé-viini : vin rosé
Kuiva : sec
Makea : doux
Siideri : cidre
Olut : bière
Kuohuviini : vin pétillant
Kahvi : café
Päivän erikoinen : plat du jour
Keittiö suosittelee : suggestion du chef

L'ART DE... commander (et de débarrasser)

Dans les cafés, vous devez normalement commander au comptoir et régler à la caisse. Dans certains d'entre eux, le personnel vous apporte votre commande, mais dans d'autres, il faut aller la chercher. Souvent, vous êtes censé débarrasser votre table ; vérifiez s'il y a un chariot où placer la vaisselle. Sinon, le personnel débarrassera en fin de repas.

Les restaurants servant le déjeuner, notamment ceux à prix étudiés, proposent souvent un buffet ; il faut d'abord payer, puis aller vous servir. Au menu : salades, soupes, plats de viande et végétariens, ainsi que des produits sans gluten et sans lactose. Thé/café et dessert sont inclus.

Les restaurants qui proposent le déjeuner à la carte et le dîner assurent un service à table.

COMBIEN COÛTE…

un roulé à la cannelle
2-4 € (selon la taille/le lieu)

un café filtre (plus cher dans les cafés de "troisième vague")
2,50-5 €

un buffet-déjeuner
9-13 €

une pizza
13-20 €

un dîner dans un restaurant étoilé
200 €

une bière
7-10 €

un verre de vin
8-15 €

L'ART DE… boire son café

Si les Finlandais sont les plus gros consommateurs de café au monde (12 kg par habitant selon l'Association internationale du café), ils le dégustent sous forme de café filtre légèrement torréfié, et non d'expressos corsés ou de cappuccinos crémeux, comme dans beaucoup d'autres nations.

Les Finlandais ont coutume d'entamer la matinée avec un grand mug de café (voire plusieurs). Au travail, les pauses-café sont précisées dans les contrats de travail, et parfois, les gens savourent une tasse de café après leur séance de sauna du soir.

Dans les cafés, les clients commandent en général un café filtre – car une *santsikuppi* (deuxième tasse) est parfois incluse dans le prix – ou un cappuccino.

Depuis plus d'une décennie, la Finlande connaît elle aussi l'émergence de cafés de "troisième vague", avec grains torréfiés de manière artisanale et créations comme l'onctueux *flat white*.

Les puristes savourent encore leur café noir, additionné d'un peu de lait pour les plus audacieux et même de lait d'avoine pour les radicaux à la page.

Si vous souhaitez faire connaissance avec un(e) Finlandais(e), invitez-le/la à prendre un café –vous essuierez rarement un refus. C'est un excellent moyen de briser la glace – tout comme partager un sauna.

Trêve de bavardages !

La langue finnoise ne possède pas de mot particulier pour dire "s'il vous plaît", et les échanges de politesse sont absents de la culture locale ; les Finlandais s'expriment par des phrases courtes, sans que cela soit discourtois.

UNE SOIRÉE EN VILLE

Longtemps, les Finlandais ont eu la réputation de boire beaucoup d'alcool, mais depuis quelques années, cette tradition tend à diminuer, notamment chez les jeunes. Des amis peuvent très bien aller dîner et siroter quelques cocktails ou mocktails, puis rentrer tôt.

Néanmoins, les boissons alcoolisées sont chères dans les bars et restaurants, et nombre de Finlandais préfèrent se réunir chez eux avant de sortir vers minuit.

En été, on se retrouve aussi dans les parcs et sur les plages. En hiver, quand les gens prévoient de sortir dans un club chic, ils y vont en bottines, puis les laissent au vestiaire une fois sur place avant d'enfiler leurs chaussures de soirée.

En général, les pubs ouvrent jusqu'à 2h en semaine et 3 ou 4h les vendredis et samedis ; clubs et bars ouvrent jusqu'à 4h. À la fermeture, dans les villes d'une certaine taille, les noctambules peuvent savourer un en-cas acheté à un food truck ou manger dans une pizzeria.

Le karaoké est populaire partout et il est facile de participer ; les spectateurs, souvent un peu éméchés, sont accueillants, et l'ambiance est bon enfant.

Lorsque vous commandez une bière, ne vous attendez pas à un verre plein : la loi finlandaise en matière d'alcool est très stricte, et des contenances précises s'appliquent. Un verre de vin est par exemple vendu en trois tailles : 12 cl, 16 cl et 24 cl.

Les magasins d'alimentation vendent des boissons contenant moins de 5,5% d'alcool ; pour les boissons plus titrées, comme le vin et les spiritueux, filez chez Alko, qui a le monopole de la vente au détail des boissons alcoolisées en Finlande.

Voyage responsable

Voyage et changement climatique

L'impact des voyages sur l'environnement est aujourd'hui bien connu, et impose de faire ce qui est en notre pouvoir pour le limiter. Lonely Planet recommande ainsi aux voyageurs de se renseigner sur l'empreinte carbone de leurs déplacements. Divers outils en ligne permettent de calculer les émissions de CO_2 générées par chaque trajet, notamment celui de l'Ademe. De nombreuses plateformes de réservation et compagnies aériennes proposent de compenser leurs émissions de gaz à effet de serre par une contribution financière à des projets respectueux de l'environnement, partout dans le monde. Chez Lonely Planet, nous continuons à compenser l'empreinte carbone de tous nos auteurs, tout en étant conscients que ce n'est qu'une solution partielle.

Scannez pour accéder au calculateur d'émissions de carbone de l'Ademe

Libre accès à la nature

Le *jokamiehenoikeus* ("droit de tout un chacun") est une loi finlandaise ancienne qui permet aux gens de marcher, de skier ou de pédaler partout dans la nature, même sur des propriétés privées, à condition de se comporter de manière responsable (voir aussi p. 249 et page ci-contre).

Trekking

Vivez une aventure de plusieurs jours au fil des sentiers nature du parc national de Koli (p. 164). L'itinéraire le plus long, qui fait le tour du lac Herajärvi, mesure 60 km et dure quatre jours ; il existe une version plus courte (35 km).

Artisanat sami

Privilégiez les produits artisanaux portant le logo de Sámi Duodji, qui garantit que l'objet est de fabrication artisanale sami et que les recettes sont versées à des communautés sami du Nord. L'association gère également une boutique (p. 223) à Inari.

Le service des parcs et des forêts finlandais gère des refuges dans les parcs nationaux et les zones protégées. Laissez-les comme vous les avez trouvés : refaites provision de bois de chauffe et emportez vos déchets.

Rapportez un souvenir lapon fabriqué à partir de matériaux naturels recyclés, tels les bois de mue des rennes et le cuir de poisson. Observez les artisans chez Lauri (p. 216) et Kangasniemi Hornwork (p. 29).

Envisagez de faire un don en faveur des phoques annelés du Saimaa (p. 150). Ces dernières années, les campagnes de **WWF Suomi** (wwf.fi) et d'autres organisations ont contribué à l'augmentation de leur population qui est passée de quelques douzaines à 400.

EN HAUT : RAUNO KOIVUNEN / SÁMI CULTURAL CENTRE SAJOS © ; EN BAS : THOMACA/SHUTTERSTOCK © ; À GAUCHE : BORIS15/SHUTTERSTOCK ©

À Turku, préférez les boutiques qui contribuent à l'économie circulaire. Certains magasins et créateurs locaux utilisent des tissus naturels, pratiquent l'upcycling et vendent objets et vêtements vintage. Nombre de brocantes proposent du mobilier et des articles de décoration qui pourraient avoir une seconde vie.

Circuit à vélo

Profitez de l'air vivifiant des îles en parcourant le sentier de l'Archipel (p. 93). Cette boucle cyclable de 230 km démarre à Turku. Elle sillonne la campagne verdoyante du sud du pays et franchit des ponts reliant des petites îles où vivent des communautés maritimes uniques.

Observation de la faune

Les forêts sauvages de Kuhmo abritent des ours, des loups et des gloutons en abondance. Emportez des jumelles et observez-les depuis un affût en juin-juillet, lorsque le soleil ne se couche jamais.

Baignade

Mêlez-vous aux résidents à la minuscule cabane de bains de Hanko (p. 107) pour démarrer la journée par une baignade rafraîchissante. Le coût de la location de clé (5 €/jour) contribue à l'entretien.

Aurores boréales

En Laponie, délaissez les circuits organisés et traquez les aurores boréales en solo, raquettes aux pieds. L'application mobile My Aurora Forecast peut être utile.

Visitez la première pizzeria "zéro déchet" de Finlande : chez YLP! (p. 113), les pizzas ne sont confectionnées qu'avec des produits frais locaux.

La baie préféré des Finlandais est la mûre arctique. Vous pourrez en cueillir à Ranua (p. 33), en Laponie, réputée pour ces fruits des bois.

3

La Finlande est une excellente destination de voyage responsable. Selon l'Indice de performance environnementale (IPE) 2022, elle se classe troisième pour la durabilité globale et première pour la durabilité des zones marines. Elle est reconnue pour son tourisme animalier éthique.

SITES UTILES

ymparisto.fi
Explorez le droit de libre accès à la nature avec les services finlandais de gestion de l'environnement

eceat.fi
Séjours à la ferme bio et durables

metsa.fi
Refuges bien entretenus dans des parcs nationaux et zones sauvages protégées

Voyageurs LGBTQI+

En 2021, la Finlande était 22e du Spartacus Gay Travel Index, un classement des destinations les plus LGBTQI+-friendly – loin derrière le Danemark et la Suède. Le mariage homosexuel a été légalisé en 2017, un an après l'adoption homoparentale. De manière générale, les Finlandais sont accueillants avec tout le monde, mais certains préjudices subsistent, et les thérapies de conversion ne sont toujours pas interdites.

Les plus grandes fêtes

Helsinki, la ville d'adoption de Tom of Finland (voir ci-dessous), organise en juin la plus grande fête LGBTQI+ du pays : les célébrations de la Helsinki Pride (pride.fi) durent une semaine. Cette marche des fiertés annuelle existe depuis 2006, mais dès les années 1970, des activités organisées visant à améliorer le statut des minorités sexuelles en Finlande virent le jour. Autre manifestation : le festival de cinéma Vinokino (vinokino.fi), qui présente des films gays du monde entier (documentaires et fictions) dans cinq villes (dont Helsinki, Turku et Tampere) en octobre et novembre.

"SETA" POUR LES MINORITÉS SEXUELLES

Seta ry (abréviation du finnois pour "égalité sexuelle" ; seta.fi) est la principale association de protection des droits des LGBTQI+. Créée en 1974, elle a remporté nombre de batailles juridiques concernant l'égalité en matière de mariage et les lois sur l'adoption. La présidente de Seta la plus célèbre est Tarja Halonen, la première présidente de la Finlande (2000-2012).

MENTALITÉS

En général, les Finlandais ne font pas état de leurs opinions concernant les faits et gestes des autres, surtout dans les grandes villes. Toutefois, certaines attitudes négatives peuvent apparaître, notamment lorsque les personnes concernées sont quelque peu éméchées : elles peuvent alors devenir plus véhémentes et exposer sans ambages leurs vues personnelles. Certains prêtres conservateurs peuvent refuser d'officier à une cérémonie de mariage homosexuel.

Quartiers et bars gay-friendly

Kallio est le quartier bohème et gay-friendly d'Helsinki, avec des bars comme le classique Fairytale et le Kvääristö, qui offre un espace sûr aux lesbiennes et aux minorités sexuelles, ainsi qu'à toutes les personnes partageant ces valeurs. Près de Kallio, à Vallila, se trouve le seul sauna gay du pays, Vogue. Le quartier plus chic et bohème de Punavuori est également prisé. Le seul bar gay de Tampere est le Mixei. À Turku, rendez-vous au Bar Suxes.

TOM OF FINLAND

Tom of Finland est l'icône et artiste gay le plus célèbre du pays. Ses œuvres figurent sur des T-shirts et des draps, et il existe une vodka portant son nom. En 2023, le musée d'Art moderne Kiasma d'Helsinki organise une exposition sur son œuvre.

Tourisme

Membre de l'Association internationale du voyage LGBTQ+ (IGLTA), Gay Travel Finland (gaytravelfinland.com) est une excellente ressource sur le voyage gay en Finlande.

 ALEXANDER SPATARI/GETTY IMAGES ©

Voyage et handicap

Les infrastructures publiques de la Finlande, des bureaux aux transports, tiennent compte de l'accessibilité, et des travaux sont en cours pour rendre les zones naturelles et les sites touristiques également plus accessibles.

Nature accessible

Le site Web des parcs nationaux (nationalparks.fi) contient une carte qui permet de localiser les destinations accessibles dans tout le pays, avec 56 types d'aménagements possibles (chemins de planches, toilettes pour handicapés, etc.).

À l'aéroport

Rénové en 2021, l'aéroport d'Helsinki propose des fauteuils roulants et d'autres dispositifs pour les personnes à mobilité réduite. Il compte plusieurs bureaux d'assistance, mais il est conseillé d'appeler à l'avance pour être certain de bénéficier de l'aide nécessaire.

Hébergement

Les chaînes d'hôtels ont amélioré l'accessibilité de leurs installations, mais des hôtels plus petits et sous gestion familiale se lancent également. Pour vérifier l'accessibilité d'un hébergement, mieux vaut téléphoner à l'avance.

SITES UTILES

Respecta (*respecta.fi)* offre le plus grand choix de dispositifs d'aide et de services connexes en Finlande. Contactez-les pour réserver du matériel. L'**Association finlandaise des personnes handicapées physiques** (*invalidiliitto.fi*) se consacre aux actions de sensibilisation et fournit des services aux handicapés physiques ou souffrant d'une déficience fonctionnelle. Le centre Iiris de la **Fédération finlandaise des déficients visuels** (*Näkövammaisten liitto ; nkl.fi*) à Itäkeskus (Helsinki) abrite des chambres d'hôtel et un musée de la Déficience visuelle.

TRANSPORTS

À Helsinki, les transports publics sont gratuits pour les déficients visuels ainsi que pour les personnes en fauteuil roulant ou à scooter de mobilité (uniquement autorisé dans le métro). Munissez-vous de la carte européenne d'invalidité.

Prix d'accessibilité

Helsinki s'est classée deuxième du prix 2022 du tourisme accessible organisé par le Réseau européen pour le tourisme accessible (ENAT), en reconnaissance de ses efforts à long terme. Derniers progrès en date : des chemins lumineux supplémentaires, de nouveaux tramways et des zones naturelles accessibles.

Plages d'Helsinki

Les plages d'Aurinkolahti et de Hietaranta sont équipées d'un fauteuil de baignade flottant et d'un tapis Mobi-mat® pour faciliter les déplacements sur le sable. Ces services sont gérés par le maître-nageur de garde.

RUES D'HELSINKI

Les secteurs des places du Sénat et du Marché sont pavés. Les feux de circulation ne sont quasiment pas équipés pour les déficients visuels, surtout autour de la place du Marché et de Mannerheimintie. En hiver, la neige complique l'accès.

ekevent.johku.com organise des circuits accessibles à Lohja et alentour, à 60 km d'Helsinki. adventureapes.fi, un leader du voyage accessible pour les déficients visuels, propose aussi des expéditions nature accessibles aux handicapés. palmuasema.fi vous conseille sur les hôtels, spas et sites naturels accessibles.

SMELOV/SHUTTERSTOCK ©

Village du Père Noël (p. 219)

COMBIEN DE PÈRES NOËL ?

Le Père Noël est un être magique, bien sûr ; il peut donc se trouver à deux, quatre ou six endroits à la fois. Mais sa tendance à apparaître n'importe quand et n'importe où peut surprendre petits et grands. Il se dédouble même dans le village qui porte son nom, en se matérialisant dans la maison de Noël, proche de la réception du Santa Claus Holiday Village. Il possède aussi un bureau dans le centre de Rovaniemi, et se manifeste spécialement en d'autres lieux pour des groupes de touristes. Certains parents essaient donc de ne pas rencontrer le Père Noël trop souvent pour éviter confusion ou lassitude !

L'ART DE... rencontrer le Père Noël

Vous envisagez d'emmener votre famille voir le Père Noël en Laponie finlandaise, dans sa résidence officielle de Rovaniemi, mais vous découvrez avec effarement qu'un voyage organisé avec trois nuits sur place pour une famille de quatre personnes, par exemple au départ de la France, peut coûter 4 000 € ou plus, sans aucune garantie que vous visiterez le véritable village du Père Noël. Que faire ?

Sachez qu'il n'est pas difficile d'organiser un voyage équivalent de manière indépendante, et en réservant suffisamment à l'avance, vous ferez probablement des économies substantielles. Plusieurs compagnies comme Easyjet, Ryanair, Air France, KLM et Eurowings assurent des vols directs et réguliers pour Rovaniemi depuis divers pays d'Europe, surtout en hiver.

Où se loger

La ville de Rovaniemi compte pléthore d'hébergements, des auberges de jeunesse aux hôtels de luxe en passant par les appartements équipés.

Pour les petits budgets, une chambre familiale durant la haute saison hivernale peut coûter environ 200 € la nuit. La plupart des hôtels dans le village du Père Noël sont luxueux et chers, mais les chalets standard du Santa Claus Holiday Village, bien entretenus, sont plus abordables.

Activités

Situé à 8 km de Rovaniemi et accessible en bus, le village du Père Noël est une sorte de parc à thème dont les attractions sont éparpillées en lisière de forêt. Toute l'année, un Père Noël bienveillant accueille gratuitement les visiteurs dans son "bureau" (il y a parfois de l'attente) ; pour un prix raisonnable, faites une balade en traîneau tiré par l'un de ses rennes, initiez-vous à la motoneige ou conduisez un attelage de huskies.

Le village peut être magique au cœur de l'hiver. Si vous avez un jour de plus, skiez à Ounasvaara, visitez les musées Arktikum ou Pilke Tiedekeskus, essayez de voir une aurore boréale, ou faites une balade en traîneau plus longue (sur réservation) à Bearhill Husky ou à l'élevage de rennes Konttaniemen Porotila.

Quand partir

Si vous ne voulez pas venir à Noël, pensez à mars. Il y a beaucoup de neige, les jours rallongent, il fait un peu moins froid et les hébergements peuvent être moins chers.

En été, il n'y a pas de neige, mais le soleil de minuit illumine le ciel, les tarifs d'hébergement baissent et le Père Noël est fidèle à son poste !

Bon à savoir

HEURES D'OUVERTURE

Les heures d'ouverture varient entre la semaine et le week-end. Les zones rurales offrent moins de services. Voici les heures d'ouverture habituelles dans les grandes villes.

Banques 10h-16h30 lundi-vendredi

Bars 15h-2h lundi-vendredi, souvent plus tard le samedi

Cafés 8h-19h lundi-vendredi

Centres commerciaux 10h-20h

Commerces 10h-18h lundi-vendredi, 11h-17h le week-end

Discothèques 20h-5h vendredi-samedi

Restaurants 11h-21h30

Cigarettes

Il est interdit de fumer dans les établissements publics. La plupart des restaurants et des cafés n'ont pas de section fumeurs. Les paquets sont vendus aux caisses des commerces.

EN BREF

Fuseau horaire
GMT/
UTC + 2 heures

Indicatif du pays
358

Numéro d'urgence
112

Population
5,4 millions d'habitants

Poids et mesures

La Finlande utilise le système métrique. Les chiffres décimaux sont précédés d'une virgule, et les milliers s'écrivent avec une virgule (par exemple, 2,000).

Eau du robinet

L'eau du robinet est potable et d'excellente qualité dans tout le pays.

Électricité 220 V/50 Hz ; 230 V/50 Hz

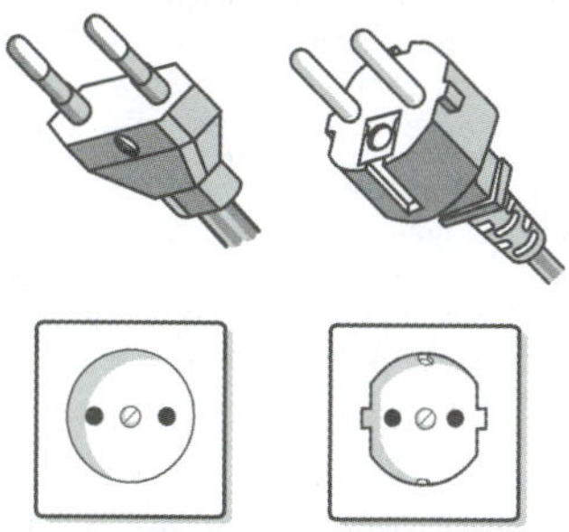

Type C 220 V/50 Hz

Type F 230 V/50 Hz

JOURS FÉRIÉS

La Finlande compte 13 jours fériés. Les services non essentiels et certaines entreprises ferment, ou fonctionnent en horaires réduits.

Jour de l'An 1er janvier

Épiphanie 6 janvier

Vendredi saint Vendredi avant Pâques

Pâques Mars ou avril

Lundi de Pâques Lendemain de Pâques

Fête du Travail (Vappu) 1er mai

Ascension 40e jour après Pâques, un jeudi

Pentecôte Septième dimanche après Pâques

Saint-Jean Samedi entre le 20 et le 26 juin

Toussaint Samedi entre le 31 octobre et le 6 novembre

Jour de l'Indépendance 6 décembre

Noël 25 décembre

Lendemain de Noël 26 décembre

KUZNETSOVA JULIA/SHUTTERSTOCK ©

Aurore boréale

APPLIS ET SITES WEB

My Aurora Forecast vous envoie une alerte téléphonique si une aurore boréale est possible dans votre secteur. Elle vous aide aussi à prédire le moment et l'endroit où vous aurez le plus de chances d'y assister. Si le ciel est couvert, pas d'aurore boréale : consultez la carte de couverture nuageuse de l'Institut météorologique de Finlande (ilmatieteenlaitos.fi/pilvet-pohjoismaat). Citons aussi le site de l'Agence américaine d'observation océanique et atmosphérique (NOAA, swpc.noaa.gov), pour ses prévisions à 30 minutes et à 3 jours, et Aurora Maniacs (www.aurora-maniacs.com/previsions-aurores.html).

L'ART DE… traquer les aurores boréales

Les anciens Lapons appelaient *revontulet* (les "feux du renard") les aurores boréales. En effet, ils croyaient que ces "lumières du Nord" étaient produites par les renards arctiques qui, en bondissant dans le ciel à une vitesse folle, frottaient leurs grandes queues contre les montagnes environnantes faisant jaillir des étincelles illuminant la voûte céleste. En réalité, le phénomène est dû au bombardement de particules en provenance du Soleil. Celles-ci pénètrent la couche supérieure de l'atmosphère à des vitesses allant jusqu'à 72 millions de km/h, ce qui produit les célèbres lumières aux couleurs changeantes.

Quand les observer

La meilleure période pour observer une aurore boréale est le mois de mars, lorsque le ciel est le plus dégagé. En hiver, les paysages enneigés rendent l'expérience encore plus magique. Le mois de septembre est également propice, car les nuits sont suffisamment sombres pour que le phénomène soit visible. Le meilleur moment de la nuit se situe entre 23h et 1h.

Où les observer

Avec ses grands espaces ouverts et son ciel d'encre, la Laponie est le meilleur endroit pour voir une aurore boréale. À sa lisière nord, elles sont visibles jusqu'à trois nuits sur quatre ; en Laponie centrale, jusqu'à six nuits sur dix. Plus au sud, il est possible d'assister à une aurore boréale jusqu'à Helsinki, environ une fois par mois durant les mois où la nuit est la plus sombre, mais elles sont plus difficiles à voir à cause de la pollution lumineuse.

Des hôtels adaptés

Nombre d'hôtels finlandais louent des igloos en verre et des chambres à paroi vitrée, pour que les visiteurs puissent admirer les aurores boréales depuis leur lit. À l'Arctic Snow Hotel (p. 221), au nord-ouest de Rovaniemi, les chambres à parois de verre sont spécialement conçues pour observer le phénomène, et beaucoup de stations de ski lapones ont des igloos en verre.

Comment s'habiller

Superposez les couches de vêtements pour vous aventurer à l'extérieur par une nuit d'hiver glaciale, notamment en Laponie, où les températures peuvent descendre à -30°C ou -40°C. Enfilez des gants ou des mitaines, un bonnet, d'épaisses chaussettes de laine et des chaussures chaudes.

Sauna finlandais

L'ART DE... profiter d'un sauna finlandais

Dès le plus jeune âge, les Finlandais apprennent que le *sisu*, Sibelius et le sauna incarnent la nation : le *sisu* ("ténacité" en finnois), parce qu'il en faut pour survivre les sombres mois d'hiver ; le compositeur Sibelius, célèbre dans le monde entier ; et le sauna, peut-être parce que cette institution a donné aux habitants une attitude plus décomplexée vis-à-vis de la nudité. C'est le sauna qui manque le plus aux Finlandais quand ils vivent à l'étranger.

Une passion finlandaise

Il existe plus de trois millions de saunas privés en Finlande, soit plus que les voitures. La plupart des maisons et des appartements en possèdent un, et si ce n'est pas le cas, il y a un sauna dans chaque immeuble d'habitation à l'usage des résidents. Les chalets d'été sont également équipés d'un sauna, en général situé près d'un plan d'eau. Sachez que "sauna" se prononce "sa-ou-na" en finnois.

Où faire une séance de sauna

Presque tous les hôtels mettent un sauna à la disposition de leur clientèle. Il existe aussi des saunas de quartier publics et historiques dans les grandes villes comme Tampere et Helsinki. Pour quelques euros, vous pourrez nager et profiter d'un sauna dans les centres de loisirs. Certaines villes possèdent également des complexes modernes au bord de la mer ou d'un lac, comme à Jyväskylä.

Déroulement d'une séance

Le sauna n'a rien de compliqué. Tout d'abord, dans les saunas publics, les vestiaires et les douches ne sont pas mixtes. Ensuite, il faut toujours prendre une douche avant le sauna. Enfilez un maillot de bain pour pénétrer dans un sauna collectif, à moins qu'il ne soit spécifiquement indiqué que les vêtements sont optionnels – à vous de choisir. Certains Finlandais préfèrent être nus, mais ce n'est pas le cas de tous ; les deux sont parfaitement acceptables.

Savoir-vivre

Évitez de gesticuler et de parler fort ; il est parfaitement acceptable d'échanger quelques mots avec d'autres personnes dans un sauna – c'est peut-être l'environnement où les Finlandais se montrent les plus bavards –, mais en général, le sauna s'apprécie en silence.

COMMENT PRODUIRE DE LA CHALEUR ET LA SUPPORTER ?

Dans les saunas publics, c'est habituellement la personne la plus proche du poêle qui jette de l'eau sur les pierres chaudes. La chaleur devrait être tolérable pour tous ; si vous avez la charge de la *kauha* (louche), ne jetez pas trop d'eau et demandez aux personnes présentes si elles souhaitent plus de chaleur. Certains Finlandais mettent un point d'honneur à supporter les plus hautes températures, mais si le sauna est trop chaud pour vous, asseyez-vous sur les bancs les plus bas, où la chaleur est moins forte. La vapeur est appelée *löyly*. Si vous appréciez votre séance de sauna, vous pouvez dire que la *löyly* était bonne.

Langue

Les essentiels

Bonjour. Hei/Terve (pol.) Moi (inf.). *hay/tehrr-veh/moï*

Au revoir. Näkemiin (pol.)/Moi (inf.). *na*-ke-miin/moï

Oui. Kyllä (pol.)/Joo (inf.). *kül-lah/you*

Non. Ei. *ay*

S'il te/vous plaît. Il n'y a pas de mot en finnois. Souvent, on dit *kiitos* ("merci") à la place.

Merci. Kiitos/Kiitti (inf.). *kii-toss/kiit-ti*

Excusez-moi. Anteeksi. *ahn-tehk-si*

Pardon. Olen pahoillani/Sori (inf.). *o-lehn pah-hoïl-lah-ni/ so-rri*

Comment vous appelez-vous/t'appelles-tu ? Mikä teidän nimenne on?/Mikä sun nimi on? (inf.). *mi-ka taï-dan ni-mehn-neh on?/ mi-ka sun ni-mi on?*

Je m'appelle... Minun nimeni on .../ Mun nimi on ... (inf.). *mi-noun ni-mehn-ni on .../moun ni-mi on...*

Parlez-vous anglais ? Puhutko englantia? *pou-hout-ko ehng-lahn-ti-ah?*

Je ne comprends pas. En ymmärrä. *ehn üm-marr-rra*

Demander son chemin

Où est... (la gare ferroviaire) ? Missä on ...? *mis-sa on ...?* (juna-asema (inf.)/rautatie-asema you-nah-ah-se-mah/ row-tah-ti-eh-ah-se-mah)

Je cherche... ? Etsin....? *et sin...?*

Pouvez-vous me montrer (sur la carte) ? Voitko näyttää minulle (kartasta)? *voït-ko na-üt-taa mi-noul-leh (kahrr-tahs-tah)?*

Heure et date

Quelle heure est-il ? Paljonko kello on? *pahl-yon-ko kehl-lo on?*

Il est (une) heure. Kello on (yksi). *kehl-lo on (ük-si)*

matin aamu. *ah-mou*

après-midi iltapäivä. *il-tah-pa-i-va*

soir/nuit ilta. *il-tah*

aujourd'hui tänään. *ta-naan*

demain huomenna. *hu-o-mehn-nah*

Urgences

Au secours ! Apua! *ah-pou-ah!*

Allez-vous-en ! Mene pois!/Häivy! (inf.). *meh-neh poïs!/ha-i-vü!*

Je suis malade. Minä olen sairas. *mi-na o-lehn sai-rrahs*

Appelez la police ! Soittakaa poliisi! *soït-tah-kah po-lii-si!*

Au restaurant

Que conseillez-vous ? Mitä suosittelisit? *mi-ta sou-o-sit-teh-li-sit?*

Puis-je voir le menu, s'il vous plaît ? Saisinko ruokalistan? *sai-sin-ko-rou-o-kah-lis-tahn?*

CHIFFRES

1 **yksi** *ük-si*

2 **kaksi** *kahk-si*

3 **kolme** *kol-meh*

4 **neljä** *nehl-ya*

5 **viisi** *vii-si*

6 **kuusi** *kou-si*

7 **seitsemän** *saït-seh-man*

8 **kahdeksan** *kahkh-dehk-sahn*

9 **yhdeksän** *ükh-dehk-san*

10 **kymmenen** *küm-meh-nehn*

EMPRUNTS AU FINNOIS

Le mot finnois le plus utilisé en français est **sauna**.

UN PEUPLE BILINGUE

Les langues finno-ougriennes (dont l'estonien, le hongrois et les langues sami) sont parlées par 25 millions de personnes vivant de la mer Baltique et du nord de la Scandinavie jusqu'à l'Oural et au Don. Une minorité substantielle de la population finlandaise est suédophone, et tous les Finlandais apprennent le suédois à l'école ; vous pourrez donc utiliser votre vocabulaire suédois en Finlande de temps à autre.

Particularités grammaticales

Les principales difficultés du finnois sont les terminaisons ajoutées aux radicaux des noms et des verbes, qui sont souvent modifiés en conséquence, et son caractère agglutinant (plusieurs petits mots sont accolés pour former de longs mots), comme en hongrois, en turc, en géorgien, en arménien ou en basque.

Un vocabulaire familier

Le finnois est une langue finno-ougrienne. De nombreux mots sont empruntés aux langues baltes, slaves et germaniques, ou bien sont dérivés du français, et surtout, de l'anglais.

Langues sami

Il existe neuf langues sami, dont trois sont parlées en Finlande. On estime qu'environ un tiers des Sami de Finlande parlent une langue sami aujourd'hui.

bures (*pou res* ; u est une voyelle longue) signifie "bonjour, comment allez-vous" en sami du Nord, et se dit en serrant la main de l'autre personne.

oaidnaleapmái (*oa ï-dna-leap-maï*) signifie "au revoir".

giitu (*ki y-htou*) signifie "merci".

boazu (*po a-tsou*) signifie "renne" en sami du Nord ; c'est poro (*po ro)* en finnois.

guovssahasat (*kou ovs sa ha-saht)* signifie "aurore boréale" en sami du nord ; c'est revontulet (*re von tou let*) en finnois.

Juovlastállu (*jouo v-la-stal-lou)* est le nom du Père Noël en sami du Nord ; c'est **Joulupukki** (*yo lou pou ki*) en finnois.

LE FINNOIS DANS LE MONDE

Environ six millions de personnes parlent le finnois en Finlande, en Suède, en Norvège et dans la partie russe de la Carélie. En finnois, la Finlande se dit "Suomi" et le finnois "suomi".

COMPRENDRE LA FINLANDE

Nos auteurs proposent une découverte des multiples facettes de la Finlande

UNE HISTOIRE DE LA FINLANDE EN 15 LIEUX

La longue histoire de la Finlande s'étire de la dernière période glaciaire jusqu'à l'ère high-tech d'aujourd'hui. Pendant des siècles, cette froide terre du Nord fut le théâtre d'une lutte acharnée entre la Suède et la Russie. Elle a su échapper à l'emprise de ces deux géants pour devenir l'un des pays les plus prospères de la planète.

LA FINLANDE est rarement évoquée dans les manuels d'histoire des autres pays. Cette petite nation de quelque cinq millions d'habitants a pourtant connu des périodes extrêmement difficiles lors des conquêtes lancées par ses voisins depuis l'est et l'ouest. Petit rappel chronologique avant de découvrir 15 sites emblématiques de l'histoire du "pays aux mille lacs".

Quelques vestiges témoignent de la présence de l'être humain en Finlande avant la dernière glaciation (120 000 à 10 000 ans), mais le territoire de l'actuelle Finlande ne fut réoccupé qu'avec le retrait de gigantesques glaciers. Vers 9000 av. J.-C., une population se déploya sur la quasi-totalité de la Finlande actuelle.

En 1155, le royaume de Suède, décidé à étendre son influence en Baltique et à lutter contre la principauté russe de Novgorod, lança la première expédition d'évangélisation des païens finnois. D'autres suivront, plaçant la Finlande sous la domination suédoise pour les six siècles suivants.

Dans le dernier quart du XIIe siècle, ce fut au tour des Russes de s'intéresser eux aussi à la Finlande et de convertir le sud du pays à l'orthodoxie. Russes et Suédois s'affrontèrent alors à maintes reprises durant les deux siècles suivants. Les deux puissances délimitèrent leurs sphères d'influence à coups de traités : en 1323, le traité de Nöteborg fixa la frontière dans l'isthme de Carélie. En 1397, l'union de Kalmar, créée à l'initiative de Marguerite Ire du Danemark, réunit les royaumes du Danemark, de Norvège et de Suède, incluant *de facto* le territoire finlandais. En 1523, l'élection du roi Gustave Vasa de Suède marqua la dissolution de cette union.

Au XVIIe siècle, consolidée par Gustave II Adolphe (1594-1632), la Suède domina l'essentiel de la Baltique et vit son âge d'or. La Finlande fut alors confiée à toute une série de gouverneurs. La plupart des Finnois étaient paysans et contraints de louer leurs terres à des propriétaires suédois.

En 1697, Charles XII (1682-1718) monta sur le trône suédois, puis fut entraîné dans la grande guerre du Nord (1700-1721), laquelle opposa la Suède à une alliance réunissant la Russie, le Danemark et d'autres puissances baltes : c'était le début de la fin de l'Empire suédois.

Le tsar Pierre le Grand (1672-1725) tira parti des déboires suédois : les Russes envahirent bientôt la Finlande, affaiblie par la famine. Le pays fut occupé de 1714 à 1721 : c'est la Grande Colère, au cours de laquelle des milliers de Finlandais furent tués ou réduits en esclavage. Instaurée en 1721 par le traité de Nystad, la paix eut un prix : la Suède céda le sud de la Carélie aux Russes.

Peu après, la Finlande fut de nouveau victime des ambitions de la Suède, qui perdit la guerre de 1741-1743 contre la Russie : son territoire fut envahi une fois encore par les Russes, une période douloureuse appelée la Petite Colère.

Allié à Napoléon par traité, le tsar Alexandre Ier attaqua à son tour la Finlande en 1808. Au terme d'une guerre sanglante, la Suède céda le territoire à la Russie en 1809 et en 1812, la capitale fut transférée de Turku à Helsinki.

Le XIXe siècle vit la naissance du nationalisme finlandais. Attribuée au précurseur du romantisme en Finlande, le professeur A. I. Arwidsson, la célèbre phrase "Nous ne sommes pas suédois, nous ne voulons pas devenir russes, soyons donc finlandais" résume l'essence de l'identité finlandaise naissante.

Les événements de 1905 en Russie favorisèrent la démocratisation de la Finlande qui, en 1906, se dota d'un Parlement, l'Eduskunta, et adopta le suffrage universel et égalitaire (ce fut le premier pays d'Europe à accorder le droit de vote aux femmes). Cependant, l'oppression politique russe se poursuivait, et la pauvreté régnait.

Tirant parti de la révolution russe d'octobre 1917, le Parlement finlandais déclara l'indépendance le 6 décembre. Bien qu'elle ait reconnu le nouvel État, la Russie espérait une révolution ouvrière en Finlande, où elle encouragea la dissidence.

Après une attaque des communistes finlandais, armés par les Russes, contre les gardes civils à Vyborg en janvier 1918, la guerre civile éclata. Les Rouges, qui rassemblaient une classe ouvrière grandissante, aspiraient à une révolution socialiste à la russe et au maintien de l'indépendance. Menés par le baron Carl Gustaf Emil Mannerheim, les Blancs, nationalistes, voulaient la monarchie et avaient l'Allemagne pour modèle.

Soutenus par les Allemands, les Blancs finirent par l'emporter : la guerre prit fin en mai 1918. Le prince Frédéric-Charles de Hesse-Cassel fut élu roi de Finlande par l'Eduskunta le 9 octobre 1918, mais il dut renoncer au trône un mois plus tard, la défaite de l'Empire allemand conduisant la Finlande à opter pour le régime républicain.

Dans les années 1930, la Finlande dut faire des choix épineux. Face à la menace que représentait l'Union soviétique, certaines factions finlandaises appelèrent à un accord avec l'Allemagne nazie, tandis que d'autres prônèrent un rapprochement avec Moscou. En 1939, après la signature du pacte germano-soviétique de non-agression, lequel laissait les mains libres à l'URSS en Finlande, les Soviétiques revendiquèrent une partie de la Carélie et le droit de construire des bases en territoire finlandais. Helsinki refusa : le 30 novembre 1939, la guerre d'Hiver éclata entre la Finlande et l'URSS. La Finlande résista à l'Armée rouge, notamment grâce à ses chasseurs à skis qui, par petits groupes, menèrent de victorieux assauts. Mais c'était une guerre ingagnable pour les Finlandais qui furent finalement vaincus. En mars 1940, le traité de Moscou contraignit la Finlande à céder l'isthme de Carélie et les régions orientales de Salla et de Kuusamo, ainsi que plusieurs îles, soit près d'un dixième de son territoire. Isolée des Alliés, la Finlande demanda de l'aide à l'Allemagne et autorisa son armée à transiter par son territoire. Quand la guerre éclata en juin 1941 entre Berlin et Moscou, des troupes allemandes étaient déjà en territoire finlandais : c'était le début de la guerre de Continuation entre

Peintures rupestres d'Astuvansalmi

la Finlande et l'URSS. Les Finlandais, progressant rapidement, regagnèrent leurs anciennes frontières dès décembre et commencèrent à reconquérir la Carélie.

À l'été 1944, les Soviétiques firent une spectaculaire remontée et le maréchal Mannerheim négocia un armistice avec l'URSS, cédant la région de Petsamo dans la presqu'île de Kola, riche en nickel, et ordonnant l'évacuation des troupes allemandes. Les Finlandais durent livrer une cruelle bataille en Laponie pour chasser les Allemands, qui détruisirent la capitale lapone, Rovaniemi, et pratiquèrent une politique de la terre brûlée jusqu'à l'armistice du printemps 1945.

La Finlande paya le prix fort pour conserver son indépendance : ses pertes territoriales furent ratifiées par le traité de Paris de février 1947, et elle se vit infliger de lourdes réparations de guerre à l'URSS, qu'elle finit de rembourser en 1952. La fabrication des équipements exigés renforça un secteur métallurgique déjà prospère et accéléra la transformation de la Finlande en un État moderne et social. La société finlandaise changea profondément et s'urbanisa.

La fin de l'Union soviétique soulagea d'un poids la Finlande, mais le début des années 1990 fut une période difficile. Le mark finlandais fut dévalué, et le chômage passa de 3 à 20%.

Malgré tout, la Finlande put enfin intégrer pleinement l'Europe en 1995 et en 2002, l'euro remplaça le mark finlandais.

Politiquement, le pays a réussi à maintenir longtemps des relations équilibrées entre l'Est et l'Ouest. Mais cette neutralité forcée (la "finlandisation") a fait long feu et peu après l'invasion de l'Ukraine par la Russie en 2022, la Finlande a demandé à rejoindre l'OTAN. Elle est devenue en avril 2023 le 31e membre à part entière de cette organisation.

1. Peintures rupestres d'Astuvansalmi

ART PRÉHISTORIQUE

À Mikkeli, on peut admirer les peintures rupestres d'Astuvansalmi ; les plus anciennes (3000-2500 av. J.-C.) figurent parmi les plus grandes d'Europe du Nord. Les 65 peintures dépeignent des figures humaines et animales, notamment des élans, un animal au centre du cosmos, selon les anciens Finnois.

Les images ont été peintes avec un mélange d'ocre rouge et d'huile ou de sang, depuis un bateau ou la surface gelée du lac Saimaa en hiver, lorsque le niveau des eaux était supérieur de 4 à 9 m. Aujourd'hui encore, le bateau est le meilleur moyen de voir les peintures.

Pour en savoir plus sur le bateau permettant d'accéder aux peintures rupestres, reportez-vous p. 149

2. Sammallahdenmäki

CAIRNS DE L'ÂGE DU BRONZE

Datant d'entre 1500 et 500 av. J.-C., ces 36 cairns funéraires se dressent près de la ville côtière de Rauma et forment un site remarquable, classé au Patrimoine mondial.

Pour s'y rendre, on emprunte un sentier sinueux à travers la forêt, au sol tapissé d'étranges lichens des rennes, ce qui donne au visiteur l'impression d'avoir remonté le temps. À l'origine, les cairns se trouvaient sur des îlots rocheux émergeant de la mer. Au fil du temps, la côte a reculé de 20 km vers l'ouest et le site s'est asséché, ce qui permet aujourd'hui d'en savoir un peu plus sur le mode de vie et les traditions funéraires des Finnois aux âges du bronze et du fer.

Pour en savoir plus sur Sammallahdenmäki, reportez-vous p. 187

3. Le Siida et le Sajos

INITIATION À LA CULTURE SAMI EN LAPONIE

Vers 1600 av. J.-C., le peuple sami vivait dans tout le centre de la Finlande, avant de migrer vers le nord et de s'installer en Laponie vers le début de notre ère.

Le Siida (musée sami et centre de la nature), dont l'exposition permanente montre le lien étroit entre nature et culture chez les Sami, ainsi que le Sajos, le centre culturel qui abrite le Parlement sami de Finlande, donnent un bon aperçu de l'histoire des Sami et de leur vie actuelle.

Situés à environ 500 m l'un de l'autre, le Siida et le Sajos se visitent facilement en une journée et valent le détour si vous êtes à Inari.

Pour en savoir plus sur le Siida et le Sajos, reportez-vous p. 223

La bibliothèque Oodi à Helsinki (p. 55)

4. Château du Häme

UNE HISTOIRE MOUVEMENTÉE

Forteresse médiévale, le château du Häme fut construit par les Suédois à la fin du XIIIe siècle afin de consolider leur pouvoir dans la région. Au cours de son histoire séculaire, le château a connu bien des hauts et des bas. Au XVe siècle, il fut ainsi le fief de la grande dame Ingeborg Tott, épouse du régent de Suède Sten Sture l'Ancien, mais il fut également incendié et conquis plusieurs fois.

De 1881 à 1972, le château fut une prison pour femmes. Aujourd'hui, on peut visiter les musées du château et de la prison ainsi qu'un musée militaire tout proche.

Pour en savoir plus sur le château du Häme, reportez-vous p. 142

5. Château de Turku

SPLENDIDE ÉDIFICE MÉDIÉVAL EN PIERRE

Le château de Turku témoigne de l'importance de la ville éponyme, capitale de la Finlande au Moyen Âge. Il date du XIIIe siècle, lorsque le sud du pays tomba aux mains des Suédois. Dans les années 1560, Catherine Jagellon, une princesse polonaise qui avait épousé Jean III de Suède, vécut au château et en fit rénover l'intérieur. Par la suite, le château fut endommagé et servit de caserne, accueillant d'abord des troupes suédoises, puis, à partir de 1809, des troupes russes.

Les bombardements de l'URSS pendant la Seconde Guerre mondiale le laissèrent en piteux état, mais il fut restauré par la suite.

Pour en savoir plus sur le château de Turku, reportez-vous p. 86

6. Forteresse maritime de Suomenlinna

UN ANCIEN BASTION SUR UN ARCHIPEL

À 15 minutes en ferry du centre d'Helsinki, Suomenlinna (Sveaborg en suédois) possède une longue histoire. Édifiée par les Suédois à partir des années 1740, elle passa aux mains des Russes en 1808 et resta dans leur giron jusqu'en 1917, lorsque la Finlande obtint son indépendance. C'est alors que la forteresse, appelée Viaborg, prit son nom finlandais actuel, Suomenlinna ("forteresse de la Finlande").

Bâtie sur six îles reliées par des ponts et abritant 800 habitants, la forteresse est le seul site d'Helsinki classé au Patrimoine mondial. L'archipel déroule 6 km de fortifications ponctuées de 100 canons, des tunnels, des musées, ainsi que de jolis parcs et criques, ce qui en fait un passionnant lieu d'excursion à la journée.

Pour en savoir plus sur Suomenlinna, reportez-vous p. 52

7. Vanha Rauma

MAISONS EN BOIS ET RUES PAVÉES

Flânez dans la vieille ville de Rauma, l'un des sept sites finlandais classés au patrimoine mondial. Fondée au Moyen Âge, elle constitue le plus grand ensemble architectural intact en bois de Scandinavie.

Ce site historique est parsemé de boutiques, de cafés et de restaurants, ce qui rend la visite encore plus agréable.

L'édifice le plus ancien est l'église de la Sainte-Croix, du XVIe siècle. Les maisons en bois, elles, datent du début du XVIIIe siècle.

En flânant dans ses rues, vous aurez un aperçu de la vie des bourgeois de Rauma il y a quelques centaines d'années.

Pour en savoir plus sur Vanha Rauma, reportez-vous p. 181

8. Parc national de Koli

PEINTURES AUX SOMMETS

Au XIXe siècle, une partie de la population, majoritairement issue des classes supérieures finlandaises et suédo-finlandaises, commença à parler d'"identité finnoise". Certains, d'origine suédoise, adoptèrent des noms finnois, et des dizaines d'artistes parcoururent le pays pour documenter – et inventer – l'esprit finlandais. Le peintre Eero Järnefelt (1863-1937) est l'un des plus célèbres. Aujourd'hui, ses œuvres ont popularisé le parc de Koli, avec ses collines en quartzite, ses arbres aux troncs tordus, ses flancs tapissés de pins et ses vues plongeantes sur le lac Pielinen.

Pour en savoir plus sur Koli, reportez-vous p. 164

9. Cathédrale Ouspenski

INFLUENCES RUSSES

D'obédience orthodoxe, la cathédrale Ouspenski est l'un des sites les plus photographiés de la capitale ; elle se dresse sur une petite éminence rocheuse près de la place du Marché d'Helsinki, à Katajanokka.

C'est la plus grande église orthodoxe d'Europe occidentale. Bâtie en 1868, environ 50 ans après l'annexion de la Finlande par la Russie, la cathédrale est en briques rouges, amenées par barges depuis la forteresse de Bomarsund (archipel des Åland), démolie durant la guerre de Crimée (1853-1856).

Avec ses 13 bulbes dorés et son intérieur d'inspiration byzantine, ce splendide édifice illustre avec éclat l'influence russe sur le paysage urbain d'Helsinki.

10. Salon de Minna Canth

UNE PROGRESSISTE FINLANDAISE

La Finlande est remplie de maisons-musées ; il est donc regrettable que Minna Canth (1844-1897), la première femme auteure et journaliste en Finlande, n'ait pas la sienne – d'autant plus que sa résidence, Kanttila, se dresse encore à Kuopio et qu'elle est activement promue par un groupe d'activistes voués à cette cause.

Toutefois, le musée du Vieux Kuopio a reconstitué le salon progressiste de Minna Canth, en partie meublé avec des pièces ayant appartenu à cette auteure et féministe en avance sur son temps. Elle a sa statue au parc de l'Église à Jyväskylä.

Pour en savoir plus sur Kuopio, reportez-vous p. 162

11. Hanko

DOUCEUR DE VIVRE À LA FINLANDAISE

L'histoire de la Finlande ne se résume pas à des conflits frontaliers et à de grands personnages qui se consacrèrent entièrement à leur pays ; il y avait aussi des moments festifs et d'oisiveté.

Au début du XXe siècle, l'une des plus célèbres stations thermales était Hanko (Hangö en suédois), la ville la plus méridionale du pays. Plébiscitée par la bourgeoisie depuis les années 1880, Hanko avait l'attrait d'un casino et de splendides villas en bois, et le maréchal Mannerheim y possédait même un café. Aujourd'hui, les visiteurs continuent d'affluer, attirés par ses beaux paysages marins et ses petites plages bercées par la brise.

Pour en savoir plus sur Hanko, reportez-vous p. 106

12. Place du Sénat

LE THÉÂTRE D'UN ASSASSINAT

Cœur battant d'Helsinki, la place du Sénat (Senaatintori), de style néoclassique, est de l'architecte Carl Ludwig Engel (1778-1840), d'origine allemande.

Engel ne fut guère ravi de déménager à Helsinki, mais il ne put résister au défi du tsar Alexandre Ier : concevoir une nouvelle ville.

La cathédrale domine la place, mais celle-ci fut également le théâtre de maints événements historiques, tel l'assassinat politique le plus célèbre de l'histoire finlandaise : le gouverneur général russe Nikolaï Bobrikov fut abattu en 1904 dans le palais du gouvernement, un édifice peint en jaune, situé en face du bâtiment principal de l'université d'Helsinki. Le chef-d'œuvre d'Engel est la Bibliothèque nationale de Finlande, près de la place.

Pour en savoir plus sur la place du Sénat, reportez-vous p. 48

13. Vapriikki

LE PRINTEMPS SANGLANT DE 1918 À TAMPERE

Après avoir obtenu son indépendance de la Russie en 1917, la Finlande connut l'un des épisodes les plus traumatisants de son histoire : une guerre civile.

Tampere fut le théâtre de la période la plus sanglante, en mars-avril 2018. Menés par l'ouvrier et acteur amateur Hugo Salmela, les "Rouges", socialistes et sans expérience, affrontèrent les "Blancs", nationalistes, commandés par C. G. Mannerheim, militaire chevronné et futur président.

Plus de 2 000 Rouges perdirent la vie : la moitié furent exécutés, et les autres moururent au combat ou dans des camps de prisonniers. Côté Blancs, il y eut 700 victimes.

Le centre muséographique Vapriikki, dans le quartier de Finlayson, à Tampere, consacre une exposition permanente à ce printemps sanglant.

Pour en savoir plus sur Vapriikki, reportez-vous p. 133

La cathédrale Ouspenski, à Helsinki

GRISPB/STOCK.ADOBE.COM ©

14. Stade olympique

SPORT, ARCHITECTURE ET LONKERO

Le stade olympique de Töölö, à Helsinki, est un excellent exemple d'architecture fonctionnaliste. Les Jeux olympiques d'été de 1952 constituèrent un tournant majeur pour la capitale ; la guerre avait mis fin aux loisirs, et l'infrastructure dut être modernisée pour accueillir les Jeux.

C'est ainsi que sortirent de terre un nouvel aéroport, devenu le principal point d'entrée en Finlande, et le palais du Tennis (Tennispalatsi), un autre chef-d'œuvre fonctionnaliste ; situé dans le centre, il abrite le musée d'Art d'Helsinki (HAM) et un cinéma. Toutefois, l'innovation qui eut le plus de succès durant les Jeux fut le *lonkero* : ce *long drink* prêt à servir (gin pamplemousse) facilita le travail des barmen novices qui devaient servir les fans de sport.

Pour en savoir plus sur le stade olympique de Töölö, reportez-vous p. 70

15. Bibliothèque Oodi

UNE ODE À LA CONNAISSANCE

La première bibliothèque de Finlande fut établie à Vaasa en 1794, mais l'institution actuelle date du début du XXe siècle.

Le système des bibliothèques municipales, où chacun peut emprunter des livres, des films et de la musique – et désormais des jeux, des outils, et même des bateaux à rames et des machines à coudre – a évolué de pair avec le système éducatif, inclusif, gratuit et accessible à tous. Ces deux systèmes sont considérés comme la clé du succès de la Finlande en matière d'éducation et de lecture.

Malgré la fermeture de petites structures dans des endroits isolés ces dernières décennies, les bibliothèques continuent d'occuper une place importante. La bibliothèque Oodi, dans le centre d'Helsinki, en est le parfait exemple, et a déjà été primée pour son architecture spectaculaire.

Pour en savoir plus sur la bibliothèque Oodi, reportez-vous p. 55

À LA RENCONTRE DES FINLANDAIS

Vous mettrez peut-être du temps à briser la glace avec les Finlandais, mais une fois que vous l'aurez fait, vous ne trouverez pas de meilleurs amis. PAULA HOTTI présente ses compatriotes.

Les Finlandais ont la confiance facile, et pas seulement en amitié – elle s'étend aussi aux médias et au gouvernement. Selon un rapport de l'OCDE paru en 2021, 71% des Finlandais font confiance à leur gouvernement, contre 41% en moyenne pour le reste de l'OCDE. Cela s'explique notamment par l'éducation aux médias dont bénéficie la population, qui atteint 75 points sur l'Indice de littératie médiatique de 2022, juste devant le reste de la Scandinavie. Cette compétence est enseignée dès l'école, où les élèves doivent évaluer de manière critique les informations qui leur sont données. Tous les Finlandais y sont donc formés, l'éducation étant ici gratuite et égalitaire, et ce depuis plus de 100 ans.

On ne devine pourtant pas cette confiance au premier abord, les Finlandais étant plutôt réservés de nature. Cela peut prendre du temps de dépasser cette légère froideur, et encore plus pour se faire inviter chez des Finlandais, ne serait-ce que pour un café. Mais avec un peu de patience, vous trouverez ici des amis loyaux, gentils et dignes de confiance pour la vie.

La réserve des Finlandais peut s'expliquer par le fait qu'ils tiennent à leur espace personnel, et supposent qu'il en va de même pour les autres : ne vous attendez pas à ce qu'ils vous sourient spontanément dans la rue.

Leur humour est pince-sans-rire, voire sarcastique, et les blagues sont racontées avec une expression si stoïque qu'il vous faudra un moment avant de comprendre de quoi il s'agissait. Si vous lisez l'anglais et que vous voulez mieux comprendre l'état d'esprit, l'humour et la discrétion finlandaise, procurez-vous la bande dessinée *Finnish Nightmares* de Karoliina Korhonen.

Les Finlandais ne boudent pourtant pas les soirées endiablées ou les conversations animées. Les temps changent, et les jeunes sont de plus en plus ouverts, se prenant même dans les bras pour se saluer.

C'est aussi un peuple modeste, comme peuvent en attester leurs nombreux proverbes décourageant la vantardise, comme "le silence est d'or" ou encore "si tu essayes d'attraper un épicéa, tu tomberas dans un genévrier", qui implique que les grandes ambitions peuvent échouer lamentablement.

Il y a aussi cette fameuse citation d'Eino Leino, l'un des poètes les plus populaires de Finlande : "celui qui est heureux doit le cacher". Une certaine contradiction pour ce pays considéré comme l'un des plus heureux au monde. Mais c'est là que se trouve peut-être toute la subtilité finlandaise : une nation éduquée et confiante, mais qui n'a pas besoin de le crier sur les toits.

En bref

La Finlande compte environ 5,5 millions d'habitants. Le finnois est leur langue maternelle à 86,5 %, suivie du suédois (5,2 %). Le sami est parlé par environ 2 000 individus. Le pays compte près de 469 000 résidents étrangers.

Dans le sens horaire à partir de la gauche : sports d'hiver, baignoire de bois dans la forêt, festivités traditionnelles de Pâques, place du Marché à Lahti

UN CAS TYPIQUEMENT FINLANDAIS

J'écris ce texte depuis Helsinki, mais je suis née en Savonie du Sud. Les activités de mon enfance étaient typiques des années 1990 dans cette région : construire des cabanes en bois dans la forêt, passer l'été à la plage, et aller à l'école à vélo par -20°C.

Cela peut sembler un peu extrême, mais c'est tout à fait normal pour un enfant finlandais. Pourtant, déjà à l'époque, je rêvais d'explorer le vaste monde, et j'espérais avoir un peu de sang exotique en moi.

Cependant, comme l'a confirmé un test ADN récemment effectué par ma sœur, nos racines sont 100 % finlandaises.

Ceci aussi est tout à fait normal, puisque notre pays est resté homogène pendant des siècles – une situation qui change depuis les dernières décennies, et pour le meilleur.

Et au moment même où j'admettais le manque de diversité de mes origines, ma sœur apprit l'existence d'un lien lointain avec un clan des Highlands écossais – une nouvelle que je chéris particulièrement !

LES SAMI

UNE CULTURE BIEN VIVANTE

Le seul peuple autochtone officiellement reconnu au sein de l'Union européenne. Par John Noble

LES SAMI, aussi appelés Sames ou Lapons (quoique ce terme soit aujourd'hui jugé négatif), sont les habitants autochtones de la Laponie, Sápmi en langue sami. Ils sont aujourd'hui dispersés dans quatre pays, Suède, Norvège, Finlande et Russie. Il y a environ 40 000 à 45 000 Sami en Norvège, 15 000 à 25 000 en Suède, 11 000 en Finlande et 2 000 en Russie. Environ la moitié des Sami de Finlande vivent en Laponie. Le territoire sami en Finlande représente 30 000 km^2 de forêts, de chutes d'eau et de lacs pour juste 10 000 habitants, dont un tiers sont sami. Pourtant, aujourd'hui, plus de 60 % des Sami de Finlande vivent ailleurs.

Selon les archéologues, si la Laponie commença à être peuplée peu de temps après la dernière glaciation (il y a environ 9 000 ans), l'origine des Sami remonterait à 4 000 ans. Les premiers habitants de Laponie formaient des groupes nomades qui vivaient de chasse, de pêche et de cueillette et qui migraient au fil des saisons. À l'origine, la société sami était fondée sur la *siida*, communauté constituée de plusieurs familles qui contrôlait un territoire de chasse, d'élevage et de pêche. Les familles vivaient dans une *kota*, un habitat traditionnel ressemblant à un tipi. Des tentes plus petites servaient d'abri

En haut : poisson frais, gants en peau de renne. En bas : Arctic Circle Trail, renne en Finlande

temporaire lorsqu'elles suivaient les troupeaux de rennes dans leur migration. Un système de "village d'hiver" se développa, où les groupes se rassemblaient pour survivre durant les rudes mois d'hiver. Ce n'est que dans les années 1950 que la mécanisation mit fin au nomadisme ; elle permit en effet aux éleveurs de rennes de se déplacer à motoneige et de rentrer chez eux tous les soirs. Les Sami devinrent ainsi sédentaires.

L'existence des Sami a toujours été centrée sur les rennes, pierres angulaires de leur culture. Ils les exploitent pour la viande, les vêtements, l'artisanat et le transport. À l'origine, ils chassaient le renne sauvage, généralement à l'aide de pièges. Cette pratique a perduré jusqu'au XVIe siècle, quand les Sami commencèrent à domestiquer des troupeaux entiers et à migrer avec eux. À la fin du XIXe siècle, les éleveurs de rennes finlandais s'organisèrent en *paliskunta* (coopératives). On en recense aujourd'hui 54 dans le nord du pays. Les rennes évoluent librement dans de larges espaces naturels au sein de chaque *paliskunta*, qui sont cerclés d'immenses barrières au milieu de la nature. Chaque éleveur est responsable de ses bêtes et les identifie par une série d'encoches taillées dans l'oreille de chaque animal.

La nature était essentielle dans l'existence des anciens Sami : ils vénéraient le Soleil (le père), la Terre (la mère) et le vent ; ils croyaient que tous les éléments de la nature possédaient une âme. Ils avaient de nombreuses divinités, qui habitaient dans les *seita* (lieux sacrés) : des landes, des lacs ou des rochers sacrés. Un *noaidi* (chaman), le membre le plus important de la communauté, servait d'intermédiaire avec les dieux. Aujourd'hui encore, la plupart des Sami restent animiste.

Les Sami de Finlande sont divisés en cinq groupes avec des traditions culturelles

EN DIRECT DU PARLEMENT SAMI

En 2019, Tuomas Aslak Juuso a été élu pour un mandat de 4 ans (2020 à 2023) Président du Parlement sami de Finlande, organe représentatif officiel des 11 000 Sami vivant dans le pays.

Trois langues sami sont parlées en Finlande : le sami du Nord, le sami d'Inari et le sami skolt, les deux dernières étant les plus menacées. Suite aux processus d'assimilation au XXe siècle, beaucoup de Sami ont en effet perdu leur langue maternelle. Grâce à des projets de revitalisation linguistique, davantage d'entre eux peuvent toutefois se réapproprier la culture et les arts sami. Plus de la moitié des Sami vivent hors de la sphère sami traditionnelle et sont donc confrontés à de nombreux défis pour avoir le droit d'apprendre les langues sami et de les utiliser partout en Finlande.

Malgré les nombreux progrès réalisés lors des précédentes décennies, l'autodétermination sami en Finlande est loin d'être acquise. Ce peuple autochtone est certes reconnu par la Constitution finlandaise, mais d'après le Comité des droits de l'homme et le Comité pour l'élimination de la discrimination raciale de l'ONU, ses droits ont été violés à plusieurs reprises ces dernières années. À ce jour, la Finlande n'a toujours pas réussi à modifier les règles électorales du Parlement sami qui permettent actuellement à des non-Sami de voter. Par ailleurs, le droit des Sami au CLIP (consentement libre, informé et préalable) sur les questions relatives à leur culture n'est pas respecté, et ils n'ont pas été consultés dans les règles lors de décisions concernant des activités affectant leurs moyens d'existence et leur culture, comme des projets d'aménagement du territoire. Le gouvernement finlandais a aussi convoqué une Commission de vérité et réconciliation (CVR) chargée d'enquêter sur les relations entre l'État et les Sami afin de renforcer le dialogue et la confiance.

Les moyens de subsistance traditionnels – élevage de rennes, pêche, cueillette, chasse et artisanat – restent cruciaux pour la culture sami, mais ils sont désormais complétés par des sources de revenus plus modernes, dont le tourisme. Malheureusement, certains voyagistes finlandais ne suivent ni les recommandations éthiques que nous avions édictées pour l'industrie du tourisme en 2018 et qui représentaient une avancée pour un comportement respectueux durable envers les Sami et leur culture, ni notre guide pour les visiteurs du territoire sami (publié en 2022), ce qui entretient notamment de fausses idées sur ce peuple et ses traditions.

Mais le défi majeur pour les peuples autochtones du monde entier reste la crise climatique, dont l'impact est déjà terriblement visible en Arctique. Préserver notre nature tout en trouvant des solutions socialement durables pour combattre le changement climatique est une priorité pour nous tous. C'est pour cela qu'il est important d'entendre la voix des Sami.

distinctes : les Sami Vuotso, le groupe le plus méridional, vivent autour de Saariselkä ; les Sami Enontekiö habitent près de Hetta, dans l'Ouest ; avec les Sami Utsjoki, regroupés à la pointe septentrionale de la Finlande, le long de la frontière norvégienne jusqu'à Karigasniemi, ils possèdent le principal élevage de rennes ; les Sami Inari, près du lac Inari, ont une forte tradition de pêche ; les Sami Skolt occupaient à l'origine la péninsule de Kola, vers le Petsamo ; ils ont migré vers la Finlande, près de Sevettijärvi et de Nellim, quand l'Union soviétique a repris le contrôle de cette région, et sont orthodoxes.

La langue sami, apparentée au finnois, appartient aux langues finno-ougriennes. Elle se divise en trois aires linguistiques (et une dizaine de dialectes) correspondant aux régions orientale, centrale et méridionale du Sápmi, avec des différences telles que les divers groupes ne peuvent se comprendre entre eux. Des neuf langues sami existantes, trois cohabitent en Finlande (voir p. 263). Les locuteurs sami représentent 0,03% de la population finlandaise ; la plupart d'entre eux sont bilingues sami-finnois. Le sami a le statut de langue officielle en Finlande. Depuis 1996, ce peuple possède son autonomie constitutionnelle dans les domaines linguistique et culturel sur son territoire finlandais, avec son propre Parlement créé en 1973 et sis à Inari.

Aujourd'hui, nombre de Sami ont les mêmes métiers et loisirs que le reste de la société finlandaise et ne vivent donc plus de l'élevage de rennes, mais celui-ci reste une valeur culturelle forte, comme leurs autres moyens de subsistance traditionnels des Sami, tels que la pêche, la cueillette, l'artisanat (*duodji*) et la chasse.

Ces activités se sont souvent modernisées, devenant ainsi plus faciles et rentables. Par exemple, pour s'occuper de leurs animaux et les localiser, les éleveurs de rennes sami utilisent des motoneiges, des quads, des colliers GPS, des drones et des hélicoptères. De même, les artisans travaillent toujours à partir de matériaux naturels, mais souvent avec des outils modernes.

Le traditionnel costume coloré, composé d'une veste et d'un pantalon ou d'une jupe sur lesquels sont brodés des motifs rouge, bleu et jaune vif, reste une partie vraiment importante de la culture sami. Outre son rôle d'identification ethnique, ses décorations et la manière dont il est porté indiquent l'origine de la personne, voire son statut familial et marital. Aujourd'hui, les Sami le revêtent surtout lors d'occasions spéciales. Ils sont très soucieux de leur intimité pendant les événements religieux, tels que les mariages, les confirmations et les funérailles. Respectez-les et restez discret.

L'encadré "Parole d'habitant", p. 233, explique la conduite à tenir en territoire sami.

DU GRAND ART : LA FINLANDE DANS TOUS SES ÉTATS

Design audacieux, identités artistiques affirmées et mélodies marquantes sont omniprésents dans l'art finlandais. Par Paula Hotti

ÉCRIVAINS ET ARTISTES FINLANDAIS ont puisé leur inspiration dans la nature sauvage du pays et leurs créations ont toutes exalté un sentiment de fierté qui a joué un rôle essentiel dans l'apparition de la notion de "finnoisité" (*Suomalaisuus*), suite à l'indépendance du pays en 1917.

La riche tradition littéraire finnoise fut essentiellement orale jusqu'à l'émergence de l'identité nationale qu'incarna la littérature finlandaise à ses débuts. Le premier livre imprimé en finnois, un abécédaire, fut publié en 1543 par Mikael Agricola (1510-1557), compagnon de Luther et d'Érasme, premier évêque protestant de Finlande (1554) et traducteur du Nouveau Testament en finnois (1548). Toutefois, si le finnois écrit prit alors son essor dans les écoles, les œuvres éditées avant le début du XIXe siècle le furent en suédois. La publication en 1833 du *Kalevala*, poème épique composé à partir des chants de bardes par Elias Lönnrot (1802-1884) correspondit au réveil du sentiment national. Aleksis Kivi (1834-1872) développa dans *Les Sept Frères* différentes facettes de l'âme finlandaise à travers l'aventure de ces frères qui échappent à la vie ordinaire en se réfugiant dans un bois. Cette première œuvre romanesque écrite en finnois fut un peu l'acte fondateur de la littérature finlandaise moderne.

L'harmonie avec la nature, chère à la culture finnoise et que l'on retrouve dans toutes les formes artistiques finlandaises, a fait du *Lièvre de Vatanen* (1975) un roman-culte. Le romancier Arto Paasilinna (1942-2018) y décrit les tribulations d'un journaliste et de son lièvre fétiche sur la route du Grand Nord. Les BD mélancoliques et philosophiques de Tove Jansson, *Moomins* (*Moumines*), adaptées en livres et séries d'animation TV, sont lues par les jeunes et les moins jeunes du monde entier.

Dans le sens horaire, à partir de la gauche : cathédrale de Turku, statue d'Elias Lönnrot. En bas : Moumines, festival metal de Tuska

En Finlande, les œuvres du romantisme national sont considérées comme l'âge d'or de la peinture finlandaise. Elles célèbrent principalement la beauté intacte de la forêt, les paysages pastoraux et, bien sûr, le *Kalevala* avec l'artiste le plus célèbre de cette période Art nouveau, Akseli Gallen-Kallela (1865-1931) qui en peignit de nombreuses illustrations.

Le peintre Eero Järnefelt (1863-1937) fut un autre peintre influent de l'époque. Fervent amoureux de la région de Koli, considérée comme le "paysage national" par excellence, il en fit plus de 50 représentations. Ce qui est désormais un parc national est un symbole du paysage finlandais.

Helene Schjerfbeck (1862-1946) est probablement la femme peintre la plus connue de son époque. Après avoir étudié, peint et voyagé en Europe, et notamment à Paris, en début de carrière, elle passa ensuite l'essentiel de son temps dans la petite ville de Hyvinkää. Connue pour ses natures mortes et ses autoportraits reflétant la vie des Finlandaises il y a plus d'un siècle, elle fait aujourd'hui partie des peintres les plus réputés de Finlande.

En musique, Jean Sibelius (1865-1957) reste probablement le Finlandais le plus célèbre. Outre son incommensurable apport à la musique, son rôle dans l'épanouissement culturel qui inspira l'indépendance finlandaise a fait de lui une véritable légende dans son pays natal. Ses premières grandes compositions (*Kullervo*, *En Saga* et *Karelia*) s'inspirèrent de l'épopée du *Kalevala*, mais c'est *Finlandia*, sa symphonie ouvertement politique de 1899, qui devint l'hymne officieux de la lutte pour l'indépendance finlandaise et reste sa pièce la plus connue.

La scène musicale finlandaise reste l'une des plus riches au monde. Comparé au nombre d'habitants, le pourcentage de musiciens, interprètes comme compositeurs, est très élevé. Et cela est vrai pour la musique classique comme pour le death metal.

Les festivals, surtout l'été, sont une bonne occasion pour écouter la diversité musicale produite par cette petite nation nordique, de groupes de heavy metal mondialement connus à des groupes de rock en tournée internationale, en passant par des groupes instrumentaux traditionnels.

En architecture, Eliel Saarinen (1873-1950) et Alvar Aalto (1898-1976) ont donné une visibilité mondiale à l'architecture et au design finlandais.

Aalto, qui travailla avec sa première épouse, Aino Marsio-Aalto, puis, à la mort de celle-ci, avec sa deuxième femme, Elissa Mäkiniemi , elle aussi architecte, représente le mouvement moderne, au même titre que Le Corbusier. À une époque marquée par une urbanisation croissante, la reconstruction d'après-guerre et une forte demande de logements, il a su concilier dans ses créations architecturales fonctionnalité et une vision plus proche de la nature et de l'humain. Précurseur du modernisme des années 1950, à la fois pour ses bâtiments fonctionnels et ses meubles novateurs en contreplaqué aux lignes galbées, Aalto influença l'esthétique de designers internationaux. Le travail qu'il effectua avec sa première femme sur le bois laminé et courbé révolutionna l'ameublement, et les formes classiques qu'ils créèrent pour leur entreprise, Artek (www.artek.fi), appartiennent désormais au patrimoine quotidien finlandais. Aalto a construit dans toute la Finlande. Comparer le Centre Aalto de Seinäjoki avec le Ristinkirkko de Lahti permet de mettre en exergue la variété du spectre de son travail.

Pour qui vient à Helsinki en train, la gare centrale conçue par Eliel Saarinen, avec ses imposantes statues réalisées par Emil Wikström, offre un accueil sans pareil. Célèbre pour ses bâtiments de style Art nouveau, Saarinen finit sa carrière aux États-Unis.

Au fil des siècles, les Finlandais ont su transcender leur proximité avec la nature et la faire fusionner avec le sens pratique nordique pour créer une tradition de design unique, qui évoque à la fois l'optimisme plein de couleurs de l'été et le minimalisme austère de l'hiver, mélangeant les motifs finlandais traditionnels aux créations modernes d'avant-garde testant les limites de l'impression en 3D.

Les designers finlandais des années 1950 et 1960 acquirent une reconnaissance internationale dans des événements aussi importants que la Triennale de Milan. De superbes objets en verre furent dessinés pour la société Iittala, en céramique pour Arabia, ou bien des ustensiles de cuisine pour Hackman et des meubles pour Artek, récompensés par de nombreux prix.

Perpétuant une tradition bien établie, les nouveaux designers, où figurent en bonne place de jeunes Sami, sont favorisés par le système éducatif finlandais qui encourage la créativité. Nouveaux noms, nouvelles boutiques : le Design District à Helsinki ne cesse de bouger. Depuis le début des années 2000, le mouvement Fennofolk puise son inspiration dans le patrimoine naturel et culturel du pays (à l'instar des pionniers du design finlandais), mais y injecte une touche décalée contemporaine.

Le prêt-à-porter a été un autre grand succès finlandais. La naissance et l'essor rapide de Marimekko, entreprise textile fondée en 1951, eut un véritable impact international. Ses vêtements optimistes, colorés et aboutis, rendus célèbres par Jacky Kennedy, donnèrent un nouveau souffle au prêt-à-porter, en revendiquant une beauté simple et assumée.

Après avoir séduit les gays de la scène underground, d'abord à l'étranger, car l'homosexualité fut illégale en Finlande jusqu'en 1971, l'homoérotisme de Tom of Finland fut enfin apprécié dans son pays et inspira même des timbres officiels en 2014. Aujourd'hui, vous pouvez aussi acheter du linge de lit et autres tissus d'intérieur ornés de ses dessins si reconnaissables.

La culture finlandaise reste florissante et la "finnoisité" bien présente dans tous les domaines.

UNE NATURE À PROTÉGER

La protection de la nature est un combat de longue date en Finlande. Par Paula Hotti

D'APRÈS UNE ÉTUDE MENÉE À L'ÉTÉ 2022 par le ministère de l'Environnement et l'Institut finlandais de l'Environnement, la préoccupation des Finlandais concernant l'état de la nature dans leur pays a crû de 15% depuis 2020. Presque la moitié des participants ont aussi reconnu être désormais plus informés sur la biodiversité.

Par ailleurs, la pandémie de Covid-19 semble avoir renforcé l'attachement des Finlandais à la nature : 92% des personnes interrogées pensent désormais qu'elle fait partie intégrante de l'identité finlandaise.

En réalité, cela n'a rien d'étonnant, tant ce pays est synonyme de nature : il compte 187 888 lacs de plus de 500 m² et les forêts couvrent plus de 75% de sa surface. Pourtant, il est confronté à de nombreux défis environnementaux, parmi lesquels la diminution de la biodiversité et la destruction des espaces naturels qui mettent en danger une espèce sur neuf ; des lois obsolètes sur l'exploitation minière, qui transforment le pays en Far West, où chacun dispose de la terre à sa guise, faisant fi des coûts environnementaux ; ou encore le risque de disparition de la moitié des marais, ce qui affecterait pas moins de 120 espèces animales qui y vivent.

Par chance, la Finlande est un pays historiquement proactif sur les questions environnementales, au moins en termes

Lacs marécageux en Finlande

d'ONG, même si la mise en place de structures tangibles a un peu tardé.

Le souci finlandais de la protection de la nature remonte au XIXe siècle, lorsque Adolf Erik Nordenskjöld (1832-1901), géologue, minéralogiste et explorateur finno-suédois de l'Arctique, et Zacharias Topelius (1818-1898), auteur et historien, écrivirent sur le sujet pour éveiller les consciences aux effets destructeurs du progrès technologique sur la nature.

Pourtant, ce n'est qu'en 1938 qu'un organisme dédié à la protection de l'environnement vit le jour en Finlande, avec la fondation officielle de l'Association finlandaise pour la Conservation de la Nature (FANC), Suomen luonnonsuojeluliitto.

EN 2022, LA FINLANDE A CRÉÉ SON 41e PARC NATIONAL, SALLA, EN LAPONIE, POUR MULTIPLIER LES CHANCES DE SURVIE D'UN PLUS GRAND NOMBRE D'ESPÈCES.

C'est également dans les années 1930 que, soucieuse de protéger l'environnement, la Finlande a créé ses premiers parcs nationaux sur des terres appartenant à l'État, exactement comme l'avait souhaité Nordenskjöld 50 ans plus tôt.

Depuis, la FANC a remporté de nombreuses victoires : les années 1950 ont vu naître d'autres parcs nationaux, comme Linnansaari, Oulanka et Lemmenjoki, ainsi que des réserves naturelles. Au cours du XXe siècle, l'association a aussi été à l'avant-poste de nombreuses problématiques internationales, informant notamment sur les dangers de l'insecticide DDT dans les années 1960 et sur les limites du concept de croissance infinie la décennie suivante.

Dans les années 1990, le changement climatique et les limites des ressources naturelles devenant patents, l'intérêt de la population pour la protection de la nature et la sensibilisation à celle-ci ont nettement évolué. Plusieurs actions ont donc été initiées, produisant des résultats concrets : en 2021, pour réduire le nombre de bébés phoques mourant dans les filets de pêche, plus de 170 pêcheurs de la région du lac Saimaa ont reçu des pièges à poissons en fil de fer sans danger pour ces animaux menacés d'extinction. À l'automne 2022, et pour la première fois en Finlande depuis 1996, le renard polaire s'est reproduit dans les collines de Laponie. Suite à la campagne énergique menée par des partis politiques, des ONG et des particuliers très engagés, nombre de marais finlandais sont désormais protégés. En Laponie, Metsähallitus (le service des parcs et forêts finlandais) surveille 12 zones sauvages afin de préserver leur singularité.

Pour multiplier les chances de survie d'un plus grand nombre d'espèces, la Finlande a créé son 41e parc national, Salla, en Laponie, en 2022. La même année, la loi sur la protection de l'environnement, vieille de 25 ans, a enfin été réécrite. Malheureusement, la version finale a été édulcorée, car le Parti du Centre, rallié à l'opposition, a réclamé des changements sur des points clés de la protection des espèces menacées.

Toujours en 2022, la FANC et Greenpeace Finlande ont attaqué le gouvernement finlandais en justice – une première dans l'histoire du pays –, pour non-respect des lois nationales sur le climat, visant une neutralité carbone d'ici 2035.

Au vu de ces évolutions, il n'est pas forcément injustifié de penser qu'il reste un espoir pour toutes les espèces vivant dans le "pays des mille lacs".

Linnansaari (p. 149)

INDEX

A

Référence des cartes **000**

B

C

D

E

L

Référence des cartes **000**

M

N

Référence des cartes **000**

"La Laponie (p. 209) est la terre du soleil de minuit, de la nuit polaire et de l'aurore boréale. Située principalement au nord du cercle arctique, elle constitue plus d'un quart de la Finlande."

JOHN NOBLE

"En hiver, le parc national de Koli (p. 164) se recouvre d'une couverture blanche immaculée, transformant ses arbres en créatures mystiques dont les bras supportent héroïquement le poids de la neige."

PAULA HOTTI

À GAUCHE : KADRIHARM / SHUTTERSTOCK ©, À DROITE : ERKKI MAKKONEN / SHUTTERSTOCK ©

À PROPOS DE CET OUVRAGE

Traduction Servane Heudiard, Jeanne Robert, Laurence Steward, Margaux Montagner

Direction éditoriale Dominique Bovet

Responsable prépresse Jean-Noël Doan

Coordination éditoriale Marie Barriet-Savev

Maquette Marie Dautet

Cartographie Cartes originales de Katerina Pavkova adaptées en français par Eduardo Yanès-Blanch

Couverture Adaptée par Laurent Briard et Laure Wilmot pour l'édition française

Remerciements à Michel MacLeod, Typhaine Garnier, Marianne Lesage et Sacha Serero pour leur travail sur le texte, à Jacqueline Menanteau pour sa relecture, à Anne Cauvel de Beauvillé pour sa préparation du texte et des carnets d'adresses et à Vahagn Terzian pour le référencement. Merci à Stéphanie Rian pour son aide et sa gentillesse. Enfin, merci à Luan Angel, Kim Else et Nigel Longuet à Londres, et à Jean-Pierre Masclef à Melbourne

En Voyage Éditions | un département édi8

Finlande

5e édition
Traduit et adapté de l'ouvrage *Finland, 10th edition, May 2023*

92 avenue de France
75013 Paris

Dépôt légal Septembre 2023
ISBN 978-2-38492-226-0

Imprimé par ESTIMPRIM, Autechaux, France
Réimpression 02, avril 2024